"Beziehung unter Risiko"

Manuela Linser

"Beziehung unter Risiko"

Elterliche Erfahrungen im Gefährdungsprozess – narrativ rekonstruiert

Springer VS

Manuela Linser
Campus Linz, Department für
Angewandte Sozialwissenschaften
Fachhochschule (FH) Oberösterreich
Linz, Österreich

Diese Publikation basiert auf einer Dissertation, die an der Universität Graz, Umwelt-, Regional- und Bildungswissenschaftliche Fakultät, zur Erlangung des akademischen Grades Dr. phil. eingereicht und im Jahr 2025 angenommen wurde.

ISBN 978-3-658-51454-9 ISBN 978-3-658-51455-6 (eBook)
https://doi.org/10.1007/978-3-658-51455-6

Die Deutsche Nationalbibliothek verzeichnet diese Publikation in der Deutschen Nationalbibliografie; detaillierte bibliografische Daten sind im Internet über https://portal.dnb.de abrufbar.

Planung/Lektorat: Karina Kowatsch
Springer VS ist ein Imprint der eingetragenen Gesellschaft Springer Fachmedien Wiesbaden GmbH und ist ein Teil von Springer Nature.
Die Anschrift der Gesellschaft ist: Abraham-Lincoln-Str. 46, 65189 Wiesbaden, Germany

In Erinnerung an Udo, meinen Vater, dessen Geist mir mitgegeben wurde – als stille Gabe.
Auch wenn wir einander kaum kannten, so trage ich sein Fragen, Forschen und Streben in mir.
Wehmütig blicke ich auf das, was hätte sein können. Was bleibt, ist Dankbarkeit.

Für Gertraud, meine Herzensmutter, die mir gezeigt hat, was es heißt, für andere einzustehen – mit offenen Augen, offenem Herzen und unerschütterlichem Glauben an mich.
Für sie bin ich Tochter aus tiefstem Gefühl.

Für Céline, meine Tochter, in der ich
mich fortsetze und alles neu entsteht.
Möge ihr alles möglich sein – aus dem,
was war, und allem, was noch wird.
Ich bin unendlich stolz auf dich!

Vorwort

Dieses Werk ist das Ergebnis eines intensiven wissenschaftlichen, beruflichen und persönlichen Weges. Sie beruht auf der Überzeugung, dass professionelle Beziehungsgestaltung mehr ist als methodisches Handeln – sie ist ein grundlegendes Element verantwortungsvoller Praxis im Kinderschutz, insbesondere im Spannungsfeld von Hilfe und Kontrolle. Mein Erkenntnisinteresse wurde durch meine langjährige Tätigkeit in der Kinder- und Jugendhilfe geprägt, in der ich immer wieder die Ängste der Adressat:innen gegenüber der Institution erlebt habe. Die Aussage einer Gesprächspartnerin – „Ich bin mehr als nur eine Akte" (Anna Bauer) – bringt vieles davon auf den Punkt. Auch persönliche Erfahrungen als Pflegekind sowie als Tochter eines Betroffenen institutioneller Heimerziehung haben mein Verständnis für Ausgrenzung, strukturelle Zuschreibungen und Beschämung geprägt. Selbst nach meinem Studienabschluss wurde mir geraten, meine „Akte" nicht offenzulegen – aus beruflichen Erwägungen.

Ein prägender Impuls für diese Forschung entstand während meiner Tätigkeit als Praxisbegleiterin bei der Implementierung des sicherheitsorientierten und lösungsfokussierten Ansatzes in der Kinder- und Jugendhilfe Oberösterreich (2020–2021). Kooperation, Ressourcenorientierung und der Fokus auf Sicherheit ermöglichten neue Formen der Beziehungsgestaltung. Ich fühlte mich wirksamer, sah mehr Bereitschaft zur Mitwirkung – und den Stolz der Familien auf gemeinsam Erreichtes. Diese Erfahrungen führten nicht nur dazu, den Ansatz auch als Trainerin und Coach weiterzugeben, sondern vertieften mein wissenschaftliches Interesse und beeinflussen bis heute meine Haltung als Lehrende an der Fachhochschule für Soziale Arbeit in Linz. Studierende zur Selbstreflexion und zur Auseinandersetzung mit ihrer Biografie und ihrem „Gewordensein" zu ermutigen, sehe ich als Grundlage professioneller Identitätsbildung und eines verantwortungsvollen, beziehungsorientierten Handelns im sozialarbeiterischen Alltag. So entstand der Wunsch, rund zehn Jahre nach dem mit dem Oö. Kinder- und Jugendhilfegesetz 2014 eingeleiteten Paradigmenwechsel, eine qualitative Studie zum subjektiven Erleben professioneller Beziehungsgestaltung betroffener Eltern im Gefährdungsabklärungsprozess durchzuführen. Es war mir ein besonderes Anliegen, in dieser Arbeit denjenigen Raum zu geben, die diesen Prozess selbst erlebt haben. Ihr Vertrauen, ihre Offenheit und ihre Bereitschaft, persönliche Erfahrungen zu teilen, verdienen höchste Wertschätzung. Diese Arbeit entstand in einer Zeit gesellschaftlicher und beruflicher Umbrüche. Sie ist Ausdruck forschenden Suchens, aufmerksamen Hörens und eines professionellen Einstehens für eine Soziale Arbeit, die Beziehung als Kern ihres professionellen Handelns begreift.

Mein aufrichtiger Dank gilt allen Forschungspartner:innen, die sich auf das Interview eingelassen und mit ihren Perspektiven, Reflexionen und Geschichten entscheidend zum Gelingen dieser Studie beigetragen haben. Sie bilden das Herzstück dieser Arbeit.

Manuela Linser

Kurzfassung

Dieses Werk untersucht die professionelle Beziehungsgestaltung zwischen Fachkräften der Kinder- und Jugendhilfe und betroffenen Eltern im Rahmen behördlich initiierter Gefährdungsabklärungen. Im Zentrum steht die Frage, wie Eltern diese Beziehung erleben, welche Aspekte sie als förderlich oder hinderlich empfinden und welche Bedingungen tragfähige professionelle Beziehungen begünstigen. Der Gefährdungsabklärungsprozess wird als komplexes, institutionell gerahmtes Interaktionsfeld verstanden, das durch asymmetrische Kommunikation, Machtverhältnisse und widersprüchliche Rollenerwartungen geprägt ist.

Die qualitative Studie ist im österreichischen Kontext angesiedelt, mit besonderem Fokus auf Oberösterreich und die landesgesetzlichen Regelungen der Gefährdungsabklärung (§§ 3, 40 Oö. KJHG 2014). Grundlage der Analyse sind narrative Interviews mit zehn Elternteilen, die mithilfe der Narrationsanalyse nach Fritz Schütze ausgewertet wurden. Im Zentrum steht dabei die Rekonstruktion erfahrungsbasierter Deutungsmuster innerhalb des Gefährdungskontexts.

Theoretisch basiert die Arbeit auf einem mehrdimensionalen Zugang: Aus bindungstheoretischer Perspektive werden Beziehungserfahrungen als Ausdruck von Sicherheit, Verlässlichkeit und emotionaler Verfügbarkeit interpretiert, wobei auch die Bindungsrepräsentationen und reflexiven Fähigkeiten der Fachkräfte eine Rolle spielen. Ergänzend werden Konzepte der Sozialen Arbeit zur Bearbeitung struktureller Machtasymmetrien herangezogen – insbesondere zum Umgang mit Ohnmacht, dialogischer Aushandlung und Selbstermächtigung im Spannungsfeld von Hilfe und Kontrolle. Das Doppel- bzw. Tripelmandat der Sozialen Arbeit dient als analytischer Bezugsrahmen.

Die Ergebnisse zeigen, dass Beziehungsgestaltung im Gefährdungskontext kein methodisches Beiwerk, sondern ein grundlegendes Element professioneller Praxis ist. Vertrauen, Verlässlichkeit, Anerkennung und dialogische Öffnung gelten als wesentliche Gelingensbedingungen – insbesondere dann, wenn Fachkräfte institutionelle Macht reflektieren, asymmetrische Kommunikation sensibel gestalten und ihre Handlungsspielräume beziehungsorientiert nutzen.

Die Arbeit leistet einen empirisch fundierten Beitrag zur Weiterentwicklung beziehungsbezogener Fachlichkeit in der Kinder- und Jugendhilfe und schließt eine Forschungslücke im deutschsprachigen Raum. Sie bietet praxisrelevante Impulse für die Beziehungsgestaltung im Gefährdungsabklärungsprozess – im Spannungsfeld von Hilfe und Kontrolle, reflexiver Professionalisierung und ethischer Verantwortung.

Abstract

This book examines the professional relationship between child welfare workers and parents involved in statutory child protection assessments in Austria. It focuses on the parental perspective and addresses the following questions: How do parents experience their relationship with professionals? What factors foster or hinder trustful cooperation? The child protection assessment is conceptualized as a complex field of interaction shaped by institutional power dynamics, asymmetrical communication, and conflicting role expectations.

The qualitative study is situated in the Austrian context, with a particular focus on the legal and institutional frameworks of child and youth welfare in Upper Austria. Based on narrative interviews with ten parents, the data were analysed using Fritz Schütze's narrative analysis. The aim was to reconstruct parents' meaning-making processes and experiences within the assessment context.

Theoretically, the study adopts a multidimensional approach. From an attachment theory perspective, professional relationships are understood as experiences of safety, reliability, and emotional availability. The binding representations and reflexive capacities of professionals are considered key elements in building trust – especially in involuntary intervention contexts. In addition, social work theories addressing structural power asymmetries, such as the double and triple mandate, are integrated, with particular attention to client disempowerment, dialogue, and empowerment.

The findings demonstrate that relationship-building is not an optional method but a core element of professional social work in child protection. Trust, respect, transparency, and participatory openness are identified as essential conditions, particularly when professionals reflect on their power, act responsively, and use their institutional scope in a relationship-oriented manner.

This book offers an empirically grounded contribution to the further development of relationship-based professional practice in child and youth welfare and addresses a research gap in the German-speaking context. It provides practice-relevant insights into relationship dynamics in statutory child protection and highlights the importance of structural sensitivity and ethical responsibility in professional social work.

Inhaltsverzeichnis

Abkürzungsverzeichnis

ABGB	Allgemeines Bürgerliches Gesetzbuch
Abt.	Abteilung
BH	Bezirkshauptmannschaft
B-KJHG 2013	Bundes-Kinder- und Jugendhilfegesetz 2013
BVBs	Bezirksverwaltungsbehörden
gem.	gemäß
ggf.	gegebenenfalls
GT	Grounded Theory Methodology
HBF	Hilfe in belasteten Familiensituationen
IFSW	International Federation of Social Workers
KindNamRÄG 2013	Kindschafts- und Namensrechts-Änderungsgesetzes 2013
KJH	Kinder- und Jugendhilfe
NT	Nachfrageteil
OÖ	Oberösterreich
Oö. KJHG 2014	Oberösterreichisches Kinder- und Jugendhilfegesetz 2014
UdE	Unterstützung der Erziehung
VE	Volle Erziehung

Einleitung

1

Die Kinder- und Jugendhilfe (KJH) stellt eine tragende sozialstaatliche Infrastruktur für das Aufwachsen junger Menschen dar. Sie bietet regulierte Angebote zur Betreuung, Erziehung, Bildung, zum Schutz sowie zur Förderung individueller Entwicklung und gesellschaftlicher Teilhabe. Ziel ist einerseits, junge Menschen zur eigenverantwortlichen Lebensgestaltung zu befähigen, und andererseits, soziale Ungleichheiten durch strukturelle Maßnahmen abzubauen. Die KJH übernimmt dabei öffentliche Verantwortung für die Herstellung gleichberechtigter Lebenschancen. Als Profession bewegt sie sich im Spannungsfeld von Hilfe, Kontrolle und Zwang – eine ethisch reflektierte Beziehungsgestaltung gilt dabei als wesentliches Qualitätsmerkmal professionellen Handelns.

Die vorliegende Arbeit widmet sich der Frage, wie sich professionelle Beziehungsgestaltung in der behördlichen Kinder- und Jugendhilfe – insbesondere im Gefährdungsabklärungsprozess – aus Sicht der betroffenen Eltern gestaltet und welche Bedeutung ihr dabei zukommt.

Bereits der Versuch, das Handlungsfeld der Kinder- und Jugendhilfe begrifflich zu fassen, verdeutlicht seine Vielschichtigkeit und Dynamik. In den letzten Jahren hat sich dieses Feld zunehmend ausdifferenziert (Böllert, 2018, S. 4). In diesem Zusammenhang rückt auch die demokratische Dimension der Kinder- und Jugendhilfe verstärkt in den Fokus. Wie Stork (2017, S. 46–49) mit Blick auf das deutsche Sozialgesetzbuch (SGB VIII) betont, versteht sich die Kinder- und Jugendhilfe nicht allein als Schutz- und Unterstützungsinstanz, sondern als demokratisch verankerte Infrastruktur, in der Partizipation, Mitbestimmung und Selbstorganisation der Adressat:innen rechtlich abgesichert sind. Dies bedeutet, junge Menschen und ihre Familien nicht bloß als Leistungsempfänger:innen, sondern als aktive Mitgestalter:innen von Hilfeprozessen wahrzunehmen.

M. Linser, *"Beziehung unter Risiko"*,
https://doi.org/10.1007/978-3-658-51455-6_1

Auch im österreichischen Bundes-Kinder- und Jugendhilfegesetz 2013 (B-KJHG 2013) zeigt sich diese Ausrichtung – etwa durch die gesetzlich verankerte Beteiligung von Kindern, Jugendlichen und Eltern (§ 24 B-KJHG 2013) im Rahmen der Gefährdungsabklärung[1] und Hilfeplanung. Partizipation erfüllt dabei eine doppelte Funktion: Sie stärkt individuelle Handlungsmacht und wirkt gleichzeitig demokratiebildend im Kontext sozialer Dienstleistungen. Böllert (2018, S. 5) konstatiert, die Kinder- und Jugendhilfe sei „in der Mitte der Gesellschaft angekommen". Das heißt, immer mehr Familien nehmen sie als selbstverständlichen Bestandteil ihres Alltags wahr. Diese Entwicklung bringt jedoch Herausforderungen im Hinblick auf soziale Repräsentationen und Zugangsmöglichkeiten mit sich. So weist Stork (2017) darauf hin, dass bestehende Partizipationsformate häufig einer mittelschichtorientierten Logik folgen, wodurch Menschen aus benachteiligten Lebenslagen in formalen Gremien – etwa Jugendhilfeausschüssen oder Elternvertretungen – unterrepräsentiert bleiben. Daraus ergibt sich die Notwendigkeit, sozialräumliche Beteiligungsstrukturen zu entwickeln, die auch marginalisierte Perspektiven einbeziehen. Die Kinder- und Jugendhilfe agiert dabei einerseits als regulierende Instanz gegenüber gesellschaftlich benachteiligten Gruppen, andererseits als alltägliche Unterstützungsstruktur für breite Bevölkerungsschichten.

Das gezielte Schaffen einer Beteiligungs- und Unterstützungsstruktur erfordert die Rezeption und Integration bezugswissenschaftlicher Erkenntnisse – insbesondere aus Psychologie und Psychotherapiewissenschaft. Studien zur Wirksamkeit der therapeutischen Beziehung zeigen, dass Beratung und Beziehung entscheidende Wirkfaktoren erfolgreicher Hilfen darstellen. Zwar wird in der Fachliteratur und Praxis vielfach auf die Bedeutung von Kontakt und Beziehung in der Sozialen Arbeit verwiesen, doch bleibt weitgehend offen, wie professionelle Beziehungen in der behördlichen Kinder- und Jugendhilfe konkret zu gestalten sind (Best, 2020; Dörr, 2019). Eine besondere Herausforderung liegt in der strukturell bedingten Machtasymmetrie zwischen Fachkräften und Adressat:innen der Kinder- und Jugendhilfe. Stork (2017) betont, dass unter diesen Bedingungen Partizipation nur durch dialogische Verfahren, Transparenz und eine machtreflektierte Haltung ermöglicht werden kann. Gerade im behördlichen Kontext, in dem Entscheidungen tief in das Leben Betroffener eingreifen, gewinnt eine demokratische, empowernde Beziehungsgestaltung besondere Relevanz.

Die Komplexität der Fallarbeit im Gefährdungsabklärungs- und Hilfeplanungsprozess sowie das Spannungsfeld zwischen Unterstützung und Kontrolle führen

[1] Der Begriff „Abklärung" wird im Folgenden aus Gründen der Lesefreundlichkeit synonym zu „Gefährdungsabklärung" verwendet.

nicht selten zu Unklarheiten und Unsicherheiten auf beiden Seiten (Dörr, 2019, S. 9–11). Brückner (2018, S. 66) hebt hervor, dass professionelle Helfer:innen über die Fähigkeit verfügen müssen, „ausreichenden Kontakt herzustellen – durch Sehen, Spüren und Beziehung". Zugleich kritisiert er eine zunehmende Orientierung an distanzierten Dienstleistungskonzepten, die auf Selbstverantwortung basieren. Auch Dörr (2019) thematisiert die Antinomie zwischen Nähe und Distanz sowie die Herausforderung helfender Beziehungen. Simon (2020, S. 49–72) weist darauf hin, dass die Qualität professioneller Arbeit eng mit dem Gelingen der Beziehung verknüpft ist. Böhnisch (2016, S. 106) betont, dass Klientinnen erst zum Sprechen gebracht werden können, wenn sie Anerkennung und Selbstwirksamkeit in einem sicheren Setting erfahren, das über bisherige destruktive Verhaltensmuster hinausreicht.

Bindungstheoretische Perspektiven unterstreichen die Bedeutung stabiler und verlässlicher Beziehungen für Vertrauen, Kooperationsbereitschaft und Veränderungsprozesse – insbesondere bei Adressat:innen, deren Bindungserfahrungen durch Brüche, Instabilität oder Desorganisation geprägt sind (Cornel et al., 2020, S. 325). Gerade Menschen, die – wie Böllert (2018, S. 4) formuliert – nie Teil der gesellschaftlichen Mitte waren oder aus ihr herausgefallen sind, bringen oftmals belastete Beziehungserfahrungen mit. Fachkräfte stehen hier vor der Herausforderung, sowohl professionell mit den Bindungsmustern der Adressat:innen umzugehen als auch ihre eigenen Bindungsrepräsentationen zu reflektieren. Der Erwerb bindungstheoretischer Kenntnisse sowie die Fähigkeit zur reflexiven Selbstbeobachtung gelten daher als grundlegende Voraussetzung für gelingende Beziehungsgestaltung in einem durch Ambivalenz, Misstrauen und potenzielle Reinszenierungen früherer Beziehungserfahrungen geprägten Feld (Schröder, 2020, S. 374). In diesem Zusammenhang gewinnt das Konzept der korrigierenden Beziehungserfahrung an Bedeutung: Es verweist auf die Möglichkeit, im Rahmen professioneller Interaktionen neue, als verlässlich, respektvoll und haltgebend erlebte Beziehungserfahrungen zu machen, die früheren verletzenden Beziehungsmustern entgegenwirken können – insbesondere im Kontext institutioneller Machtverhältnisse (Brisch, 2009; Brisch 2011; Gahleitner, 2017; Gahleitner, 2020; Schröder, 2020).

Forschungsergebnisse zur Erziehungshilfe benennen die Qualität der pädagogischen Beziehung als maßgeblichen Wirkfaktor gelingender Hilfe – in enger Wechselwirkung mit Partizipation, Elternarbeit und Passgenauigkeit der Hilfe (Macsenaere & Essner, 2015, S. 77). In der stationären Kinder- und Jugendhilfe zählen verlässliche Bezugspersonen, die Persönlichkeit und Qualifikation der Fachkräfte sowie die biografischen Erfahrungen der Adressat:innen zu den relevanten Faktoren. Diese Ergebnisse verdeutlichen, dass Beziehungsgestaltung kein begleitendes, sondern ein konstitutives Element professioneller Hilfe ist. Die professionelle Beziehungsgestaltung zwischen Fachkräften der Kinder- und Jugendhilfe und betroffenen Eltern steht somit im Zentrum einer komplexen Praxis, die durch institutionelle Rahmenbedingungen und asymmetrische Machtverhältnisse geprägt ist. Besonders im Gefährdungsabklärungsprozess entfaltet sich die Beziehung im Spannungsfeld von Unterstützung, Kontrolle und hoheitlicher Intervention (Conen & Cecchin, 2007; Huxoll & Kotthaus, 2012, S. 10). Pädagogische Beziehungen gelten als Schlüssel zum Gelingen sozialarbeiterischer Praxis. Während bisherige Diskussionen vorrangig professions-, macht- oder strukturtheoretische Aspekte fokussieren, wird deutlich, dass insbesondere die persönliche Beziehungsebene maßgeblich die Akzeptanz sozialarbeiterischer Interventionen beeinflusst (Böhle et al., 2012, S. 183). Helfende Beziehungen sind strukturell asymmetrisch. Sie gründen auf zeitlicher und sozialer Ungleichheit zwischen Hilfe und Hilfebedürftigkeit, die in der Kinder- und Jugendhilfe besonders ausgeprägt ist. Diese Asymmetrien können sich in der Interaktion machtförmig aufladen (Dallmann, 2021, S. 130). Ziel dieser Forschungsarbeit ist es daher, den Adressat:innen explizit Raum für ihre Sichtweise zu geben, um ihre Erfahrungen sichtbar zu machen und bestehenden Machtasymmetrien zumindest im wissenschaftlichen Diskurs entgegenzuwirken.

Die zugrunde liegende qualitative Studie folgt einem subjektorientierten Zugang und stellt das Erleben der Eltern im Gefährdungsabklärungsprozess der Kinder- und Jugendhilfe in den Mittelpunkt. Die empirischen Daten wurden mittels narrativer Interviews erhoben und mit Hilfe der Narrationsanalyse nach Schütze (2016a) ausgewertet. Die interviewten Eltern werden als Expert:innen[2] ihrer Lebenswelt verstanden und schildern ihre subjektiven Perspektiven auf den Prozess der Gefährdungsabklärung und die erlebte professionelle Beziehungsgestaltung. Diese Entscheidung knüpft an die von Stork (2017, S. 46) betonte Bedeutung aktiver Beteiligung der Adressat:innen an. Eine demokratisch ausgerichtete Kinder- und Jugendhilfe – wie sie im deutschen SGB VIII und im österreichischen B-KJHG 2013 konzipiert ist – erfordert nicht nur formale Beteiligung, sondern deren konsequente Umsetzung in der Praxis. Gerade im behördlichen Kontext ist die Einbindung der Betroffenen in Entscheidungen und Planungsprozesse unverzichtbare Voraussetzung für Partizipation im Sinne von Empowerment und Anerkennung.

Die Entscheidung, in dieser Studie ausschließlich die Perspektive der Adressat:innen zu fokussieren, gründet auf der Dichte und Komplexität des erhobenen

[2] Die Elternteile als Expert:innen ihrer Lebenswelt werden in der vorliegenden Arbeit auch als Adressat:innen bzw. Nutzer:innen (von Angeboten) bezeichnet.

Datenmaterials, das eine differenzierte Auseinandersetzung mit den elterlichen Sichtweisen erforderlich macht. Die Studie leistet damit einen Beitrag zur Sichtbarmachung subjektiver Perspektiven in einem Interaktionsgeschehen, das in bisherigen Studien vorrangig institutionell und fachlich beschrieben wurde. Im folgenden Kapitel wird der aktuelle Forschungsstand zur professionellen Beziehungsgestaltung in der Kinder- und Jugendhilfe aufgearbeitet.

1.1 Aktueller Forschungsstand

In Österreich ist die wissenschaftliche Auseinandersetzung mit der professionellen Beziehungsgestaltung in der Kinder- und Jugendhilfe bislang wenig ausgeprägt. Der bisherige wissenschaftliche Fokus liegt überwiegend auf stationären Kontexten (Friedrichs & Waluga, 2021; Gahleitner, 2017; Gahleitner, 2019; Rätz, 2017; Schröder & Nowacki, 2023), während ambulante sowie insbesondere behördlich initiierte Prozesse – wie etwa Gefährdungsabklärungen – bislang nur ansatzweise thematisiert wurden (Best, 2020; Riegler, 2016). Da sich fachliche und methodische Konzepte im internationalen Vergleich stark unterscheiden, wurde die Literatursuche auf den deutschsprachigen Raum beschränkt. Eine systematische Schlagwortsuche im Österreichischen Bibliothekenverbund[3] bestätigt die sehr geringe Zahl an wissenschaftlichen Arbeiten, die sich explizit mit Beziehungsgestaltung im Kontext behördlicher Kinderschutzverfahren befassen. Die Forschungslage im behördlichen Bereich erweist sich als besonders dünn, was sich unter anderem daran zeigt, dass einschlägige Studien häufig im Rahmen akademischer Abschlussarbeiten entstanden sind. Die wenigen vorhandenen Beiträge stammen überwiegend aus Qualifikationsarbeiten auf Bachelor- und Masterniveau.

Wernsprenger (2018) untersuchte mittels qualitativer Gruppendiskussionen die Bedeutung von Hausbesuchen durch Sozialarbeiter:innen der KJH aus Sicht der Fachkräfte. Strucl und Zinner (2015) analysierten auf Basis von Expert:innen-Interviews interkulturelle Herausforderungen bei Gefährdungsabklärungen in Familien mit Migrationshintergrund und identifizierten sprachliche, kulturelle und gesellschaftliche Barrieren. Beide Studien liefern wertvolle Einblicke in das professionelle Fallhandeln, erfassen jedoch die Beziehungserfahrungen der betroffenen Eltern nicht systematisch. Besonders hervorzuheben ist die Studie

[3] Für die Literaturrecherche wurde der Österreichische Bibliothekenverbund (OBV) genutzt, der den Bestand zahlreicher wissenschaftlicher Bibliotheken in Österreich bündelt und eine gezielte Recherche nach Fachliteratur über eine zentrale Suchoberfläche (www.obvsg.at) ermöglicht.

von Hornung und Kapella (2022), die mithilfe qualitativer Interviews das Partizipationserleben Jugendlicher im Gefährdungsabklärungsprozess rekonstruierten. Die Ergebnisse verweisen auf ein differenziertes Spannungsverhältnis zwischen Schutz und Autonomie.

Ein Beispiel partizipativer Praxisforschung stellt das Projekt „Moverz" (Linser & Wetzelhütter, 2022) dar. Im Rahmen eines Forschungsprojekts wurden Fachkräfte, Expert:innen und Jugendliche zu ihren Partizipationserfahrungen in außerfamiliären stationären Settings in Oberösterreich befragt. Ziel war es, beteiligende und demokratiebildende Potenziale im Alltag sozialpädagogischer Praxis sichtbar zu machen. Die Ergebnisse der Studie zeigen, dass die Beteiligung an „Moverz" bei den teilnehmenden Kindern und Jugendlichen zu einer Stärkung ihrer Kommunikations- und Konfliktlösungskompetenzen, einer erhöhten Verantwortungsübernahme sowie zu positiven Effekten auf die Persönlichkeitsentwicklung führte. Darüber hinaus wurden soziale Netzwerke gefördert, der Alltag der Teilnehmenden erweitert und neue Partizipationsformen in der Hilfeplanung erprobt. Das Projekt „Moverz" steht im Kontext fachpolitischer Bemühungen der KJH Oberösterreich, partizipationsfördernde Konzepte wie Lebensweltorientierung (Thiersch, 2022), Sozialraumorientierung (Hinte, 2010) sowie den sicherheits- und lösungsorientierten Ansatz nach „Signs of Safety" (Turnell & Edwards, 1999) systemisch zu integrieren. Diese Entwicklungen sind zugleich als regionale Reaktion auf die durch die Föderalisierung geschaffenen Handlungsspielräume zu verstehen und verweisen auf eine proaktive Praxisgestaltung im Rahmen der Länderkompetenz.

Die föderale Struktur des österreichischen Kinder- und Jugendhilferechts verschärft die bestehende Forschungslücke zusätzlich. Mit der Novellierung des B-KJHG 2013 entstanden neun unterschiedliche landesrechtliche Ausgestaltungen, die vergleichende Studien erschweren und die institutionellen Rahmenbedingungen erheblich differenzieren. Vor diesem Hintergrund wurde Oberösterreich als Untersuchungsregion gewählt, da es sich durch eine aktive Nutzung des neuen länderspezifischen Gestaltungsspielraums auszeichnet. Im Zuge der Gesetzesnovellierung wurden dort gezielt beziehungs- und beteiligungsorientierte Ansätze implementiert. Die Orientierung an lösungsfokussierten und sicherheitsorientierten Konzepten (de Shazer & Berg, 1997; Turnell & Edwards, 1999), an lebensweltorientierter Sozialer Arbeit (Thiersch, 2022) sowie an sozialräumlicher Fallarbeit (Hinte, 2010) prägt das fachliche Selbstverständnis der regionalen Kinder- und Jugendhilfe maßgeblich.

Im Bereich der Wirksamkeitsforschung – insbesondere zu stationären Erziehungshilfen – gilt die Qualität professioneller Beziehungen als entscheidender Erfolgsfaktor (Macsenaere & Esser, 2015; Macsenaere & Knab, 2004; Schmidt et al., 2003). Macsenaere und Knab (2004) analysierten über 100 Studien zur Wirksamkeit pädagogischer Hilfen und identifizierten zentrale Wirkfaktoren wie Kooperation, Partizipation, Hilfedauer, Elternarbeit, Beziehungsqualität, sozialpädagogische Diagnostik, frühe Intervention und Passgenauigkeit der Hilfe. Besonders hervorgehoben wird die unmittelbare Beziehung zwischen Fachkräften und Adressat:innen, da sie mit anderen Wirkfaktoren in Wechselwirkung steht. Obwohl diese Befunde aus der stationären Kinder- und Jugendhilfe stammen, lassen sich Übertragungen auf den Kontext der Gefährdungsabklärung vermuten.

Ein maßgeblicher Bezugsrahmen der vorliegenden Arbeit ist die Adressat:innenforschung. Diese wurde lange Zeit als methodisch herausfordernd und epistemologisch umstritten angesehen (Graßhoff, 2012; Graßhoff, 2015; McLaughlin, 2011), hat sich jedoch als unverzichtbare Perspektive einer relational verstandenen Sozialen Arbeit etabliert. Besonders im Kontext asymmetrischer und mitunter zwangsregulierter Hilfeprozesse – wie sie in der Kinder- und Jugendhilfe häufig vorkommen – ist die systematische Berücksichtigung der Sichtweisen der Adressat:innen von wesentlicher Bedeutung (Bitzan et al., 2006). Graßhoff (2015) betont die Notwendigkeit, die Stimme der Adressat:innen empirisch ernst zu nehmen, um deren Handlungsfähigkeit und Subjektstatus sichtbar zu machen (S. 97). Adressat:innenforschung dient dabei nicht nur dem Verstehen individueller Erfahrungen, sondern auch der Reflexion struktureller Machtverhältnisse. Adressierte werden als aktive Akteur:innen im Spannungsfeld zwischen Fachkräften, Institutionen und Lebenswelten verstanden. Gleichzeitig verweist Graßhoff auf die forschungspraktischen Herausforderungen – etwa erschwerten Zugang, hohe ethische Anforderungen sowie Zweifel an der kommunikativen Artikulationsfähigkeit von Menschen in Krisensituationen. Dennoch plädiert er dafür, die Sichtweisen der Adressierten als selbstverständlichen Bestandteil sozialpädagogischer Forschung zu begreifen. Im Feld der Kinder- und Jugendhilfe zeigt sich ein deutlicher Wandel: Wurden Adressat:innenperspektiven früher kaum beachtet, rücken sie heute zunehmend in den Fokus lebensweltorientierter sozialpädagogischer Zugänge (Graßhoff, 2012, S. 69; 2015, S. 98). Diese Entwicklung geht mit einer normativen Aufwertung einher, die auf eine kritische Auseinandersetzung mit expertokratischen Logiken und Machtasymmetrien abzielt (Bitzan et al., 2006; Thiersch, 2006).

Für das vorliegende Werk ist die Adressat:innenforschung aus mehreren Gründen von besonderer Relevanz: Erstens ermöglicht sie einen erkenntnisreichen Perspektivenwechsel, indem die Beziehungsgestaltung aus Sicht der betroffenen Eltern im Gefährdungsabklärungsprozess analysiert wird. Zweitens werden dadurch deren Erfahrungen, Deutungen und Erwartungen im Hilfeverlauf sichtbar gemacht. Drittens steht die Einbeziehung ihrer Perspektive für ein demokratisches und partizipatives Verständnis Sozialer Arbeit, das insbesondere im Kontext der Kinder- und Jugendhilfe zunehmend an Bedeutung gewinnt. Damit verbindet sich sowohl ein wissenschaftliches Erkenntnisinteresse als auch ein normativer Anspruch an eine reflexive, machtkritische Soziale Arbeit (Graßhoff, 2012, S. 70–71; 2015, S. 98).

Für diese Arbeit sind insbesondere die empirischen Studien von Abeld (2017), Gahleitner (2017, 2020a), Rätz (2017) und Riegler (2016) relevant. Riegler (2016) untersuchte, wie soziale Gerechtigkeit und Anerkennung durch Beziehungsgestaltung in der Sozialen Arbeit realisiert werden können. Anhand eines differenzierten Forschungsdesigns – bestehend aus teilnehmender Beobachtung, Interviews mit Fachkräften und Adressat:innen sowie deren getrennte Reflexionen – analysierte sie strukturelle Bedingungen, freiwillige und unfreiwillige Kontexte sowie personale und funktionale Einflussfaktoren. Ihre Arbeit thematisierte explizit das Doppelte Mandat sowie die asymmetrischen Machtverhältnisse, die auch für die eigene Forschung konstitutiv sind. Gahleitner (2017, 2020a) fokussierte auf die professionelle Beziehungsgestaltung mit schwer erreichbaren Adressat:innen („hard-to-reach groups") und integrierte bindungstheoretische, netzwerktheoretische sowie biografische Perspektiven. In mehreren Projekten zeigte sie, dass eine authentische, emotional tragfähige und persönliche Beziehungsgestaltung entscheidend für den Aufbau eines Arbeitsbündnisses ist. Persönliche Anteile der Fachkräfte sowie korrigierende Beziehungserfahrungen erwiesen sich dabei ebenso bedeutsam wie institutionelle Rahmenbedingungen. Abeld (2017) untersuchte aus der Perspektive psychisch belasteter Klient:innen, welche Faktoren zu gelingender Beziehung im Spannungsfeld von Nähe und Distanz beitragen. Sie verdeutlichte, dass gelingende Beziehung nicht allein auf individueller Kompetenz beruht, sondern wesentlich durch institutionelle Strukturen mitgeprägt wird. Daraus lassen sich auch relevante Implikationen für die Ausbildung von Fachkräften ableiten. Best (2020) ergänzte diese Erkenntnisse durch eine videobasierte Analyse von Beratungsgesprächen. Nähe und Distanz werden dabei als interaktive Aushandlungsprozesse verstanden, die sowohl aus Sicht der Adressat:innen als auch aus Perspektive der Fachkräfte reflektiert werden. Auch wenn der Fokus der Studie ein anderer ist, liefert sie wichtige Impulse für die Analyse asymmetrischer Beziehungskonstellationen. Rätz (2017, S. 137) untersuchte sozialpädagogische Beziehungen als Voraussetzung professionellen Handelns. Neben den personalen Eigenschaften der Fachkräfte betonte sie den Einfluss des „sozialen Ortes", also der institutionellen Rahmung professioneller Beziehungsgestaltung.

Zusammenfassend zeigt sich, dass die professionelle Beziehungsgestaltung im Rahmen behördlicher Gefährdungsabklärungen – insbesondere aus Sicht der betroffenen Eltern – bislang kaum wissenschaftlich untersucht wurde. Die vorliegende Arbeit schließt diese Forschungslücke, indem sie das subjektive Beziehungserleben von Eltern im Gefährdungsabklärungsprozess rekonstruiert. Sie leistet damit einen Beitrag zur wissenschaftlich fundierten Weiterentwicklung professioneller Beziehungsgestaltung in einem hochkomplexen, asymmetrischen und sensiblen Handlungsfeld der Kinder- und Jugendhilfe.

1.2 Fragestellung und Zielsetzung

Wie in der Einleitung ausgeführt, stellt die professionelle Beziehungsgestaltung im behördlich regulierten Gefährdungsabklärungsprozess der Kinder- und Jugendhilfe ein bislang unzureichend erforschtes, jedoch wesentliches Handlungsfeld dar. Während zahlreiche empirische Studien die Bedeutung professioneller Beziehungen in stationären Kontexten betonen (Abeld, 2017; Gahleitner, 2011; Gahleitner, 2014; Gahleitner, 2017; Gahleitner, 2020a; Macsenaere & Esser, 2015; Riegler, 2016), bleibt der ambulante Bereich – insbesondere in behördlich initiierten Verfahren wie der Gefährdungsabklärung – deutlich unterrepräsentiert. Vor diesem Hintergrund zielt das vorliegende Werk darauf ab, einen empirisch fundierten Beitrag zur Schließung dieser Forschungslücke zu leisten.

Die Motivation für diese wissenschaftliche Auseinandersetzung gründet auf meiner über zehnjährigen Berufserfahrung als Sozialarbeiterin in der Kinder- und Jugendhilfe. In dieser Zeit wurde zunehmend deutlich, dass die professionelle Beziehungsgestaltung – trotz ihrer unbestrittenen Relevanz – im konkreten Handlungsvollzug des Abklärungsprozesses häufig marginalisiert bleibt. Die Einführung der sicherheitsorientierten und lösungsfokussierten Praxis in der Kinder- und Jugendhilfe seit 2015, die fortlaufenden fachlichen Diskurse zur Stärkung einer beteiligungsorientierten Praxis sowie die rechtliche Neuausrichtung durch das B-KJHG 2013 hat mein Interesse daran gestärkt, die Qualität und Bedeutung professioneller Beziehungen im Kinderschutz systematisch zu untersuchen. Ziel der vorliegenden Arbeit ist es, die Perspektive betroffener Eltern im Rahmen von Gefährdungsabklärungen qualitativ zu rekonstruieren und zu analysieren, wobei das subjektive Erleben professioneller Beziehung im Mittelpunkt steht – insbesondere, wie Aspekte wie Vertrauen, Anerkennung, Partizipation oder Machterleben die Entstehung tragfähiger Arbeitsbündnisse sowie die Wirksamkeit sozialarbeiterischer Interventionen beeinflussen. Aus subjektorientierter Perspektive gilt es, förderliche wie hinderliche Bedingungen professioneller Beziehungsgestaltung zu identifizieren.

Der konzeptionelle Rahmen ist eingebettet in das professionelle Spannungsfeld von Hilfe, Schutz, Kontrolle und Zwang, wie es unter anderem in Abschnitt 5. 2 im Tripelmandat beschrieben wird (Staub-Bernasconi 2021). Im Mittelpunkt steht die Frage, unter welchen Bedingungen professionelle Beziehungen – trotz struktureller Asymmetrien – als unterstützend und hilfreich erlebt werden können. Dabei werden sowohl theoretische Konzepte der Beziehungsgestaltung (Kapitel 3) als auch bindungstheoretische (Kapitel 4) und machttheoretische (Abschnitt 5.1) Ansätze der Sozialen Arbeit einbezogen, ohne dass eine eigenständige Theoriebildung im Mittelpunkt steht. Im Zentrum der empirischen Untersuchung stehen die Stimmen der Adressat:innen – also jener Elternteile, die einen Gefährdungsabklärungsprozess durchlaufen haben. Die Datenerhebung erfolgte mittels narrativer Interviews, die durch die Narrationsanalyse nach Schütze ausgewertet wurden (2016a). Diese Methodenkombination erlaubt eine differenzierte Rekonstruktion biografisch geprägter Beziehungserfahrungen und eröffnet zugleich Einblicke in die subjektiven Deutungsmuster der Befragten. Vor dem Hintergrund asymmetrischer Machtverhältnisse in helfenden Beziehungen (Dallmann, 2021) schafft die Studie bewusst einen Raum, in dem die elterlichen Erfahrungen als wissenschaftlich relevante Quelle für Wissen und Erkenntnis anerkannt werden. Damit leistet sie einen Beitrag zur Professionalisierung und Qualitätsentwicklung der Sozialen Arbeit im Kinderschutz. Zur Beantwortung dieses Erkenntnisinteresses wurden drei forschungsleitende Fragen formuliert:

(1) Wie wird die professionelle Beziehung zwischen Sozialarbeiter:innen und Adressat:innen im Gefährdungsabklärungsprozess der Kinder- und Jugendhilfe aus Sicht der Adressat:innen erlebt?
(2) Welche Aspekte erleben Eltern im Gefährdungsabklärungsprozess als förderlich bzw. hinderlich für die Beziehungsgestaltung?
(3) Welche Bedeutung kommt der professionellen Beziehung für den Verlauf des Gefährdungsabklärungsprozesses zu?

Zur Untersuchung dieser Fragen wurde ein qualitatives Forschungsdesign gewählt. Die Beantwortung erfolgte auf der Grundlage von zehn narrativen Interviews mit Elternteilen sowie deren Analyse mittels narrationsanalytischen Verfahrens. Die gewonnenen Erkenntnisse sollen ein vertieftes Verständnis über die Dynamiken professioneller Beziehungsgestaltung im Gefährdungsabklärungsprozess eröffnen und Impulse für eine sozialarbeiterische Praxis liefern, die sich konsequent an den Erfahrungen, Bedürfnissen und Ressourcen der betroffenen Elternteile orientiert.

1.3 Aufbau der Arbeit

Das vorliegende Werk umfasst zehn aufeinander aufbauende Kapitel, die der systematischen Herleitung, empirischen Fundierung und theoretischen Reflexion der Bedeutung professioneller Beziehungsgestaltung im Gefährdungsabklärungsprozess der Kinder- und Jugendhilfe dienen.

Den Auftakt bildet die Einleitung (Kapitel 1), in der die Problemstellung umrissen, Zielsetzung und Fragestellungen formuliert sowie der aktuelle Forschungsstand dargestellt werden. Dabei wird insbesondere die bestehende Forschungslücke im Hinblick auf die Relevanz professioneller Beziehungsgestaltung im behördlich geregelten Gefährdungsabklärungsprozess herausgearbeitet.

Im zweiten Kapitel werden die rechtlichen, institutionellen und fachlich-methodischen Rahmenbedingungen der Kinder- und Jugendhilfe in Österreich dargestellt. Ausgehend vom B-KJHG 2013 sowie den länderspezifischen Ausführungsgesetzen – insbesondere jenem für Oberösterreich – werden gesetzliche Grundlagen, institutionelle Strukturen sowie empirische Daten zur Gefährdungsabklärung analysiert. Dabei wird deutlich, dass professionelle Beziehungsgestaltung stets im Spannungsfeld von Hilfe und Kontrolle verortet ist.

Das dritte Kapitel widmet sich dem Beziehungsbegriff aus unterschiedlichen wissenschaftlichen Perspektiven. Soziologische, psychologische, psychotherapeutische und (sozial-)pädagogische Ansätze werden herangezogen, um die Komplexität professioneller Beziehungen im sozialarbeiterischen Kontext zu erfassen. Im Zentrum stehen die Unterscheidung zwischen Alltags- und Professionsbeziehungen, die Dynamik von Nähe und Distanz sowie das Konzept asymmetrischer Beziehungen. Dieses Kapitel bildet die theoretische Grundlage für das Verständnis von Beziehung als zentrales Wirkprinzip professionellen Handelns.

Daran anknüpfend fokussiert Kapitel 4 auf bindungstheoretische Zugänge. Im Mittelpunkt stehen die Bedeutung früher Beziehungserfahrungen, die Ausbildung von Bindungsrepräsentationen und deren Relevanz für professionelles Handeln. Die doppelte Reflexionsanforderung – sowohl eigene als auch fremde Bindungserfahrungen zu erkennen und angemessen zu integrieren – wird als bedeutende Kompetenz in der Beziehungsgestaltung diskutiert.

Kapitel 5 thematisiert das Spannungsfeld von Macht in helfenden Beziehungen. Ausgehend von machttheoretischen Konzepten der Sozialen Arbeit – insbesondere der Arbeiten von Huxol & Kotthaus (2012), Kraus (2013; 2021) und Staub-Bernasconi (2018; 2021) – wird Macht als konstitutives Element professioneller Praxis verstanden. Diskutiert werden das Doppel- und Tripelmandat, die Differenzierung zwischen instruktiver und destruktiver Macht sowie die

Konzepte von Ohnmacht und Selbstermächtigung zur Analyse asymmetrischer Beziehungsmuster.

Das methodologische Vorgehen wird im sechsten Kapitel detailliert dargestellt. Neben der Begründung für die Wahl eines narrationsanalytischen Zugangs nach Schütze werden das theoretische Sampling, die Fallauswahl sowie Herausforderungen beim Feldzugang erläutert. Besonderes Augenmerk gilt der forschungsethischen Reflexion im Umgang mit vulnerablen Zielgruppen. Die Datenerhebung erfolgte mittels narrativer Interviews mit elf Elternteilen, die einen Gefährdungsabklärungsprozess durchlaufen haben. Die komplexe und mehrstufige Auswertungsmethode wird nachvollziehbar dargelegt.

Die empirischen Ergebnisse werden in drei aufeinander aufbauenden Kapiteln dargestellt. Kapitel 7 enthält eine vertiefende Analyse zweier kontrastierender Fälle, in denen biografische Gesamtformungen sowie interaktionelle Muster der Beziehungsgestaltung detailliert rekonstruiert werden. Kapitel 8 präsentiert die Ergebnisse der vertikalen Analyse der verbleibenden acht Fälle. Auch hier stehen biografischen Hintergründe und das Erleben der Interaktionen mit der Kinder- und Jugendhilfe im Mittelpunkt. Auf dieser Grundlage erfolgt im neunten Kapitel eine horizontale, kontrastierende Auswertung. Dabei werden empirisch gewonnene Kategorien – wie Macht und Fremdbestimmung, Selbstermächtigung und Partizipation, Nähe und Distanz sowie strukturelle Rahmenbedingungen – in einem fallübergreifenden Vergleich systematisiert mit dem Ziel, falltypische Erscheinungsformen professioneller Beziehungsgestaltung im Kontext der Gefährdungsabklärung herauszuarbeiten. Anstelle einer klassischen Typenbildung wird eine theoriebasierte Systematisierung verfolgt.

Den Abschluss bildet Kapitel 10, in dem die wesentlichen Ergebnisse zusammengefasst und im Hinblick auf Theorie und Praxis Sozialer Arbeit reflektiert werden. Darauf aufbauend werden Implikationen für die qualitätsorientierte Weiterentwicklung der Kinder- und Jugendhilfe formuliert und Perspektiven für zukünftige Forschung aufgezeigt.

2 Forschungskontext der Kinder- und Jugendhilfe in Österreich

Die vorliegende Forschungsarbeit ist im Feld der Kinder- und Jugendhilfe verortet – einem gesellschaftlich hochrelevanten Handlungsbereich, der in Österreich durch ein historisch gewachsenes Zusammenspiel normativer, institutioneller und professionsbezogener Komponenten geprägt ist. Die Kinder- und Jugendhilfe fungiert dabei nicht nur als ausführende Verwaltungseinheit im Sinne staatlicher Gefahrenabwehr, sondern als integraler Bestandteil des wohlfahrtsstaatlichen Sicherungssystems. Ihr Mandat speist sich aus verfassungsrechtlichen, gesetzlichen und fachlichen Ordnungen.

Ziel dieses Kapitels ist es, den institutionellen, rechtlichen und fachpolitischen Rahmen, in dem sich die empirische Untersuchung zur professionellen Beziehungsgestaltung im Gefährdungsabklärungsprozess bewegt, multiperspektivisch zu umreißen. Die Kontextualisierung des Forschungsfeldes schafft eine erkenntnisleitende Rahmung, die sowohl die Besonderheiten der österreichischen Kinder- und Jugendhilfe als auch regionale Spezifika – insbesondere im Bundesland Oberösterreich – berücksichtigt.

Ein bedeutsamer Wendepunkt in der Entwicklung der österreichischen Kinder- und Jugendhilfe war die Reform des Jugendwohlfahrtsgesetzes im Jahr 1989 (BGBl. Nr. 161/1989), die im Zuge umfassender familienrechtlicher und jugendhilfepolitischer Neuordnungen einen programmatischen Paradigmenwechsel einleitete. Wie Hartl (2014, S. 26) betont, markierte diese Reform nicht nur einen legislativen Einschnitt, sondern auch einen Bruch mit dem bis dahin dominanten fürsorgezentrierten Verständnis. An dessen Stelle trat eine am Kindeswohl orientierte, rechtsstaatlich kontrollierte und subjektorientierte Kinder- und Jugendhilfe, die das Kind als eigenständigen Rechtsträger anerkennt und die Familie als primären Lebens- und Erziehungsraum stärkt. Der Ausbau präventiver sozialer Angebote, die Professionalisierung fachlicher Standards sowie die Beteiligung

M. Linser, *"Beziehung unter Risiko"*,
https://doi.org/10.1007/978-3-658-51455-6_2

von Adressat:innen an Planungs- und Entscheidungsprozessen verdeutlichen die Ausrichtung auf eine partizipative und dialogisch gestaltete Hilfeform.

Ein weiterer Meilenstein war das Inkrafttreten des Bundes-Kinder- und Jugendhilfegesetzes 2013 (B-KJHG 2013). Erstmals wurden grundlegende fachliche Prinzipien – wie Gefährdungsabklärung, Hilfeplanung und das Vier-Augen-Prinzip – gesetzlich verankert. Zudem verpflichtete das Gesetz die öffentlichen Träger zu einer verbindlichen, ressourcenorientierten und partizipationssensiblen Fallarbeit. Die gesetzliche Normierung von Qualitätssicherungsmaßnahmen und die Beteiligung von Kindern, Jugendlichen und Eltern in allen Prozessschritten bedeutete eine deutliche Aufwertung der Adressat:innenperspektive. Die gesetzliche Fundierung der Gefährdungsabklärung als strukturierter und reflexiver Prozess, der sowohl dem Schutz des Kindes als auch der Mitwirkung der Familien verpflichtet ist, stellt eine wesentliche Grundlage der vorliegenden Untersuchung dar.

Mit der Bundesverfassungsnovelle vom 1. Januar 2020 erfolgte eine grundlegende föderalrechtliche Neuordnung: Die Gesetzgebungskompetenz für die Kinder- und Jugendhilfe ging vollständig an die Bundesländer über. Die allgemeinen Bestimmungen des B-KJHG 2013 (§§ 1–36) wurden aufgehoben; lediglich unmittelbar anwendbare bundesrechtliche Normen (§§ 37–47), etwa zu Gefährdungsmitteilungen, Amtshilfe oder Datenverarbeitung, blieben in Kraft. Zeitgleich wurde eine Vereinbarung gemäß Art. 15a B-VG zwischen Bund und Ländern geschlossen (BGBl. I Nr. 106/2019), in der sich beide Seiten verpflichteten, das bestehende Schutzniveau zu sichern und weiterzuentwickeln.[1] Diese Neuordnung eröffnete den Ländern die Möglichkeit, eigene gesetzliche Rahmenbedingungen und konzeptionelle Leitlinien zu etablieren – ein Prozess, der zu einer zunehmenden Differenzierung der Kinder- und Jugendhilfe in Österreich führte.

Infolge dieser Föderalisierung bestehen heute erhebliche Unterschiede zwischen den Bundesländern: Jedes Land verfügt über ein eigenes Ausführungsgesetz, was zu neun unterschiedlichen rechtlichen und fachlichen Regelungen führt. Diese sogenannte „Verländerung" des Kinder- und Jugendhilferechts hat zur Folge, dass im Bundesrecht nur noch ausgewählte Bestimmungen – etwa zur Finanzierung oder zur Datenerhebung – bestehen bleiben. Um trotz dieser Heterogenität eine gewisse Kohärenz zu gewährleisten, haben sich die Bundesländer

[1] In der Vereinbarung gem. Art. 15a B-VG einigten sich der Bund und die Länder unter den Zielsetzungen darauf, dass die gegenständliche Vereinbarung vom gemeinsamen Bestreben der Vertragsparteien getragen ist, die KJH in OÖ einheitlich zu gestalten, gemeinsame Standards festzulegen und diese im Sinne der primären, sekundären und tertiären Prävention und der Kinderrecht weiterzuentwickeln (Art. 1).

im Rahmen der Arbeitsgemeinschaft Kinder- und Jugendhilfe (ARGE KJH)[2] auf gemeinsame fachliche Grundlinien verständigt. Die darauf basierende Art. 15a B-VG-Vereinbarung zielte auf eine koordinierte Weiterentwicklung einheitlicher Standards ab. In der Praxis zeigt sich jedoch, dass föderale Unterschiede häufig bestehen bleiben – mit Auswirkungen auf institutionelle Prozesse und auch auf die konkrete Gestaltung professioneller Beziehungen (Forstner et al., 2021, S. 8).

Im Rahmen der Evaluierung des B-KJHG 2013 führte das Österreichische Institut für Familienforschung (ÖIF) mehrere Studien durch, die quantitative und qualitative Daten einbezogen. Ziel war es unter anderem, das Schutzpotenzial, die Partizipationsmöglichkeiten und die Wirksamkeit der neuen gesetzlichen Rahmenbedingungen zu untersuchen. Die Ergebnisse dieser Evaluation belegen, dass einheitliche Standards in der Umsetzung häufig an strukturellen Gegebenheiten scheitern und dass die tatsächliche Beteiligung von Adressat:innen stark von lokalen Kontexten abhängt. Diese Erkenntnisse unterstreichen die Relevanz regional differenzierter Analysen (Kapella et al., 2018). Die föderale Ausgestaltung eröffnet einerseits Spielräume für kontextspezifische Innovationen, stellt jedoch zugleich eine Herausforderung für die überregionale Vergleichbarkeit wissenschaftlicher Erkenntnisse dar. Die daraus resultierende institutionelle Heterogenität macht eine präzise Verortung empirischer Forschung erforderlich. Die Entscheidung, die vorliegende Untersuchung auf das Bundesland Oberösterreich zu konzentrieren, folgt dieser Logik: Oberösterreich verfügt über eine differenzierte fachliche Infrastruktur, eine dokumentierte Implementierung sicherheitsorientierter und lösungsfokussierter Handlungskonzepte sowie über eine enge Anbindung an sozialpädagogische Netzwerke (FICE Austria, 2019) und Forschungsinstitutionen.

Der regionale Fokus erlaubt eine vertiefte Analyse des institutionellen Kontexts, in dem Gefährdungsabklärung als Kernaufgabe der Kinder- und Jugendhilfe verankert ist. Im Zentrum steht die Frage, wie gesetzliche Bestimmungen, organisationsspezifische Standards und professionelle Praktiken in konkreten Fallverläufen ineinandergreifen. Besondere Aufmerksamkeit gilt dabei dem

---

[2] Die Arbeitsgemeinschaft Kinder- und Jugendhilfe (ARGE-KJH) ist ein bundesweites Koordinationsgremium, das sich aus Vertreter:innen der Landespolitik (insbesondere Landesrät:innen) sowie den leitenden Fachkräften der KJH der Landesregierungen und Landeshauptstädte (z.B. Abteilungsleiter:innen, leitende Jurist:innen und Sozialarbeiter:innen) zusammensetzt. In fachlich spezialisierten Ausschüssen, wie etwa dem Fachausschuss) werden Standards, Konzepte und Entwicklungen abgestimmt. Der Vorsitz rotiert jährlich zwischen den Bundesländern.

Spannungsfeld zwischen dem gesetzlichen Kinderschutzauftrag, partizipationsorientierten Ansätzen und der Bedeutung tragfähiger professioneller Beziehungen. Dieses Spannungsverhältnis durchzieht sämtliche Handlungsebenen – von strukturellen Rahmenbedingungen über institutionelle Organisation bis hin zur kommunikativen Gestaltung des Abklärungsprozesses.

Im folgenden Kapitelabschnitt werden die relevanten rechtlichen Grundlagen, fachlichen Konzepte und strukturellen Besonderheiten der Kinder- und Jugendhilfe in Oberösterreich systematisch dargestellt. Der Fokus liegt auf jenen konzeptionellen Elementen, die für das Verständnis von Gefährdungsabklärung im Kontext professioneller Beziehungsgestaltung konstitutiv sind. Sie bilden die Grundlage für die anschließende empirische Analyse der Gefährdungsabklärungsprozesse aus Sicht betroffener Elternteile.

2.1 Die Kinder- und Jugendhilfe in Oberösterreich

Im Zuge der föderalen Neuordnung der Kinder- und Jugendhilfe, die mit der Novellierung des Bundesverfassungsgesetzes am 1. Januar 2020 in Kraft trat, wurde die Gesetzgebungskompetenz in diesem Bereich vollständig den einzelnen Bundesländern übertragen. In Oberösterreich bildet seither das Kinder- und Jugendhilfegesetz 2014 (Oö. KJHG 2014) die tragende gesetzliche Grundlage für die Organisation, Steuerung und fachliche Ausrichtung sämtlicher Leistungen im Bereich des Kinderschutzes. Dieses Landesgesetz übernimmt wesentliche Bestimmungen des zuvor geltenden B-KJHG 2013, wurde jedoch gezielt um landesspezifische Strukturen und Regelungen erweitert, die regionale institutionelle Gegebenheiten und fachliche Schwerpunktsetzungen berücksichtigen. Wie Hartl (2014, S. 9) ausführt, ergibt sich der gesetzliche Auftrag der Kinder- und Jugendhilfe in Oberösterreich primär aus dem Prinzip präventiver Gefahrenabwehr in Verbindung mit dem Schutz des Kindeswohls. Ziel ist es, potenzielle Kindeswohlgefährdungen frühzeitig zu erkennen, differenziert zu bewerten und in strukturierter Zusammenarbeit mit anderen Institutionen passgenaue Hilfen zu implementieren. Die gesetzliche Verankerung der Gefährdungsabklärung als eigenständiger Verfahrensschritt (§§ 3, 40 Oö. KJHG 2014) unterstreicht diesen Anspruch und normiert eine fachlich fundierte, multidimensionale Vorgehensweise.

Die institutionelle Struktur der Kinder- und Jugendhilfe in Oberösterreich folgt einem dezentralen Modell öffentlicher Verantwortung auf Basis regionaler Zuständigkeit. Die Bezirkshauptmannschaften sowie die Statutarstädte Linz, Wels und Steyr fungieren als örtliche Träger der Kinder- und Jugendhilfe. Ihnen obliegt nicht nur die Durchführung konkreter Gefährdungsabklärungen, sondern auch die Entwicklung, Steuerung und Überprüfung von Hilfeplanungen, Interventionen und Maßnahmen der erzieherischen Unterstützung (Oö. KJHG 2014). Wie Hartl (2014, S. 21) darlegt, umfasst das Aufgabenprofil dieser Behörden neben der unmittelbaren Interventionsverantwortung auch die Sicherung fachlicher Standards, die Implementierung strukturierter Entscheidungsprozesse sowie die kontinuierliche Weiterentwicklung fachlicher Praxis. Diese Aufgaben stehen unter der koordinierenden Fachaufsicht der Abteilung Kinder- und Jugendhilfe im Amt der Oö. Landesregierung, die darüber hinaus sowohl für Qualitätssicherung als auch für datengestützte Berichterstattung und die Begleitung fachlicher Entwicklung zuständig ist (FICE Austria, 2019).

Fachlich ist die oberösterreichische Kinder- und Jugendhilfe in ein professionsorientiertes Bezugsmodell eingebettet, das sich durch systemische, lösungsorientierte und lebensweltlich verankerte Prinzipien auszeichnet. Im Zentrum steht das Kind als eigenständiges Subjekt mit entwicklungsbezogenen, sozialen und rechtlichen Ansprüchen, das in seinen familialen, institutionellen und gesellschaftlichen Kontexten verstanden werden muss. Die Praxis orientiert sich an Grundsätzen wie dialogischer Beziehungsgestaltung, Förderung elterlicher Erziehungskompetenz, aktiver Partizipation von Adressat:innen sowie dem Gebot subsidiärer Hilfeleistung. Kinderschutz wird somit als gemeinsame Verantwortung im Spannungsfeld zwischen professioneller Hilfe, institutioneller Kontrolle und normativer Rechenschaftspflicht verstanden. Neben dem Umgang mit manifesten Kindeswohlgefährdungen verfolgt die Kinder- und Jugendhilfe in Oberösterreich auch eine konsequente Ausrichtung auf den präventiven Bereich. Unterstützungsangebote aus dem sekundärpräventiven Bereich zielen darauf ab, familiäre Belastungen frühzeitig zu erkennen und passgenaue Hilfeangebote bereitzustellen, bevor sich diese zu einer Gefährdung verdichten (Praxishandbuch[3], 2022, S. 3–12). Die Entscheidung, die empirische Untersuchung im Rahmen dieser Forschungsarbeit auf das Bundesland Oberösterreich zu konzentrieren, ist sowohl durch inhaltlich-konzeptionelle als auch durch forschungspraktische Überlegungen motiviert. Bestehende Kooperationsstrukturen zwischen Forschung, Praxis und Ausbildung – unter anderem über meine Tätigkeit an der Fachhochschule

[3] Für einen besseren Lesefluss wird diese Quelle im weiteren Text nur als „Praxishandbuch KJH“ bezeichnet; gemeint ist damit der im Literaturverzeichnis zitierte Langtitel: Amt der Oö. Landesregierung, Direktion Soziales und Gesundheit, Abteilung Kinder- und Jugendhilfe. (2022). *Sicherheitsorientierte und lösungsfokussierte Praxis in der Kinder- und Jugendhilfe OÖ: Praxishandbuch.* Land Oberösterreich. https://www.kinder-jugendhilfe-ooe.at/Mediendateien/dl_fachinfos_praxishandbuch.pdf

für Soziale Arbeit Linz sowie meine eigene Berufserfahrung in der Kinder- und Jugendhilfe – ermöglichen einen realistischen Zugang zum Feld.

Im folgenden Abschnitt 2.2 wird die Gefährdungsabklärung als entscheidendes Verfahren der Kinder- und Jugendhilfe in Oberösterreich näher dargestellt. Dabei werden rechtliche Grundlagen, methodische Standards und fachliche Leitlinien systematisch aufgearbeitet, um die empirische Analyse der Beziehungsgestaltung im Abklärungsprozess kontextuell fundieren zu können.

2.2 Die Gefährdungsabklärung in der Kinder- und Jugendhilfe in Oberösterreich

Die vorliegende Untersuchung rückt die professionelle Beziehungsgestaltung im Kontext der Gefährdungsabklärung in der Kinder- und Jugendhilfe in den Mittelpunkt. Dieses Tätigkeitsfeld stellt ein hochkomplexes und multiperspektivisches Interventionsregime dar, das sowohl rechtlich normiert als auch methodisch fundiert ausgestaltet ist. Eine differenzierte Darstellung der zugrunde liegenden normativen und institutionellen Rahmenbedingungen ist daher unverzichtbar, um die Logiken und Handlungsspielräume der Fachkräfte zu kontextualisieren. Der Kindeswohlbegriff fungiert dabei als normativer Bezugspunkt und gibt fachliche Orientierung. Seit der Novelle des Kindschafts- und Namensrechts-Änderungsgesetzes 2013 (KindNamRÄG 2013) sind in § 138 ABGB erstmals gesetzlich verankerte Kriterien zur Beurteilung des Kindeswohls festgeschrieben. Diese Leitlinien beinhalten u. a. den Schutz der physischen und psychischen Integrität, das Recht auf wertschätzende elterliche Beziehungen, die Berücksichtigung des Kindeswillens, den Schutz vor Gewalt und Übergriffen sowie die Sicherstellung stabiler Bindungsverhältnisse. Sie bilden die Grundlage sämtlicher fachlichen Einschätzungen im Rahmen der Gefährdungsabklärung und verdeutlichen das Spannungsfeld zwischen Schutzauftrag und Beteiligungsrechten. Eine vertiefte Diskussion des Kindeswohlbegriffs erfolgt nicht im Rahmen dieser Arbeit, kann jedoch z. B. bei Buchebner-Ferstl et al. (2021) oder Ben-Arieh et al. (2014) nachgelesen werden.

Wie Pichler (2015) hervorhebt, sind Gefährdungseinschätzungen keine objektiven, technokratische abbildbaren Verfahren, sondern relational eingebettete Praktiken im Spannungsfeld von institutionellen Vorgaben, professionsspezifischer Deutungsmustern und subjektiver Beziehungskonstellationen. Eine dialogische, partizipative und ressourcenorientierte Fallbearbeitung ist insbesondere dann wirksam, wenn es Fachkräfte gelingt, tragfähige und respektvolle Kooperationsbeziehungen mit Eltern und Sorgeberechtigten auch unter komplexen

Bedingungen zu gestalten. Kinderschutz wird hier als reflexiv-interaktioneller Aushandlungsprozess verstanden, der das Spannungsfeld zwischen Kontrolle, Hilfe und Partizipation produktiv aufgreift.

Die Gefährdungsabklärung gem. § 40 Oö. KJHG 2014 wird durch qualitätsgesicherte Arbeitsinstrumente flankiert, die sowohl der Standardisierung als auch der Differenzierung professionellen Handelns dienen. Das Praxishandbuch „Sicherheitsorientierte und lösungsfokussierte Praxis in der Kinder- und Jungendhilfe OÖ" (2022) operationalisiert maßgebliche Prinzipien wie Transparenz, Klarheit, Handlungsstruktur und partizipative Zielentwicklung. Es dient als methodisch strukturierte Orientierungshilfe zugleich als Rahmen für fachliche Reflexion und kollegiale Supervision.

Der Gefährdungsabklärungsprozess ist gesetzlich verankert und mehrstufig aufgebaut. Er beginnt mit einer Mitteilung über einen begründeten Verdacht auf Kindeswohlgefährdung (§ 37 B-KJHG 2013), die sowohl durch private Dritte als auch durch Berufsgruppen mit gesetzlicher Anzeigepflicht eingebracht werden kann. Die Ersteinschätzung umfasst eine Dringlichkeits- und Risikoeinschätzung, die im Bedarfsfall im Vier-Augen-Prinzip erfolgt und ggf. zur Einleitung akuter Schutzmaßnahmen führt. Daran schließt eine vertiefende Fallklärung an, die Gespräche mit Kindern, Eltern und Bezugspersonen, Hausbesuche sowie – je nach Bedarf – interdisziplinäre Expertise umfasst. Grundlage der Einschätzung ist eine balancierte Risiko- und Ressourcenorientierung unter Berücksichtigung des Subsidiaritätsprinzips[4]. Die Beteiligung der Betroffenen ist dabei nicht lediglich ein formaler Bestandteil, sondern konstitutives Element professioneller Fallbearbeitung. Die Bewertung richtet sich nach Art, Ausmaß und Wahrscheinlichkeit einer Kindeswohlbeeinträchtigung (Hartl, 2014). Drei mögliche Verfahrensausgänge lassen sich unterscheiden:

(1) Keine Kindeswohlgefährdung: Die Gefährdungsabklärung wird abgeschlossen, es bestehen keine weiteren Interventionsnotwendigkeiten (§ 16 Oö. KJHG 2014). Je nach Einschätzung können jedoch freiwillig Unterstützungsangebote mit den Beteiligten vereinbart werden.
(2) Erkannter Hilfebedarf: Es wird ein Sozialer Dienst gemäß § 20 Oö. KJHG 2014 eingerichtet, um die Familie bei der Bewältigung belastender Lebenslagen zu unterstützen. Mögliche Maßnahmen umfassen ambulante

[4] Das in der KJH wirksame Subsidiaritätsprinzip ist zwar nicht explizit benannt, jedoch in maßgeblichen Bestimmungen des B-KJHG 2013 sowie im Oö. KJHG 2014 inhaltlich verankert: Es wird betont, dass die Erziehung in der Familie vorrangig zu erhalten oder wiederherzustellen ist.

Familienhilfe, sozialpädagogische Betreuung oder therapeutisch orientierte Angebote.

(3) Erhebliche Kindeswohlgefährdung: In diesem Fall ist ein behördliches Eingreifen erforderlich. Dies kann – abhängig von der Schwere der Gefährdung und dem Kooperationsverständnis – entweder im Rahmen einer Unterstützung der Erziehung (§ 44 Oö. KJHG 2014) oder durch Maßnahmen der Vollen Erziehung (§ 45 Oö. KJHG 2014) erfolgen. In bestimmten Fällen ist auch eine gerichtliche Mitwirkung erforderlich (§ 47 Oö. KJHG 2014).

Gerade im ersten Fall zeigt sich das Potenzial der Gefährdungsabklärung als eigenständige Intervention. Die intensive Auseinandersetzung mit den Fachkräften über einen Zeitraum von bis zu sechs Monaten kann bestehende Beziehungsmuster verändern, Gelingendes sichtbar machen und Prozesse des Verstehens initiieren. In vielen Fällen erweist sich dies als ausreichend, sodass keine weiterführende Hilfeleistung erforderlich ist. Die Qualität der professionellen Beziehungsgestaltung entfaltet somit bereits innerhalb des Abklärungsprozesses eine besondere Bedeutung.

Im zweiten Szenario steht die Einbindung der Familie in einen Sozialen Dienst im Vordergrund (§ 20 Oö. KJHG 2014). Ziel ist es, durch partizipativ entwickelte Maßnahmen niederschwellige und ressourcenorientierte Unterstützungsangebote bereitzustellen, die zur Stabilisierung der familiären Situation beitragen. Auch hier gilt: Die aktive Mitwirkung der Betroffenen ist ein Schlüsselelement für das Gelingen.

Das dritte Szenario umfasst Fälle, in denen das Kindeswohl erheblich gefährdet ist und auf Grundlage einer gesetzlich verankerten Hilfeplanung (§ 41 Oö. KJHG 2014) mit der Familie passgenaue und wirkungsorientierte Hilfen entwickelt werden. Dabei ist stets zu prüfen, ob die Gefährdung innerhalb des familiären Umfelds abgewendet werden kann – etwa durch mobile und ambulante Angebote im Rahmen der Unterstützung der Erziehung (UdE, § 44 Oö. KJHG 2014). Ist dies nicht möglich, kann eine stationäre Betreuung außerhalb des Herkunftshaushalts im Rahmen der Vollen Erziehung (VE, § 45 Oö. KJHG 2014) notwendig werden. Voraussetzung ist in diesem Fall, dass der Kinder- und Jugendhilfeträger mit der Pflege und Erziehung gemäß §§ 160 ff. ABGB betraut wird. Die Entscheidung basiert auf einer dokumentierten Risikoeinschätzung unter Bezugnahme auf die Kindeswohlmerkmale gem. § 138 ABGB.

Im Zentrum sämtlicher Szenarien steht der Schutz des Kindes. Gleichzeitig sind Eingriffe in familiäre Verhältnisse auf das erforderliche Mindestmaß zu begrenzen. Die Rückführung in die Herkunftsfamilie bleibt – sofern mit dem Kindeswohl vereinbar – anzustreben. Die gesetzlich verankerte Beteiligung von Eltern, Kindern und Jugendlichen (§ 42 Oö. KJHG 2014) im Rahmen der Abklärung und Hilfeplanung unterstreicht dabei die Relevanz partizipativer Ansätze.

Wie Hartl (2014) betont, ist die Gefährdungsabklärung kein punktueller Eingriff, sondern ein standardisierter, fachlich dicht strukturierter Prozess. Gleichwohl zeigen empirische Studien (z. B. Hornung & Kapella, 2022; Pichler, 2015), dass die Umsetzung partizipativer Prinzipien im Alltag häufig an strukturelle Bedingungen stößt – insbesondere bei unfreiwilligen Interventionen. Wazlawik und Wolff (2018) charakterisieren den Kindeswohlgefährdungsbegriff als offenen Rechtsbegriff, dessen Konkretisierung im Diskurs erfolgt. Neben familialen sind auch institutionelle und gesellschaftliche Einflussfaktoren relevant. Sie fordern eine ethisch reflektierte und fachlich fundierte Ausgestaltung von Entscheidungen im Spannungsfeld von Schutz, Hilfe und Selbstbestimmung.

Partizipation und Adressat:innen-Orientierung gelten heute als Qualitätsmerkmale professionellen Handelns (Bauer et al., 2021). Der Anspruch, Kinder, Jugendliche und Familien als Mitgestaltende sozialarbeiterischer Prozesse zu begreifen, verweist auf einen Paradigmenwechsel, wie er seit den frühen 2000er Jahren mit der lebensweltorientierten Sozialen Arbeit (Grunwald & Thiersch, 2016) verbunden ist. Partizipation wird hier als ein grundlegendes Strukturmerkmal professionellen Handelns verstanden, das sowohl zur Wirkungssicherung als auch zur Passgenauigkeit von Hilfen beiträgt. Indem Kinder, Jugendliche und Familien in die Planung, Ausgestaltung und Evaluierung von Hilfen einbezogen werden, lassen sich nicht nur kooperative Arbeitsbeziehungen fördern, sondern auch Erfahrungen von Selbstwirksamkeit stärken. Bauer et al. (2021) fordern, dass eine partizipative Praxis nicht nebenbei stattfinden kann, sondern strukturell, methodisch und institutionell abgesichert werden muss, um Machtasymmetrien zu reduzieren und Lernprozesse auf allen Seiten zu ermöglichen.

Die Relevanz qualitätsgesicherter Verfahren zeigt sich auch in der aktuellen Statistik: 2023 wurden österreichweit 50.236 Gefährdungsabklärungen durchgeführt (+6,9 % zum Vorjahr), davon 6.112 in Oberösterreich. Von diesen führten 6.023 zu Erziehungshilfen – darunter 4.478 in Form von Unterstützungsleistungen im Herkunftshaushalt (4.337 aufgrund einer Vereinbarung, 141 aufgrund einer gerichtlichen Verfügung) und 1.545 im Rahmen der Vollen Erziehung außerhalb der Familie (834 aufgrund einer Vereinbarung, 711 aufgrund einer gerichtlichen Verfügung) – beide mit leicht steigender Tendenz (Bilgili & Statistik Austria, 2024, S. 14–38). Diese Zahlen belegen, dass ein erheblicher Teil der Abklärungsverfahren entweder in freiwillige Erziehungshilfen übergeht oder bereits durch die

Abklärung selbst bearbeitet und abgeschlossen werden kann – ein Hinweis auf die hohe Bedeutung der professionellen Beziehungsgestaltung im Prozessverlauf.

Die in Oberösterreich implementierten sicherheitsorientierten und lösungsfokussierten Arbeitsansätze unterstützen eine strukturierte und dialogische Fallbearbeitung. Instrumente wie die Falllandkarte („Dialogischer Orientierungsquadrant"), ergänzt durch das Formulieren von Statements, das Definieren von konkreten nächsten Schritten und Teilzielen und das gemeinsame Erarbeiten eines Familienplans mit allen relevanten Akteur:innen, fördern ein kooperatives Vorgehen (Gmeiner, 2021, 132–143.; Praxishandbuch KJH, 2022; Roessler et al., 2015).

Abschließend verdeutlichen aktuelle empirische Studien die Bedeutung subjektiver Perspektiven der Adressat:innen: Hornung & Kapella (2022) zeigen in ihrer qualitativen Untersuchung mit Jugendlichen ein ambivalentes Erleben von Gefährdungsabklärungen zwischen Autonomie und Kontrolle. Auch Pichler (2015) betont die Notwendigkeit partizipativer Risikoeinschätzung im Kinderschutz. Die Evaluierung des B-KJHG durch das ÖIF (Kapella et al., 2018) verweist auf weiterhin bestehende Herausforderungen wie begrenzte personelle Ressourcen und Zeitbudgets, die die Umsetzung eines qualitativ hochwertigen Kinderschutzes erschweren. Die Gefährdungsabklärung stellt einen neuralgischen Punkt im Kinderschutzsystem dar. Ihre Durchführung erfordert ein interdisziplinär abgestimmtes, ethisch reflektiertes und partizipatives Vorgehen. Besonders die professionelle Beziehungsgestaltung erweist sich dabei als Schlüsselressource, sowohl im Rahmen der Abklärung selbst als auch im Hinblick auf weitere Unterstützungsprozesse. Vor diesem Hintergrund widmet sich das folgende Kapitel dem Kernanliegen dieser Arbeit: der Analyse professioneller Beziehungsgestaltung im Gefährdungsabklärungsprozess.

Beziehung

3

Beziehungen sind ein fundamentaler Bestandteil menschlichen Zusammenlebens. Der Begriff „Beziehung“ wird in der Alltagssprache häufig und selbstverständlich verwendet, was einerseits den Zugang zum Phänomen erleichtert, andererseits aber eine präzise wissenschaftliche Auseinandersetzung erschwert. Soziale Arbeit hat die Gestaltung zwischenmenschlicher Beziehungen zur Aufgabe, insbesondere im Kontakt mit Adressat:innen und Klient:innen (Abeld, 2017, S. 13; Gahleitner, 2020a, S. 92; Heiner, 2010, S. 130). Diese Beziehungen sind jedoch weder beliebig noch unbegrenzt; sie orientieren sich an klar definierten Aufgabenbereichen, vereinbarten Umgangsformen und einer bestimmten Dauer.

Beziehung lässt sich als dynamischer und dialogischer Austauschprozess begreifen, der sich aus dem Verhalten gegenüber anderen und den damit verbundenen wechselseitigen Erfahrungen entwickelt (Bauer, 2019, S. 35; Gahleitner, 2020a, S. 10; Heiner, 2010, S. 129). Hinde (1993, S. 10) beschreibt sie als Ergebnis fortlaufender Interaktionen zwischen Menschen. Wertschätzung, Echtheit und Vertrauen bilden grundlegende Voraussetzungen für den Aufbau und die Gestaltung tragfähiger Beziehungen (Müller, 2006, S. 26–27) und lassen sich durch bewusste Gestaltung positiv beeinflussen (Bauer, 2019, S. 35). Vergangene Beziehungserfahrungen prägen zukünftige Interaktionen und beeinflussen insbesondere im professionellen Kontext die Entstehung von Vertrauen und Offenheit (Bigos, 2014, S. 40; Gahleitner, 2020a, S. 10). Vertrauen, so Thiersch & Thiersch (2009, S. 13), entsteht im Verlauf wiederholter Interaktionen und nimmt im pädagogischen und therapeutischen Handeln eine tragende Rolle ein. Soziale Beziehungen unterscheiden sich nach Dauer, Häufigkeit der Kontakte und emotionaler Intensität. Sie sind durch eine gewisse Beständigkeit geprägt, wobei Nähe und Intensität variieren können. Verbindlichkeit und Verlässlichkeit tragen dazu bei, dass Beziehungen auch in krisenhaften oder konflikthaften Situationen

M. Linser, *“Beziehung unter Risiko”*,
https://doi.org/10.1007/978-3-658-51455-6_3

Bestand haben (Rätz-Heinisch, 2005; S. 299–305, Rätz, 2017, S. 139). Demgegenüber steht der Begriff „Kontakt“, der kürzer, weniger intensiv und dadurch oft flüchtiger und unverbindlicher ist (Schäfter, 2010, S. 23). Eine „Begegnung“ wiederum kann, trotz kurzer Dauer, intensive Erlebnisse ermöglichen. „Bindungen“ zeichnen sich durch eine gesteigerte ethische Verpflichtung, größere Nähe und längere Dauer aus (Rahm et al., 1993, S. 167–169). Trotz dieser Differenzierungen bleiben Beziehungen individuell ausgeprägt und besitzen für Menschen eine elementare Bedeutung (Bigos, 2014, S. 40).

Swildens beschreibt Beziehung als Matrix und unterscheidet zwischen Kontakt, Begegnung, Interaktion und Beziehung. Er differenziert zwischen funktionellen und freundschaftlichen Beziehungen und ordnet die Beziehungsgestaltung in der Kinder- und Jugendhilfe als funktionelle Beziehung ein, die primär dem Schutz von Kindern dient (Swildens, 2015, S. 79–80). Hinde ergänzt, dass Begegnungen und Interventionen stets in den sozialen Kontext der jeweiligen Person eingebettet sind. Es ist wesentlich zu unterscheiden, ob es sich um flüchtige Begegnungen, einzelne Kontakte oder eine Reihe kontinuierlicher Interaktionen handelt. Jede Interaktion wird sowohl von vergangenen Erfahrungen als auch von Erwartungen an zukünftige Begegnungen geprägt (Hinde, 1993, S. 10). Darüber hinaus unterscheidet Schäfter in der Sozialen Arbeit zwischen professionellen Rollenbeziehungen, die sich an vorgegebenen sozialen Rollen und deren Erwartungen orientieren, und persönlichen Beziehungen, die stärker auf Identität und Individualität Bezug nehmen (Schäfter, 2010, S. 23).

Zur vertieften Annäherung an das Phänomen der Beziehung sowie zur Analyse professioneller und helfender Beziehungen im Kontext der Sozialen Arbeit werden im Folgenden grundlegende theoretische Ansätze aus Soziologie, Psychologie, Psychotherapie und Sozialpädagogik in Grundzügen skizziert. Eine differenzierte Einordnung dieser Bezugswissenschaften erscheint unerlässlich, um die Vielschichtigkeit und Relevanz des Beziehungsbegriffs für das professionelle Handeln in der Sozialen Arbeit adäquat erfassen zu können. Eine umfassende Darstellung der jeweiligen disziplinären Theorien und eigenständigen Konzeptualisierungen wird jedoch bewusst ausgeklammert, da sie den Rahmen und die Zielsetzung der vorliegenden Arbeit überschreiten würde. Im Anschluss wird die spezifische Perspektive der Sozialen Arbeit auf das Konzept der Beziehung fokussiert, insbesondere im Hinblick auf die professionelle Beziehungsgestaltung im Kontext der Kinder- und Jugendhilfe.

3.1 Beziehung aus soziologischer Sicht

Die soziologische Betrachtung von Beziehungen basiert auf der Annahme, dass Interaktionen stets in einem sozialen Rahmen stattfinden und durch gesellschaftliche Strukturen geprägt sind. Schäfter betont, dass Beziehungen im soziologischen Kontext immer als Teil umfassender sozialer Zusammenhänge zu verstehen sind (Schäfter, 2010).

Georg Simmel und Leopold Wiese zählen zu den ersten, die soziale Beziehungen als elementaren Grundbegriff des Sozialen beschreiben (Gukenbiehl, 2000, S. 40). Simmel (1970, S. 12) deutet Gesellschaft als einen Prozess wechselseitiger Beziehungen zwischen Individuen, die durch Formen der Vergesellschaftung strukturiert werden. Aufbauend auf Simmel entwarf Wiese (1966) im Rahmen seiner Allgemeinen Soziologie eine geschlossene Theorie sozialer Beziehungen. Er unterscheidet verbindende (Assoziation) und lösende (Dissoziation) Prozesse und veranschaulicht diese in seiner Assoziationskette (Wiese, 1966, 240–242). Ergänzend entwickelt Wiese die Theorie sozialer Gebilde, in der soziale Strukturen als stabilisierende Elemente von Beziehungen dargestellt werden. Dabei unterscheidet er Dimensionen von Nähe und Distanz. Den idealtypischen Verlauf sozialer Entwicklung – von der sozialen Berührung über Duldung und Kompromiss bis hin zu Annäherung, Anpassung und Angleichung – wird von ihm als soziale Beziehung bezeichnet (Wiese, 1966, S. 185–187). Max Weber führt den Begriff der sozialen Beziehung weiter, indem er sie als sinnhaft aufeinander bezogenes Handeln definiert. Soziale Beziehungen, so Weber, beruhen auf gegenseitigen Erwartungen, die sich aus gemeinsamen Normen und Werten ableiten. Im weiteren Verlauf der soziologischen Diskussion rücken Kommunikation und Interaktion als handlungstheoretische Bestandteile von Beziehungen zunehmend in den Mittelpunkt, etwa im Rahmen des symbolischen Interaktionismus (Weber, 1984, S. 47–49).

Die Theorie des symbolischen Interaktionismus, vertreten durch Erving Goffman (2003) und George Herbert Mead (1991), hebt die gemeinsame Interpretation sozialer Handlungen hervor. Mead versteht soziale Identitätsbildung als Ergebnis interaktiver Prozesse, in denen Individuen durch Rollenübernahme die Perspektive anderer einnehmen. Sprache als Symbolsystem spielt dabei eine leitende Rolle, indem sie sowohl Kommunikation als auch Denken strukturiert. Beziehung erscheint dabei als ein Prozess, der äußere Gesten und Symbole mit inneren Vorgängen der Bedeutungszuweisung verbindet (Mead, 1991, S. 330–331). Goffman erweitert diese Perspektive, indem er soziale Realität als eine durch Rolleninszenierungen konstruiertes Gefüge beschreibt. In seinem Verständnis wird

Gesellschaft zum Theater, in dem Individuen in wechselnden Rollen interagieren und kommunizieren (Goffman, 2003). Thomas Krappmann verbindet diese Konzepte mit einer weiterentwickelten Identitätstheorie. Er beschreibt Identität als Ergebnis eines Balanceakts zwischen widersprüchlichen Rollenerwartungen und individuellen Bedürfnissen. Grundlage dafür sind Grundqualifikationen kommunikativen Handelns: Empathie, Rollendistanz, Ambiguitätstoleranz – die Fähigkeit, mit Widersprüchen umzugehen, die durch Unterschiede zwischen verschiedenen Rollen entstehen –, sowie Identitätspräsentation und Sprachvermögen (Krappmann, 2005, S. 210). Identitätsbildung ist dabei eng mit den Dynamiken sozialer Beziehungen verknüpft. Kommunikation und Interaktion fungieren als bedeutende Mechanismen, über die sich Individuen an soziale Normen anpassen und ihre Identität entwickeln. Dabei bleibt der Einzelne stets in personale wie gesellschaftliche Kontexte eingebettet und muss fortwährend zwischen eigenen Bedürfnissen und sozialen Anforderungen vermitteln. Jürgen Habermas führt mit seiner Theorie des kommunikativen Handelns die Überlegungen des symbolischen Interaktionismus weiter. Er begreift soziale Beziehungen als durch sprachlich vermittelte Verständigungsprozesse konstituiert. Kommunikation wird dabei zum bedeutenden Mechanismus sozialer Integration und Identitätsbildung (Scherr, 2000, S. 176–182; Schäfter, 2010, S. 25). Identitätsbildung wird somit zur Voraussetzung für stabile soziale Beziehungen.

Eine zusammenfassende Darstellung verschiedener soziologischer Perspektiven auf soziale Beziehungen bietet Hubert (2022). Er zeigt auf, wie die verschiedenen Theorien von Goffman, Krappmann, Mead, Simmel und Weber in ein größeres Bezugsgefüge gestellt werden, und betont die vielfältigen Dynamiken innerhalb sozialer Beziehungen. Hubert hebt hervor, dass Identitätsbildung nur in Interaktion und Kommunikation mit anderen erfolgen kann und dass Sozialisationsprozesse entscheidend für die Entwicklung stabiler sozialer Identitäten sind. Beziehungen sind demnach nie isoliert zu betrachten, sondern stets in ihrem gesellschaftlichen Kontext (Hubert, 2022).

3.2 Beziehung aus psychologischer bzw. psychotherapeutischer Sicht

Die Psychoanalyse, begründet durch Freud (1930), bildet den Ausgangspunkt aller psychotherapeutischen Grundorientierungen. Im Zentrum steht die Auseinandersetzung mit Selbst- und Objektrepräsentanzen als verinnerlichte Beziehungserfahrungen. Freud geht davon aus, dass der Säugling durch die intrapsychische Verarbeitung von Interaktionen mit der Außenwelt allmählich

Beziehungsorientierung und Sozialität entwickelt. Trotz frühkindlicher Prägungen kann dieser Prozess therapeutisch beeinflusst werden, indem emotionale Beziehungen zu relevanten Bezugspersonen sowie deren intrapsychische und interpersonelle Repräsentationen analysiert werden. Ein wesentliches Element der Psychoanalyse ist das Erkennen von Übertragungsaspekten und -konflikten, die als Reinszenierung früherer Beziehungserfahrungen betrachtet werden. Durch bewusste Reflexion dieser Übertragungen können destruktive Prägungen erkannt und Veränderungsprozesse eingeleitet werden. Die abstinente Haltung der Therapeut:innen ermöglicht es, Übertragungsphänomene aufzudecken und im Rahmen der Behandlung zu bearbeiten, was der therapeutischen Beziehung besondere Bedeutung verleiht. Im deutschsprachigen Raum wird hierfür häufig der Begriff des Arbeitsbündnisses oder der therapeutischen Allianz verwendet (Gahleitner, 2017, S. 60–61; Schäfter, 2010, S. 63–64). In diesem Zusammenhang formulieren Bachelor und Horvath (1999, S. 136) prägnant: „Alliance is the glue that binds client to the therapist but in itself is not therapeutic."

Die Verhaltenstherapie wurde ursprünglich als technikorientierter Ansatz entwickelt, bei dem die therapeutische Beziehung primär ein unterstützendes Hilfsmittel im strukturierten Therapieprozess darstellte. Dennoch wurde früh erkannt, dass Umgebungs- und Beziehungseinflüsse wesentliche Faktoren psychosozialer Veränderungsprozesse sind. Neuere neurophysiologische Forschungsergebnisse führten dazu, bindungstheoretische und beziehungsorientierte Aspekte zunehmend in verhaltenstherapeutische Interventionen zu integrieren (Grawe, 1998). Der Einfluss der therapeutischen Beziehung auf den Therapieerfolg wird auch hier inzwischen als dialogischer Prozess verstanden (Caspar, 2008). Der frühere Gegensatz zwischen Technik- und Beziehungsschwerpunkt wurde sowohl in der Verhaltenstherapie als auch in der Psychoanalyse durch Vertreter:innen relationalpsychoanalytischer Ansätze überwunden. Diese Weiterentwicklungen betonen die aktuelle Beziehungsstruktur zwischen Klient:innen und Therapeut:innen, insbesondere in der Arbeit mit schwer traumatisierten Menschen. Übertragungs- und Gegenübertragungsgeschehen werden dabei dialogisch bearbeitet, wobei ein schützender anstelle eines konfrontativen Ansatzes verfolgt wird (Borg-Laufs, 2002).

Ein grundlegend anderes Verständnis der therapeutischen Beziehung zeigt sich in der Gesprächspsychotherapie nach Carl Rogers (1987). Hier bildet die Gestaltung einer förderlichen Beziehung im Hier und Jetzt das im Mittelpunkt stehende methodische Konzept. Goldfried und Davila (2005) heben die Bedeutung der therapeutischen Beziehung in humanistischen Verfahren besonders hervor und bezeichnen Carl Rogers als einen der stärksten Befürworter dieses Ansatzes: „Perhaps one of the strongest advocates of the importance of the therapeutic relationship in the change process was Carl Rogers“ (Goldfried & Davila, 2005, S. 422). Die personzentrierte Therapie basiert auf einem humanistischen Menschenbild und geht davon aus, dass therapeutische Veränderung durch eine gelingende Beziehungsgestaltung zwischen Therapeut:in und Klient:in ermöglicht wird. Die therapeutische Beziehung wird hier aktiv hergestellt und dient als korrigierende Beziehungserfahrung. Der professionelle psychologische Kontakt fördert konstruktive und wachstumsorientierte Veränderungen in Persönlichkeit und Verhalten der Klient:innen. Rogers (1980; 2015, S. 84) beschreibt: „In diesem günstigen Klima ist das Individuum frei, jede Richtung zu wählen, aber es entscheidet sich für positive und konstruktive Wege.“

Im Kontext der Gefährdungsabklärung durch die Kinder- und Jugendhilfe kommt der professionellen Beziehungsgestaltung besondere Bedeutung zu. Ein förderliches Setting kann bereits in der Abklärungsphase Veränderungen in der Familie anstoßen und dem Kinderschutz dienen. Höger (2006a) betont, dass Wachstum und Reife eines Individuums in einem Klima der Sicherheit gefördert werden, in dem die Aktualisierungstendenz frei wirken kann. Für die Fachkräfte der Kinder- und Jugendhilfe ergibt sich daraus die Herausforderung, ein potenziell bedrohliches Klima im Erstkontakt professionell abzubauen (Höger, 2006a, S. 42). Leitner (2009) verdichtet diesen Ansatz, indem er die Qualität der zwischenmenschlichen Beziehung als entscheidend für die Verwirklichung der organismischen Aktualisierungstendenz betrachtet. Rogers (1970, S. 47) formuliert seine Grundhypothese entsprechend: „Wenn ich eine gewisse Art von Beziehung herstellen kann, dann wird der andere die Fähigkeit in sich selbst entdecken, diese Beziehung zu seiner Entfaltung zu nutzen, und Veränderung und persönliche Entwicklung finden statt.“ Als wesentliche Grundbedingungen nennt er Wertschätzung (bedingungsfreies Akzeptieren), Empathie (präzises einfühlendes Verstehen) und Kongruenz (Echtheit). Finke (2010) unterstreicht, dass Wertschätzung Vertrauen fördert und Klient:innen ermutigt, auch schambesetzte Themen anzusprechen. Dies reduziert Scham- und Schuldgefühle und stärkt das Vertrauen sowohl in die helfende Person als auch in sich selbst (Finke, 2010, S. 23). Biermann-Ratjen (2003) weist darauf hin, dass bedingungslose Wertschätzung keine Technik, sondern ein grundlegendes Element zwischenmenschlicher Beziehungen ist und eine wesentliche Voraussetzung für Selbstentwicklung darstellt. Stumm & Keil (2014) betonen, dass die Schaffung einer hilfreichen Beziehung ein interaktioneller Prozess ist, der Wechselseitigkeit und Koproduktion zwischen Helfer:innen und Klient:innen voraussetzt. In der Kinder- und Jugendhilfe müssen diese Grundhaltungen nicht nur kommuniziert, sondern auch von den Adressat:innen wahrgenommen und rezipiert werden können.

Die Bedeutung der therapeutischen Beziehung zählt heute zu den am besten erforschten Bereichen der Psychotherapieforschung (Crits-Christoph et al., 2013; Luborsky, 1994; Orlinsky et al., 1994, S. 360). Begriffe wie Arbeitsbündnis, therapeutische Allianz, therapeutischer Kontakt oder therapeutische Bindung werden in verschiedenen Schulen und Forschungstraditionen variierend verwendet (Bastine, 2008). Im deutschsprachigen Raum wurde die therapeutische Beziehung insbesondere durch Grawe (1998, 2004) als Wirkfaktor betont und auf die Soziale Arbeit übertragen. Problembehandlung, Veränderung, Problembewältigung und Ressourcenaktivierung können demnach nur in einem professionellen Beziehungsrahmen wirksam werden. Obwohl zahlreiche Studien die Relevanz der therapeutischen Beziehung belegen, beziehen sich viele vorwiegend auf die Outcome-Forschung und weniger auf die konkrete Gestaltung des Beziehungsprozesses. Die weitgehend quantitativ orientierte Forschung berücksichtigt nur eingeschränkt die klientenzentrierten Kriterien nach Rogers sowie die verschiedenen therapeutischen Herangehensweisen. Klar ist jedoch: Die therapeutische Beziehung weist zahlreiche Kontextmerkmale auf und ist daher als komplexes Passungsgeschehen zu begreifen. Aus dieser Komplexität entstehen Ambivalenzen, deren kompetente Handhabung reflektierte Selbstwahrnehmung und Selbsterfahrungsprozesse erfordert. Die Erkenntnisse aus der Psychotherapieforschung sind somit eine erhebliche Relevanz für die psychosoziale Praxis (Hermer & Röhrle, 2008, S. 37).

3.3 Beziehung aus (sozial-)pädagogischer Sicht

Im Unterschied zum strukturell und grundlegend ausgerichteten Beziehungsverständnis der Soziologie oder Psychotherapie rückt die Pädagogik die professionelle helfende Beziehung in besonderer Weise in den Mittelpunkt. Diese Beziehung besteht zwischen einer Fachkraft und ihrem Zögling – einem Kind oder Jugendlichen – und ist durch festgelegte Rollen und damit verbundene Erwartungen strukturiert. Das pädagogische Selbstverständnis gründet sich auf dieser Beziehung und dem daraus resultierenden pädagogischen Handeln. Giesecke (1997) analysiert die historische Entwicklung pädagogischer Beziehungen: von einem ursprünglich familiären Verständnis hin zu einem professionellen pädagogischen Verhältnis. Er zeigt, dass sich der autoritäre Charakter der pädagogischen Beziehung im Zuge der Aufklärung und der Reformpädagogik des 20. Jahrhunderts zugunsten einer demokratisch-kameradschaftlichen Ausrichtung wandelte. Nohl (1963), Vertreter der geisteswissenschaftlichen Pädagogik, betonte während der reformpädagogischen Wende die bedeutende Rolle des pädagogischen Bezugs. Er sah das Verhältnis zwischen Erziehenden und zu Erziehenden als durch ein Gefälle zwischen Reife und Unreife, Selbstständigkeit und Unselbstständigkeit geprägt. Nohl (1963, S. 134) formuliert: „Die Grundlage der Erziehung ist […] das leidenschaftliche Verhältnis eines reifen Menschen zu einem werdenden Menschen, und zwar um seiner selbst willen, dass er zu seinem Leben und seiner Form komme."

Vertrauen gilt als notwendige Voraussetzung für eine gelingende pädagogische Beziehung (Klika, 2013, S. 42). Diese ist durch Gegenseitigkeit, emotionale Wärme und eine personale Ganzheitlichkeit der Bezugsperson charakterisiert (Meyer, 2009, S. 59). Ziel pädagogischen Handelns ist es, die eigenständige Entwicklung und die Selbstwertfindung der Heranwachsenden zu unterstützen (Klika, 2013, S. 39). Damit wird eine professionelle Interaktion gefordert, die Nähe zulässt und zugleich die notwendige Distanz wahrt, um professionelle Grenzen und die Eigenständigkeit der Adressat:innen zu gewährleisten (Dörr, 2007, S. 137). Vertrauen und Verbundenheit gelten als elementare Grundlagen erfolgreichen Lernens und gelingender Persönlichkeitsentwicklung (Gaus & Drieschner, 2011, S. 7). Pädagogische Beziehungen sind von einer Antinomie geprägt: Während Nähe aufgebaut wird, muss zugleich die Loslösung der Heranwachsenden ermöglicht werden (Gaus & Drieschner, 2011, S. 41).

Nohl (1963) hob in diesem Zusammenhang die Liebe als wesentliches Element hervor – ein Konzept, das in der aktuellen Diskussion zunehmend kritisch reflektiert wird (vgl. Abschnitt 3.5). Dörr & Müller (2019, S. 18) äußern sich kritisch gegenüber dem Begriff der „Beziehungsarbeit", insbesondere wenn dieser mit dem Ethos der Liebe verknüpft wird. Missverständnisse hinsichtlich Macht und Begehren könnten daraus resultieren. Öffentliche Debatten über Nähe und Distanz in pädagogischen Kontexten, angestoßen durch Fälle von Übergriffen in (sozial)pädagogischen Einrichtungen, führten dazu, dass die Idee der „pädagogischen Liebe" zunehmend hinterfragt wird (Dörr, 2019a, S. 130–132; Gahleitner, 2017, S. 35–37; Meyer, 2009, S. 57). In der aktuellen Diskussion wird der Liebesbegriff weitgehend durch Konzepte wie emotionale Nähe, Respekt und Wertschätzung ersetzt (Meyer-Drawe, 2012; Gahleitner, 2017, S. 38). Prange (2013) schlägt vor, das Ethos der Liebe durch ein Ethos der Achtung zu ersetzen. Trotz berechtigter Kritik bleiben Nohls Überlegungen zum pädagogischen Bezug wesentliche Bezugspunkte der sozialpädagogischen Arbeit (Giesecke, 2013, S. 67–69).

Martin Bubers dialogphilosophischer Ansatz erweitert das Verständnis pädagogischer Beziehungen grundlegend. Im Zentrum steht das dialogische Prinzip der Ich-Du-Beziehung, das auf Anerkennung der Andersheit, Gegenseitigkeit und Unmittelbarkeit beruht (Schäfter, 2010, S. 34–35). Buber betont: „Der Mensch wird am Du zum Ich“ (Schaller, 1978, S. 65) und unterstreicht damit die existenzielle Bedeutung authentischer Begegnungen für die Persönlichkeitsentwicklung (Buber, 2004, S. 12–14). Maier (1992, S. 128–130) fasst elementare Merkmale der pädagogischen Ich-Du-Beziehung zusammen: Anerkennung der Eigenheit, Gegenseitigkeit und Unmittelbarkeit. Diese Elemente erfordern, dass pädagogische Beziehungen nicht instrumentell genutzt werden dürfen und stets die Gefahr von Manipulation im Abhängigkeitsverhältnis bewusst bleibt. Mollenhauer entwickelte in den 1960er-Jahren ein demokratisches Erziehungsverständnis, das Beratung als wichtiges Element betont und Heranwachsende als autonome Subjekte begreift. Seine Ansätze basieren auf emanzipatorischen Zielen wie Aufklärung, Bewusstseinsbildung und Förderung von Autonomie und Kooperation (Schäfter, 2010, S. 36).

Pädagogische Beziehungen sind einem ständigen Wandel unterworfen. Prozesse wie Individualisierung, Pluralisierung und Entgrenzung prägen die aktuellen Anforderungen (Rätz, 2011, S. 69). Während Nohl emotionale Bindung stark betonte, wird heute gefordert, pädagogische Beziehungen klar von Liebes- und Freundschaftsbeziehungen abzugrenzen (Friedrichs & Waluga, 2021, S. 12). Reflexivität und Distanz gewinnen zunehmend an Bedeutung. Die kritische Reflexion von Machtasymmetrien ist ein grundlegendes Thema moderner pädagogischer Theorien. Ricken (2012, S. 108) zeigt auf, dass Macht und Begehren in asymmetrischen Beziehungskonstellationen nicht voneinander zu trennen sind, da sie Strukturmomente aller sozialen und kommunikativen Beziehungen darstellen. Thiersch (2001, S. 1255) betont, dass professionelle Beziehungsgestaltung ein Balanceakt zwischen Nähe und Distanz darstellt: Fachkräfte sollen menschlich bleiben, Interesse an den Lern- und Entwicklungsprozessen ihrer Klient:innen zeigen, Hoffnung, Schmerz und Enttäuschung anerkennen und zugleich professionelle Grenzen wahren (vgl. Abschnitt 3.5). Während Nohl pädagogische Beziehung noch hierarchisch konzipierte, rückt Thiersch die Wechselseitigkeit und Prozesshaftigkeit von Beziehungen stärker in den Vordergrund. Damit entwickelt er das traditionelle Modell in Richtung dialogisch orientierter Beziehungskonzepte weiter. Rätz-Heinisch (2005, S. 17) bzw. Rätz (2017) ergänzt diese Ansätze, indem sie institutionelle Bedingungen und biografische Belastungen junger Menschen, welche als „aussichtlose Fälle“ in der stationären Kinder- und Jugendhilfe betrachtet werden, stärker berücksichtigt. Sie zeigt auf, dass tragfähige Beziehungen nicht selbstverständlich entstehen, sondern ein dynamischer und oft langwieriger Aufbauprozess sind.

Erkenntnisse der Bindungs- und Traumaforschung, die in Kapitel 4 vertiefend dargestellt werden, liefern weitere Erkenntnisse: Frühkindliche Beziehungserfahrungen prägen die spätere soziale Interaktionsfähigkeit maßgeblich. Traumatische

Erlebnisse können den Beziehungsaufbau erschweren. Je nachdem, welche Bindungsrepräsentationen der junge Mensch in der Interaktion mit seinen primären Bezugspersonen entwickelt hat, beeinflusst dies auch die Gestaltung sozialpädagogischer Beziehungen, sei es in Einrichtungen der Kinder- und Jugendhilfe oder in Beratungssituationen (Brisch & Hellbrügge, 2003; Rätz-Heinisch, 2005; Rätz 2017). Die Traumaforschung sensibilisiert dafür, emotionale Ausdrucksweisen und schwer verständliche Verhaltensweisen differenzierter zu deuten, normative Maßstäbe zu hinterfragen und stattdessen heilsame Settings zu schaffen. Fachkräfte müssen diese Dynamiken reflektieren und dürfen problematische Verhaltensweisen nicht vorschnell pathologisieren (Gahleitner, 2017).

In der Kinder- und Jugendhilfe treffen Fachkräfte auf junge Menschen mit höchst unterschiedlichen Vorerfahrungen. Diese Heterogenität kann zu Beziehungsabbrüchen und massiven Konflikten führen, wodurch der pädagogische Alltag stark herausgefordert wird. Fachkräfte müssen in der Lage sein, solche belastenden Situationen auszuhalten, professionell zu gestalten und tragfähige Perspektiven für den weiteren Hilfeverlauf zu entwickeln. Zugleich bleibt vielfach unbeachtet, dass auch Fachkräfte ein eigenes Bedürfnis nach verlässlichen Beziehungen mitbringen und ihre Bindungsrepräsentationen sowie biografischen Erfahrungen in die Beziehungsgestaltung einfließen. Diese wechselseitige Dynamik – wie in Kapitel 4 dargestellt – prägt die Qualität professioneller Beziehungen in erheblichem Maße (Rätz, 2011). Eine biografieanalytische Studie von Rätz-Heinisch (2005, S. 314–320) zu gelingender Kinder- und Jugendhilfe identifiziert drei Grundorientierungen junger Menschen: eine auf die Fachkraft zentrierte Beziehungsausrichtung, eine stärkere Institutionenorientierung sowie eine hybride Form, die beide Bezugspunkte verbindet. Diese unterschiedlichen Beziehungsmuster erfordern von Fachkräften ein hohes Maß an Flexibilität, Empathie und situativer Anpassungsfähigkeit. Ergänzend weist Rätz (2017, S. 137) darauf hin, dass die Bedingungen gelingender Beziehungsgestaltung nicht allein in den individuellen Eigenschaften der beteiligten Akteur:innen verortet werden dürfen. Vielmehr rücken die Bedingungen des sozialen Ortes, also der institutionellen Rahmenbedingungen als konstitutive Einflussgrößen in den Fokus. Das institutionelle Gefüge, in dem Erziehungshilfen realisiert werden, prägt maßgeblich die Möglichkeiten und Grenzen professioneller Beziehungsgestaltung.

Grundlegend bleibt: Professionelle sozialpädagogische Beziehungen sind komplexe, dynamische Interaktionsprozesse, die maßgeblich die Lern- und Entwicklungsprozesse von Adressat:innen beeinflussen. Konflikte und Missverständnisse sind Teil dieser Prozesse und bieten zugleich Gelegenheiten für Wachstum und Veränderung (Rätz, 2017). Zusammenfassend zeigt sich, dass professionelle pädagogische Beziehungsgestaltung nicht nur im Kindes- und Jugendalter bedeutsam ist, sondern in allen Lebensphasen, in denen Menschen Unterstützung benötigen. Im Kontext der Gefährdungsabklärung in der Kinder- und Jugendhilfe kommt ihr eine Schlüsselrolle zu: Gelingende Beziehungen tragen entscheidend dazu bei, Vertrauen aufzubauen, Veränderungsprozesse zu initiieren und den Schutz von Kindern zu gewährleisten. Besonders die Konzepte des Arbeitsbündnisses, der Dialogorientierung und die Erkenntnisse der Bindungs- und Traumaforschung, die in Kapitel 4 noch vertiefend dargestellt werden, bieten wertvolle Ansatzpunkte. Sie verdeutlichen, dass die Qualität der Beziehungsgestaltung maßgeblich für das Gelingen von Gefährdungsabklärungen ist und somit eine wesentliche Einflussgröße im Entscheidungsprozess darstellt.

3.4 Professionelle hilfreiche Beziehungen aus sozialarbeiterischer Sicht

Die professionelle Beziehungsgestaltung in der Sozialen Arbeit weist zunächst Parallelen zur pädagogischen Beziehung auf – wie von Giesecke (1997, S. 250–252) in Abschnitt 3.3 beschrieben. Eine Differenzierung ergibt sich jedoch durch Aspekte wie Mündigkeit, Verantwortung sowie spezifische Themenfelder und rechtliche Rahmenbedingungen, die die sozialarbeiterische Beziehung zwischen Fachkräften und Klient:innen von pädagogischen Beziehungen zwischen Erwachsenen und Kindern oder Jugendlichen abgrenzen (Schäfter, 2010, S. 40). Giesecke (2015, S. 115) betont, dass die von Nohl (1988) beschriebene pädagogische Beziehung auch auf erwachsene Klient:innen übertragbar sei, da psychosoziale Entwicklung und Identitätsfindung lebenslang andauern und auch Erwachsene in Notlagen und Krisen pädagogische Unterstützung benötigen können (Böhnisch, 2018, S. 207).

Sozialarbeiterische Beziehungen entstehen, wie Schäfter (2010, S. 40) beschreibt, im Verlauf wiederholter Interaktionen. Klient:innen können freiwillig Hilfe in Anspruch nehmen oder – insbesondere im Bereich der Kinder- und Jugendhilfe – behördlich oder gerichtlich dazu verpflichtet sein. Beziehungen können hinsichtlich Dauer, Häufigkeit, Intensität und emotionaler Tiefe stark variieren: Manche bleiben episodisch, andere entwickeln sich zu längerfristigen, intensiveren Betreuungs- oder Beratungsprozessen. Bommes und Scherr (2012, S. 211) definieren helfende Beziehungen in der Sozialen Arbeit als Interaktionen, die auf Erziehung, Betreuung oder Beratung abzielen und über reine Informationsvermittlung hinausgehen. Ziel ist es, Veränderungsprozesse bei den Klient:innen anzuregen und zu begleiten. Bang (1964, S. 95) betont, dass eine helfende Beziehung nur dann vorliegt, wenn eine Veränderung im Fühlen, Denken, Handeln oder Verhalten der Klient:innen angestrebt wird. Stimmer (2000, S. 93) hebt hervor, dass helfende Beziehungen Schlüsselvoraussetzungen für die Sozialen Arbeit sind, während Schäfter (2010, S. 39) differenziert, dass auch reine Informationsvermittlung hilfreich sein kann, ohne eine klassisch helfende Beziehung zu begründen.

In helfenden Beziehungen mit Erwachsenen tritt der erzieherische Aspekt in den Hintergrund. Stattdessen stehen Verantwortungsteilung sowie die Förderung der Mündigkeit der Klient:innen im Hinblick auf Autonomie und Alltagsbewältigung im Vordergrund. Die Verantwortung bezieht sich primär auf den Hilfeprozess, nicht auf die Lebensgestaltung der Klient:innen (Schäfter, 2010, S. 40). Besonders seit den 1950er- und 1960er-Jahren erlangten Autonomie und Mitbestimmung in der Einzelfallhilfe besondere Bedeutung (Bang, 1964). Grawe et al. (1995, S. 776) postulieren, dass persönliche Probleme und psychische Leidenszustände häufig in und durch Beziehungen entstehen – und dass Heilung ebenfalls durch korrigierende Beziehungserfahrungen erfolgen muss. Bang (1964) konstatiert, dass die Bedeutung der Beziehung für den Erfolg sozialarbeiterischer Hilfeprozesse weitgehend anerkannt wird, wenngleich konkrete Anleitungen zur Gestaltung professioneller Beziehungen oft fehlen.

Während die Psychotherapieforschung intensiv die Wirkung der Beziehung auf den Therapieerfolg untersucht, fehlen in der Sozialen Arbeit vergleichbare empirische Studien weitgehend. Urban (2004, S. 194) hebt hervor, dass Klient:innen die Beziehung zur Fachkraft als zentralen Wirkfaktor wahrnehmen. Abeld (2017, S. 13) zeigt, dass 80 % der Klient:innen, die eine vertrauensvolle Beziehung erlebten, die Hilfeleistung als stärkend empfinden – im Gegensatz zu nur 37 % bei fehlendem Vertrauen. Wertschätzung und Empathie werden als erforderliche Qualitäten der Interaktion genannt. Beziehungsarbeit zielt darauf, neue Erfahrungsräume zu eröffnen und die Handlungsfähigkeiten der Klient:innen zu erweitern (Friedrichs & Waluga, 2021, S. 14). Konkrete Handlungsanleitungen fehlen jedoch häufig, was Unsicherheiten bei Fachkräften begünstigt (Best, 2020, S. 47). Methoden der Sozialen Arbeit bieten hier Orientierung und Sicherheit, indem sie Techniken vermitteln und gleichzeitig professionelle wie persönliche Haltungen reflektieren (Schäfter, 2010, S. 42).

Galuske (2001, S. 54–56) beschreibt die Beziehung als Grundlage methodischer Konzepte, etwa der klientenzentrierten Gesprächsführung oder Familientherapie. Beziehung wird hierbei als Basis eines Arbeitsbündnisses verstanden, das die Kooperation zwischen Fachkräften und Klient:innen unterstützen soll. Zwei weitere Aspekte ergänzen diese Betrachtung: Erstens die Modellwirkung der Fachkraft, die korrigierende Beziehungserfahrung ermöglicht; zweitens die soziale Beziehung als Lernfeld, in dem Verhaltensmuster sichtbar werden und durch Metakommunikation oder Konfrontation bearbeitet werden können (Galuske, 2001, S. 43; Heiner, 2010, S. 129).

Die Beziehungskompetenz der Fachkraft speist sich aus der Verbindung von Sozial-, Selbst- und Methodenkompetenz. Während methodisches Wissen erlernbar ist, basieren Sozial- und Selbstkompetenz stärker auf Persönlichkeitsentwicklung und beruflicher Sozialisation (Stimmer, 2000, S. 207; Friedrichs & Waluga, 2021, S. 14). Dies erfordert eine hohe Bereitschaft zur Selbstreflexion und eine kontinuierliche Auseinandersetzung mit der eigenen Professionalität (Bigos, 2014, S. 11). Eine „reflektierte, theoretisch begründbare und nur tendenziell lehrbare Beziehungsgestaltung mit den Klient:innen – entlang eines klaren Rollenverständnisses" gilt als notwendige Voraussetzung (Gahleitner, 2017, S. 36). Petzold (2013, S. 20) betont, dass professionelle Beziehungsgestaltung ein bewusstes Einlassen sowie die reflektierte Auseinandersetzung mit Nähe, Distanz, Angst und Verletzlichkeit erfordert. Vor diesem Hintergrund untersucht Abeld (2017), welche Faktoren aus Sicht der Klient:innen das Gelingen professioneller Beziehungen beeinflussen. Aufbauend auf einer qualitativen Untersuchung mit Kunstreich (Dahm & Kunstreich, 2013) analysiert sie insbesondere die professionelle Regulierung von Nähe und Distanz. Fachkräfte neigen dazu, Distanz überzubetonen und Nähe als unprofessionell wahrzunehmen, wobei die Risiken einer unzureichenden Nähegestaltung wenig reflektiert werden (Abeld, 2017, S. 13–14). Nähe und Distanz werden häufig als unvereinbare Pole konstruiert, obwohl tragfähige Beziehungen gerade eine sensible Balance dieser Dimensionen erfordern; eine vertiefte Betrachtung erfolgt im Folgekapitel 3.5.

Zudem zeigt Abeld, dass individuelle Betreuungsstile weniger von den Bedürfnissen der Klient:innen oder dem Arbeitsfeld abhängen, sondern wesentlich von institutionellen Rahmenbedingungen, der Teamkultur und der persönlichen Reflexionsbereitschaft der Fachkräfte geprägt sind (Abeld, 2017, S. 13–14). Aus Sicht der Klient:innen bieten gelingende Beziehungen einen „dritten Ort", der Identitätsrekonstruktion und korrigierende Bindungserfahrungen („earned security") ermöglicht (Abeld, 2017, S. 255–256). Diese Perspektive entspricht auch dem Konzept eines sicheren Hafens und der Aufrechterhaltung emotional korrigierender Erfahrungen innerhalb professioneller Beziehungen, wie es Gahleitner (2007, S. 5) beschreibt. Brisch (2009, S. 64) weist ergänzend darauf hin, dass auch im sozialarbeiterischen Kontext bindungsförderliche Beziehungserfahrungen ermöglicht werden können. Professionelle Beziehungen entstehen im Spannungsfeld zwischen Theorie und Praxis und sollen Beschämung vermeiden sowie selbstbestimmte Entwicklungsprozesse unterstützen (Abeld, 2017, S. 258). Dafür sind spezifische Kompetenzen erforderlich, wie Differenzakzeptanz, dialektische

Kompetenz, phänomenologische und hermeneutische Fähigkeiten, diagnostisches Fallverstehen und eine personflexible Antizipationskompetenz (Abeld, 2017, S. 260–261). Darüber hinaus stellt Abeld (2017, S. 255–256) ein integrales Verständnis professioneller Beziehungen vor, das die vier Entitäten Innen, Außen, Individuell und Kollektiv sowie eine holarchische Stufenstruktur berücksichtigt. Zudem setzt eine gelingende Beziehung unterstützende institutionelle, kollegiale und gesellschaftliche Rahmenbedingungen voraus, da steigende Arbeitsdichte, Verwaltungsaufwand und schwierige Klient:innen die Beziehungsarbeit erheblich beeinflussen (Dahm & Kunstreich, 2013, S. 15–42). An diese Befunde knüpft Gahleitner (2014; 2011; 2020a) an, indem sie Soziale Arbeit als Beziehungsarbeit versteht und die Bedeutung eines aufrichtig geführten Dialogs als wesentliche Interventionsstrategie hervorhebt. Sie resümiert, dass der Erfolg professioneller Begleitung wesentlich von der Qualität der helfenden Beziehung abhängt (Gahleitner, 2020a, S. 89).

Eine optimale Beratungsbeziehung zeichnet sich durch Sicherheit, Entwicklungsmöglichkeiten und ein grundlegendes Interesse der Fachkraft am Gegenüber aus (Schäfter, 2010, S. 46). Bindungs- und Beziehungsarbeit bildet dabei nicht nur die Grundlage des Hilfeprozesses, sondern fungiert als Medium für Explorations- und Veränderungsprozesse. Besonders im Umgang mit schwer erreichbaren Klient:innen sowie im Zwangskontext der Kinder- und Jugendhilfe sind tragfähige, persönlich geprägte Beziehungen essenziell für nachhaltige Entwicklungsprozesse (Gahleitner, 2020a, S. 89–90). Auf Basis dieser Erkenntnisse skizziert Gahleitner ein fünfstufiges Modell professioneller Beziehungsgestaltung (Gahleitner, 2020a, S. 90–91), das folgende Schritte von der Beziehungsanbahnung über die Vertrauensbildung bis hin zur Ko-Konstruktion neuer Perspektiven umfasst:

- Erste Kontaktaufnahme und Beziehungsanbahnung: Ziel ist die Schaffung einer vertrauensvollen Atmosphäre, in der erste Beziehungserfahrungen möglich werden. Entscheidend ist eine authentische, emotional tragfähige und zugleich reflexiv und fachlich fundierte Beziehungsgestaltung. Der bestehende Bindungsstatus der Klient:innen bildet den Ausgangspunkt, um „Earned-Security"-Prozesse zu fördern. Voraussetzung dafür ist eine diagnostische Erfassung von Problemlagen und Ressourcen, die in die Hilfe- und Interventionsplanung integriert werden. Grundlage bildet ein partizipativ-dialogisches Vorgehen, das Biografie und Lebenswelt der Klient:innen umfassend berücksichtigt (Böhnisch, 2016).
- Aufbau von Vertrauen und emotionaler Sicherheit: Kontinuität und Authentizität stabilisieren die Beziehung. Adressat:innen erleben die Wirkung professioneller Beziehungsgestaltung hauptsächlich über den persönlichen Anteil der

Fachkraft. Bestehendes Misstrauen muss durch eine bindungssensible Regulierung von Nähe und Distanz überwunden werden. Besonders bei schwer erreichbaren Klient:innen – vgl. auch Kapitel 4 – können so „schützende Inselerfahrungen" entstehen (Gahleitner 2005, S. 63; 2011, S. 40; 2020a, S. 90). Voraussetzung hierfür ist, dass Fachkräfte selbst aktiv Vertrauen investieren, was einer „Kultur des Vertrauens" entspricht (Petzold, 2011, S. 66).

- Ermöglichung von Exploration und Selbstöffnung: In einem geschützten Rahmen werden Explorations- und Selbsterfahrungsprozesse angeregt. Eine vertrauensvolle Atmosphäre ermöglicht die Entwicklung alternativer Selbst- und Beziehungskonzepte sowie die Auseinandersetzung mit bisherigen Bindungserfahrungen. Ängste und Unsicherheiten können bearbeitet und neue Handlungsspielräume erschlossen werden.
- Ko-Konstruktion von Perspektiven und neuen Handlungsmöglichkeiten: In dialogischer Auseinandersetzung werden gemeinsam neue Sichtweisen und Handlungsoptionen entwickelt. Der Ko-Konstruktionsprozess beruht auf gegenseitigem Respekt, aktiver Beteiligung und kontinuierlicher Reflexion. Dadurch werden Selbstwirksamkeit und Eigenverantwortung der Klient:innen gestärkt, was als ausschlaggebendes Element nachhaltiger Veränderung gilt (Gahleitner, 2020a).
- Unterstützung von Selbstveränderungs- und Entwicklungsprozessen: Die professionelle Beziehung fungiert als Katalysator für Prozesse der Selbstreflexion, Identitätsentwicklung und Transformation. Eine stabil etablierte Beziehung ermöglicht es den Klient:innen, neue Selbstbilder zu entwickeln und alternative Beziehungserfahrungen langfristig zu integrieren.

Das fünfstufige Modell verdeutlicht eindrücklich, wie bewusst und strukturiert gestaltete Beziehungsarbeit die Grundlage erfolgreicher psychosozialer Hilfeprozesse bildet. In der Praxis der Sozialen Arbeit bleiben dennoch viele Fragen offen: Wie professionelle Beziehungen konkret gestaltet werden können, ist häufig unklar – eine Unsicherheit, die Rückzug in schützende Distanz begünstigen kann (Abeld, 2017, S. 16). Bauer (2008, S. 48) empfiehlt aus neurobiologischer Perspektive, dass Fachkräfte sich bewusst emotional berühren lassen sollten, um Sympathie und Vertrauen zu fördern. Professionelle Beziehungsgestaltung in der Sozialen Arbeit stellt somit eine erhebliche Herausforderung dar: Sie verlangt ein hohes Maß an Selbstreflexion, fundiertes Wissen über die eigene Wirkung und die Fähigkeit, bewusst die eigene Person als „Werkzeug" im Hilfeprozess einzusetzen (von Spiegel, 2018, S. 74). Im folgenden Kapitel wird die Herausforderung der Balance von Nähe und Distanz als konstitutives Spannungsfeld in professionellen Beziehungen näher untersucht.

3.5 Nähe und Distanz in professionellen Beziehungen – eine Antinomie

Das Begriffspaar Nähe und Distanz stellt eine Antinomie innerhalb professioneller Beziehungsgestaltung in der Sozialen Arbeit sowie verwandter Disziplinen dar (Dörr & Müller, 2019, S. 14–16). Diese Dichotomie besitzt nicht nur analytische Bedeutung, sondern entfaltet weitreichende praxisbezogene Implikationen, insbesondere im Hinblick auf die Rollenaushandlung von Fachkräften und die Steuerung interaktionaler Dynamiken. Die Fähigkeit, eine Balance zwischen professioneller Integrität und empathischer Beziehungsarbeit herzustellen, erfordert kontinuierliche Reflexion sowie adaptive Anpassung an die jeweiligen Kontextbedingungen. Dabei stellt sich die Frage, inwieweit strukturelle, institutionelle und gesellschaftliche Rahmenbedingungen diese Balance beeinflussen und wie Fachkräfte die Dynamik zwischen Nähe und Distanz in der Praxis navigieren können.

Die wissenschaftliche Auseinandersetzung mit dem Verhältnis von Nähe und Distanz verlangt eine multidimensionale Betrachtung. Nähe wird mit Vertrauen, Zuneigung und Bindung (Gaus & Drieschner, 2011, S. 15–22), Intimität (Dörr & Müller, 2019, S. 15) sowie Geborgenheit und Verlässlichkeit (Thiersch, 2019, S. 45) assoziiert. Sie bildet eine essenzielle Grundlage für den Aufbau tragfähiger Arbeitsbündnisse (Gaus & Uhle, 2009, S. 25) und setzt Feinfühligkeit sowie Empathie voraus (Friedrichs & Waluga, 2021, S. 15). Gleichzeitig müssen Fachkräfte das Risiko emotionaler Verstrickungen und potenzieller Grenzverletzungen (Best, 2020, S. 43) reflektieren und Nähe bewusst regulieren, um Vertrauen und Kooperation zu fördern, ohne professionelle Distanz aufzugeben. Distanz wird hingegen mit Freiraum, Sachlichkeit und Neutralität verbunden (Müller, 2019, S. 173; Thiersch & Thiersch, 2009, S. 22). Sie ermöglicht eine reflektierte Abgrenzung zwischen beruflichen und privaten Themen, schützt Fachkräfte vor emotionalen Verstrickungen und Überforderung und sichert ihre professionelle Handlungsfähigkeit (Best, 2020, S. 44–47). Übermäßige Distanz kann jedoch als Ablehnung oder Gleichgültigkeit wahrgenommen werden und die Beziehungsqualität beeinträchtigen (Leck, 2018, S. 367). Dieses Spannungsverhältnis ist nicht vollständig auflösbar, sondern bedarf permanenter Reflexion und bewusster Steuerung durch die Fachkräfte (Dörr & Müller, 2019, S. 14). Professionelle Beziehungsgestaltung erfordert daher die gleichzeitige Wahrung einer klaren Haltung und die Offenheit für individuell angemessene Beziehungsangebote (Oevermann, 1996, S. 152–156; Nagel, 2000, S. 361–378). Besonders in der Kinder- und Jugendhilfe kann das Kontrollmandat Spannungen hervorrufen: Während Adressat:innen Nähe als stabilisierend und unterstützend erleben, wird institutionelle Kontrolle häufig als distanzierend und bevormundend wahrgenommen (Schäfter, 2010, S. 61–63). Die Unterscheidung zwischen Beziehungsangeboten und aufgabenbezogenen Interaktionen ist entscheidend, um sowohl Vertrauen zu ermöglichen als auch die Autonomie der Adressat:innen zu respektieren (Heiner, 2007, S. 471).

Die öffentliche Reflexion über Nähe und Distanz wurde durch Missbrauchsskandale in (sozial)pädagogischen Einrichtungen intensiviert und führte zur Implementierung umfassender Schutzkonzepte (Dörr, 2019a, S. 130–132). Fachkräfte sind gefordert, theoretisches Wissen mit fallbezogener Reflexion zu verbinden, um sensibel auf die spezifischen Bedürfnisse der Adressat:innen einzugehen (Dörr, 2018a, 2018b, 2019a). Schäfter (2010, S. 61) weist darauf hin, dass emotionale Nähe einerseits Vertrauen fördern, andererseits jedoch Rollenkonfusion und Grenzüberschreitungen begünstigen kann. Fachkräfte müssen daher emotionale Berührbarkeit zulassen, ohne die notwendige professionelle Abgrenzung aufzugeben. Baecker (2003, S. 257) beschreibt die Aufgabe von Fachkräften als Management der Differenz, das Ressourcen der Adressat:innen aktiviert, ohne deren Lebensrealität defizitorientiert zu bewerten. Goffman (1989) hebt die Bedeutung von Gelegenheitsräumen hervor, die Adressat:innen zur Entwicklung von Selbststeuerung nutzen können. Diese Prozesse sind nicht schematisch steuerbar, sondern bedürfen einer reflexiven Aushandlung unter Berücksichtigung subjektiver und institutioneller Rahmenbedingungen (Dörr & Müller, 2019, S. 20).

Thiersch (2019, S. 42) betont, dass Nähe und Distanz nicht allein aus Alltagserfahrungen heraus verständlich sind, sondern einer theoretischen Einbettung bedürfen. Verschiedene Theorierichtungen, wie die Systemtheorie, die Dienstleistungstheorie, die psychoanalytische (Sozial-)Pädagogik und die hermeneutisch-pragmatische Sozialpädagogik, liefern unterschiedliche Erklärungsansätze. Im Konzept der Lebensweltorientierung hebt Thiersch hervor, dass Nähe und Distanz im Lichte der individuellen Lebenslagen der Adressat:innen reflektiert werden müssen. Professionelle Beziehungsgestaltung erfordert daher, alltagsweltliche Realitäten zu berücksichtigen, während gleichzeitig eine bewusste Distanz zur Wahrung professioneller Handlungsfähigkeit notwendig bleibt. Fachkräfte müssen sich in die subjektive Erfahrungswelt der Adressat:innen einfühlen können, ohne dabei die eigene professionelle Perspektive zu verlieren. Zu große emotionale Nähe kann zu Vereinnahmung und Rollenkonfusion führen, weshalb eine bewusste Trennung zwischen personenbezogenen und aufgabenbezogenen Interaktionen erforderlich ist (Heiner, 2007, S. 471).

Abeld (2017) hebt hervor, dass die Balance von Nähe und Distanz in professionellen Beziehungen nicht ausschließlich auf individueller Ebene ausgehandelt werden kann, sondern stets auch institutionelle und kulturelle Bedingungen reflektieren muss. Die Reduktion von Beziehungsgestaltung auf individuelle Verantwortung – wie sie in Befragungen von Fachkräften vielfach sichtbar wird (Dahm & Kunstreich, 2013) – verkennt die Bedeutung kollektiver und struktureller Unterstützung. Fehlende Reflexion institutioneller Rahmenbedingungen kann dazu führen, dass Nähe als Bedrohung erlebt und Distanz als einzig professioneller Schutzmechanismus überbetont wird. Klient:innen hingegen zeigen sich häufig sensibler für die Rollengrenzen und den „als-ob"-Charakter professioneller Beziehungen, als Fachkräfte vermuten (Abeld, 2017, S. 255; Brisch, 2018, S. 64). Professionelle Beziehungen erfordern daher eine bewusste Regulierung, die sowohl das individuelle Erleben der Beteiligten als auch die strukturellen Bedingungen mitdenkt. Dies beinhaltet, Ohnmacht und Nicht-Wissen ebenso zuzulassen wie Hilfe und Verstehen. Durch diese dialogische Haltung können Beziehungsräume entstehen, die Vertrauen fördern, Grenzverletzungen vermeiden und die Selbstwirksamkeit der Adressat:innen stärken (Abeld, 2017, S. 256). Lebensweltorientierung und Bindungstheorie bieten komplementäre Erklärungsansätze: Während die Lebensweltorientierung soziale und alltagsweltliche Aspekte fokussiert, thematisiert die Bindungstheorie die emotionale und psychodynamische Dimension professioneller Beziehungen (Gahleitner, 2020a; S. 91; Thiersch, 2019, S. 42).

Empirische Studien zeigen, dass Nähe eine grundlegende Voraussetzung für eine vertrauensvolle Zusammenarbeit ist, insbesondere wenn sie mit Offenheit und gegenseitigem Verständnis verbunden ist (Best, 2020, S. 259). Gleichzeitig kann Nähe als belastend erlebt werden, etwa bei divergierenden Erwartungen bezüglich Intensität und Struktur der Beziehung (Dörr & Müller, 2012, S. 7). Übermäßige Distanz wiederum kann als ablehnend oder entmündigend wahrgenommen werden (Best, 2020, S. 261). Die Bindungstheorie erklärt diese Dynamik: Adressat:innen bringen häufig ein erhöhtes Bedürfnis nach Sicherheit und Stabilität in die professionelle Beziehung ein, das sich in Erwartungen nach informeller Nähe oder verstärkter persönlicher Zuwendung äußert (Best, 2020, S. 260). Fachkräfte begegnen diesen Bedürfnissen häufig mit Zurückhaltung, um professionelle Distanz zu wahren, was jedoch von Adressat:innen als Ablehnung interpretiert werden kann. Die bewusste Regulierung dieser Spannungen stellt daher eine immense Herausforderung dar. Auch nonverbale Kommunikation spielt eine wichtige Rolle. Unterschiedliche Deutungen von Körpersprache, Tonfall oder Mimik können zu Missverständnissen führen (Bowlby, 2006). Fachkräfte müssen daher eine hohe Sensibilität für nonverbale Ausdrucksformen entwickeln und eigene Reaktionen bewusst reflektieren. Best (2020, S. 260–265) zeigt auf, dass Adressat:innen Nähe als entscheidenden Erfolgsfaktor in Beratung und Begleitung erleben, während Fachkräfte häufig zur Distanz tendieren, um ihre professionelle Rolle zu wahren. Spannungen zwischen Nähe und Distanz werden selten explizit thematisiert, obwohl sie den Beratungsprozess wesentlich beeinflussen. Der Aufbau einer tragfähigen Arbeitsbeziehung ist jedoch essenziell für den weiteren Verlauf der Hilfeleistung. Supervision und kontinuierliche Selbstreflexion sind daher unerlässlich, um Nähe-Distanz-Dynamiken bewusst zu steuern und professionell auszubalancieren. Die Regulation dieses Spannungsverhältnisses bleibt ein fortlaufender Aushandlungsprozess, der sowohl methodische Kompetenz als auch theoretische Fundierung und institutionelle Unterstützung erfordert.

Ein vertieftes Verständnis der Nähe-Distanz-Problematik erfordert zudem eine differenzierte Betrachtung aus bindungstheoretischer Perspektive. Bindungserfahrungen prägen, wie Adressat:innen professionelle Beziehungen erleben und gestalten (Brisch, 2018, S. 35). Das folgende Kapitel widmet sich deshalb der Relevanz der Bindungstheorie für die professionelle Beziehungsgestaltung in der Sozialen Arbeit. Die Integration dieser Perspektive ermöglicht eine umfassendere Betrachtung des Spannungsfeldes zwischen Nähe und Distanz – sowohl auf interaktionaler als auch auf entwicklungspsychologischer und biografischer Ebene.

4 Bindungstheorie und professionelle Beziehungsgestaltung

Die Bindungstheorie bildet ein theoretisches Fundament für das Verständnis und die Gestaltung professioneller Beziehungen in der Sozialen Arbeit. Besonders die Dynamik von Nähe und Distanz, die allen sozialen Interaktionen innewohnt, lässt sich auf dieser Basis differenziert analysieren. Frühkindliche Bindungserfahrungen prägen grundlegende Beziehungsmuster, die sowohl private als auch professionelle Beziehungen im späteren Leben beeinflussen (Best, 2020, S. 35–37; Gahleitner, 2020a, S. 11–12). Fachkräfte bewegen sich in einem komplexen Spannungsfeld zwischen individuellen Problemlagen von Adressat:innen, institutionellen Rahmenbedingungen und gesellschaftlichen Erwartungen. Beziehungsgestaltung wird dabei zu einem dynamischen Aushandlungsprozess, bei dem eine Balance zwischen Unterstützung und Autonomie sowie zwischen Nähe und Distanz hergestellt werden muss. Gerade für hoch belastete und schwer erreichbare „hard to reach"-Adressat:innen Gahleitner, 2020a, S. 25) sind verlässliche, feinfühlige und reflektierte Beziehungen entscheidend für Vertrauensbildung und Veränderung.

Bindung ist ein grundlegendes menschliches Bedürfnis (Grawe, 2004), das sich in frühen Erfahrungen mit Bezugspersonen manifestiert und unbewusste Orientierungsmuster für spätere Beziehungen schafft. Brisch (2018) beschreibt Bindungskonstellationen als hoch emotionale Teilbereiche umfassender Beziehungssysteme. Für die professionelle Beziehungsgestaltung bedeutet dies, dass Fachkräfte sowohl ihre eigenen Beziehungsmuster als auch die Bindungsdynamiken der Adressat:innen reflektieren müssen, um tragfähige, verlässliche Arbeitsbeziehungen entwickeln zu können. Lenz und Nestmann (2009, S. 10–12) betonen, dass professionelle Beziehungen trotz institutioneller Rahmenbedingungen von wechselseitiger Interaktion geprägt sind, in der sich persönliche

M. Linser, *"Beziehung unter Risiko"*,
https://doi.org/10.1007/978-3-658-51455-6_4

Offenheit mit der professionellen Rolle verbindet. Die bewusste Auseinandersetzung mit der eigenen Haltung zu Nähe und Distanz wird somit zur grundlegenden Voraussetzung erfolgreicher Beziehungsarbeit.

Die Bindungstheorie erweitert das Verständnis helfender Beziehungen, indem sie aufzeigt, dass Bindung als lebenslang wirksames System nicht auf die frühe Kindheit begrenzt ist (Gahleitner, 2020a, S. 90; Grawe, 2004). Die Befriedigung psychischer Grundbedürfnisse – wie Bindung, Selbstwirksamkeit und Orientierung – ist ein wesentliches Ziel psychosozialer Arbeit (Borg-Laufs & Dittrich, 2010). Positive Bindungserfahrungen erleichtern Hilfeprozesse, während professionell gestaltete, sichere Beziehungen korrigierende emotionale Erfahrungen ermöglichen und neue innere Arbeitsmodelle fördern (Abeld, 2017, S. 256; Gahleitner, 2017, S. 82). Obwohl die Relevanz der Bindungstheorie für die Soziale Arbeit unbestritten ist, wird sie in der disziplinären Theorie und Forschung bislang oft nur unzureichend berücksichtigt oder kontextinadäquat verkürzt (Beldowitsch, 2012, S. 72; Gahleitner, 2017, S. 82). Jüngere Ansätze bemühen sich jedoch zunehmend, bindungstheoretische Perspektiven differenziert und kontextspezifisch auf psychosoziale Arbeitsfelder zu integrieren, insbesondere in der Kinder- und Jugendhilfe (Drieschner, 2011b, S. 11). Ein erweitertes Verständnis von Bindung – als relationale Ressource über die Mutter-Kind-Bindung hinaus – dient heute als Grundlage für die pädagogische und beratende Beziehungsgestaltung mit schwer erreichbaren Adressat:innen. Dabei stellt sich die Frage, wie bindungstheoretische Konzepte praxisnah adaptiert und mit bestehenden beziehungsorientierten Ansätzen der Sozialen Arbeit produktiv verbunden werden können (Drieschner, 2011a, S. 111; Gahleitner, 2009, 2017, 2020a; Gaus & Drieschner, 2011, S. 17).

Im weiteren Verlauf dieser Arbeit werden Konzepte der Bindungstheorie dargestellt, um ihre Bedeutung für die professionelle Beziehungsgestaltung systematisch zu erschließen. Dabei wird deutlich, dass Bindungstheorie nicht nur frühe Beziehungserfahrungen, sondern auch spätere Beziehungsdynamiken im Erwachsenenalter beeinflusst, einschließlich professioneller Beziehungskonstellationen. Aus der Psychotherapie- und Beratungsforschung sowie der Forschung zur sozialen Unterstützung ist bekannt, dass positive Bindungserfahrungen Hilfeprozesse erleichtern. Zugleich lassen sich im Rahmen professioneller Beziehungen korrigierende emotionale Erfahrungen ermöglichen, die die Wirksamkeit von Unterstützungsprozessen entscheidend stärken (Abeld, 2017, S. 256; Gahleitner, 2017, S. 82; 2020a, S. 90).

4.1 Grundlagen zur Bindungstheorie

Bindung basiert auf dem im Verlauf der menschlichen Entwicklung entstandenen Grundbedürfnis nach einer stabilen, verlässlichen Beziehung zu primären Bezugspersonen, die dem Kind kontinuierlich Schutz und Fürsorge bieten. Die Bindungstheorie, entwickelt vom Psychoanalytiker und Psychiater John Bowlby in den 1940er und 1950er Jahren, verbindet klinisch-psychologische, psychoanalytische und evolutionsbiologische Perspektiven. Bowlby, der in einer Londoner Klinik regelmäßig mit frühkindlichen Entbehrungen und Traumata konfrontiert war – ein klassisches Feld der Sozialen Arbeit –, verdeutlichte die grundlegende menschliche Neigung, enge emotionale Beziehungen zu entwickeln. Er hob die Bedeutung früher Bindungserfahrungen für die soziale und emotionale Entwicklung über die gesamte Lebensspanne hinweg hervor. Im Zusammenspiel mit den Reaktionen der Bezugsperson auf kindliche Bindungssignale entwickelt das Kind ein sogenanntes inneres Arbeitsmodell von Bindung. Dieses bildet die Grundlage für spätere Beziehungsgestaltungen sowie für bindungsrelevante Emotionen und Kognitionen (Bowlby, 1944, 1951, 1960, 1969, 1973, 1980). Bowlby griff auf die Arbeiten bedeutender Verhaltensforscher und Evolutionsbiologen wie Konrad Lorenz, Nikolaas Tinbergen und Harry Harlow sowie auf Beobachtungen des Psychoanalytikers René Spitz an Heimkindern zurück (Buchheim, 2016a, S. 11). Inspiriert von der Ethologie übernahm Bowlby Konzepte dieser Disziplin und wandte sich gegen psychoanalytische Annahmen, die Bindung lediglich als sekundäres Bedürfnis in Abhängigkeit von Triebbefriedigung interpretierten. Stattdessen verstand er frühkindliche Bezogenheit als primäres, eigenständiges Entwicklungsziel, unabhängig von physiologischen Bedürfnissen wie Hunger.

In seinen Hauptwerken entwickelte Bowlby eine umfassende Theorie über die Natur des menschlichen Bindungsverhaltens und die Folgen früher Trennungs- und Verlusterfahrungen. Die Bindungsperson fungiert in diesem Konzept als sicherer emotionaler Anker, der dem Kind die Exploration seiner Umwelt ermöglicht. Das Bindungssystem bleibt lebenslang wirksam und wird in belastenden, trennungs- oder gefährdenden Situationen aktiviert, um Nähe und Sicherheit bei einer bevorzugten Bezugsperson herzustellen oder wiederzuerlangen. Unter Bindungsverhalten versteht Bowlby jedes Verhalten, das darauf abzielt, Nähe zu einer spezifischen, als schützend empfundenen Bezugsperson zu suchen oder aufrechtzuerhalten (Bowlby, 1973). Für die Entwicklung emotionaler, sozialer und kognitiver Kompetenzen ist eine sichere Basis durch eine feinfühlige Bezugsperson entscheidend. Explorationsverhalten wird durch Neugierde angeregt und endet, wenn die Situation vertraut erscheint oder Unsicherheit das Bindungsverhalten aktiviert. Es besteht eine enge Wechselwirkung zwischen Bindungs- und Explorationsverhalten (Bowlby, 1969).

Grossmann und Grossmann (2012) ergänzen, dass weniger das statische Gleichgewicht zwischen Bindungs- und Explorationssystem als vielmehr die Qualität der Übergänge zwischen diesen Systemen sowie die Verlässlichkeit der Bindungsfigur für die Entwicklung entscheidend sind. Bindung wirkt über Zeit und Raum hinweg stabil und wird insbesondere in belastenden Situationen aktiviert – bei Erwachsenen vor allem bei Angst und Bedrohung. Im Rahmen der Bielefelder und Regensburger Langzeitstudien definieren Grossmann und Grossmann (2012, S. 100) spezifische Kriterien, die Bindungsbeziehungen von anderen engen Beziehungen unterscheiden:

- Intensiver Stress und Protest bei Trennung und Verlust,
- Aktives Nähe-Suchen zur Bindungsperson,
- Nutzung der Bindungsperson als sichere Zuflucht und
- Bereitstellung einer sicheren Basis für Exploration.

Ainsworth et al. (1974) präzisieren den Begriff der sicheren Basis als die von der Bindungsperson geschaffene Atmosphäre, die Exploration ermöglicht und bei Bedarf Schutz und Trost bieten. Ainsworth griff damit die empirische Überprüfung von Bowlbys Annahmen und der traditionellen psychoanalytischen Hypothese auf, der zufolge die frühe Mutter-Kind-Beziehung prägenden Einfluss auf die spätere Persönlichkeitsentwicklung hat. Durch die Operationalisierung von Bowlbys theoretischen Überlegungen verschaffte Ainsworth der Bindungstheorie den Eingang in die akademische Psychologie (Grossmann & Grossmann, 2012).

In der von Ainsworth und ihren Mitarbeiter:innen Ende der 1960er Jahre entwickelten „Fremdensituation" – einem als Miniatur-Drama mit acht Episoden gestalteten Laborexperiment – werden insbesondere die Reaktionen der Kinder auf zweimalige Trennungen und Wiedervereinigungen mit der Mutter untersucht. Ziel der Methode ist es, das Bindungsverhalten (z. B. Anklammern, Nähe suchen) und das Explorationsverhalten (Spielen, Erkunden) experimentell zu aktivieren und die unterschiedlichen Reaktionen bei der Wiedervereinigung zu erfassen (Ainsworth et al., 1978; Buchheim, 2016b, S. 25–34). Dabei wurden vier grundlegende Bindungsmuster identifiziert:

(1) Sichere Bindung (geprägt durch Vertrauen, aktives Nähe-Suchen und Beruhigung bei der Bezugsperson),

(2) Unsicher-vermeidende Bindung (bei der das Kind Nähe vermeidet und unabhängig wirkt),
(3) Unsicher-ambivalente Bindung (gekennzeichnet durch widersprüchliches Verhalten, Nähe-Suchen und gleichzeitigem Widerstand),
(4) Desorganisierte Bindung (die sich durch widersprüchliches, desorientiertes Verhalten zeigt).

Letztere wurde später von Main und Solomon (1990) als Verhaltensweise beschrieben, die nicht als eigenständige Bindungsstrategie gilt, sondern auf einen momentanen Mangel an Organisation hinweist, wie er etwa bei Vernachlässigung, bei Traumata oder nicht verarbeiteten Trauerprozessen von Bezugspersonen beobachtet werden kann (Buchheim, 2016b, S. 30).

Diese theoretischen Grundlagen lassen sich auch auf professionelle Kontexte übertragen, wie neuere Forschungsansätze zeigen. Best (2020, S. 29–32) als auch Gahleitner (2020a, S. 89) erweitern die bindungstheoretische Perspektive auf professionellen Beratungs- und Hilfebeziehungen. Nähewünsche und Distanzbedürfnisse von Klient:innen spiegeln aktivierte Bindungssysteme wider und stellen damit ein bedeutendes Moment der Beziehungsgestaltung dar. Fachkräfte sollten eigene Bindungserfahrungen und -muster reflektieren, um angemessen auf die Bedürfnisse der Adressat:innen nach Nähe und Distanz eingehen zu können. Darüber hinaus betont Best die Aufgabe von Fachkräften, als sichere Bindungspersonen zu agieren und korrigierende Beziehungserfahrungen zu ermöglichen. So wird die Bindungstheorie zu einer fundamentalen Grundlage professioneller Beziehungsgestaltung in psychosozialen Arbeitsfeldern.

Für die empirische Erfassung von Bindung und Bindungsrepräsentationen stehen verschiedene Instrumente zur Verfügung, wie etwa die mütterliche und väterliche Feinfühligkeitsskala, die Fremde-Situations-Testung zur Erfassung der kindlichen Bindungsqualität, das Adult Attachment Interview zur Erhebung von Bindungsrepräsentationen bei Erwachsenen sowie das Adult Attachment Projective Picture System als projektives Verfahren. Diese Instrumente stehen sowohl konzeptionell als auch empirisch miteinander in Verbindung. Die Forschung belegt, dass die Bindungsrepräsentationen der Eltern und deren feinfühliges Verhalten maßgeblich die Bindungsqualität des Kindes beeinflussen (Buchheim, 2016b, S. 26–27). Zudem können Instrumente wie das Adult Attachment Interview oder das Adult Attachment Projective Picture System nicht nur zur Diagnostik von Bindungsrepräsentationen genutzt werden, sondern auch als Grundlage für die Selbsteinschätzung und Reflexion professioneller Bindungskompetenz von Fachkräften dienen, was für eine bindungssensible Beziehungsgestaltung in der Sozialen Arbeit von besonderer Bedeutung ist.

4.2 Professionelle Beziehungsgestaltung aus bindungstheoretischer Sicht

Bindungsrepräsentationen Erwachsener basieren auf individuell geprägten Erlebens- und Verhaltensmustern, die sich aus wiederholten interpersonellen Erfahrungen herausbilden. Bindung ist dabei kein statisches Phänomen, sondern ein dynamischer, lebenslanger Entwicklungs- und Anpassungsprozess, der durch neue Beziehungserfahrungen kontinuierlich modifiziert werden kann. Aus dieser Perspektive eröffnet die Bindungstheorie nicht nur ein vertieftes Verständnis früher Eltern-Kind-Interaktionen, sondern auch eine komplexe biopsychosoziale Perspektive, die für die Analyse und Gestaltung professioneller Beziehungen in psychosozialen Handlungsfeldern von entscheidender Bedeutung ist (Gahleitner, 2017, S. 87). Gerade in den Arbeitsfeldern der Kinder- und Jugendhilfe, der Straffälligenhilfe oder der psychosozialen Beratung, wo Fachkräfte regelmäßig mit hoch belasteten Adressat:innen konfrontiert sind, liefert die Bindungstheorie einen unerlässlichen Bezugsrahmen für die Gestaltung tragfähiger Arbeitsbeziehungen. Bindungserfahrungen sind wesentliche Prozesse der Aneignung und Bewältigung, die in hohem Maße von verlässlichen sozialen Einbindungen abhängig sind (Brisch, 2018; Pauls, 2011). Sowohl gelingende als auch scheiternde Interaktionen haben nachhaltige Auswirkungen auf die emotionale, kognitive und soziale Entwicklung (Dörr, 2019b, S. 9–11; Goffman, 1967, 1986).

Schröder (2020, S. 368–377) weist darauf hin, dass Fachkräfte in der stationären Kinder- und Jugendhilfe oft die Rolle einer primären Bindungsperson übernehmen, insbesondere für Kinder und Jugendliche, die massive Bindungsabbrüche erlebt haben. Fachkräfte müssen dabei im Spannungsfeld zwischen Nähe und Distanz sowie unter institutionellen Rahmenbedingungen agieren. Um sichere Bindungserfahrungen zu ermöglichen, fordert Schröder die systematische Integration der Bindungstheorie in Ausbildung und Praxis sowie die verpflichtende Reflexion eigener Bindungsrepräsentationen.

Trotz der hohen Relevanz wird in der Fachliteratur kritisch angemerkt, dass bindungstheoretisches Wissen bislang zu wenig spezifisch auf die Bedingungen der Sozialen Arbeit übertragen wurde (Gahleitner, 2017; Trost, 2014). Trost sowie Cornel et al. (2020, S. 325) betonen, dass bindungstheoretische Ansätze nicht unreflektiert übernommen, sondern mit anderen Wissensbeständen – etwa aus der Trauma- und Resilienzforschung – zu einem neuen Theoriegebäude verbunden werden müssen. Nur durch eine solche integrative Perspektive könne ein praxistaugliches und theoretisch fundiertes Konzept im Sinne einer biopsychosozialen Professionalität entstehen. Suess (2020, S. 364–367) hebt hervor, dass in jeder Beratungssituation zwei Bindungsmodelle aufeinandertreffen: jenes der ratsuchenden Person und jenes der Fachkraft. Unsichere oder unverarbeitete Bindungsmuster auf Seiten der Fachkräfte erhöhen das Risiko dysfunktionaler Re-Inszenierungen. Suess plädiert daher für eine konsequente Einbindung der Reflexion eigener Bindungsmuster in Ausbildung, Supervision und Praxis und fordert die Entwicklung komplementärer Bindungsstrategien, um flexibel auf unterschiedliche Bindungsbedürfnisse reagieren zu können. Brisch (2011, S. 19–22) warnt, dass Fachkräfte ohne bewusste Auseinandersetzung mit eigenen Bindungsmustern Gefahr laufen, unbewusste Verstrickungen in der Beziehungsgestaltung zu reinszenieren. Gerade in durch Ambivalenz und Unsicherheit geprägten Hilfebeziehungen können solche unreflektierten Dynamiken die Beziehungsqualität erheblich beeinträchtigen. Eine reflektierte, bindungstheoretisch informierte Haltung ist daher von besonderer Bedeutung – sowohl zum Schutz der Adressat:innen als auch zur Stabilisierung der Fachkräfte in ihrer professionellen Rolle.

In der Kinder- und Jugendhilfe begegnen Fachkräfte häufig Eltern, die selbst keine sicheren Bindungserfahrungen gemacht haben. Die kontinuierliche Reflexion eigener Bindungserfahrungen hilft hierbei, dysfunktionale Beziehungsmuster in belasteten Interaktionen zu vermeiden (Brisch, 2011; Cornel et al., 2020b; Gahleitner, 2020b). Dadurch kann eine angemessene Balance von Nähe und Distanz hergestellt werden – eine wichtige Voraussetzung für tragfähige Beziehungen als Basis für Veränderung und Entwicklung (Petrowski et al., 2013).

Wie in Abschnitt 4.1 angesprochen und an dieser Stelle vertiefend ausgeführt, steht mit dem Adult Attachment Interview (AAI) ein etabliertes Instrument zur Verfügung, das Bindungsmuster im Erwachsenenalter erfasst (George et al., 1985; Gloger-Tippelt, 2001). Es unterscheidet sichere, unsicher-distanziert (dismissiv), unsicher-präokkupierte und desorganisierte Bindungsstile. Während sicher gebundene Erwachsene Bindung als Ressource erleben, zeigen unsicher-distanziert gebundene Personen eine Abwertung von Bindung bei gleichzeitigem inneren Isolationsstress (Spangler, 2001, S. 157). Unsicher-präokkupierte Bindungsmuster manifestieren sich in übermäßiger Abhängigkeit und starker Angst vor Zurückweisung. Der desorganisierte Bindungsstil stellt eine besondere Herausforderung dar, da er mit stark ambivalentem Beziehungsverhalten einhergeht (Buchheim, 2016b, S. 30; Main & Solomon, 1990).

Bindungsrepräsentationen sind jedoch keine starren Konstrukte, sondern veränderbare innere Modelle, die durch korrigierende Beziehungserfahrungen modifiziert werden können (Bierhoff & Rohmann, 2010, S. 75). Solche positiven Erfahrungen fördern die Entwicklung von Selbstregulation, Selbstkontrolle und sozialen Kompetenzen (Grossmann & Grossmann, 2004, S. 25; 2012), während belastende Umwelten die Entstehung unsicherer und desorganisierter Bindungen begünstigen (Hellbrügge, 2003, S. 34). Fachkräfte müssen daher in der Lage sein, nicht nur die Bindungsmuster ihrer Klient:innen zu erkennen, sondern auch eigene Gegenübertragungsreaktionen im Lichte ihrer Bindungserfahrungen zu reflektieren. Klug et al. (2020) zeigen in einer empirischen Untersuchung zur Beziehungsgestaltung aus Sicht der Fachkräfte, dass diese die Gestaltung tragfähiger Beziehungen als hoch herausforderndes Element ihrer Arbeit erleben. Besonders im Umgang mit Klient:innen mit schwierigen Bindungserfahrungen stellt die Balance zwischen Nähe und professioneller Distanz eine stetige Herausforderung dar. Tragfähige Beziehungen werden als unabdingbare Voraussetzung für Veränderungsprozesse verstanden. Zudem erschweren institutionelle Rahmenbedingungen wie Zeitdruck und hohe Fallzahlen diese Beziehungsarbeit erheblich. Klug et al. betonen, dass die Reflexion eigener biografischer Bindungserfahrungen sowie die bewusste Auseinandersetzung mit eigenen Haltungen und Gegenübertragungen eine notwendige Grundlage für gelingende Beziehungsgestaltung darstellen. In diesem Zusammenhang fordern sie eine stärkere institutionelle Verankerung von Supervision und kollegialer Beratung, um Fachkräfte bei der Reflexion und Bewältigung belastender Beziehungserfahrungen wirksam zu unterstützen. Damit wird nochmals unterstrichen, dass die Berücksichtigung von Bindungs- und Beziehungsarbeit nicht allein eine theoretische, sondern auch eine strukturelle und organisatorische Aufgabe in den Handlungsfeldern der Sozialen Arbeit ist (Klug et al., 2020, S. 378–385).

Kinder mit unsicheren oder desorganisierten Bindungserfahrungen befinden sich häufig in einem tiefen inneren Konflikt zwischen Nähebedürfnis und Angst vor Zurückweisung (Brisch, 2003). Desorganisierte Bindungsmuster, die sich durch widersprüchliches, chaotisches oder rigides Verhalten manifestieren, sind Ausdruck massiver psychischer Verletzungen (Main & Solomon, 1990; Buchheim, 2016b, S. 30). Fachkräfte stehen hier vor der Herausforderung, verlässliche Beziehungen anzubieten und gleichzeitig professionelle Distanz zu wahren (Gahleitner, 2017). Professionelle Beziehungen bieten vielfach den ersten Raum für korrigierende Erfahrungen (Fröhlich-Gildhoff, 2006, S. 43–44; Gahleitner, 2020a, S. 90; Grossmann & Grossmann, 2012, S. 426). Eine wichtige Kompetenz in der professionellen Beziehungsgestaltung ist die Fähigkeit zur Mentalisierung – also die Wahrnehmung und Reflexion eigener und fremder innerer Zustände (Schleiffer & Gahleitner, 2010). Mentalisierungsfähige Fachkräfte können die inneren Erlebniswelten der Klient:innen spiegeln und dadurch Selbstwahrnehmung und Affektregulation fördern (Gahleitner, 2017, S. 93).

Gahleitners Konzept des Safe Place betont die Bedeutung geschützter Beziehungsräume, die Sicherheit und Stabilität bieten. Diese professionell gestalteten Inseln ermöglichen korrigierende emotionale Erfahrungen und fördern die Entwicklung neuer innerer Arbeitsmodelle. Sie bilden die Grundlage für ein Vertrauen, das notwendig ist, um schrittweise auch schwierige Themen und Beziehungsängste bearbeiten zu können. Gahleitner hebt hervor, dass solche sicheren Beziehungsangebote von Fachkräften aktiv und bewusst gestaltet werden müssen, da sie die Voraussetzung dafür schaffen, dass sich belastete Klient:innen auf einen Beziehungsprozess einlassen und die Chance für Veränderung überhaupt erst entstehen kann (Gahleitner, 2005, S. 63; 2011, S. 409; 2017, S. 93).

Döring (2004, S. 196) und Grossmann und Grossmann (2004, S. 427) betonen die Notwendigkeit aktiver korrigierender Beziehungserfahrungen zur Wiederherstellung von Bindungs- und Kommunikationsprozessen. Die heilende Wirkung von Akzeptanz, Empathie und Kongruenz, wie sie von Rogers (1957; 1967; 1987), Höger (2006b) und Finke (1994) beschrieben wird, entspricht dem Konzept der Feinfühligkeit nach Ainsworth und Wittig (1969). Fachkräfte mit sicherer eigener Bindungsrepräsentation sind besonders in der Lage, solche Erfahrungen zu ermöglichen (Brisch, 2011, Cornel et al, 2020; Suess, 2020). Daher stellt die kontinuierliche Reflexion eigener Bindungsmuster eine Grundvoraussetzung professionellen Handelns dar. „Eine so verstandene, in Ausbildung gelehrte und in Praxis gelebte bindungsorientierte soziale Dienstleistung schafft die Grundlage eines sicheren Ortes, der gekennzeichnet ist durch Feinfühligkeit, Bedürfnisorientierung, Transparenz, Wertschätzung, Partizipation und Nachentwicklung, sodass gerade in Krisen auch Beziehungen aufrechtgehalten werden können" (Schröder, 2020, S. 375). Die Reflexion von Bindungserfahrungen ermöglicht nicht nur eine bewusste Balance zwischen Nähe und Distanz, sondern bildet auch die Grundlage für den reflektierten Umgang mit Macht- und Abhängigkeitsdynamiken – ein Thema, das im folgenden Kapitel vertieft wird.

5 Macht und Beziehung in der Profession Soziale Arbeit

Die professionelle Beziehungsgestaltung in der Sozialen Arbeit bewegt sich in einem komplexen Spannungsfeld zwischen Fürsorge, Schutz und Kontrolle. Wie in den vorangegangenen Kapiteln zur Bedeutung von Beziehung und Bindung sowie zu den Anforderungen professioneller Beziehungsgestaltung herausgearbeitet, bilden tragfähige, vertrauensvolle Beziehungen die Grundlage gelingender Hilfeprozesse (Gahleitner, 2020b). Besonders in der Kinder- und Jugendhilfe, wo Fachkräfte mit hoch belasteten, schwer erreichbaren Adressat:innen arbeiten, kommt der bewussten Beziehungsgestaltung eine besondere Bedeutung zu (Brisch, 2011).

Gleichzeitig sind professionelle Beziehungen nie frei von Macht. Soziale Arbeit ist gesetzlich, institutionell und gesellschaftlich gerahmt, was das Handeln der Fachkräfte maßgeblich strukturiert (Krieger, 2021, S. 82). Fachkräfte müssen sich zwischen Symmetrie und Asymmetrie positionieren, wobei asymmetrische Beziehungen durch ungleiche Machtpotenziale geprägt sind (Heiner, 2010, S. 466; Noack, 2012, S. 33–34). Macht stellt dabei eine grundlegende Dimension professioneller Sozialer Arbeit dar, die jedoch in der Praxis häufig wenig reflektiert wird (Sagebiel, 2021, S. 202). Macht durchzieht sämtliche Prozesse der Beziehungsgestaltung und bildet insbesondere in der Kinder- und Jugendhilfe ein strukturelles Moment, das sich aus gesetzlichen Aufträgen, institutionellen Vorgaben und professionellen Handlungsspielräumen zusammensetzt (Huxoll & Kotthaus, 2012, S. 10; Steinacker, 2012, S. 21–22). Misamer et al. (2017, S. 450) sowie Noack (2012, S. 33) betonen, dass Macht nicht als zufälliges, sondern als konstitutives Element professioneller Interaktionen zu begreifen ist, das durch ungleiche Wissensverteilung und Definitionsmacht strukturell bedingt wird. Wolf (2014, S. 124; 2021, S. 155–159) konkretisiert die Ungleichheit der Machtpotenziale dahingehend, dass weniger mächtige Menschen in besonderem Maße auf Entscheidungen und das Handeln anderer angewiesen sind – sowohl

M. Linser, *"Beziehung unter Risiko"*,
https://doi.org/10.1007/978-3-658-51455-6_5

strukturell als auch emotional. Eltern sind etwa darauf angewiesen, dass Unterstützung gewährt und die Hilfeplanung an ihren Bedürfnissen orientiert wird. Eine emotionale Abhängigkeit entsteht zusätzlich, wenn Fachkräfte – wie in Kapitel 4 dargestellt – als erste und einzige verlässliche Bezugspersonen fungieren (Rosenbauer & Stremmer, 2017, S. 152).

Misamer et al. (2017, S. 451) heben hervor, dass Machtverhältnisse nicht nur auf individueller Ebene, sondern auch institutionell und gesellschaftlich geprägt sind. Besonders in der Kinder- und Jugendhilfe stehen Fachkräfte vor der Herausforderung, Hilfe und Unterstützung anzubieten und zugleich Kontroll- und Schutzfunktionen wahrzunehmen (Huxoll & Kotthaus, 2012, S. 17). Dieses Doppel- und Tripelmandat erfordert eine kontinuierliche Reflexion der eigenen Rolle und des Umgangs mit asymmetrischen Machtverhältnissen (Sagebiel & Pankofer, 2015, S. 14). Zwischen Fachkräften und Adressat:innen besteht ein strukturelles Machtgefälle. Rosenbauer (2007, S. 45–46) verweist zudem auf unbewusste Machtaspekte wie Lust an der Macht und die Schaffung von Abhängigkeiten. Von besonderer Relevanz sind verdeckte und verdrängte Formen von Macht, die sich nicht nur in offenen Anordnungen oder Sanktionen, sondern auch subtil – etwa in der Kommunikation, der Struktur von Hilfeprozessen oder in institutionellen Rahmenbedingungen – manifestieren. Gerade unthematisierte Machtverhältnisse wirken fort und beeinflussen die Interaktion nachhaltig. Subtile Machtausübung bleibt Fachkräften häufig unbewusst, was das Risiko erhöht, dass sich Adressat:innen kontrolliert, abgewertet oder nicht ernst genommen fühlen (Rosenbauer & Stremmer, 2017, S. 151).

Eng verbunden mit verdeckten Machtformen ist das Phänomen der Beschämung. Rosenbauer und Stremmer (2017, S. 152) beschreiben Beschämung als soziales Machtmittel. „Wer sich schämt, zeigt sich bemächtigbar, wer beschämt wird, wem es also gelingt, andere zu beschämen, der erfährt einen Machtzuwachs“ (Bolay, 1998, S. 33). Beschämung kann bewusst oder unbewusst erfolgen und trägt zur Stabilisierung bestehender Machtverhältnisse bei. Besonders in der erzieherischen Hilfe berichten Adressat:innen häufig von Beschämungserfahrungen durch distanzierte oder bevormundende Haltungen, Übergehen ihrer Vorstellungen oder subtile Abwertungen ihrer Lebensweise. Beschämung kann auch entstehen, wenn Bedürfnisse der Adressat:innen nicht richtig erkannt oder Aspekte, auf die sie stolz sind, nicht gewürdigt werden. Insbesondere unausgesprochene Erwartungen der Fachkräfte, etwa der Wunsch nach Dankbarkeit, bergen die Gefahr von Beschämungserfahrungen. Werden diese Erwartungen nicht erfüllt, entwickeln Fachkräfte möglicherweise ihrerseits Beschämungsgefühle, die sich in abwertenden Äußerungen, Ironie oder Schuldzuweisungen ausdrücken (Rosenbauer & Stremmer, 2017, S. 153).

Macht prägt nicht nur Gespräche, Themenauswahl und Entscheidungsspielräume, sondern beeinflusst auch die Aushandlung von Nähe und Distanz (Kraus, 2013). Besonders im Kinderschutz wird der Eingriff in familiäre Lebensverhältnisse sichtbar und macht die Tragweite professioneller Macht deutlich (Krieger, 2021, S. 45). Unreflektierte Machtausübung gefährdet das notwendige Vertrauensverhältnis und damit die Basis erfolgreicher Hilfeprozesse (Steinacker, 2012, S. 20). Rosenbauer und Stremmer (2017, S. 153) verweisen auf die Definitionsmacht der Fachkräfte, die Inhalte und Ziele der Hilfeprozesse maßgeblich prägen, während die Mitgestaltungsmöglichkeiten der Adressat:innen begrenzt bleiben – auch in freiwilligen Hilfekontexten. Winkler (2022, S. 213–235) bringt hierzu das Konzept der Co-Produktion in den Diskurs ein: Gelingen kann Hilfe nur als gemeinsamer Prozess, in dem sowohl Fachkräfte als auch Adressat:innen über Interaktionsmacht verfügen. Rätz (2017, S. 137) und Misamer et al. (2017, S. 451) unterstreichen die Notwendigkeit dialogischer Aushandlungsprozesse. Schäfter (2010, S. 54) weist auf die paradoxe Situation hin, dass Adressat:innen zur Kooperation aufgerufen werden, zugleich aber ihre Hilfebedürftigkeit anerkennen müssen – eine doppelte Belastung, die angesichts von Scham- und Beschämungserfahrungen besonders im Zwangskontext erschwert wird (Rosenbauer & Stremmer, 2017, S. 153–154). Umso wichtiger ist eine systematische Reflexion von Macht und Beschämung, die auch in Ausbildung und Supervision integriert werden sollte, um Fachkräfte für asymmetrische Strukturen zu sensibilisieren (Misamer et al., 2017, S. 454).

Machtbewusste Beziehungsgestaltung bedeutet nicht nur Machtmissbrauch zu verhindern, sondern Macht aktiv und verantwortungsvoll für die Förderung von Autonomie und Teilhabe einzusetzen (Misamer et al., 2017, S. 455). Kappeler (2015, S. 262) betont, dass moralische Appelle nicht ausreichen: Es bedarf struktureller Veränderungen, um institutionelle Machtverhältnisse zu durchbrechen. Partizipative Diskurse, formalisierte Beteiligungsverfahren und unabhängige Ombudsstellen sind Instrumente, um die Rechte der Adressat:innen zu stärken (Kappeler, 2015, S. 263; Schruth, 2015, S. 270–271). Rosenbauer und Stremmer (2017) machen deutlich, dass Macht ein inhärenter Bestandteil professioneller Interaktionen ist – und dass deren bewusste Bearbeitung sowie das Thematisieren von Beschämung unabdingbar für gelingende Beziehungsgestaltung ist. Vor diesem Hintergrund wird deutlich: Eine machtsensible und reflektierte Haltung ist Grundvoraussetzung professioneller Praxis. Sie ist die Basis einer ethisch fundierten und zugleich handlungsfähigen Sozialen Arbeit (Staub-Bernasconi, 2019; Kraus, 2021). Nur durch bewusste Auseinandersetzung mit Machtpositionen und institutionellen Rahmenbedingungen wird eine dialogische und respektvolle Zusammenarbeit sowie eine ernsthafte Co-Produktion zwischen Fachkräften und Adressat:innen möglich. Der folgende Abschnitt 5.1 vertieft diese Überlegungen, indem es theoretische Zugänge zu Macht in der Sozialen Arbeit differenziert darstellt und die Grundlagen für eine machtsensible professionelle Beziehungsgestaltung legt.

5.1 Machttheorien im Kontext Sozialer Arbeit

Wie bereits in Kapitel 5 ausgeführt, ist Macht ein grundlegendes und unausweichliches Element professionellen Handelns in der Sozialen Arbeit. Besonders im Kontext der Kinder- und Jugendhilfe wird deutlich, dass Macht nicht nur als individuelles Handeln, sondern auch als institutionell gerahmte Struktur wirksam wird (Huxoll & Kotthaus, 2012, S. 17). Kraus (2021) beschreibt Macht als untrennbar verbunden mit der Doppelrolle von Fachkräften als Hilfe- und Kontrollinstanz, womit sie ein konstitutives Moment jeder Interaktion darstellt (Misamer et al., 2017, S. 450).

Im Zentrum der theoretischen Auseinandersetzung mit Macht in der Sozialen Arbeit steht die Differenzierung verschiedener Machtkonzepte und -quellen. Traditionell wird Macht im professionellen Selbstverständnis oft negativ konnotiert, da sich Soziale Arbeit auf der Seite der Schwachen und Unterdrückten verortet. Macht wird vielfach mit Ausbeutung, Unterdrückung und Diskriminierung assoziiert und erscheint als Gegensatz zu Hilfe und Unterstützung. Diese Haltung spiegelt auch Erfahrungen von Ohnmacht wider, insbesondere im Kontext ökonomischer Rationalisierung und kapitalistischen Marktlogiken (Sagebiel & Pankofer, 2015, S. 110). Jedoch verkennt diese Sichtweise, dass Soziale Arbeit als Menschenrechtsprofession nicht machtlos ist, sondern vielmehr aktiv Gegenmacht gegen Unterdrückung, Diskriminierung und Gewalt aufbauen muss, um soziale Gerechtigkeit, Teilhabe und Selbstbestimmung zu fördern (Staub-Bernasconi, 2007, S. 374; 2021, S. 367). Für Staub-Bernasconi (2021) ist Macht ein konstitutives Element sozialer Systeme, das sich aus der gegenseitigen Abhängigkeit von Menschen ergibt. Da Menschen zur Befriedigung ihrer biologischen, psychischen und sozialen Bedürfnisse aufeinander angewiesen sind, entstehen zwangsläufig Machtverhältnisse. Diese Verhältnisse werden durch soziale Kategorien wie Alter, Geschlecht, Ethnie, soziale Herkunft, ökonomische Ressourcen und kulturelle Zugehörigkeit strukturiert. Staub-Bernasconi unterscheidet vier Formen von Machtquellen:

- Physische Macht (Körpermacht),
- Kapital und Besitz (Gütermacht),

- Geistige Stärke (Definitions- und Artikulationsmacht),
- Handlungskompetenz (Organisationsmacht) (Staub-Bernasconi, 2021, S. 377–378).

Diese Quellen können sowohl Autonomie und Teilhabe fördern als auch Unterdrückung und Ausgrenzung begünstigen. Entscheidend ist die Unterscheidung zwischen legitimer Begrenzungsmacht, die Teilhabe ermöglicht, und illegitimer Behinderungsmacht, die soziale Ausgrenzung fördert. Damit wird deutlich: Eine einfache Trennung von „guter“ und „böser“ Macht greift zu kurz. Vielmehr bedarf es einer kritischen Analyse und ethischen Reflexion darüber, wann und wie Soziale Arbeit ihre Macht produktiv einsetzen sollte, um Teilhabe, Autonomie und Gerechtigkeit zu fördern (Staub-Bernasconi, 2021, S. 379–385). Misamer et al. (2017, S. 451) beschreiben Macht nicht nur als institutionelle Bedingung, sondern auch als alltägliches Phänomen, innerhalb professioneller Beziehungen durch privilegierten Zugang zu Wissen, Deutungsmacht und Entscheidungskompetenz.

Kraus (2021) verfolgt im Unterschied zu Staub-Bernasconi eine erkenntnistheoretische Perspektive des relationalen Konstruktivismus (Kraus, 2021, S. 98–99; Sagebiel & Pankofer, 2015, S. 125). Es begreift Macht als Resultat wechselseitiger Interaktionen zwischen Subjekt und Umwelt, die er als strukturelle Koppelung oder Doppelbindung beschreibt: Menschen konstruieren ihre Realität, doch diese Konstruktion beeinflusst wiederum ihre Wahrnehmung (Kraus, 2021, S. 93–94). Kraus unterscheidet:

- Instruktive Macht (Einfluss auf Denken und Verhalten),
- Destruktive Macht (Einschränkung von Handlungsmöglichkeiten, Entscheidungs- und Partizipationschancen).

Beide Machtformen können unterstützend oder unterdrückend wirken, je nachdem, ob Adressat:innen über reale Verweigerungsmöglichkeiten verfügen. Kraus betont, dass destruktive Macht tendenziell unmittelbarer und erfolgreicher wirkt (Kraus, 2021, S. 103–105). Zur Veranschaulichung nimmt er Bezug auf das Konzept der „Machtspiele“ oder „Power Plays“, basierend auf Claude Steiner (1966). Diese umfassen Strategien wie:

- Verknappung materieller Güter,
- Einschüchterung,
- Lügen und Vortäuschung,
- Passivität,

- Wissensautorität und Definitionsmacht (Kraus, 2013, S. 130; Sagebiel & Pankofer, 2015, S. 123)

Diese Strategien müssen stets hinsichtlich ihrer Legitimität kritisch reflektiert werden: Legitimes Machtverhalten sichert sozialer Teilhabe, während illegitimes Verhalten Handlungsspielräume einschränkt (Kraus, 2013, S. 158–160). Sowohl Staub-Bernasconi als auch Kraus liefern theoretische Zugänge zur Reflexion von Macht in der Sozialen Arbeit (Staub-Bernasconi, 2018, S. 281–284; Kraus, 2019, S. 75–78). Obwohl sie unterschiedliche Zugänge wählen, liegt beiden Modellen zugrunde, dass Macht kein statisches Phänomen ist, sondern im sozialen Handeln verhandelt und gestaltet wird (Sagebiel, 2021, S. 209). Kraus' Modell bietet besondere Anschlussfähigkeit an sozialpädagogische Kontexte, da es Macht als verhandelbar und wechselseitig bestimmt sieht (Kraus, 2015, S. 48; Kraus, 2019, S. 75).

Ergänzend verweist Krieger (2021) auf Foucaults Konzept produktiver Macht: Macht ermöglicht nicht nur Kontrolle, sondern auch Schutz und Gestaltung, etwa im Kinderschutz (Krieger, 2021, S. 45; Foucault, 1977, 1994). Fachkräfte bewegen sich innerhalb institutioneller Diskurse, die Normalität definieren, weshalb auch scheinbar unterstützende Interventionen Machtwirkungen entfalten können (Sagebiel & Pankofer, 2015, S. 79). Ein naiver Umgang mit Macht in der Sozialen Arbeit ist unzureichend und es bedarf einer bewussten Reflexion der Machtverhältnisse (Sagebiel & Pankofer, 2015, S. 87). Noack (2012, S. 34) ergänzt diese Perspektive mit seiner Unterscheidung von Wissens-, Definitions- und Sanktionsmacht und plädiert für eine Re-Politisierung der Sozialen Arbeit, um ethische Zielsetzungen konsequenter umzusetzen. Wie bereits in Kapitel 5 thematisiert, fordern Misamer et al. (2017) und Kraus (2021) ein systematisches Machtbewusstsein: Durch verpflichtende Supervision, machtkritische Fortbildungen und eine entsprechende Leitbildentwicklung kann verhindert werden, dass unbewusste Machtanwendung Ohnmachtserfahrungen auf Seiten der Adressat:innen reproduziert.

Zusammenfassend zeigt sich: Macht ist eine wesentliche Dimension der Sozialen Arbeit. Die theoretischen Ansätze von Bourdieu, Foucault, Kraus, Noack und Staub-Bernasconi verdeutlichen, dass Macht in verschiedenen Formen und Prozessen wirksam wird. Ein machtsensibler Ansatz setzt daher die kontinuierliche Reflexion von Machtquellen, Machtverhältnissen und Machtprozessen voraus – einschließlich der Anerkennung institutioneller Rahmenbedingungen und der kritischen Hinterfragung von Professionalisierungsansprüchen. Nur durch eine bewusste, reflektierte und partizipative Beziehungsgestaltung können Fachkräfte Macht verantwortungsvoll einsetzen und die Ziele der Sozialen Arbeit – Schutz,

Befähigung und gesellschaftliche Teilhabe – wirksam verfolgen. Die bisherigen Überlegungen haben deutlich gemacht, dass Macht unausweichlich Bestandteil professioneller Beziehungsgestaltung ist. Im Kontext der Kinder- und Jugendhilfe zeigt sich besonders eindrücklich, wie Fachkräfte kontinuierlich zwischen Hilfe und Kontrolle balancieren müssen. Dieses Spannungsfeld wird im Folgenden näher beleuchtet.

5.2 Zwischen Hilfe und Kontrolle: Mandate in der Kinder- und Jugendhilfe

Bereits in den 1970er Jahren prägte Heiner das Konzept des doppelten Mandats als Strukturmerkmal Sozialer Arbeit. Es beschreibt die gleichzeitige Verpflichtung von Fachkräften gegenüber dem Staat und den Klient:innen (Heiner, 2004, S. 37). In der Kinder- und Jugendhilfe wird dieses Doppelmandat daran sichtbar, dass Fachkräfte einerseits die Rechte und Interessen der Adressat:innen vertreten, andererseits setzen sie den staatlichen Schutzauftrag um. Dieses Spannungsverhältnis zwischen Fürsorge und Kontrolle führt unweigerlich zu komplexen und oftmals widersprüchlichen Handlungssituationen (Böhnisch & Lösch, 1973, S. 21). Die Herausforderung besteht darin, tragfähige, vertrauensvolle Beziehungen aufzubauen, während gleichzeitig staatliche Eingriffe – etwa bei Kindeswohlgefährdungen – notwendig bleiben. Conen und Cecchin (2007, S. 119) bezeichnen diese Konstellation als Zwangskontext, der eine reflektierte professionelle Beziehungsgestaltung in besonderer Weise erschwert.

Staub-Bernasconi (2019; Staub-Bernasconi, 2021, S. 382) erweitert die Debatte um das Tripelmandat: Neben der Verpflichtung gegenüber Staat und Adressat:innen betont sie die Verantwortung der Sozialen Arbeit gegenüber ihrer eigenen Fachlichkeit und Ethik. Als Menschenrechtsprofession soll Soziale Arbeit soziale Gerechtigkeit fördern, Diskriminierung bekämpfen und Handlungsspielräume für marginalisierte Gruppen eröffnen. Daraus ergibt sich eine dreifache Verantwortung – gegenüber dem Staat, den Adressat:innen und den ethischen Prinzipien der Profession. Fachkräfte sind aufgerufen, ihre Praxis kritisch an einem Ethikkodex auszurichten, der Selbstbestimmung, Partizipation und Ressourcenerhalt in den Mittelpunkt stellt. Sagebiel und Pankofer (2021, S. 110) sowie Krieger (2021) heben hervor, dass dieses Tripelmandat ein dauerhaftes Spannungsfeld erzeugt, das nur durch kontinuierliche Reflexion bearbeitbar ist. Steinacker (2012, S. 24) betont zusätzlich, dass zunehmende Bürokratisierung und gesellschaftlicher Druck – insbesondere bei medial diskutierten Fällen von Kindeswohlgefährdungen – den Raum für Beziehungsarbeit weiter einschränken und restriktive Tendenzen verstärken. Fachkräfte befinden sich damit in einem ständigen Aushandlungsprozess: Sie müssen tragfähige Beziehungen gestalten, gesetzliche Aufträge umsetzen und zugleich ethische Standards wahren. Professionelles Handeln kann nur gelingen, wenn Macht, Beziehung und Ethik untrennbar miteinander reflektiert werden (Staub-Bernasconi, 2019, 2021).

Gerade in Fällen unfreiwilliger Interventionen zeigt sich dieses Spannungsfeld besonders deutlich. Rosenbauer und Stremmer (2017, S. 153) betonen, dass institutionelle Machtpositionen unbeabsichtigt das Selbstwertgefühl der Adressat:innen beeinträchtigen können, was tragfähige Beziehungen erschwert. Die gleichzeitige Erfahrung von Kontrolle und Beschämung kann zu Beziehungsverweigerung oder Misstrauen führen. Daher erfordert die professionelle Beziehungsgestaltung, insbesondere im Kontext von Kindeswohlgefährdung, ein hohes Maß an Reflexionskompetenz, methodischer Sensibilität und ethischer Haltung (Conen & Cecchin, 2007, S. 119; Dahme & Wohlfahrt, 2012, S. 221–222; Steinacker, 2012, S. 24). Bewältigt werden können diese Herausforderungen nur durch bewusste Selbstreflexion und transparente Kommunikation (Huxoll & Kotthaus, 2012, S. 24).

Besonders vulnerable Gruppen, wie „hard to reach"-Familien, bringen häufig Vorerfahrungen von Ausgrenzung und institutionellem Misstrauen mit (Gahleitner, 2020a, S. 25). Dialogische Prozesse werden dadurch zusätzlich erschwert und können retraumatisierende Dynamiken auslösen, insbesondere wenn Machtpositionen unreflektiert bleiben. Zur Reduktion von Machtasymmetrien sind aktive Aushandlungsprozesse entscheidend. Misamer et al. (2017, S. 455) sowie Steinacker (2012, S. 22) betonen die Notwendigkeit, Erwartungen, Ziele und Konsequenzen klar zu kommunizieren und Adressat:innen in Entscheidungsprozesse einzubeziehen. Ein partizipativer Ansatz stärkt die Handlungsfähigkeit der Adressat:innen, verbessert die Beziehungsqualität und erhöht die Wirksamkeit der Hilfe. Gerade in Zwangskontexten ermöglichen Formen des Mit-Handelns (Rätz, 2017) oder der Co-Produktion (Winkler, 2022), dass Hilfe nicht nur als Kontrolle, sondern auch als Unterstützung erlebt wird.

Besonders problematisch wird das institutionelle Machtgefälle, wenn behördliche Eingriffe erfolgen und die Kooperation der Sorgeberechtigten nicht freiwillig ist (Krieger, 2021, S. 72). In solchen Fällen ist die Unterscheidung zwischen instruktiver und destruktiver Macht maßgeblich, wie in Abschnitt 5.1 beschrieben (Kraus & Krieger, 2021, S. 13). Während instruktive Macht auf Beeinflussung durch Beratung und Kommunikation abzielt, beschränkt destruktive Macht Handlungsspielräume direkt durch Zwang und Sanktionen (Kraus, 2021, S. 109–111). Eine professionelle Beziehungsgestaltung in Zwangskontexten erfordert daher ein methodisches Austarieren von Nähe und Distanz (Best, 2022, S. 39–42).

Fachkräfte müssen sowohl übermäßige Identifikation als auch dominante Kontrollhaltungen vermeiden, da beide Extreme die Beziehungsgestaltung gefährden können. Eine kontinuierliche ethische Reflexion ist notwendig, um den Schutzauftrag und das Unterstützungsmoment verantwortlich zu balancieren (Kraus, 2021, S. 116). Auch Böhle et al. (2012, S. 199–202) zeigen, dass tragfähige Beziehungen nicht durch formale Arrangements entstehen, sondern durch subjektiv erlebte Wertschätzung und als sinnvoll erfahrene Einmischung. Nur wenn Interventionen als unterstützend wahrgenommen werden, kann soziale Teilhabe gefördert werden. Transparenz und Partizipation bleiben dabei zentrale Prinzipien (Misamer et al., 2017, S. 455; Steinacker, 2012, S. 22). Besonders in Zwangskontexten schaffen dialogische Aushandlungsprozesse neue Formen des Mit-Handelns (Rätz, 2017) oder der Co-Produktion (Winkler, 2022) und stärken die Wahrnehmung von Unterstützung und Selbstermächtigung statt Kontrolle.

Aufbauend auf der Analyse des Spannungsfelds zwischen Hilfe und Kontrolle richtet sich der Blick im nächsten Kapitel auf die subtilen Dynamiken von Ohnmacht und Selbstermächtigung –Prozesse, die das Gelingen professioneller Beziehungen maßgeblich beeinflussen.

5.3 Ohnmacht und Selbstermächtigung in professionellen Machtverhältnissen

Das Spannungsverhältnis zwischen Ohnmacht und Selbstermächtigung ist maßgeblich für die Analyse professioneller Machtverhältnisse und die Gestaltung professioneller Beziehungen in der Sozialen Arbeit, insbesondere im Gefährdungsabklärungsprozess der Kinder- und Jugendhilfe. Entscheidend ist die dabei, wie Handlungsmöglichkeiten von Adressat:innen eingeschränkt oder gefördert werden können. Kraus' Konzept der Machtspiele zeigt auf, dass Fachkräfte sowohl über institutionelle als auch interaktive Macht verfügen, die maßgeblich auf die Handlungsspielräume der Adressat:innen einwirken können (Kraus, 2013, S. 158–160). Dabei ist nicht nur die Form der Machtausübung bedeutsam, sondern auch, wie Ohnmachtserfahrungen entstehen und unter welchen Bedingungen Selbstermächtigung ermöglicht werden kann. Die Konzepte Empowerment und Agency bieten in diesem Zusammenhang theoretisch fundierte Zugänge, um Potenziale zur Überwindung von Ohnmacht und zur aktiven Mitgestaltung von Beziehungen zu erfassen (Löwenstein, 2021, S. 137–140; Sagebiel & Pankofer, 2015, S. 133–140). Eine vertiefende Auseinandersetzung mit den theoretischen Diskursen zu Empowerment und Agency kann im Rahmen dieser Arbeit nicht vollständig geleistet werden; im Folgenden werden daher jene Aspekte fokussiert, die für die Beziehungsgestaltung im Kontext professioneller Machtverhältnisse besonders relevant erscheinen.

Mächtig zu sein bedeutet, handeln, gestalten und in soziale Prozesse eingreifen zu können. Empowerment und Agency werden hier als kontextualisierende Konzepte verstanden, die aufzeigen, wie Adressat:innen innerhalb asymmetrischer Machtverhältnisse ihre Handlungsspielräume zurückgewinnen oder erweitern können – ein besonders interessanter Aspekt professioneller Beziehungsgestaltung. Ein machtsensibler Umgang erfordert daher nicht nur die individuelle Haltung, sondern auch eine bewusste Gestaltung des Interaktionsraums. Empowerment und Agency betonen die wesentlichen Bedingungen gelingender Beziehungsgestaltung: die aktive Mitgestaltung von Hilfeprozessen, die Öffnung professioneller Handlungsspielräume, die Anerkennung der Deutungshoheit der Adressat:innen, die Teilhabe an Wissen sowie eine transparente Kommunikation (Löwenstein, 2021, S. 137).

Empowerment hat sich als bekannter Leitbegriff der Sozialen Arbeit etabliert und zielt auf die Förderung von Handlungsmacht, Selbstbestimmung und sozialer Teilhabe. Die International Federation of Social Workers (IFSW) versteht Soziale Arbeit als Profession, die sozialen Wandel, sozialen Zusammenhalt sowie das Empowerment und die Befreiung von Menschen unterstützt. Empowerment ist mehrdimensional und wirkt auf individueller, sozialer und politischer Ebene (Sagebiel & Pankofer, 2015, S. 133–140). Es geht darum, Menschen zu befähigen, ihre Interessen selbstbestimmt zu vertreten, ihre Handlungsspielräume zu erweitern und strukturellen Machtasymmetrien entgegenzutreten. Im Gegensatz zu paternalistischen Konzepten werden Adressat:innen dabei als kompetente Akteur:innen ihrer eigenen Lebensgestaltung anerkannt (Böhnisch, 2018; Herringer, 1997; Sohns, 2007).

Wissenschaftstheoretisch handelt es sich beim Empowerment-Ansatz nicht um eine geschlossene Theorie, sondern um ein interdisziplinäres Konzept, das verschiedene Perspektiven integriert – etwa die Lebensweltorientierung (Thiersch), ökosoziale Unterstützung (Wendt), Biografisierung und Milieubildung (Böhnisch) sowie system- und modernisierungstheoretische Ansätze (Luhmann, Beck). Der Fokus liegt weniger auf einer Theorie der Macht als auf einer machtkritischen Praxis. Empowerment muss daher stets im Kontext gesellschaftlicher Machtverhältnisse reflektiert werden (Lambers, 2013, S. 319). Kritisch ist anzumerken, dass Empowerment vielfach als Schlagwort verwendet wird, ohne die strukturellen Rahmenbedingungen und Grenzen von Selbstermächtigung ausreichend zu berücksichtigen. Staub-Bernasconi (2007, S. 349) hebt hervor, dass Adressat:innen mitunter eine Illusion von Autonomie vermittelt wird, während bestehende Machtverhältnisse unangetastet bleiben. Daraus ergibt sich das

Risiko, Empowerment lediglich als Strategie der Veranwortungsübertragung zu nutzen – ohne reale Veränderungen der strukturellen Bedingungen zu bewirken. Gerade im Kontext des Doppelmandats der Sozialen Arbeit, das Hilfe und Kontrolle miteinander verbindet, ist eine machtsensible Praxis erforderlich. Kraus, S. 158–160) betont, dass Empowerment nur dort wirksam werden kann, wo strukturelle Rahmenbedingungen kritisch reflektiert und verändert werden. Um dies zu fördern, schlagen Herringer (1997) und Pankofer (2001, S. 16–20) sechs Empowerment-Rollen für Fachkräfte vor, die als Reflexionsrahmen für machtsensibles Handeln dienen können: Lebenswelt-Analytiker:in, kritische Lebensinteressenvertretung, Netzwerker:in und Ressourcenmobilisierung, intermediäre Brückenbauer:in, Normalisierungsarbeiter:in sowie Organisations- und Systementwickler:in.

Diese Rollen verdeutlichen, dass Empowerment sowohl auf individueller als auch auf struktureller Ebene umgesetzt werden muss. Eine bloß individuell ausgerichtete Förderung von Selbstermächtigung bleibt unzureichend, wenn nicht gleichzeitig institutionelle Machtverhältnisse kritisch hinterfragt werden. Der Empowerment-Ansatz muss daher stets im Kontext des Spannungsverhältnisses zwischen Ohnmacht und Selbstermächtigung reflektiert werden. Das Spannungsfeld zwischen Anpassungsdruck, Kontrolle und Selbstermächtigung zeigt sich insbesondere im Gefährdungsabklärungsprozess der Kinder- und Jugendhilfe, wo Fachkräfte als Vertreter:innen des staatlichen Schutzauftrags zugleich Hilfestellung bieten und Kontrolle ausüben müssen. Empowerment als professionelle Praxis verlangt von Fachkräften, ihre eigene Machtposition kritisch zu reflektieren und machtsensibel zu handeln. Die Förderung von Selbstermächtigung erfordert dabei nicht nur eine Veränderung individueller Handlungsspielräume, sondern auch eine kritische Auseinandersetzung mit den institutionellen Bedingungen, unter denen Soziale Arbeit stattfindet.

Seit den 1980er Jahren wird Agency zunehmend in internationalen sozialwissenschaftlichen Debatten berücksichtigt. Agency beschreibt die Fähigkeit von Individuen, bewusst und reflektiert zu handeln, selbst unter restriktiven Bedingungen. Agency wird durch Interaktionen mit Fachkräften entweder gefördert oder eingeschränkt und umfasst sowohl individuelle als auch kollektive Prozesse der Mitgestaltung gesellschaftlicher Strukturen. Ein angemessenes Verständnis von Handlungsmacht, Gestaltungsspielräumen und sozialer Teilhabe muss daher die Wechselwirkungen zwischen individueller Autonomie und strukturellen Bedingungen berücksichtigen (Löwenstein, 2021, S. 137–144).

Bereits Thiersch (1992, 2002, 2006) betonte im Rahmen der Lebensweltorientierung die aktive Einbeziehung von Adressat:innen und die kritische Überprüfung von Routinen, um Handlungsspielräume zu sichern. Kraus (2013,

S. 158–160) unterscheidet instruktive und destruktive Macht (Abschnitt 5.1). Während instruktive Macht Handlungsspielräume erweitern kann, beschränkt destruktive Macht dies. Auch ohne eigene Agency-Theorie liefert Kraus wichtige Impulse für die Diskussion um Selbstermächtigung. Wagner (2018, S. 338–341) und Rätz (2018, S. 65–93) unterstreichen die Bedeutung von Sprache und Struktur. Wagner hebt hervor, dass die Begriffswahl – etwa die Verwendung von Nutzer:in statt Klient:in – ein verändertes Menschenbild widerspiegelt und die aktive Rolle der Adressat:innen betont. Diese sprachliche Verschiebung unterstützt Prozesse der Selbstermächtigung, indem sie Teilhabe, Gestaltungsspielräume und individuelle Handlungsmacht ins Zentrum rückt. Rätz (2018) knüpft daran an und beschreibt den Übergang der Kinder- und Jugendhilfe von einem fürsorgezentrierten Modell hin zu einem Dienstleistungsverständnis, das auf Abbau hierarchischer Machtstrukturen und Förderung partizipativer Ansätze abzielt. Sie weist jedoch kritisch darauf hin, dass diese Veränderungen häufig nur auf formaler Ebene erfolgen, während reale Machtasymmetrien bestehen bleiben. Das Dienstleistungsverständnis erfordert daher eine bewusste Reflexion darüber, inwiefern echte Partizipation ermöglicht wird oder lediglich symbolische Beteiligung stattfindet. Diese Perspektiven unterstreichen, dass Sprache, institutionelle Struktur und kritische Reflexion ausschlaggebende Bedingungen für die Förderung von Selbstermächtigung und Agency in der Kinder- und Jugendhilfe darstellen.

Handlungsmacht wird nicht nur durch explizite Maßnahmen, sondern auch durch subtile Machtausübung eingeschränkt. Das Konzept der Antizipation beschreibt, wie Adressat:innen ihr Verhalten an reale oder vermutete Erwartungen anpassen (Dallmann, 2021, S. 130). Professionelle Unterstützung ist strukturell asymmetrisch geprägt (Bommes & Scherr, 2012, S. 220). Bobbert (2002) und Dallmann (2021, S. 130) unterscheiden vier Asymmetrien: Wissensvorsprung, Rollensicherheit, ungleiche Lebenslagen und subtiler Anpassungsdruck. Diese Konstellationen fördern Antizipationsprozesse und bergen die Gefahr, dass Adressat:innen eigene Bedürfnisse zurückstellen. Swiderek (2012) weist darauf hin, dass Ohnmachtserfahrungen oft aus subtiler institutioneller Machtausübung entstehen. Im Sinne Staub-Bernasconis (2007) kann zwischen Begrenzungsmacht (förderlich) und Behinderungsmacht (hemmend) unterschieden werden.

Zusammenfassend kann festgestellt werden: Ohnmacht und Selbstermächtigung sind dynamische Prozesse, die im Spannungsfeld professioneller Machtverhältnisse entstehen. Eine machtsensible Beziehungsgestaltung erfordert die bewusste Erweiterung von Handlungsspielräumen. Empowerment und Agency bieten theoretische Grundlagen für diese Reflexion: Während Empowerment auf

Ressourcenzugänge und Teilhabe abzielt (Sagebiel & Pankofer, 2015), fokussiert Agency die aktive Nutzung von Gestaltungsmöglichkeiten (Löwenstein, 2021). Professionelle Beziehungsgestaltung ist kein neutraler Rahmen, sondern ein dynamisches Aushandlungsfeld, in dem Macht kritisch reflektiert und bewusst im Sinne von Teilhabe und Autonomie eingesetzt werden muss (Sagebiel & Pankofer, 2015, S. 123). Die theoretischen Grundlagen verdeutlichen, dass eine machtsensible Praxis nicht nur Reflexionsbereitschaft auf theoretischer Ebene erfordert, sondern auch konkret empirisch nachvollzogen werden muss.

Aufbauend auf den theoretischen Überlegungen zu Macht, Ohnmacht und Selbstermächtigung in professionellen Beziehungen richtet sich der folgende Abschnitt auf die methodologische Fundierung der Untersuchung. Kapitel 6 stellt das Forschungsdesign und die methodische Vorgehensweise der qualitativen Studie vor, mit der die Erfahrungen betroffener Eltern im Gefährdungsabklärungsprozess systematisch erschlossen werden sollen.

6 Methodologie und Forschungsdesign

Angesichts der begrenzten Forschungslage und des Ziels dieser Studie, das Erleben der beteiligten Adressat:innen zu beschreiben sowie die Bedeutung der professionellen Beziehungsgestaltung im Kontext der Gefährdungsabklärung in der Kinder- und Jugendhilfe in OÖ zu erfassen, wird die geplante empirische Untersuchung dem qualitativen Forschungsparadigma zugeordnet. Die qualitative Sozialforschung eignet sich besonders zur Untersuchung sozialer Phänomene, die in verbalisierter oder verschriftlichter Form vorliegen (Heinze, 2001, S. 12). Ihr Ziel ist es, subjektive Bedeutungen und Perspektiven der beteiligten Adressat:innen zu rekonstruieren und dabei die Komplexität sozialer Prozesse und Handlungen einzubeziehen. In diesem Rahmen strebt die interpretative Sozialforschung danach, soziale Phänomene durch das Verstehen der Bedeutungen zu erschließen, die den handelnden Akteur:innen zugeschrieben werden.

Zu den methodologischen Verfahren in diesem Bereich zählen die Konversationsanalyse, die Narrationsanalyse, die objektive Hermeneutik und die dokumentarische Methode. Diese ermöglichen eine systematische Analyse sozialer Interaktionen, biografischer Narrative sowie schriftlicher und verbaler Dokumente (Kleemann et al., 2013, S. 14). Innerhalb der interpretativen Ansätze existiert keine einheitliche Methodologie. Unterschiedliche Strömungen verwenden Begriffe wie hermeneutische, rekonstruktive oder nichtstandardisierte Sozialforschung. Trotz dieser terminologischen und konzeptionellen Unterschiede verbindet sie eine gemeinsame Grundannahme, die die Verwendung des Oberbegriffs interpretative Sozialforschung rechtfertigt (Kleemann et al., 2013, S. 14). Die Wahl der Forschungsmethode wird maßgeblich vom Erkenntnisinteresse bestimmt. Diese Studie zielt darauf ab, die erlebte Beziehungsdynamik der Adressat:innen während eines Gefährdungsabklärungsprozesses mit den Fachkräften der Kinder- und Jugendhilfe zu rekonstruieren. Auf dieser Grundlage sollen

M. Linser, *"Beziehung unter Risiko"*,
https://doi.org/10.1007/978-3-658-51455-6_6

Implikationen entwickelt werden, die eine vertrauensvolle Zusammenarbeit im Kontext der Gefährdungsabklärung fördern.

Die qualitative Sozialforschung nimmt in der Sozialen Arbeit eine tragende Rolle ein, da sie die Komplexität sozialer Handlungsfelder sowie die Prozessorientierung in der Praxis adäquat erfassen kann. Sie ermöglicht die Rekonstruktion des subjektiven Erlebens der Klient:innen und die Analyse sozialer Handlungsmuster sowie der ihnen zugrundeliegenden Normen und Werte (Heinze, 2001, S. 12). Besonders relevant ist dieser Ansatz, wenn es darum geht, das komplexe und mitunter widersprüchliche Erleben der beteiligten Adressat:innen in einem standardisierten, bürokratischen Prozess wie der Gefährdungsabklärung zu verstehen. Im Rahmen der empirischen Untersuchung orientiert sich die Methodologie an qualitativen Verfahren der Sozialforschung, die den Fallbezug sowie die Komplexität sozialer Realitäten in den Fokus rücken.

Für die Analyse der im Rahmen der Adressat:innen-Interviews erhobenen Daten wird die Narrationsanalyse angewendet. Diese von Schütze (1983) entwickelte Methode ermöglicht eine detaillierte Rekonstruktion individueller Biografien und Erfahrungen, die in narrativer Form präsentiert werden. Sie erlaubt es, subjektive Bedeutungen und Erlebensstrukturen aus der Perspektive der betroffenen Akteur:innen zu erfassen. In Anlehnung an die Grounded Theory Methodology (GT) nach Glaser und Strauss (1967) erfolgt zudem ein konzeptueller Vergleich zwischen den Erzählungen der unterschiedlichen Befragten, um gemeinsame Muster und Unterschiede zu identifizieren. Schütze (1983) orientiert sich bei diesem Vorgang an der GT und spricht von einem kontrastiven Fallvergleich, der darauf abzielt, das erzählte Erleben systematisch zu vergleichen und die zugrundeliegenden sozialen Strukturen – wie in Kapitel 9 – zu rekonstruieren.

Im Gegensatz zur quantitativen Forschung, die auf die statistische Überprüfung von Hypothesen ausgerichtet ist, verfolgt die qualitative Sozialforschung einen induktiven Ansatz, bei dem Theorien aus den Daten heraus entwickelt werden. Die Wahl der Anlehnung an die Grounded Theory Methodology als methodologischer Orientierungspunkt ist dabei nicht als strikte Anwendung einer festen Methodologie zu verstehen, sondern als flexible Ausrichtung an den Prinzipien der Theorieentwicklung, die eng mit der Datenanalyse verknüpft ist (Glaser & Strauss, 2008). Dieser zirkuläre Prozess aus Datensammlung, -analyse und Theorieentwicklung gewährleistet eine offene Forschungsstrategie, bei der die Theorie fortlaufend durch die empirische Arbeit präzisiert und weiterentwickelt wird. Ein grundlegender Aspekt qualitativer Forschung ist die reflektierte Offenheit. Diese beschreibt eine offene, flexible und selbstkritische Haltung der Forschenden, die während des gesamten Forschungsprozesses eingenommen wird. Im Gegensatz zu deduktiven Verfahren, in denen die Forschungsfragen von Beginn an klar definiert sind, erlaubt die qualitative Sozialforschung eine flexible Handhabung der Fragestellungen, sodass sie im Verlauf der Untersuchung angepasst werden können. Diese Offenheit ermöglicht es, die Perspektiven der Befragten im Kontext ihrer individuellen Lebenswelt und subjektiven Deutungen nachzuvollziehen. Dadurch wird die Entdeckungslogik während des gesamten Forschungsprozesses kontinuierlich weiterentwickelt (Breuer, 2010, S. 59).

Breuer (2010, S. 29) betont kritisch, dass Forschung niemals aus einer Tabula rasa-Perspektive heraus erfolgen kann. Forschende bringen stets ein gewisses Vorverständnis, kulturelle Prägungen und Vorannahmen in den Forschungsprozess ein. Diese müssen nicht nur erkannt, sondern aktiv in die Forschung integriert und reflektiert werden. Aus dieser Perspektive wird Forschung nicht als neutraler Prozess verstanden, sondern als ein aktiver, reflexiver Dialog zwischen den Forschenden und dem untersuchten Feld. Als ehemalige Sozialarbeiterin in der Kinder- und Jugendhilfe bin ich mir dieser Tatsache besonders bewusst. Meine mehrjährige Praxiserfahrung hat mich mit spezifischen Vorannahmen und Erfahrungen ausgestattet, die sowohl die Wahl der Methoden als auch die Interpretation der Daten beeinflussen können. Daher ist es essenziell, diese Subjektivität kritisch zu reflektieren und kontinuierlich zu hinterfragen, um zu einem fundierten und authentischen Verständnis des Forschungsgegenstandes zu gelangen (Rosenthal, 2005, S. 50).

Der gesamte Forschungsprozess wird durch kollegiale Validierung[1] und supervisorische Begleitung unterstützt. Besonders in der qualitativen Forschung ist kollegiale Validierung essenziell, um die Qualität der Interpretationen zu sichern und eine kritische Auseinandersetzung mit den Daten zu ermöglichen. Sie fördert die Reflexion eigener Deutungen und trägt dazu bei, die wissenschaftliche Nachvollziehbarkeit und Transparenz der Forschungsergebnisse zu gewährleisten. Diese Reflexivität ist nicht nur ein methodologischer Anspruch, sondern auch eine ethische Notwendigkeit, um die Glaubwürdigkeit und Verlässlichkeit der Ergebnisse sicherzustellen (Flick, 2022, S. 538). Kleemann et al. (2013, S. 14) betonen, dass qualitative Forschung ohne methodologische Reflexion die Gefahr birgt, willkürliche oder nicht überprüfbare Aussagen zu produzieren – eine Herausforderung, der durch regelmäßige kollegiale Validierung aktiv begegnet wird.

[1] Kollegiale Validierung (Expert:innenvalidierung): Verfahren der qualitativen Sozialforschung, bei dem Interpretationen von Daten gemeinsam mit Fachexpert:innen bzw. Fachkolleg:innen reflektiert werden, um die wissenschaftliche Vertrauenswürdigkeit der Ergebnisse zu erhöhen. Das Verfahren wurde als vierter zusätzlichen Zwischenschritt in Abschnitt 6.4.3 in der Analyse der Einzelfälle als Gütekriterium verwendet.

6.1 Konzeption und Begründung der Methodenauswahl

Im Rahmen dieser Forschungsarbeit wurden von März 2021 bis September 2022 insgesamt 23 Interviews aufgezeichnet – 11 davon mit Elternteilen, die aufgrund einer Gefährdungsmitteilung mit der Kinder- und Jugendhilfe in Kontakt standen und einen Gefährdungsabklärungsprozess zur Einschätzung potenzieller Kindeswohlgefährdung durchliefen – und 12 Fachexpert:innen-Interviews. Ziel dieser Arbeit ist es, das subjektive Erleben und die Sichtweise der Adressat:innen hinsichtlich der erlebten Beziehungsgestaltung zwischen ihnen und der Fachkraft im Gefährdungsabklärungsprozess detailliert zu analysieren und zu interpretieren. Ursprünglich war geplant, auch die zwölf Interviews mit Fachpersonen der Kinder- und Jugendhilfe OÖ in die Untersuchung aufzunehmen, um deren Sichtweise zum Erleben des Gefährdungsabklärungsprozesses sowie die Komplexität der Beziehungsgestaltung zu rekonstruieren und zu interpretieren. Im Verlauf der Datenauswertung wurde nach der Analyse der Adressat:innen-Interviews entschieden, die Fachkräfteinterviews nicht in die vorliegende Dissertation zu integrieren. Der Fokus wurde auf eine tiefgehende Analyse und Interpretation der Adressat:innen-Interviews gelegt, um die Komplexität zu erfassen. Die Interviews mit Fachkräften sollen zu einem späteren Zeitpunkt in einem eigenen wissenschaftlichen Fachartikel veröffentlicht werden. Diese methodische Entscheidung, getroffen nach reflexiven Schleifen und kollegialer Validierung unter supervisorischer Begleitung, stellt sicher, dass die Beziehungsdynamiken aus der Perspektive der Adressat:innen tiefgehend analysiert werden können.[2]

6.1.1 Gegenstandsangemessenheit der Erhebungsmethoden

Gegenstandsangemessenheit bezeichnet die Eignung einer Methode, um spezifische Forschungsfragen zu beantworten und relevante Phänomene differenziert

[2] Um das subjektive Erleben der Adressat:innen in den Mittelpunkt zu stellen, wurde bewusst auf die Einbeziehung weiterer Perspektiven zum Prozess der Gefährdungsabklärung verzichtet (Schaffer, 2009). Ziel war nicht die Rekonstruktion einzelner Fallverläufe, sondern die Fokussierung auf die Wahrnehmung der Beziehungsgestaltung zwischen Fachkräften und Adressat:innen. Perspektiven von Eltern und Fachkräften auf die Gefährdungsabklärung sowie Fragen der Beteiligung wurden bereits im Rahmen der Evaluierung des B-KJHG 2013 (Kapella et al., 2018) untersucht. Auch die Sichtweise von Jugendlichen auf Gefährdungsabklärungen wurde bereits durch Hornung & Kapella (2022) erhoben.

zu erfassen (Heiser, 2024, S. 195). Die vorliegende Studie untersucht, wie die Perspektiven der Adressat:innen, ihre subjektiven Erlebnisse und emotionalen Reaktionen im Zusammenhang mit der professionellen Beziehungsgestaltung während des Gefährdungsabklärungsprozesses erfasst und dargestellt werden können. Die Wahl des narrativen Interviews basiert auf der Annahme, dass diese Methode besonders geeignet ist, subjektive Erlebnisse und emotionale Reaktionen im Rahmen lebensgeschichtlicher Erzählungen sichtbar zu machen. Laut Schütze (1976a) ist das narrative Interview ein adäquates Instrument, um erlebte Prozesse der Befragten zu rekonstruieren und diese in Form kohärenter Erzählungen wiederzugeben. Dabei ist es wesentlich, dass die Interviewten ihre Erinnerungen und Erlebnisse in kognitive Figuren strukturieren und diese zu narrativen Formen verbinden können (Schütze, 1976a, S. 161–171).

Für die betroffenen Elternteile dieser Studie ist es von besonderer Bedeutung, ihre persönlichen Erlebnisse mit dem Gefährdungsabklärungsprozess sowie den damit verbundenen Herausforderungen umfassend schildern zu können. Das narrative Interview ermöglicht es, sowohl äußere Ereignisabfolgen als auch innere Verarbeitungsprozesse, wie Emotionen und Deutungsmuster, darzustellen. Ein relevanter Aspekt bei der Erhebung der Perspektiven der Adressat:innen ist der Stigma- und Schamfaktor, der durch die Gefährdungsmitteilung und den anschließenden Gefährdungsabklärungsprozess ausgelöst werden kann. Eltern, die mit einem stigmatisierten Status als potenzielle Gefährder:innen konfrontiert sind, erleben häufig Gefühle der Scham und Degradierung. Diese emotionalen Reaktionen können ihre Fähigkeit einschränken, die Situation narrativ zu erzählen, da Scham und Stigmatisierung sowohl die Erinnerung als auch die Schilderung von Erlebnissen beeinflussen können. Die Wahl des narrativen Interviews bietet hier den Vorteil, dass die Interviewten ihre Erlebnisse in einem geschützten Rahmen mitteilen können, in dem ihre Erzählkompetenz gefördert und ihre emotionale Verarbeitung unterstützt wird. Durch diese Vorgehensweise wird sichergestellt, dass die komplexen emotionalen und sozialen Dimensionen von Scham und Stigmatisierung berücksichtigt werden und der Interviewprozess empathisch gestaltet ist. Schütze (1983, S. 286) argumentiert, dass sich mit narrativen Interviews besonders authentische und umfassende Daten erheben lassen, die eine differenzierte Rekonstruktion biografischer Prozesse ermöglichen:

> *„Das autobiographische narrative Interview erzeugt Datentexte, welche die Ereignisverstrickungen und die lebensgeschichtliche Erfahrungsaufschichtung des Biographieträgers so lückenlos reproduzieren, wie das im Rahmen systematischer sozialwissenschaflicher Forschung überhaupt nur möglich ist. Nicht nur der ‚äußerliche' Ereignisablauf, sondern auch die ‚inneren Reaktionen', die Erfahrungen des*

Biographieträgers mit den Ereignissen und ihre interpretative Verarbeitung in Deutungsmustern, gelangen zur eingehenden Darstellung. […] Das Ergebnis ist ein Erzähltext, der den sozialen Prozeß der Entwicklung und Wandlung einer biographischen Identität kontinuierlich, d.h. ohne exmanente, aus dem Methodenzugriff oder den theoretischen Voraussetzungen des Forschers motivierte Interventionen und Ausblendungen, darstellt und expliziert." (Schütze 1983, S. 286)

Diese Vorgehensweise stellt sicher, dass die Erhebung der Perspektiven der Adressat:innen nicht durch vorgegebene Antwortkategorien eingeschränkt wird, sondern dass ihre Erlebnisse in ihrer ganzen Komplexität und emotionalen Vielschichtigkeit dargestellt werden können. Die Gegenstandsangemessenheit der narrativen Interviews ist somit in besonderem Maße gewährleistet, da diese Methode den Raum für differenzierte, authentische und tiefgreifende Erzählungen eröffnet (Kleemann, 2013, S. 106).

6.1.2 Methoden der Auswertung und ihre Eignung

Die Wahl der Auswertungsmethode ist eng mit der gewählten Erhebungsmethode verknüpft. In der vorliegenden Studie wird für die Erhebung der Elternperspektiven eine narrative Analyse der Interviews durchgeführt. Laut Heiser (2024) eignet sich die Narrationsanalyse ausschließlich zur Auswertung von narrativen Interviews, da sie auf der Rekonstruktion erlebter Prozesse und deren Erzählung aufbaut. Er betont, dass andere Datensorten, wie etwa Beobachtungsprotokolle oder Expert:innen-Interviews, nicht für eine narrationsanalytische Auswertung geeignet sind, da sie keine erlebten Geschichten in Form von kognitiven Figuren enthalten. Dies gewährleistet, dass die Methode gegenstandsangemessen bleibt und die spezifischen Daten adäquat erfasst werden (Heiser, 2024, S. 195).

Die methodische Ausrichtung lässt sich ähnlich wie die Gebietsreform-Studie von Schütze (1977) als Interaktionsfeldstudie[3] einordnen und ermöglicht es, das Phänomen der professionellen Beziehungsgestaltung und die Dynamiken zwischen Fachpersonen und Adressat:innen systematisch im jeweiligen Kontext zu untersuchen. Durch die detaillierte Beschreibung und Interpretation dieser Beziehungen lässt sich ein tieferes Verständnis für die professionelle Beziehungsgestaltung in einem so sensiblen Prozess wie der Gefährdungsabklärung entwickeln (Schütze, 1976a). Im folgenden Abschnitt werden angesichts der

[3] Ähnlich wie die Gebietsreform-Studie von Schütze zur Erforschung der kommunalen Machtstrukturen, welche im Abschnitt 6.4.1 beschreiben wird.

spezifischen Erhebungsgruppe – Personen, die im Kontext einer Gefährdungsabklärung mit der Kinder- und Jugendhilfe in Kontakt standen – forschungsethische Überlegungen erörtert.

6.1.3 Forschungsethische Überlegungen

Die Durchführung qualitativer Forschung im Bereich der Kindeswohlgefährdung und Gefährdungsabklärung erfordert eine besonders sorgfältige Reflexion über ethische Fragestellungen, da die Erhebung und Auswertung von Daten potenziell tief in die privaten und emotional belastenden Erfahrungen der Befragten eingreifen können. Insbesondere in Kontexten, in denen traumatische Erlebnisse thematisiert werden, müssen Forscher:innen sicherstellen, dass keine ungewollten Nebenwirkungen auftreten, die das Wohl der Befragten gefährden könnten. Wie Bortz und Döring (2006) sowie Diener und Crandall (1978) betonen, ist es entscheidend, dass die informierte Einwilligung der Teilnehmer:innen sichergestellt wird und die Anonymität sowie die Vertraulichkeit gewahrt bleiben. Dies dient nicht nur dem Schutz der Befragten, sondern ist auch eine grundlegende Voraussetzung, um das Vertrauen in die Forschung zu sichern und die wissenschaftliche Integrität zu wahren.

Der Forschungsprozess in der vorliegenden Studie wurde supervisorisch begleitet, wobei der Umgang mit potenziell belastenden Themen wie Kindeswohlgefährdung eine zentrale Rolle spielte. Während der Interviews wurde besonders auf den Erhebungskontext geachtet, um den Befragten die Möglichkeit zu geben, ihre Erfahrungen in einem sicheren Rahmen zu teilen (z. B. durch freie Auswahl des Interviewortes, Möglichkeit zur vollständigen Anonymität). Dies war notwendig, um den emotionalen und sozialen Kontext der Interviewpartner:innen angemessen zu berücksichtigen, wie Hennink et al. (2020) hervorheben. Besonders wichtig war es, die Gesprächsführung so zu gestalten, dass der emotionalen Belastung der Teilnehmer:innen Rechnung getragen wurde. Eine besondere Herausforderung stellte ein Interview mit einer Adressat:in dar, die den Gefährdungsabklärungsprozess als sehr bedrohlich und emotional belastend erlebt hatte. Im Verlauf des Interviews kam es zu einer Reinszenierung und zu Übertragungsphänomenen, die eine reflektierte und sensitive Vorgehensweise erforderten. Als Psychotherapeutin, die mit Methoden der Gesprächsführung vertraut ist, konnte ich diese Phänomene erkennen und den Beziehungsrahmen sowie den Beziehungsraum sorgfältig klären. Diese Übertragungsprozesse, wie sie auch von Schaffer (2009, S. 114) und Hammersley und Atkinson (2007) thematisiert werden, erfordern eine klare Abgrenzung der Beziehung zwischen

Forscher:in und Teilnehmer:in, um zu vermeiden, dass die Interviewerfahrung zu einer potenziellen Belastung wird.

Ein weiteres ethisches Anliegen in dieser Arbeit war der Umgang mit den generierten Daten. Die Anonymität der Befragten und die Wahrung der Vertraulichkeit wurden durch strenge Datenschutzmaßnahmen sichergestellt. Nürnberger und Schlottmann (2006) betonen, dass in der qualitativen Forschung entscheidend ist, dass die Ergebnisse nicht nur der Wahrung der wissenschaftlichen Integrität dienen, sondern auch die Rechte und das Wohl der Teilnehmer:innen respektieren. Um das Risiko der Identifizierung der Beteiligten zu minimieren, wurde auf detaillierte Einzelfallbeschreibungen verzichtet. Vielmehr konzentrierte sich die Studie darauf, die verschiedenen Facetten subjektiv erlebter Beziehungsdimensionen im Gefährdungsabklärungsprozess darzustellen, ohne die Persönlichkeitsrechte der Betroffenen zu gefährden.

Des Weiteren wurde das Prinzip der Offenheit und Transparenz, wie es von Diener und Crandall (1978) sowie Bortz und Döring (2006) gefordert wird, strikt eingehalten. Alle Befragten wurden im Vorfeld ausführlich über die Ziele der Forschung, die verwendeten Methoden und die Handhabung der gesammelten Daten informiert. Zudem wurde ihnen die Möglichkeit gegeben, das Interview, jederzeit ohne Konsequenzen abzubrechen, was die Forschungsethik der freiwilligen Teilnahme zusätzlich unterstreicht. Schließlich ist der Umgang mit Übertragungs- und Gegenübertragungsphänomenen ein wesentliches Element in der qualitativen Forschung. Wie Hennink et al. (2020) feststellen, ist es in Interviews von besonderer Bedeutung, solche Phänomene zu erkennen und zu reflektieren, da sie die Ergebnisse beeinflussen können. In meiner Forschung stellte sich heraus, dass diese Phänomene nicht nur als methodische Herausforderung, sondern auch als Chance zur Reflexion über die eigene Rolle als Forscherin im Beziehungsprozess genutzt werden können. Die Fähigkeit, diese Dynamiken zu erkennen und darauf einzugehen, gewährleistet, dass die Forschung auf einer ethisch verantwortungsvollen und gleichzeitig erkenntnisreichen Grundlage aufbaut.

Insgesamt zeigt sich, dass eine sorgfältige Auseinandersetzung mit forschungsethischen Prinzipien – insbesondere Informiertheit, Freiwilligkeit und Anonymität – sowie mit den Dynamiken von Übertragungsprozessen eine wichtige Voraussetzung für qualitativ hochwertige und verantwortungsvolle Forschung im Kontext der Kindeswohlgefährdung darstellt. Im folgenden Kapitel werden die Herausforderungen des Feldzugangs und der Sampling-Strategie näher erläutert, wobei insbesondere die Rekrutierung dieser sensiblen Zielgruppe im Mittelpunkt steht.

6.2 Feldzugang und Sampling im empirischen Forschungsprozess

Die Forschungsidee entwickelte sich – wie im Einleitungskapitel skizziert – aus meiner langjährigen Tätigkeit in der Kinder- und Jugendhilfe OÖ. Der Fokus liegt auf der professionellen Beziehungsgestaltung zwischen Fachkräften und betroffenen Elternteilen im Kontext eines Gefährdungsabklärungsprozesses, der – wie in Abschnitt 2.2 beschrieben – in den Bereich der behördlichen Sozialarbeit und zugleich einem Kontext behördlicher Zwangsausübung zugeordnet werden kann. Dieser Forschungsgegenstand wurde nicht voraussetzungslos erschlossen, sondern basiert auf eigenen beruflichen Erfahrungen, Emotionen, Wahrnehmungen und Interpretationen, die bewusst reflektiert und als Erkenntnisquelle genutzt wurden.

Ein Forschungstagebuch dokumentierte Vorannahmen, Beobachtungen und Reflexionen, die im Verlauf der Forschung auftraten. Ergänzend wurden nach den Interviews Postskripte erstellt, um nonverbale, situative und introspektive Daten festzuhalten (Mayring, 2006, S. 31). Um mögliche Verzerrungen durch Vorannahmen zu vermeiden, wurden Unsicherheiten im Rahmen eines Supervisionsprozesses sowie im Austausch mit Forschungskolleg:innen, Fachkräften, meiner Lehrtherapeutin und meiner Supervisorin reflektiert. Wie bereits erwähnt stellte die kollegiale Validierung des Datenmaterials sicher, dass die Perspektiven der Befragten nachvollziehbar erfasst wurden (Flick, 2020, S. 538). Diese Reflexionsprozesse trugen zur Entwicklung einer theoretischen Sensibilität bei, die Strauss und Corbin (1996, S. 25) als die Fähigkeit beschreiben, den Daten Bedeutung zu verleihen und Wesentliches von Unwesentlichem zu unterscheiden. Breuer (2010, S. 59) betont, dass diese Sensibilität sowohl durch persönliche Voraussetzungen wie Selbstaufmerksamkeit als auch im Forschungsprozess erworben werden kann. Ressourcen hierfür waren berufliche Erfahrungen, wissenschaftliche Literatur, die Teilnahme an Forschungskolloquien der Universität Graz sowie der Diskurs mit Kolleg:innen.

6.2.1 Theoretisches Sampling

Der Forschungsprozess orientierte sich an den Grundprinzipien qualitativer Forschung: Offenheit, Reflexivität und Zirkularität. Die Datenerhebung und -auswertung erfolgte in einem iterativen Verfahren, wobei empirische Erkenntnisse kontinuierlich in die Weiterentwicklung des theoretischen Zugangs einflossen.

Die erhobenen Daten wurden mittels Narrationsanalyse ausgewertet – einer komplexen und vielschichtigen Methode, die unterschiedliche Lesarten ermöglicht. Besonders im Hinblick auf den vierten Analyseschritt, die Wissensanalyse, die keine elaborierte Vorgehensweise vorgibt, wurden methodische Entscheidungen und interpretative Deutungen kritisch mit Kolleg:innen reflektiert (Kleemann et al., 2013, S. 196). Eine Validierung der methodischen Herangehensweise erfolgte zudem im Rahmen von Dissertations-Coachings sowie durch Diskussionen in Forschungskolloquien.

Das Sampling basierte in Anlehnung an die Orientierung der Grounded Theory Methodology und wurde flexibel sowie prozessbegleitend gestaltet (Strauss & Corbin, 1996, S. 148). Ziel war die Auswahl theoretisch relevanter Fälle, die ein vertieftes Verständnis professioneller Beziehungsgestaltung im Kontext von Gefährdungsmitteilungen ermöglichen. Anstelle einer statistischen Repräsentativität, wie sie in quantitativen Studien angestrebt wird, folgte die Fallauswahl einer Entdeckungslogik, die sich dynamisch an den Erkenntnisfortschritt der Untersuchung anpasste. Zu Forschungsbeginn konnte daher noch nicht abschließend bestimmt werden, welche Fallkonstellationen sich im Verlauf als relevant erweisen würden (Rosenthal, 2005, S. 90). In die Auswahl wurden sowohl förderliche als auch herausfordernde Beziehungsdynamiken im Rahmen von Gefährdungsabklärungen einbezogen. Der Forschungsprozess war insgesamt explorativ, zirkulär und reflexiv angelegt und oszillierte zwischen Theorie, Empirie und kontinuierlicher (Selbst-)Reflexion.

Als Untersuchungsfeld wurde das Bundesland Oberösterreich gewählt, da sich die gesetzlichen und fachlichen Rahmenbedingungen in der Kinder- und Jugendhilfe – wie in den Kapiteln 2 und 2.1 ausführlich dargestellt – zwischen den österreichischen Bundesländern deutlich unterscheiden. Eine vertiefte Analyse einzelner fachlicher Konzepte – wie etwa der sicherheitsorientierten und lösungsfokussierten Praxis in der Kinder- und Jugendhilfe OÖ oder des Pilotprojekts zur Sozialraumorientierung in der Stadt Steyr seit dem Jahr 2025 (siehe auch Hinte, Abschnitt 2.2) – wurde im Rahmen dieser Arbeit nicht vorgenommen. Beide Ansätze befinden sich derzeit noch in einem fortschreitenden Entwicklungsprozess: Die sicherheits- und lösungsfokussierte Praxis wurde bereits als verbindlicher fachlicher Eckpfeiler etabliert, wird jedoch in den Bezirken noch unterschiedlich intensiv umgesetzt – beispielsweise waren bis 2022 nicht in allen Regionen Basisschulungen durchgeführt worden. Auch das Modell der Sozialraumorientierung wird derzeit im Rahmen eines Pilotprojekts erprobt und befindet sich in einer frühen Phase der Implementierung. Eine flächendeckende und einheitliche Anwendung dieser Konzepte steht somit noch aus, eröffnet jedoch zukunftsweisende Perspektiven für die Weiterentwicklung der Fachpraxis in Oberösterreich.

Dieses methodische Vorgehen erlaubt es, die empirischen Befunde unabhängig von bestimmten fachlichen Paradigmen zu betrachten. Dadurch lassen sich die gewonnen Erkenntnisse sowohl auf die behördliche Sozialarbeit in der Kinder- und Jugendhilfe übertragbar als auch übergreifend für die Soziale Arbeit nutzbar machen. Der Fokus liegt auf der Analyse professioneller Beziehungsgestaltung im Rahmen von Gefährdungsabklärungsverfahren nach einer Gefährdungsmitteilung. Trotz der Offenheit des qualitativen Forschungsprozesses wurden – im Sinne theoretischer theoretischen Sensibilität – vorläufige Kriterien für die Fallauswahl formuliert (Kleemann et al., 2013, S. 25), um die forschungsleitende Fragestellung gezielt bearbeiten zu können.

6.2.2 Auswahlkriterien für das Sample

Vorläufige Auswahlkriterien:

- Eltern(teile), bei denen im Rahmen der Gefährdungsabklärung keine Kindeswohlgefährdung festgestellt wurde.
- Eltern(teile), bei denen ein Hilfebedarf in belastenden Familiensituationen festgestellt wurde.
- Eltern(teile), bei denen eine Kindeswohlgefährdung festgestellt wurde und die eine mobile/ambulante Erziehungshilfe (UdE) benötigen oder deren Kinder im Rahmen der VE betreut wurden (Abschnitt 2.2).

Im Verlauf der Erhebungsphase zeigte sich jedoch, dass eine Gruppierung anhand der fachlichen Einschätzung zur Gefährdung nicht ausreichend differenzierte Erkenntnisse ermöglichte. Stattdessen wurde eine Einteilung gewählt, die die Lebensrealitäten der Adressat:innen zum Befragungszeitpunkt besser widerspiegelt:

- Eltern(teile), die nach der Gefährdungsabklärung keine Hilfen in Anspruch nahmen.
- Eltern(teile), die nach der Gefährdungsabklärung Hilfen in Anspruch nahmen.
- Eltern(teile), deren Kinder und Jugendliche nach der Gefährdungsabklärung außerfamiliär betreut wurden.

Klare Vorgaben gewährleisteten, dass die Auswahl der Adressat:innen sowohl wissenschaftlich fundiert als auch ethisch verantwortungsvoll passierte. Teilnahmevoraussetzungen für die Studie waren:

- Eine Mitteilung oder Selbstmeldung hinsichtlich einer möglichen Kindeswohlgefährdung musste vorliegen.
- Die KJH musste eine Gefährdungsabklärung durchgeführt und abgeschlossen haben.
- Der Abschluss der Gefährdungsabklärung durfte maximal sechs Monate zurückliegen, um eine Balance zwischen Erinnerungsvermögen und Verarbeitung sicherzustellen.
- Die vermittelnden Fachpersonen wählten Interviewpartner:innen mit ausreichender emotionaler Stabilität aus.
- Sowohl positive als auch herausfordernde und konfliktreiche Fallverläufe wurden berücksichtigt, um die Vielfalt professioneller Beziehungsgestaltung umfassend abzubilden.
- Forschungsethische Anforderungen (Abschnitt 6.1.3):
    - Vertraulichkeit: Es durfte keine Rückkoppelung von Interviewinhalten oder Identitäten an die Kinder- und Jugendhilfe erfolgen.
    - Sichere Gesprächsatmosphäre: Durch vertrauensvolle Kommunikation wurde eine offene Erzählung ermöglicht.
    - Vermeidung von Retraumatisierung: Die Befragungen wurden so gestaltet, dass keine belastenden Erfahrungen reaktiviert wurden.

6.2.3 Herausforderungen und Hürden beim Feldzugang

Der Zugang zum Feld erwies sich als anspruchsvoll. Viele Adressat:innen waren schwer für eine Teilnahme zu gewinnen, da sie mit Scham- und Schuldgefühlen belastet waren oder eine Teilnahme aus Sorge vor möglichen Konsequenzen eine

Mitwirkung ablehnten.[4,5] Auch fachliche Einschätzungen der Fachkräfte wirkten sich hemmend auf den Zugang aus: Fälle, die als konfliktbehaftet oder belastend beschrieben wurden, wurden häufig nicht zur Teilnahme vorgeschlagen. Der Zugang zu Eltern, deren Kinder außerfamiliär betreut wurden, konnte bislang nicht realisiert werden.

Die Feldzugangsphase erstreckte sich über einen längeren Zeitraum und hatte Auswirkungen auf die regionale Streuung und die angestrebte Heterogenität des Samples. Von insgesamt elf potenziellen Interviewpartner:innen wurden sieben über die Bezirksverwaltungsbehörden (BVBs) vermittelt. Eine Adressatin nahm eigeninitiativ Kontakt auf, nachdem sie vom Projekt erfahren hatte, und äußerte den Wunsch, ihre Erfahrungen im Zusammenhang mit der außerfamiliären Betreuung ihrer Kinder anlässlich einer Gefährdungsabklärung zu teilen. Drei weitere Adressat:innen wurden über Sozialpädagog:innen rekrutiert, die in Einrichtungen der Kinder- und Jugendhilfe tätig sind und somit mit Familien in Kontakt stehen, die infolge der Gefährdungsabklärung eine Erziehungshilfe im Rahmen der Unterstützung der Erziehung erhalten.

Der erste Kontakt mit der Abteilung Kinder- und Jugendhilfe der Oö. Landesregierung erfolgte bereits im Februar 2022. Im Verlauf mehrerer Monate und nach wiederholten Kontaktaufnahmen wurden schließlich die Leiter:innen der Kinder- und Jugendhilfe an den Bezirksverwaltungsbehörden im Rahmen gemeinsamer Quartalskonferenzen über das Forschungsvorhaben informiert. Trotz dieses Informationsflusses gestaltete sich die Reaktion insgesamt zögerlich, sodass die eigentliche Datenerhebung erst zwischen Mai und September 2023 stattfinden konnte. Ein Interview mit Anna Bauer, die sich von sich aus gemeldet hatte, wurde bereits im Mai 2022 geführt und diente gewissermaßen als Pretest.

Im Verlauf der Erhebung zeigte sich, dass eine vollständige theoretische Sättigung – wie sie von Glaser und Strauss (2008) sowie Strauss und Corbin (1996) als Endpunkt des theoretischen Samplings beschrieben wird – nicht erreicht werden konnte. Dies war primär auf praktische Begrenzungen wie

---

[4] Diese Hürden ähneln jenen, die auch Hornung und Kapella (2022, S. 19) in ihrer Studie des Österreichischen Instituts für Familienforschung zur Gefährdungsabklärung aus der Perspektive von Jugendlichen beschrieben. Um ausreichend Interviewpartner:innen zu gewinnen, musste das Sampling dort auf zusätzliche Bundesländer ausgeweitet werden. Zudem äußerten die Befürchtung, dass eine ausschließliche Fokussierung auf die Perspektive der Jugendlichen zu einer einseitigen Darstellung des Gefährdungsabklärungsprozesses führen könnte.

[5] Im Rahmen der Rekrutierung von Interviewpartner:innen äußerten Fachkräfte Bedenken, die Studie könne ihre Arbeitsweisen kritisch bewerten oder gar evaluieren. Zudem wurde auf organisatorische Engpässe verwiesen – beides bestätigt die bestehenden Herausforderungen beim Zugang zum Feld.

Zeit- und Ressourcenmangel sowie die Komplexität des Feldzugangs zurückzuführen. Rosenthal (2005, S. 92) hebt hervor, dass theoretische Sättigung ein idealtypisches Ziel darstellt, das in der Praxis häufig nicht vollständig realisiert werden kann. Ressourcenbeschränkungen und die Unmöglichkeit, alle relevanten theoretischen Dimensionen zu erfassen, führen dazu, dass blinde Flecken und subjektive Perspektiven bestehen bleiben – auch wenn sie reflektiert werden. Ziel dieser Studie war es nicht, eine neue gegenstandsverankerte Theorie zur professionellen Beziehungsgestaltung zu entwickeln, sondern die subjektiv erlebte Bedeutung dieser Beziehungen im Rahmen des behördlichen Gefährdungsabklärungsprozesses zu beleuchten. Trotz der genannten Einschränkungen bieten die erhobenen Daten wertvolle Einblicke in die Dynamiken der professionellen Beziehungsgestaltung in der behördlichen Kinder- und Jugendhilfe und damit auch in die Spezifika Soziale Arbeit im Zwangskontext. Auf Grundlage des durch theoretisches Sampling entwickelten Vorgehens ergibt sich das nachfolgend beschriebene Sample, das eine vielfältige Bandbreite an Beziehungserfahrungen im Gefährdungsabklärungsprozess abbildet.

Ein Interview lieferte durch die berufliche Biografie der Adressat:in Einblicke aus zwei Perspektiven: sowohl aus Sicht der Adressat:innen als auch der Fachpersonen. Dieser Fall wurde als abweichender und kontrastierender Fall innerhalb des Forschungsfeldes betrachtet (Kleemann et al., 2013, S. 26). Ein weiteres Interview mit Umberto Vesla, einem Adressaten mit Migrationshintergrund, konnte aufgrund sprachlicher Barrieren und der geringen narrativen Qualität – bedingt durch die gemeinsame Erzählung beider Elternteile – nicht in die Auswertung einfließen. Der Fokus lag dort stärker auf der Beziehung zur sozialpädagogischen Fachkraft als auch dem behördlichen Gefährdungsabklärungsprozess, wodurch das Interview keinen Mehrwert im Hinblick auf das Erkenntnisinteresse der Studie bot.

6.2.4 Zusammensetzung des Samples

Insgesamt wurden elf narrative Interviews mit Adressat:innen aus verschiedenen Bezirken in OÖ geführt.[6] Die Anonymität der Befragten wird gewahrt, indem lediglich grobe Kategorien zur Beschreibung ihrer sozialdemographischen Daten und Hintergründe verwendet werden. Bei der Darstellung der Fälle wird zudem

[6] Die Bezirke in alphabetischer Reihenfolge: Freistadt, Gmunden, Grieskirchen, Kirchdorf, Linz, Perg, Rohrbach, Steyr, Wels.

bewusst auf die Nennung der Geschlechter der Kinder verzichtet. Stattdessen werden diese anonymisiert lediglich als Kinder bzw. Jugendliche bezeichnet, wobei das Alter lediglich in die Kategorien Kleinkind, Kindergartenkind, Schulkind oder Jugendliche eingeteilt wird. Die anonymisierten Namen der Adressat:innen wurden in alphabetischer Reihenfolge zusammengestellt, was zu den Pseudonymen Anna Bauer, Christina Dürr, Emma Feuerstein, Gerda Hoffmann, Ina Jachs, Katja Ludwig, Otto Pauk, Quentina Rauch, Sara Tot, Mia Noll und Umberto Vesla (nicht dargestellt) führte. Von den elf Adressat:innen waren neun Frauen und zwei Männer im Alter zwischen 25 und 55 Jahren. Mit Ausnahme von Umberto Vesla verfügten alle über die österreichische Staatsangehörigkeit. Acht Personen waren zum Zeitpunkt der Gefährdungsabklärung alleinerziehend und vom anderen Elternteil getrennt, während Ina Jachs verwitwet war.

Sechs von den Befragten (Emma Feuerstein, Gerda Hoffmann, Ina Jachs, Katja Ludwig, Sara Tot, Mia Noll, Umberto Vesla) hatten nach der Gefährdungsabklärung durch die Kinder- und Jugendhilfe eine Unterstützung der Erziehung (UdE). Zwei (Christina Dürr, Ina Jachs) ein Unterstützungsangebot im Rahmen der Hilfe in belasteten Familiensituationen (HBF) und eine Person (Anna Bauer) eine außerfamiliäre Betreuung (VE). Zwei Adressat:innen (Quentina Rauch und Otto Pauk) hatten keine weitere Unterstützung oder weiterführende Befassung durch die Kinder- und Jugendhilfe (Abschnitt 2.2). Bei drei Personen (Anna Bauer, Gerda Hoffmann und Katja Ludwig) wird aus der Erzählung deutlich, dass sie juristische Unterstützung suchten, um gegen die Entscheidung bzw. die Einschätzung Kinder- und Jugendhilfe im Rahmen der Gefährdungsabklärung gerichtlich vorzugehen. Die Anzahl der zehn ausgewerteten narrativen Interviews entspricht dem üblichen Umfang in Dissertationen, die auf narrativen Methoden basieren. Rosenthal (2005, S. 161) hebt hervor, dass bei narrativen Interviews die tiefgehende Analyse wichtiger ist als die Quantität der Interviews. Studien, die narrative Interviews und deren Auswertung mittels Narrationsanalyse anwenden, umfassen in der Regel zwischen sechs und 20 Interviews (Kleemann et al., 2013, S. 102–104). Rosenthal (2005, S. 163) zeigt anhand von Beispielen, dass meist acht bis 15 Interviews ausreichend sind, um differenzierte Erkenntnisse zu gewinnen, da die Rekonstruktion von Lebens- und Handlungsgeschichten durch die Intensität der Analyse kompensiert wird. Die Interviews ergaben umfangreiches Datenmaterial von insgesamt rund 519 Minuten[7] Interviewmaterial, was zu mehr als 123 A4 Seiten Transkripten führte. Diese wurden in mehreren Durchläufen analysiert und mittels Narrationsanalyse (Abschnitt 6.4) ausgewertet. In

[7] Das kürzeste Interview mit Christina Dürr dauerte 19 Minuten, das längste mit Otto Pauk 92 Minuten.

einer ersten Auswertungsphase wurden die Einzelinterviews analysiert, während in einer zweiten Auswertungsphase ein kontrastiver Fallvergleich aller Interviews durchgeführt wurde, um differenzierte Einblick in die spezifischen Beziehungserfahrungen der Adressat:innen innerhalb des Gefährdungsabklärungsprozesses zu gewinnen. Dem explorativen Charakter dieser Studie folgend, passierte die Datenerhebung mittels einer narrativen Methode, welche nachfolgend ausgeführt wird.

6.3 Datenerhebung

In den folgenden Abschnitten wird das qualitative Interview als Erhebungsmethode sowie das narrative Interview als spezifisches Erhebungsinstrument der Studie ausführlich dargestellt. Die methodische Begründung für diese Wahl und die zugrunde liegenden theoretischen und methodologischen Überlegungen erfolgten bereits in Abschnitt 6.1.1.

6.3.1 Qualitative Interviews und ihre methodologischen Grundlagen

Qualitative Interviews dienen der Erfassung subjektiver Bedeutungsmuster, Alltagswahrnehmungen und individueller Wirklichkeitskonstruktionen der Befragten. Diese Methode erfordert eine hohe kommunikative Kompetenz, da es nicht nur um Datenerhebung geht, sondern auch darum, eine vertrauensvolle Gesprächsatmosphäre zu schaffen. Um dies zu gewährleisten, ist es essenziell, Unklarheiten zu klären und den Redefluss aktiv zu unterstützen, beispielsweise durch Körpersprache und Gesprächstechniken wie Paraphrasieren. Das Wiederholen des Gesagten in eigenen Worten trägt dazu bei, ein gemeinsames Verständnis zu sichern (Schaffer, 2009, S. 130). Diese Technik erwies sich auch in den Interviews mit den Adressat:innen als hilfreich, insbesondere bei sensiblen Themen, um eine tiefere Reflexion der Befragten zu ermöglichen.

Qualitative Interviews basieren häufig auf strukturierten oder semistrukturierten Leitfäden mit offenen Fragen, die eine flexible Anpassung an den Gesprächsverlauf erlauben. Diese Flexibilität ermöglichte es mir, individuell auf die Bedürfnisse und Antworten der Befragten einzugehen, während gleichzeitig die Vergleichbarkeit der Daten gewährleistet wurde (Schaffer, 2009, S. 129 f.; Diener & Crandall, 1978, S. 56). In meiner Forschung legte ich besonderen Wert darauf, eine entspannte Gesprächsatmosphäre zu schaffen, um mögliche Unsicherheiten oder Misstrauen der Befragten zu reduzieren. Persönliche und informative Vorgespräche trugen wesentlich dazu bei, Vertrauen aufzubauen und die Grundlage für ein offenes Gespräch zu schaffen (Schaffer, 2009, S. 128). In der vorliegenden Studie wurde zudem darauf geachtet, sogenannte Sponsorship-Effekte zu minimieren. Diese entstehen, wenn das Wissen über die Auftraggeber:innen oder den sozialen Kontext die Antworten der Befragten beeinflusst (siehe Interview mit Christina Dürr). Aufgrund meiner früheren Tätigkeit im sozialen Bereich war ich mir der potenziellen Einflussnahme bewusst und habe diese durch Reflexion und Supervision adressiert. Insbesondere achtete ich darauf, meine Rolle als Forscherin klar abzugrenzen (vgl. Abschnitt 6.1.3), um Verzerrungen durch bestehende Bekanntschaften zu vermeiden (Schaffer, 2009, S. 130). Auch die Konzentrationsfähigkeit der Befragten wurde durch eine angemessene Interviewdauer berücksichtigt. Nach Schaffer (2009, S. 130–131) sollten biografische Interviews eine Dauer von drei Stunden nicht überschreiten. Während meiner Interviews lenkte ich den Redefluss behutsam, ohne autoritär zu wirken, um eine offene Gesprächsatmosphäre zu gewährleisten. Die Interviews wurden mit Tonbandaufnahmen dokumentiert, um eine möglichst präzise Datenerfassung zu ermöglichen und die Befragten nicht durch Mitschreiben abzulenken (Hammersley & Atkinson, 2007, S. 120). Anschließend wurden die Aufnahmen transkribiert und in Supervisionen reflektiert, um die Qualität der Daten sicherzustellen.

Qualitative Interviews basieren auf methodologischen Prinzipien, die – wie auch meine Forschung – authentische und valide Einblicke in die Perspektiven der Befragten ermöglichen:

- Reflexivität: Meine Rolle und Einflussnahme auf den Interviewprozess wurden kontinuierlich reflektiert, um Verzerrungen zu vermeiden.
- Alltagsgespräch: Die Interviews wurden wie alltägliche Gespräche gestaltet, um eine natürliche Kommunikation zu fördern (Lamnek, 1995, S. 41).
- Zurückhaltung: Eigene Interpretationen wurden zurückgehalten, um die Offenheit der Befragten zu fördern (Schaffer, 2009, S. 133).
- Relevanzsysteme der Befragten: Die subjektiven Bedeutungen und Perspektiven der Befragten wurden akzeptiert und in den Mittelpunkt gestellt (Lamnek, 1995, S. 42).
- Kommunikativität: Aktives Zuhören, Nachfragen und Paraphrasieren unterstützten das Verständnis und schufen eine offene Atmosphäre (Schaffer, 2009, S. 133).
- Offenheit und Flexibilität: Die Gesprächsführung wurde dynamisch an den Verlauf des Interviews angepasst (Schaffer, 2009, S. 134).

- Prozesshaftigkeit: Der gesamte Forschungsprozess wurde kontinuierlich reflektiert und an die Erkenntnisse aus den Interviews angepasst (Lamnek, 1995, S. 43).

6.3.2 Narrative Interviews

Als Erhebungsmethode wählte ich den Zugang des autobiografisch-narrativen Interviews (Schütze 1983/2016a). Diese etablierte qualitative Befragungsmethode ermöglicht es, detaillierte Erzählungen von Individuen über erlebte Ereignisse oder Prozesse zu erfassen. Entwickelt von Fritz Schütze in den 1970er Jahren zur Analyse lebensgeschichtlicher Erzählungen, eignet sich diese Methode besonders für meine Forschung, da sie sich auf eine schwer erreichbare Zielgruppe konzentriert. Die Adressat:innen meiner Studie befinden sich häufig in einem Spannungsfeld von Scham und Stigmatisierung, was den Zugang zu ihren Lebenswelten erschwert (Abschnitt 6.2.3). Trotz dieser Herausforderungen erlaubt das narrative Interview tiefergehende Einblicke in ihre Erfahrungen. Die Methode wird vor allem in der Biographieforschung, aber auch in Beratungs- und Therapiekontexten angewandt (Rosenthal, 2005, S. 137). Mein Ziel ist es, durch spontanes, freies Erzählen tiefere Einblicke in die individuellen Perspektiven der Befragten zu gewinnen und dabei die inneren Logiken ihrer Erzählungen offenzulegen (Heiser, 2024, S. 170). Das narrative Interview basiert auf erzähltheoretischen Ansätzen, die die Bedeutung von Narrationen in der Vermittlung von Erfahrungen und deren Sinnstruktur betonen (Heiser, 2024, S. 163). Während argumentierende Befragungen oft von der Gegenwartsperspektive oder sozialer Erwünschtheit geprägt sind, ermöglicht die narrative Methode es den Befragten, Erinnerungsprozesse zu aktivieren und Ereignisse aus ihrer erlebten Perspektive zu schildern (Schütze, 1977, S. 27). Diese sogenannten Stegreiferzählungen (Heiser, 2024, S. 170) fördern Authentizität und erlauben es, Zusammenhänge, kausale Übergänge und emotionale Details zu rekonstruieren, die für ein umfassendes Verständnis besonders bedeutsam sind. Diese Methode bietet eine besonders geeignete Grundlage für meine Forschungsarbeit. Ich nutze das narrative Interview, um die Perspektive der Adressat:innen auf die professionelle Beziehungsgestaltung im Gefährdungsabklärungsprozess der Kinder- und Jugendhilfe zu rekonstruieren. Die Adressat:innen werden dabei als Expert:innen ihrer Lebenswelt betrachtet, und ihre Erzählungen liefern wertvolle Einblicke in ihre Wahrnehmungen und Erlebnisse während des bis zu sechs Monate andauernden Gefährdungsabklärungsprozesses.

Den ersten Teil des Interviews, die autobiographische Anfangserzählung, leite ich durch eine möglichst offen formulierte Erzählaufforderung ein. Diese soll die Befragten dazu veranlassen, ihre Geschichte frei und detailreich zu erzählen, durch eine vorgegebene Struktur eingeschränkt zu werden. Die Eingangsfrage lautet: „Wie haben Sie die Beziehungsgestaltung der Fachkraft der Kinder- und Jugendhilfe im Gefährdungsabklärungsprozess erlebt?". Diese offene Form entspricht den methodologischen Prinzipien der Offenheit und Subjektzentrierung, die für qualitative Forschung typisch sind. Gleichzeitig stelle ich durch ergänzende narrative Nachfragen sicher, dass spezifische Aspekte meiner Forschungsfrage aufgegriffen werden (Heiser, 2024, S. 160).

Erzählzwänge im narrativen Interview

Die Erzählenden unterliegen dabei mehreren Erzählzwängen, die dazu führen, dass ein komprimierter, kohärenter Text entsteht, der sowohl äußere Begebenheiten als auch innere Reaktionen miteinander verwebt (Schütze, 1983, S. 286). Wird eine Stegreiferzählung ausgelöst, greifen die sogenannten Zugzwänge des Stegreiferzählens (Schütze 1984, S. 81). Da die Erzählenden den Erwartungen ihres Gegenübers entsprechen wollen, haben sie bestimmte Erzählformen verinnerlicht, denen sie kaum entgehen können. Fritz Schütze beschreibt in diesem Zusammenhang drei Erzählzwänge, die in narrativen Interviews wirksam sind (Schütze, 1977, S. 224f; 1984, S. 81; Heiser, 2024, S. 173):

- Gestaltschließungszwang: Die erzählende Person strukturiert die Geschichte so, dass sie für Dritte verständlich wird. Hierdurch wird auch der Forschungsgegenstand detaillierter zugänglich gemacht. Wir eine Geschichte begonnen so wird sie ordentlich zu Ende erzählt. Wenn eine Darstellung durch einen Gedanken unterbrochen wird, geht die erzählende Person zurück und beendet die Erzählstrang ordnungsgemäß. Dies führt auch unweigerlich dazu, dass wenn eine Geschichte quasi aus Versehen oder nicht ganz freiwillig angefangen wurde, auch zu Ende geführt werden muss.
- Kondensierungszwang: Im Bemühen, die Erzählung prägnant zu gestalten, werden wesentliche Aspekte hervorgehoben. Die Erzählenden versuchen sich auf das Wesentliche zu beschränken und so eine Prioritätensetzung in der Geschichte vorzunehmen, was Hinweise auf subjektive Relevanzstrukturen liefert. Diese Hervorhebungen helfen, wichtige Aspekte für die Forschung zu identifizieren.
- Detaillierungszwang: Um die Erzählung anschaulich und nachvollziehbar zu gestalten, fügen Befragte spezifische Details oder Hintergrundinformationen hinzu. Durch den Detailierungszwang wird die erzählende Person gezwungen, notwendige Kontextinformationen bereitzustellen, ohne die das Erzählte nicht

plausibel nachvollziehbar wäre. Dieser Effekt ist wertvoll für die Interpretation, da diese Hintergrundinformationen für die Analyse herausgearbeitet werden können. Da die Interviewenden aus dem Stegreif erzählen, können sie sich nur an dem Erlebten orientieren und produzieren damit einen Text, der nah an der erlebten Situation ist, die nach und nach entwickelt wird.

Diese Erzählzwänge ermöglichen es, authentische Erzählungen zu erfassen und tiefere Einblicke in die Erlebenswelt der Adressat:innen zu gewinnen. Gleichzeitig zeigt sich, dass das narrative Interview besonders geeignet ist, um prozesshafte Darstellungen zu untersuchen (Schütze, 1987).

Schütze (1983, S. 286) beschreibt, dass das Ergebnis eines narrativen Interviews ein Text ist, der den sozialen Prozess der Entwicklung und Wandlung einer biografischen Identität kontinuierlich abbildet – ohne externe Eingriffe durch die Forschenden oder theoretische Vorannahmen, die das Erzählte selektiv überformen könnten. Entscheidend für eine authentische Stegreiferzählung ist zudem die Art der Information, die den Befragten im Vorfeld gegeben wird. Um den Effekt der freien, spontanen Erzählung nicht zu beeinträchtigen, wurden die Teilnehmer:innen meiner Studie daher lediglich darüber informiert, dass es in meinem Forschungsinteresse ihre Erfahrungen mit der Kinder- und Jugendhilfe im Gefährdungsabklärungsprozess betrifft (Schütze, 2016a, S. 57–58). Heiser (2024, S. 196) führt aus, dass die erzählende Person in den konkreten Prozess integriert gewesen sein muss, um das narrative Verfahren gegenstandsangemessen anwenden zu können. Nur so können im Interview die vier kognitiven Figuren der Erzähler:innen reanimiert werden. Daher eignen sich narrative Verfahren nicht zur Untersuchung von Routinen, da diese keine ausreichende narrativ-rekonstruktive Basis bieten. Gemäß Küsters (2009, S. 31–32) beeinflussen auch sogenannte Kollektivereignisse – wie Katastrophen oder die Anschläge vom 11. September 2001 – die persönliche Erlebnisaufschichtung der potenziellen Interviewpartner:innen. Solche Erzählungen sind häufig stark von medialer Berichterstattung überlagert, wodurch keine Homologie zwischen dem tatsächlich Erlebten und den Erzählungen hergestellt werden kann. Darüber hinaus sind narrative Interviewmethoden für Personen ungeeignet, die aktuell eine Psychotherapie durchlaufen oder aufgrund ihrer Bildung, Eloquenz oder beruflichen Erfahrung gewohnt sind, biografische Erzählungen an spezifische Kontexte anzupassen. Zwar können bei diesen Personengruppen Stegreiferzählungen erhoben werden, jedoch bestehen Einschränkungen hinsichtlich des Authentizitätsgehalts. Solche Personen sind häufig in der Lage, nachträgliche Deutungsmodelle zu entwickeln, die die im Gedächtnis gespeicherten Erlebnisse überformen. In narrativen Interviews würden somit vorrangig diese nachträglichen Deutungen reproduziert, nicht aber die zugrundeliegenden kognitiven Figuren reanimiert (Küsters, 2009, S. 31). Im methodischen Diskurs besteht laut Heiser (2024, S. 196–197) bislang keine Einigkeit darüber, ob Erzählkompetenz, wie von Schütze (1976b, S. 7–41; 1977, S. 52) angenommen, eine Basiskompetenz darstellt, die jedem Menschen innewohnt, oder ob sie in bestimmten sozialen Schichten beziehungsweise Bildungsmilieus stärker ausgeprägt ist (Heiser, 2024, S. 196). Unumstritten ist jedoch, dass narrative Interviews für Kinder kein geeignetes Untersuchungsdesign darstellen, weil sie ihr Erleben oft noch nicht in ausreichender sprachlicher Qualität ausdrücken können (Küsters, 2009, S. 31–32).

Erzählaufforderung und Interviewaufbau

Das narrative Interview folgt einem festen Ablauf, der sich in mehrere Phasen gliedert (Rosenthal, 2005, S. 149; Heiser, 2024, S. 178). Nachdem ich meinen Umgang mit den Daten erläutert hatte, startete ich bei den Online-Interviews das Aufnahmegerät und zeichnete die Einwilligungen der Befragten auf. Persönlich durchgeführte Interviews begannen mit einer schriftlichen Einwilligungserklärung. Die Interviews eröffnete ich mit der Erzählaufforderung. Gabriele Rosenthal (2005, S. 144–145) unterscheidet bei der Konstruktion der Erzählaufforderung zwischen biografischen und organisationsbezogenen Erzählungen. In einem biografisch-narrativen Interview zu einem relevanten Themenbereich wird üblicherweise die gesamte Lebensgeschichte erfragt. Eine mögliche Erzählaufforderung kann dabei folgendermaßen formuliert werden: „Ich möchte Sie bitten, mir Ihre (Familien- und Ihre) Lebensgeschichte zu erzählen, all die Erlebnisse, die Ihnen einfallen.“ (Rosenthal, 2005, S. 145). Diese Form stellt die offenste Erzählaufforderung dar, die jede Themenbeschränkung vermeidet. Eine geschlossene Erzählaufforderung hingegen bezieht sich auf einen bestimmten Zeitabschnitt – im vorliegenden Fall die Gefährdungsabklärung (bis zu sechs Monate) – sowie einen institutionellen Kontext, hier die Kinder- und Jugendhilfe. Entscheidend ist, dass ein zeitlicher Anfangspunkt für das Erzählte vorgegeben und zur Darstellung des weiteren Ablaufs aufgefordert wird. Diese temporale Strukturierung, die bei der Aufforderung zur Erzählung der Lebensgeschichte implizit gegeben ist, hilft den Interviewten, in den Erinnerungsfluss zu gelangen (Rosenthal, 2005, S. 145). Die initiale Frage lautete: „Es geht um den Gefährdungsabklärungsprozess. Und mich interessiert alles, was ihnen dazu einfällt, wie Sie das erlebt haben“ (Quentina Rauch, S. 1, Z. 3–4). Bei allen Formen der Erzählaufforderung wird eine Regieanleitung gegeben, die beispielsweise so lautet (Rosenthal, 2005, S. 144): „[…] erzählen Sie mir alles, was Ihnen wichtig erscheint und es ist auch ganz egal, wo Sie anfangen. Ich mach mir in der Zwischenzeit so kurze Notizen für mich und wenn ich das Gefühl habe, sie sind fertig […] dann würde ich nachfragen.“ (Quentina Rauch, S. 1, Z.13–17)

Haupterzählung und Nachfrageteil

Nach der Anfangserzählung und der Verhandlungsphase folgte die Haupterzählung oder autonom strukturierte Selbstpräsentation. In dieser Phase übernahm die erzählende Person die Regie. Ich agierte unterstützend, ohne den Erzählfluss durch Fragen oder Kommentare zu unterbrechen. Techniken des aktiven Zuhörens aus der klientenzentrierten Gesprächsführung (Rogers, 1951) schufen ein vertrauensvolles Klima. Notizen, die später für den Nachfrageteil genutzt wurden, ermöglichten eine klare Orientierung an den Relevanzen der Erzählenden (Rosenthal, 2005, S. 146). Nach Abschluss der Haupterzählung – signalisiert durch eine Erzählkoda (Schütze, 2016a, S. 57) – leitete ich den themenbezogenen Nachfrageteil ein. Erzählinterne Nachfragen sind von erheblicher, oft unterschätzter Bedeutung. Sie dienen dazu, spezifische Details oder unklare Aspekte zu vertiefen, ohne die erzählende Person in ihrer Darstellung zu beeinflussen. Im externen Nachfrageteil bat ich die Interviewten daher, ihre Interaktion mit den Fachkräften zu reflektieren. Konkret interessierten mich folgende Aspekte:

- Welche Faktoren haben Sie als hilfreich oder hinderlich empfunden?
- Welche Wünsche oder Erwartungen hatten Sie während des Gefährdungsabklärungsprozesses?

Erzählgenerierende Nachfragen und Gesprächsführung

Nach Abschluss der Haupterzählung vertiefte ich spezifische Details oder unklare Aspekte durch offene Fragen. Dabei achtete ich darauf, ausschließlich auf bereits präsentierte Inhalte Bezug zu nehmen, um die erzählende Person nicht in ihrer Darstellung zu beeinflussen. Die von den Befragten eingeführten Themen wurden als Einladung zur Vertiefung verstanden. Potenziell schambehaftete oder schwierige Themen wurden bewusst ausgeklammert. Bei sensiblen Lebens- oder Erlebensbereichen formulierte ich meine Fragen bevorzugt im Konjunktiv (Rosenthal, 2005, S. 148), wie beispielsweise: „Mhm, wenn ich es richtig verstanden habe, dann haben Sie Ihre Angst auch erkannt und angesprochen? Könnten Sie mir davon noch etwas genauer erzählen?" (Quentina Rauch, S. 9, Z. 363–364).

Während der Erzählung fertigte ich Notizen an, um Inhalte festzuhalten, die trotz ausführlicher Darstellung nicht vollständig verstanden wurden oder bei denen ich weiteres Erzählpotenzial vermutete. Bei Erzählabbrüchen reagierte ich einfühlsam und knüpfte an einem früheren Punkt der Erzählung an, da Abbrüche auf emotional belastende Passagen hindeuten können. Erst nachdem ich meine Stichpunkte abgearbeitet hatte, leitete ich den erzählexternen Nachfrageteil ein. Diese Phase diente dazu, thematische Lücken zu schließen und Aspekte anzusprechen, die bislang nicht thematisiert wurden, aber für meine Forschungsfrage von Relevanz waren.

Ich orientierte mich hierbei sowohl an meinen Forschungsfragen als auch an den während der Haupterzählung notierten Hinweisen. In allen Teilen des Nachfrageteils stellte ich ausschließlich erzählgenerierende Fragen und vermied Meinungs- oder Begründungsfragen wie „Weshalb haben Sie…?“, um eine möglichst authentische Narration zu gewährleisten (Schütze, 1983, S. 285).

Umgang mit emotionalen Reaktionen

In Situationen, in denen starke Emotionen reaktiviert wurden – etwa, wenn Befragte weinten, tief betroffen oder wütend waren – erwiesen sich Gesprächstechniken aus der klientenzentrierten Gesprächsführung als besonders hilfreich, insbesondere das aktive Zuhören (Gordon, 1977; Rogers, 1987). In solchen Momenten ist es entscheidend, nicht reflexhaft zu beschwichtigen, zu trösten oder abzulenken, da solche Reaktionen den Erzählprozess unterbrechen und die Interviewten davon abhalten könnten, weiterzusprechen. Dies war beispielsweise bei den Interviews mit Quentina Rauch oder Ina Jachs der Fall, die in ihrem subjektiven Erleben mit den Fachkräften der Kinder- und Jugendhilfe berichteten, dass problematische oder belastende Themen im Gespräch häufig vermieden wurden. Ein Themenwechsel wäre kontraproduktiv gewesen, da er suggeriert hätte, dass über belastende Situationen und die damit verbundenen Emotionen nicht weiter gesprochen werden soll. Stattdessen nutzte ich das Verbalisieren emotionaler Erlebnisinhalte, eine von Gordon als Türöffner bezeichnete Technik, um zu signalisieren, dass ich die Emotionen der Befragten wahrnehme und verstehe. Dies ermöglichte es mir, entweder auf die aktuellen Gefühle oder auf die emotionalen Reaktionen in der damaligen Situation einzugehen. Diese Gesprächstechniken erwiesen sich auch in den Interviews mit Anna Bauer (Abschnitt 9.1), Ina Jachs (Abschnitt 9.3) und Mia Noll (Abschnitt 9.5) als essenziell.[8]

Konsensuller Interviewabschluss

Der Interviewabschluss erfolgt konsensuell. Besonders in sensiblen Kontexten können Bilanzierungsfragen helfen, das Gespräch positiv abzurunden (Heiser, 2024, S. 190). Fragen wie „Was war Ihnen in diesem Prozess besonders wichtig?“ bieten den Befragten die Möglichkeit, die wichtigsten Punkte zusammenzufassen und das Gespräch mit einem positiven Gefühl zu beenden.

---

[8] Durch meine Qualifikationen als Sozialarbeiterin, Supervisorin und Psychotherapeutin verfüge ich über Kompetenzen in der Gesprächsführung sowie in der Anwendung unterstützender und heilsamer Interventionen. Dies ermöglichte einen achtsamen Umgang mit sensiblen Themen und trug dazu bei, das Risiko einer Retraumatisierung zu minimieren. Herausforderungen, die sich im Verlauf der Interviews ergaben, konnten durch gezielte Anpassungen des Interviewprozesses bewältigt werden.

Transkription und Datenschutz

Im Anschluss an das Interview wurde das gesprochene Wort unter Beachtung der ausgewählten Transkriptionsregeln (Kuckartz et al., 2008) verschriftlicht. In Anbetracht der besonders schützenswerten und sensiblen Daten habe ich sämtliche Interviews eigenhändig transkribiert, um den Datenschutz sowie eine präzise und vertrauliche Verarbeitung der Aussagen zu gewährleisten.

Bevor ich im nächsten Abschnitt die Auswertung des Datenmaterials beschreibe, möchte ich kurz auf die Datenschutzmaßnahmen eingehen, die aufgrund der Sensibilität der erhobenen Daten von besonderer Relevanz sind. Bereits im Vorfeld des Interviews sowie in der Einwilligungs- und Datenschutzerklärung erläuterte ich den Befragten die Regeln zur Anonymisierung und Maskierung personenbezogener Informationen. Zudem wies ich darauf hin, dass Interviews bei sensiblen Inhalten gekürzt werden können und sämtliche Daten jederzeit zurückgezogen werden dürfen – wie bereits in den forschungsethischen Überlegungen (Abschnitt 6.1.3) dargelegt. Nachdem ich sichergestellt hatte, dass die Teilnehmenden alle Regelungen vollständig verstanden hatten, nahm ich die Einverständniserklärung entweder per Tonband auf oder ließ sie schriftlich unterzeichnen. Zum Schutz der Interviewdaten erfolgte die Speicherung ausschließlich auf einem USB-Stick, der in meinem verschlossenen Patientenaktenschrank in meiner psychotherapeutischen Praxis verwahrt wird. Die Originalaufnahmen wurden nach der Transkription sofort vom Aufnahmegerät gelöscht. Um die Vertraulichkeit der Daten zu gewährleisten, verzichtete ich bewusst auf die Speicherung in einer Cloud.

Die im Interviewprozess gewonnenen Daten wurden mithilfe der Narrationsanalyse nach Schütze ausgewertet. Ziel dieser Analyse war es, die subjektiven Sinnkonstruktionen, Werteorientierungen und biografischen Wendepunkte der Adressat:innen im Gefährdungsabklärungsprozess zu rekonstruieren (Heiser, 2024, S. 193). Die Offenheit des narrativen Ansatzes ermöglichte es, sowohl inhaltliche als auch strukturelle Muster zu identifizieren, die wertvolle Erkenntnisse über die professionelle Beziehungsgestaltung in belastenden Lebensphasen liefern können (Schaffer, 2009, S. 137–138). Die detaillierte Beschreibung der Auswertungsmethode erfolgt im folgenden Kapitel zur Datenanalyse.

6.4 Datenanalyse mittels Narrationsanalyse

Die Analyse der erhobenen Daten erfolgte mittels Narrationsanalyse nach Fritz Schütze, da diese Methode – wie bereits begründet – besonders geeignet ist, um subjektive Erfahrungen sowie soziale und institutionelle Kontexte zu rekonstruieren. Schütze (1976c) und Heiser (2024) betonen, dass die Narrationsanalyse für die Auswertung narrativer Daten besonders geeignet ist, da sie eine tiefgehende Erfassung individueller Erlebnisse sowie ihrer Einbettung in soziale und institutionelle Zusammenhänge ermöglicht (Kleemann et al., 2013). Durch die Untersuchung freier Erzählungen lassen sich detaillierte Einblicke in die Wahrnehmung der Befragten hinsichtlich des Gefährdungsabklärungsprozesses und der professionellen Beziehungsgestaltung gewinnen. Diese Methode ermöglicht es, die innere Logik und Struktur von Erzählungen zu rekonstruieren, was besonders relevant ist, um die subjektiv erlebte Bedeutung professioneller Beziehungen im Kontakt der Kinder- und Jugendhilfe zu erfassen. Im Folgenden werden zunächst die erzähltheoretischen Grundlagen erläutert, bevor die einzelnen Analyseschritte der Narrationsanalyse detailliert dargestellt werden.

6.4.1 Datenanalyse mittels Narrationsanalyse

Fritz Schütze (1944–2009) studierte Soziologie, Philosophie und Sprachwissenschaften in Münster und promovierte mit einer Arbeit zu sprachbezogenem Denken innerhalb der Soziologie. Nach einem Forschungsaufenthalt bei Anselm Strauss in San Francisco habilitierte er sich mit einer Arbeit zur kommunikativen Sozialisationsforschung. Schütze gilt als einer der bedeutendsten Vertreter der qualitativen Sozialforschung, insbesondere in der Entwicklung des narrativen Interviews und der Narrationsanalyse. Seine methodischen Innovationen, die er unter anderem an den Universitäten Bielefeld und Magdeburg lehrte, sind bis heute prägend (Heiser, 2024, S. 155).

Die Narrationsanalyse ist ein erzähltheoretisch fundiertes Verfahren, das speziell für die Analyse biografischer Erzählungen entwickelt wurde. Ziel ist es, soziale Wirklichkeiten aus den Perspektiven der Erzählenden zu rekonstruieren. Schütze entwickelte das Verfahren im Rahmen der sogenannten Gebietsreform-Studie, einer Interaktionsfeldstudie, die sich explizit mit kommunalen Machtstrukturen auseinandersetzte (Schütze, 1976a). Ein zentrales Anliegen dieser Studie war es, qualitative Methoden zu entwickeln, um das Wechselspiel zwischen gesellschaftlichen Strukturen und individuellem Handeln sichtbar zu machen. Dabei sollte nicht nur das Handeln der Akteure analysiert werden, sondern auch der Einfluss makrostruktureller Faktoren auf mikrostrukturelle Phänomene empirisch erfasst werden (Schütze, 1976a, S. 165–166; Heiser, 2024, S. 154–156).

Die Bedeutung der Narrationsanalyse liegt in ihrer Fähigkeit, individuelle Perspektiven auf biografische Prozesse mit deren Einbettung in soziale und institutionelle Kontexte zu verbinden. Schütze hebt in diesem Zusammenhang die Relevanz sogenannter intermediärer Instanzen wie Ortsgesellschaften hervor, die er in der Gebietsreform-Studie analysierte. Diese Instanzen ermöglichen es, die Verschränkung makrostruktureller Rahmenbedingungen mit mikrostrukturellen Interaktionsprozessen empirisch zu erfassen. Schütze beschreibt diese Orte als relativ geschlossene Interaktionsfelder, die es erlauben, das Wechselspiel von Strukturen und Handeln exemplarisch zu untersuchen, wie es auch im Interaktionsfeld des Gefährdungsabklärungsprozesses der Kinder- und Jugendhilfe der Fall ist (Schütze, 1976a, S. 209–210; Heiser, 2024, S. 155). Ein wesentliches Konzept der Narrationsanalyse sind die sogenannten Zugzwänge des Erzählens, die bereits im Erhebungsverfahren der narrativen Interviews (Abschnitt 6.3.2) erläutert wurden. Diese Zugzwänge beschreiben strukturelle Prinzipien wie den Kondensierungs-, Detailierungs- und Gestaltschließungszwang, die sicherstellen, dass Erzählungen eine innere Kohärenz und Verständlichkeit aufweisen (Schütze, 1976b; Kleemann et. al., 2013, S. 66–68; Heiser, 2024, S. 166–167). Diese Prinzipien ermöglichen es, selbst bei bewussten oder unbewussten Selektionsprozessen wesentliche Informationen zu extrahieren. In narrativen Interviews wird somit nicht nur das Erlebte rekonstruiert, sondern auch die Art und Weise, wie die Erzählenden ihre Erfahrungen subjektiv verarbeiten und deuten (Schütze, 1983). Die narrativen Interviews generieren Daten, die durch das freie Erzählen biografischer Ereignisse entstehen. Diese Methode ermöglicht es, nicht nur Ereignisverstrickungen und Erfahrungen, sondern auch die inneren Reaktionen und interpretativen Verarbeitungen der Erzählenden zugänglich zu machen (Schütze, 1983, S. 284; Heiser, 2024, S. 155–157). Die Narration wird dabei nicht als objektiver Tatsachenbericht verstanden, sondern als subjektive Konstruktion, die Einblicke in das Selbstverständnis und die Lebensentwürfe der Erzählenden bietet. Mit dieser Herangehensweise lassen sich biografische Prozesse sowie die zugrunde liegenden Erlebnisperspektiven rekonstruieren.

Zentrale Spannungsfelder der Narrationsanalyse

Drei zentrale Spannungsfelder prägen die Biografieforschung und sind auch für die Narrationsanalyse von Bedeutung:

- Subjektivität versus Objektivität: Biografische Erzählungen können als subjektive Deutungen oder als Quelle objektiver Daten betrachtet werden. Kritiker:innen wie Bourdieu bemängeln eine Vernachlässigung gesellschaftlicher Strukturen, während andere betonen, dass objektive Bedingungen im subjektiven Erleben ihren Ausdruck finden.
- Gegenwarts- versus Vergangenheitsorientierung: Es besteht Konsens darüber, dass biografische Erzählungen von der aktuellen Lebenssituation beeinflusst sind. Die Homologietheorie[9] (Schütze, 1984) betont jedoch, dass vergangene Erfahrungen die Struktur und Perspektive der Erzählung wesentlich prägen. Kritiker:innen sehen hier eine Überbetonung der Vergangenheit.
- Wahrheit versus Authentizität: In der Biografieforschung steht nicht die objektive Wahrheit der Erzählung im Vordergrund, sondern deren Authentizität. Subjektive Konstruktionen, Verzerrungen oder Lücken gelten als normaler Bestandteil autobiografischer Erzählungen.

Schütze unterscheidet zwischen bewussten Täuschungsabsichten (partikularen Ideologien) und unbewussten Selbsttäuschungen (totalen Ideologien). Während bewusste Täuschungen durch die Zugzwänge des Erzählens erschwert werden, sind unbewusste Konstruktionen integraler Bestandteil der Identitätsbildung. Diese werden in Form von Auslassungen, Zuspitzungen oder Widersprüchen sichtbar und können durch eine detaillierte Analyse der Erzählstruktur aufgedeckt werden.

6.4.2 Erzähltheoretische Grundlagen

Ein leitender theoretischer Ausgangspunkt narrativer Verfahren ist die linguistische Erzählforschung. Die Methode hat ihren Uhrsprung im symbolischen Interaktionismus, der Ethnomethodologie und der Wissenssoziologie, entwickelt durch die Arbeitsgruppe der Bielefelder Soziologen. Die Methoden des kontrollierten Fremdverstehens, insbesondere in der Sozioliguistik, fanden beispielsweise bei Labov (1971) Anwendung. Labovs Erzählanalysen sowie seine langjährige Zusammenarbeit mit dem Linguisten Kallmeyer beeinflussten Schütze maßgeblich (Kallmeyer & Schütze, 1976). Im Rahmen seiner Studie über kommunale Machtstrukturen (1976c, 1977) entwickelte Schütze das narrative Interview als Erhebungsinstrument sowie die dazugehörige Narrationsanalyse, die er auch zur

---

[9] Homologietheorie: Siehe dazu die Ausführungen der erzähltheoretischen Grundlagen in Abschnitt 6.4.2.

Interpretation anderer Textsorten einsetzte[10]. Methodisch orientiert sich die Narrationsanalyse an einer offenen Methodologie und der induktiven Vorgehensweise der Grounded Theory Methodology, die von Glaser und Strauss (1967) etabliert wurde. Schütze integriert dabei insbesondere vier linguistische Konzepte, die die Narrationsanalyse wesentlich prägen (Schütze, 1976b).

Kognitive Figuren

Schütze formuliert in seinem Aufsatz „Kognitive Figuren des autobiographischen Stegreiferzählens" vier typische kognitive Figuren, die sich auf folgende Aspekte beziehen: Erzählträger:innen oder Biografieträger:innen und ihre Beziehung untereinander, Situationen oder der soziale Rahmen (Lebensmilieus), die thematische Gesamtgestalt der Lebensgeschichte und die Erfahrungs- und Ereignisketten (Schütze, 1984, S. 92). Erzählträger:innen beziehen sich auf die Akteure eines Geschehens, während Ereignisketten die Chronologie und Abfolge von Ereignissen strukturieren. Situationen heben wesentliche, verdichtete Erlebnisse hervor, die durch hohen Detailreichtum gekennzeichnet sind. Die thematische Gesamtgestalt beschreibt die Problematik des Prozesses (Heiser, 2024, S. 163–166; Kallmeyer & Schütze, 1977, S. 176–177; Kleemann et. al, 2013, S. 66–67; Küsters, 2009, S. 26).

Die Erzähler:innen in meinen Interviews stellten dabei nicht nur einzelne Ereignisse dar, sondern auch deren Beziehung zueinander. Diese Beziehungen äußern sich in Erfahrungs- und Ereignisketten, die Veränderungen in äußeren und inneren Zuständen aufzeigen und somit Anhaltspunkte für die Analyse von Beziehungsprozessen liefern. So konnte ich beispielsweise feststellen, dass äußere Veränderungen, wie ein Fachkräftewechsel, oft eng mit relevanten inneren Veränderungen der Selbstermächtigung verknüpft sind.

Auf sprachlicher Ebene manifestieren sich diese Zusammenhänge in den Erzählgerüstsätzen, die die Struktur der Stegreiferzählungen prägen. Diese können in unterschiedlicher Ausführlichkeit dargestellt werden – von vollständigen Erzählsegmenten mit Einleitung, Hauptteil und Schluss bis hin zu isolierten Erzählsequenzen. Unterschiede in der Darstellung ließen sich häufig auf die Erhebungssituation oder die subjektive Bedeutung des Inhalts für die Erzählenden zurückführen (Schütze, 1984, S. 92–93). Diese spontane und unvorbereitete Form des Erzählens, die Schütze als Stegreiferzählung bezeichnet (Abschnitt 6.3.2) erlaubt es, die kognitiven Figuren im Gedächtnis der Erzählenden zu reanimieren. Stegreiferzählungen entstehen ausschließlich in Face-to-Face-Situationen und spiegeln das subjektive Erleben in enger

[10] Des Weiteren wurde Schütze auch von Mead, Sacks, Garfinkel und von Blumer beeinflusst. Die zu Grunde liegenden Strömungen sind wichtig, um die Methode zu durchdringen, würden aber an dieser Stelle zu weit führen.

Anlehnung an das tatsächlich Erlebte wider (Heiser, 2024, S. 163–165; Kleemann et. al, 2013, S. 66–67; Schütze, 1984). Die strukturellen Prinzipien, die Schütze als Zugzwänge beschreibt, gewährleisten, dass Erzählungen kohärent und verständlich bleiben, auch wenn selektive Prozesse stattfinden (Heiser, 2024, S. 166–167; Kallmeyer & Schütze, 1976; Kleemann et. al, 2013, S. 66–67; Schütze, 1984).

Homologieannahme

Ein weiteres Schlüsselprinzip der Narrationsanalyse ist die Homologieannahme, die davon ausgeht, dass zwischen der Struktur der Erzählung und dem tatsächlich erlebten Geschehen eine enge Verbindung besteht. Kritiker:innen wie Nassehi (1994) weisen jedoch darauf hin, dass retrospektive Erzählungen stets durch die aktuelle Perspektive der Erzählenden überformt werden. Das bedeutet, dass sich das ursprünglich Erlebte und das Erzählte nicht vollständig decken (Heiser, 2024, S. 157; Kleemann et al., 2013, S. 73). Die Gewichtung von Erfahrungs- und Ereigniskettten innerhalb einer Erzählung wird maßgeblich durch die individuelle Haltung gegenüber lebensgeschichtlichen Erlebnissen beeinflusst (Schütze, 1984, S. 92). In diesem Zusammenhang unterscheidet Schütze vier grundlegende Prozessstrukturen autobiografischer Erzählungen, die er als Grundphänomene von Lebensläufen bezeichnet und die sich direkt auf die Identitätsbildung der Erzählenden auswirkt (Schütze, 1981, S. 67).

Institutionelles Ablaufmuster und -erwartungen des Lebenslaufs

Diese Muster beschreiben durch soziale Erwartungen geprägte Lebensentwürfe sowie institutionelle Stationen, die sich als normierte Vorgaben manifestieren – etwa in Form der Schulpflicht oder beruflicher Karrieremuster. Obwohl Individuen sich an diesen normativen Strukturen orientieren, verfügen sie bei der Gestaltung ihrer Entscheidungen – beispielsweise bei der Wahl eines Studienfachs oder Berufs – über gewisse Handlungsspielräume (Kleemann et al., 2013, S. 68; Schütze, 1981, S. 67–68). In meinen Interviews zeigte sich, dass insbesondere die erste Kontaktaufnahme mit der Kinder- und Jugendhilfe stark von makrostrukturellen Rahmenbedingungen beeinflusst wird.

Biografisches Handlungsschema oder Handlungsschemata von biografischer Relevanz

Dieses Schema hebt die Autonomie der Erzählenden hervor und beschreibt selbstinitiierte Handlungen und deren Auswirkungen. Abweichungen zwischen Planung und tatsächlicher Erfahrung führen oft zu einer Anpassung der Handlungsstrategien (Schütze, 1981; 2016a). Kleemann et al. (2013) betonen, dass diese Schemata besonders in Lebensphasen des Umbruchs von Bedeutung sind, in denen Individuen eigenverantwortlich Entscheidungen treffen müssen. Diese Phasen erfordern eine aktive Auseinandersetzung mit neuen Herausforderungen und die Entwicklung angepasster Handlungsstrategien.

Verlaufskurven

Eine Verlaufskurve beschreibt eine Abfolge von Ereignissen, die häufig mit Kontrollverlust und subjektivem Leiden verbunden sind. Die Betroffenen verlieren ihre Handlungsfähigkeit und fühlen sich durch als übermächtig erlebte Ereignisse und deren Rahmenbedingungen getrieben, was sie zu rein reaktiven Verhaltensweisen zwingt (Schütze, 2016c, S. 126–127). Schütze beschreibt diesen Zustand folgendermaßen: „Im Laufe der verhängnisvollen Verkettungen von Ereignissen werden sich die Akteure (sic!) untereinander und auch sich selbst gegenüber fremd; sie reagieren irritiert, gereizt, verständnislos aufeinander, und sie sind erschrocken und traurig über ihr unerklärliches eigenes Verhalten“ (Schütze, 2016c, S. 124). In den Interviews traten solche Entwicklungen besonders durch negative Wechselwirkungen zwischen äußeren Bedingungen und individuellen Bewältigungsstrategien zutage.

Schütze (1981) legt besonderen Wert auf Transformationsprozesse der Identität, insbesondere auf die Prozessstrukturen der Verlaufskurve und des Wandlungsprozesses. Dabei differenziert er zwischen positiven und negativen Verlaufskurven, wobei er positive Verlaufskurven später als biografische Wandlungsprozesse bezeichnet. Die negative Entwicklung äußerer Bedingungen in Verbindung mit destruktiver individueller Verarbeitung bezeichnet er als cumulative mess – angelehnt an Fagerhaugh und Strauss (1977, S. 268–283). Mit der Fokussierung auf Erleidensprozesse erweitert Schütze die bis dahin handlungstheoretisch geprägten Analyseschritte. Die Darstellung solcher Verlaufskurven weist eine hohe subjektive Relevanz auf und wird meist aus der damaligen Erlebnisperspektive mit detaillierten, dramatisch-szenischen Lebensablaufserzählungen geschildert (Schütze, 1984, S. 90). Diese Erzählweise ermöglicht es den Erzähler:innen, sich in die frühere Situation zurückzuversetzen und das Erlebte möglichst anschaulich und nachvollziehbar darzustellen. Die Detailgenauigkeit verweist dabei auf die emotionale Intensität und subjektive Bedeutung dieser Erfahrungen (Schütze, 1984, S. 90; 2016b; S. 21–25).

Wandlungsprozesse und biografische Gesamtformung

Wandlungsprozesse sind durch tiefgreifende Umorientierungen und Transformationen der Identität gekennzeichnet. Sie können ursprünglich intendiert gewesen sein, entwickeln sich jedoch oft unerwartet anders und eröffnen dadurch neue Erlebnis- und Handlungsmöglichkeiten (Schütze, 2016c, S. 92). In den Interviews wurden solche Prozesse häufig durch externe Faktoren angestoßen, wie etwa einen Fachkräftewechsel oder die zunächst zögerliche Kontaktaufnahme der Adressat:innen. Ein Beispiel dafür ist der Fall von Emma Feuerstein, bei der die Initiative von außen zu einer im Prozess entstehenden emotionalen Stabilität führte. Kleemann et al. (2013, S. 72–73) und Heiser (2024, S. 158) betonen, dass Wandlungsprozesse häufig auf äußere Impulse zurückzuführen sind, sei es durch den Einfluss von Sozialarbeitenden oder durch strukturelle Veränderungen, die den Betroffenen neue Handlungsmöglichkeiten eröffnen.

Für biografische Wandlungsprozesse ist das Entwicklungspotenzial von besonderer Bedeutung. Dieses entfaltet sich für die betroffenen Individuen oft überraschend und steht in direktem Zusammenhang mit Transformationsprozessen der Identität (Schütze, 1981; 2016b). Diese Prozesse sind eng mit Verlaufskurven verbunden, da solche Kurven häufig mit einer nachhaltigen Irritation bestehender Orientierungen einhergehen und dadurch Veränderungsprozesse anstoßen. Durch die Bewusstwerdung bisheriger Vorstellungen und Orientierungen sowie der Notwendigkeit zur Veränderung kommt es zu einer tiefgreifenden Neuorientierung. Diese Dynamiken führen häufig zu einer umfassenden Umformung bzw. Umschichtung der biografischen Gesamtformung verbunden mit einer massiven Veränderung der Selbst- und Weltsicht (Schütze, 1981).

In meiner Studie sind gerade diese Momente in den Lebensgeschichten von Interesse, in denen besonders starke Verletzungen oder Verletzungsdispositionen (Schütze, 2016c, S. 126) entstanden sind und im weiteren Lebensverlauf nachwirken. Diese Entwicklungen zeigen in einigen der analysierten Fälle das Potenzial zur Entwicklung einer Verlaufskurve, beispielsweise im Fall von Anna Bauer, Gerda Hoffmann oder Mia Noll. Die Narrationsanalyse ermöglicht es, Prozesse des Erleidens mit den einzelnen Prozessschritten im Lebenslauf zu rekonstruieren (Schütze, 2016c, S. 126–127). Kleemann et al. (2013, S. 71) erläutern, dass diese Prozesse oft als getriebenes Reagieren auf äußere Zwänge wahrgenommen werden. Heiser (2024, S. 157) ergänzt, dass diese Strukturen nicht zwangsläufig destruktiv sein müssen, sondern auch Potenziale für positive Veränderungen bergen können. Aus meinen Interviews wird deutlich, dass insbesondere der Übergang zwischen Verlaufskurven und biografischen Wandlungsprozessen für die Beziehungsgestaltung zwischen Adressat:innen und Fachkräften von entscheidender Bedeutung ist. Professionelle Unterstützung kann dazu beitragen, Verlaufskurven in Wandlungsprozesse überzuführen und damit eine Neuausrichtung der Identität zu ermöglichen. Dies wird beispielsweise im Fall von Christina Dürr deutlich, die durch einen Fachkräftewechsel und die damit verbundene veränderte Beziehungsgestaltung emotionale Stabilität und eine neue Perspektive auf den Gefährdungsabklärungsprozess entwickeln konnte. Die Analyse dieser Prozesse verdeutlicht, dass die Beziehungsgestaltung zwischen Fachkräften und Adressat:innen nicht nur institutionelle Ablaufmuster beeinflusst, sondern auch maßgeblich dazu beiträgt, ob Individuen einen Wandlungsprozess durchlaufen oder in einer negativen Verlaufskurve verbleiben. Die von Schütze beschriebenen Prozessstrukturen bieten daher eine geeignete theoretische Grundlage, um die Dynamiken im Gefährdungsabklärungsprozess besser zu verstehen.

Kleemann et al. (2013, S. 68–73) und Heiser (2024, S. 155–160) ergänzen Schützes Konzept, indem sie institutionelle, biografische und verlaufsbezogene Muster der Lebensführung detailliert erläutern. Diese erweiterten narrativen Strukturen bieten wertvolle Einblicke in Transformationsprozesse und deren Bedeutung für die Identitätsbildung.

Die bisherigen Ausführungen haben gezeigt, dass die Analyse der Beziehungsgestaltung zwischen Adressat:innen und Fachkräften im Gefährdungsabklärungsprozess nicht nur auf der inhaltlichen Ebene der Erzählungen basiert, sondern auch auf der Art und Weise, wie diese Erfahrungen sprachlich dargestellt und reflektiert werden. Um diesen Zusammenhang methodisch zu erfassen, ist es notwendig, die erzählten Erlebnisse nicht nur als objektive Berichte zu betrachten, sondern auch deren Darstellungslogik, Erzählstruktur und interaktive Funktionen in den Blick zu nehmen. Hier setzt das Konzept der pragmatischen Brechung nach Schütze (2016b, S. 25) an, das es ermöglicht, Aussagen sowohl inhaltlich (Was) als auch hinsichtlich ihrer Präsentationsfunktion (Wie) zu analysieren. Die doppelte Perspektive richtet den Fokus auf zwei Ebenen:

- Die Logik des Handelns: Sie umfasst die beschriebenen Handlungen und Ereignisse.
- Die Logik der Darstellung: Sie zeigt, wie diese Handlungen erzählt, reflektiert und narrativ strukturiert werden.

Diese Perspektiven erlaubt es, die Beziehung zwischen Handlungsintentionen, Darstellungsmotiven und unbewussten Orientierungsrahmen zu erfassen (Schütze, 2016b, S. 27). Besonders im vierten Schritt der Wissensanalyse, wie ihn Kleemann et al. (2013, S. 72–73) beschreiben, wird die Gegenüberstellung der Logik des Handelns und der Logik der Darstellung zentral. Dieser Vergleich ermöglicht es, Konsistenzen und Divergenzen zwischen der tatsächlichen Handlung und ihrer Darstellung aufzudecken. Auf diese Weise werden Spannungen sichtbar, die auf unbewusste Motive, Selbsttäuschungen oder narrative Strategien hinweisen (Heiser, 2024, S. 157–158). Diese Analyse ist relevant, da sie tiefere Strukturen der erzählten Erfahrungen sowie deren Einbettung in institutionelle Kontexte erkennbar macht.

In der vorliegenden Untersuchung wird die pragmatische Brechung durch die kollegiale Validierung (vgl. Abschnitt 6.4.3) ergänzt, bei der Fachkolleg:innen meine Interpretationen kritisch reflektiert haben. Diese methodische Erweiterung ermöglichte es, die subjektiven Perspektiven der Adressat:innen mit multiperspektivischen Sichtweisen abzugleichen und die Konsistenz meiner Analysen zu überprüfen. Die Kombination aus pragmatischer Brechung und kollegialer Validierung erhöht die methodische Tiefe meiner Untersuchung.

Die Analyse folgt der Unterscheidung zwischen formulierender und reflektierender Interpretation. Während die formulierende Interpretation auf das subjektiv Gemeinte fokussiert (Nohl, 2012, S. 27), zielt die reflektierende Interpretation auf den Dokumentensinn ab, der die implizite Orientierungsrahmen der Aussagen offenlegt (Bohnsack et al., 2013, S. 16). Die Gegenüberstellung der Logik des Handelns und der Logik der Darstellung erwies sich in meiner Analyse als besonders aufschlussreich, um zu verstehen, wie Adressat:innen ihre Beziehungserfahrungen mit Fachkräften beschreiben und zugleich unbewusste Spannungen sowie narrative Strategien reflektieren. Dieser kombinierte Ansatz ermöglicht es, die Beziehungsgestaltung im Gefährdungsabklärungsprozess differenziert zu analysieren. Damit werden explizite und implizite Dimensionen sozialer Interaktionen und Kommunikationsprozesse sichtbar, die für den Erfolg der Beziehungsgestaltung entscheidend sind.

Die vorliegende Untersuchung schließt methodologisch an die Tradition der Interaktionsfeldstudien an. Anders als bei der Analyse ganzer Biografien liegt hier der Fokus auf spezifischen sozialen Interaktionen und Kommunikationsprozesse im institutionellen Kontext. Ähnlich wie in der Gebietsreform-Studie von Schütze werden ein klar abgegrenzter Zeitraum und die darin eingebetteten sozialen Dynamiken rekonstruiert. Die Erlebnisse und Perspektiven der Adressat:innen zur Beziehungsgestaltung durch Fachkräfte werden analysiert, um deren Bedeutung für den Gefährdungsabklärungsprozess zu verstehen. Dabei wird erkennbar, wie institutionelle Rahmenbedingungen und professionelle Rollen die Beziehungsgestaltung prägen (Schütze, 2016b).

Die Anwendung der Narrationsanalyse beleuchtet nicht nur die subjektiven Sichtweisen der Befragten, sondern auch deren Einbettung in soziale und institutionelle Kontexte (Kleemann et al., 2013, S. 73). Diese methodische Offenheit ermöglicht es, spezifische Muster und Dynamiken der Beziehungsgestaltung zu identifizieren, die für den Erfolg oder die Herausforderungen im Gefährdungsabklärungsprozess entscheidend sind. Dieses Vorgehen bildet die Grundlage, für die im nächsten Kapitel detailliert dargestellten methodischen Schritte der Narrationsanalyse, und deren praktische Anwendung.

6.4.3 Analyseschritte der Narrationsanalyse

Für die Narrationsanalyse in diesem Werk habe ich ein spezifisches methodisches Vorgehen entwickelt, das auf den idealtypischen Analyseschritten von Schütze (1983) basiert und durch eigene Anpassungen sowie methodische Erweiterungen ergänzt wurde. Ziel war es, den Gefährdungsabklärungsprozess in der Kinder- und Jugendhilfe umfassend zu rekonstruieren und insbesondere die Bedeutung der Beziehungsgestaltung zwischen Fachkräften und Adressat:innen herauszuarbeiten. Neben der klassischen Vorgehensweise nach Schütze wurden methodische Ergänzungen aus der Fachliteratur, insbesondere von Gandt (2016) sowie kollegiale Validierung – siehe 4. Analyseschritt – einbezogen. Die fünf grundlegende Analyseschritte von Schütze (1983) dienten als Orientierung. Ich ergänzte diese um einen Zwischenschritt der kollegialen Validierung. Die Analyse erfolgte in zwei aufeinander aufbauenden Blöcken:

- Vertikale Analyse: Dieser erste Block umfasst die detaillierte Untersuchung der einzelnen Interviews, um die innere Struktur und Entwicklungslogik jeder Erzählung nachzuvollziehen. Hierbei werden biografische Ereignisse, Handlungsstrategien und Veränderungsprozesse jedes Einzelfalls rekonstruiert.
- Horizontale, fallvergleichende Analyse: Im zweiten Block erfolgt eine vergleichende Betrachtung aller Interviews, um übergreifende Muster, Unterschiede und Gemeinsamkeiten in den Narrativen der Adressat:innen zu identifizieren. Dabei werden Themen und Strukturen herausgearbeitet, die Aufschluss über die Beziehungsgestaltung im Gefährdungsabklärungsprozess geben.

Im Folgenden werden die einzelnen Analyseschritte detailliert dargestellt und erläutert.

1. **Formale Textanalyse**

Die formale Textanalyse bildet den ersten Schritt der Narrationsanalyse und dient dazu, die Struktur des narrativen Materials zu erfassen. Ziel ist es, narrative, beschreibende und argumentative Passagen zu unterscheiden und die Erzählung in formale Sequenzen zu gliedern (Kleemann, 2013, S. 77; Schütze, 1987).

In einem ersten Arbeitsschritt habe ich das Transkript durchgearbeitet und alle nicht-narrativen Passagen farblich markiert und ausgeklammert. Dazu zählen Beschreibungen, Argumentationen oder Reflexionen, die in der Stegreiferzählung häufig zur Detaillierung verwendet werden (Kleemann, 2013, S. 77). Diese Passagen können längere Textabschnitte, einzelne Sätze oder auch nur Wörter umfassen. Die Ausklammerung dient dazu, die reine Erzählung herauszuarbeiten, da sich in den narrativen Passagen die subjektive Erlebnisaufschichtung der befragten Person widerspiegelt. Dieser technische Schritt zielt darauf ab, die Erzählstruktur des Interviews zu klären. Wichtig ist, dass die ausgeklammerten Passagen im vierten Analyseschritt, der Wissensanalyse, wieder in die Interpretation einbezogen werden, um die Gesamtheit der Erzählung zu analysieren.

Anschließend habe ich die Erzählung auf Basis ihrer Struktur in formale Sequenzen gegliedert, diese mit kurzen Überschriften versehen und in einer Tabelle zusammengefasst. Diese Strukturierung erfolgte durch die Identifizierung sogenannter Rahmenschaltelemente (Kleemann, 2013, S. 77–81). Diese Elemente sind sprachliche Markierungen, die anzeigen, dass die Erzähler:innen zu einem neuen, eigenständigen Abschnitt übergehen. Sie signalisieren ein zeitliches Vor-, Nach- oder Nebeneinander von Ereignissen und helfen, die Erzählstruktur zu erkennen. Rahmenschaltelemente sind insbesondere zeitliche Verweise wie „dann“, „nachdem“, „bevor“ oder „im darauf folgenden Jahr“, sowie gleichzeitige Ereignisse, die mit „zur gleichen Zeit“ oder „währenddessen“ eingeleitet werden. Diese Markierungen machen Übergänge zwischen verschiedenen Abschnitten der Erzählung deutlich und helfen, die temporalen und logischen Beziehungen der Ereignisse sichtbar zu machen.

Durch die Kombination dieser beiden Schritte – die Ausklammerung nicht-narrativer Passagen und die Gliederung in formale Sequenzen – wird die narrative Struktur der Interviews sichtbar gemacht. Dies legt die Grundlage für die weiteren Analyseschritte, indem es ermöglicht, erste Hinweise auf die Phasen der Prozessentfaltung (Schütze, 2016b, S. 25) zu gewinnen. Ein Auszug aus dem Transkript von Christina Dürr (Zeilen 5–9) verdeutlicht diesen Prozess:

> ~~„A (redet schnell):~~*Na ja, es war ja so: Nicht ich bin quasi gemeldet worden, sondern ich bin ja von selber hin und habe von selbst Hilfe gesucht,* ***weil ich einfach mit gewissen Dingen überfordert war, wo ich gewusst habe, ich komme alleine nicht weiter und beziehungsweise, wann ich etwas versucht hätte, ist es überhaupt richtig, wie ich versucht hätte? Und deswegen hab ich mich dann gemeldet bei der Kinder- und Jugendhilfe.“***

In der Darstellung wird deutlich, dass ich die nicht-narrativen Passagen durchgestrichen [z. B. A: (~~redet schnell~~)] und andere Passagen, die anhand sprachlicher Indikatoren wie „weil“ und „deswegen“ als Argumentation identifiziert wurden, besonders markiert habe. Diese Klassifizierung basiert auf den Kriterien für sprachliche Darstellungsformen (Erzählung, Beschreibung, Argumentation) nach Kleemann et al. (2013, S. 66). Vorläufig habe ich diese Passagen für die

Analyse der Erzählstruktur ausgeklammert. Das Rahmenschaltelement „es war ja so“, habe ich unterstrichen, da es auf den Beginn eines neuen Segments hinweist. Dieses Segment endet mit einer abschließenden Koda: „Und deswegen hab ich mich dann gemeldet bei der Kinder- und Jugendhilfe.“ Diese Erzählkoda kann sowohl als Reflexion als auch als Argumentation gewertet werden. Im dargestellten Auszug handelt es sich um das zweite Segment (Zeilen 5–9), das der Textsorte Erzählung (Haupterzählung) zugeordnet wurde. Es trägt die vorläufige Überschrift: Selbstinitiierte Kontaktaufnahme. Die Haupterzählung beschreibt die eigene Initiative und Motivation für den Kontakt zur Kinder- und Jugendhilfe.

Um einen Überblick über jeden Fall zu gewinnen, erstellte ich eine Tabelle, in der ich die Segmente des Textes, ihre Überschriften, eine kurze Inhaltsbeschreibung sowie die jeweilige Textsorte (z. B. Haupterzählung, Hintergrunderzählung, Zugzwänge) festhielt. Dieser technische Schritt ist essenziell, um die formale Struktur der Gesamterzählung zu erfassen, ohne durch die inhaltliche Struktur, die vom Interviewten vorgegeben wird, vom eigentlichen Erkenntnisinteresse abgelenkt zu werden. Durch die sorgfältige Durchführung dieses Arbeitsschritts wird die Grundlage dafür geschaffen, zu analysieren, wie die Befragten ihre Erlebnisse darstellen. Die Art der Darstellung – also die Präsentationsfunktion – liefert wichtige Hinweise darauf, wie die Befragten ihre Erfahrungen verstehen und vermitteln möchten. Sie zeigt, welche Bedeutung die Erlebnisse für sie haben und wie sie diese in ihren sozialen und biografischen Kontext einordnen.

Im Interview mit Christina Dürr zeigte sich, dass ihre Erzählung des Gefährdungsabklärungsprozesses nicht strikt am formalen Ablauf oder der Struktur der Beziehungsgestaltung orientiert ist. Stattdessen wird die Erzählung entlang ihrer bisherigen Beziehungserfahrungen mit der Kinder- und Jugendhilfe strukturiert. Dies verdeutlicht, dass die Befragte ihre Erlebnisse vor allem aus der Perspektive ihrer subjektiven Beziehungserfahrungen darstellt, anstatt den institutionellen Prozessablauf in den Vordergrund zu stellen.

2. **Strukturelle, inhaltliche Beschreibung**

Der zweite Schritt der Narrationsanalyse widmet sich der strukturellen und inhaltlichen Beschreibung. Ziel ist es, die Handlungsweisen der Erzählenden zu untersuchen, die identifizierten Sequenzen inhaltlich zu bestimmen und ihre inneren Zusammenhänge zu analysieren. Dabei wird der Fokus von der inhaltlichen Ebene auf die sprachliche Darstellungsebene verlagert, um die Funktion der im Kommunikationsprozess des Interviews zu analysieren (Schütze, 1981; Przyborski & Wohlrab-Sahr, 2014). In meiner Analyse orientierte ich mich an den methodischen Ausführungen von Gandt (2016, S. 50–51), nahm jedoch Anpassungen vor, um den spezifischen Anforderungen meiner Studie gerecht zu werden. Wie Gandt habe ich zunächst Softwarelösungen wie F4 und QDA getestet, jedoch festgestellt, dass diese Programme aufgrund ihrer begrenzten Visualisierungsmöglichkeiten für meinen Analyseansatz ungeeignet waren. Stattdessen druckte ich die Sequenztabellen für die einzelnen Fälle aus, um die Daten visuell zugänglich zu machen. Diese Tabellen enthielten Segmente, Segmentüberschriften, kurze Inhaltsbeschreibungen und codierte auffällige relevante Merkmale, die ich auf Pinnwänden anordnete, um wesentliche Aspekte der Erzählung hervorzuheben.

Ein methodischer Leitgedanke war die pragmatische Brechung[11] (Schütze, 1975, S. 534; 2016b, S. 26), bei der der Inhalt des Gesagten am „Wie" des Gesagten gebrochen wird. Das bedeutet, dass ich die sprachliche Darstellung nicht nur als Mittel zur Vermittlung von Inhalten betrachtete, sondern ihre Funktion im Kommunikationsprozess analysierte. Im Zentrum meiner Analyse stand die Fragestellung, welche Rolle die sprachliche Formulierung für die Darstellung der biografischen Prozesse spielt. Von besonderer Bedeutung war die Unterscheidung zwischen sprachlichen Darstellungsformen wie Erzählung, Beschreibung und Argumentation (Kleemann et al., 2013, S. 77–81). Durch die Segmentierung konnte ich die Struktur der Erzählung präziser erfassen und erste Hinweise auf die unterschiedlichen Phasen der Prozessentfaltung (Schütze, 2016b, S. 25) gewinnen.

Zur Validierung meiner Interpretationen nutzte ich die kollegiale Validierung. Nach der Analyse jedes Falls diskutierte ich die Ergebnisse in meiner Intervisionsgruppe oder mit Fachpersonen. Diese Diskussionen ermöglichten es, die Lesearten und Interpretationen aus unterschiedlichen Perspektiven zu betrachten. Die dabei aufgezeichneten Memos dienten mir als Grundlage für die weitere Analyse und halfen, die gewonnenen Erkenntnisse methodisch abzusichern.

In diesem Analyseschritt identifizierte ich außerdem die typischen kognitiven Figuren (Schütze, 1984), wie in Abschnitt 6.4.2 beschrieben:

- Biografieträger:innen,
- Ereignisträger:innen,
- Sozialer Rahmen,
- Gesamtgestalt der Lebensgeschichte.

Zusätzlich untersuchte ich die vier Prozessstrukturen des Lebenslaufs wie institutionelles Ablaufmuster und -erwartungen des Lebenslaufs, Handlungsschemata

[11] Die pragmatische Brechung wird in Abschnitt 6.4.2 erläutert.

von biographischer Relevanz, Verlaufskurven und Wandlungsprozesse und biografische Gesamtformung (Schütze 1981, S. 67). Die Bedeutung dieser Figuren wurde durch die Analyse von Hintergrundkonstruktionen ergänzt. Diese sprachlichen Einschübe treten häufig auf, wenn Erzählungen in Unordnung geraten – meist, weil bestimmte Details ausgelassen werden, die für die Erzählenden emotional belastend sind. Hintergrundkonstruktionen helfen dabei, das bereits Erzählte plausibel zu machen, indem es in einen erklärenden Zusammenhang gebracht wird (Schütze, 1984, S. 95–117). Diese Konstruktionen halfen mir, schwierige Ereignisverwicklungen und die strukturellen Bedingungen zu analysieren, die das Erleben der Adressat:innen beeinflussen. Bei jedem Segment stelle ich mir folgende systematische Fragen (Gandt, 2016, S. 50–51):

- Was passiert?
- Aus welcher Perspektive (heute oder damals) wird erzählt?
- Wie handelt die/der Erzählende?
- Unter welchen Bedingungen wird gehandelt?
- Warum wird das Gesagte auf diese Weise formuliert?
- Welche Interpretationsmöglichkeiten ergeben sich daraus?

Diese Fragen ermöglichten es, Erzählpassagen, Argumentationspassagen und Hintergrundkonstruktionen differenziert zu betrachten und ihre Bedeutung für die biografische Gesamtstruktur zu erfassen. Besonders theoretische und argumentative Stellungnahmen, etwa in der Einleitung (Erzählpräambel) oder am Ende (Erzählkoda) einer Sequenz, lieferten wertvolle Hinweise auf die Perspektiven der Befragten. In den Interviews lieferten diese Konstruktionen wertvolle Hinweise auf schwierige Ereignisverwicklungen sowie die strukturellen Bedingungen, die das Erleben der Adressat:innen beeinflussten. Die Unterscheidung der sprachlichen Darstellungsformen, die Segmentierung in Sinneinheiten und die Untersuchung von Hintergrundkonstruktionen sind wesentliche methodische Schritte, um die biografischen und sozialen Prozesse der Erzählenden zu verstehen.

Durch die Aufteilung der ausgewerteten Segmente auf Pinnwänden konnte ich besser in das Material jedes einzelnen Falls hineinzoomen, mögliche Zusammenhänge visualisieren und die für die Gesamtgestalt dominanten Prozessstrukturen des Lebenslaufes sowie ihre spezifischen Ausprägungen herausarbeiten (Kleemann et al. 2013, S. 88). Diese Darstellungsmethode machte den gesamten Text überschaubarer und ermöglichte es, induktive Querverweise zu erkennen und festzuhalten. Diese strukturelle und inhaltliche Beschreibung bildete die Grundlage für die analytische Abstraktion im nächsten Schritt.

3. **Analytische Abstraktion**
Die analytische Abstraktion zielte darauf ab, die tieferliegenden Strukturen der Erzählungen freizulegen und die biografische Gesamtformung eines Falls zu erfassen (Schütze, 1983, S. 286). Dabei wurden Prozessstrukturen wie Verlaufskurven und Wandlungsprozesse sichtbar gemacht, die über konkrete Ereignisse hinausgehen und typische Dynamiken biografischer Entwicklungen verdeutlichen (Schütze, 1981; Kleemann et al., 2013, S. 72–73, 88–91). In diesem Schritt wurden die konkret beschriebenen Handlungsweisen und ihre Bedingungen abstrahiert, um allgemeine Muster und spezifische Dynamiken zu erkennen. Dabei löste ich mich von den konkreten Handlungskontexten der Sinneinheiten, um die für die Gesamtbiografie dominanten Prozessstrukturen herauszuarbeiten. Die abstrahierten Handlungs- und Verhaltensmuster wurden miteinander verglichen, um wesentliche biografische Prozessstrukturen des Falls zu identifizieren.

Die analytische Abstraktion ermöglichte es, die spezifischen Dynamiken einzelner Biografien im Kontext der Kinder- und Jugendhilfe zu analysieren und mit übergreifenden Mustern in Beziehung zu setzen. Besonders relevant waren Verletzungsdispositionen (Schütze, 2016c, S. 126), also Momente starker Verletzungen, die im weiteren Lebensverlauf nachwirkten. Diese Momente wurden häufig durch die Interaktion mit institutionellen Rahmenbedingungen und Fachkräften geprägt und beeinflussten die Beziehungsgestaltung im Gefährdungsabklärungsprozess erheblich. In meiner Studie war es daher von Bedeutung, zu analysieren, wie Adressat:innen zwischen Fremdbestimmung und Eigeninitiative navigieren. Ein Beispiel hierfür zeigte sich im Fall von Christina Dürr: Ihre Beziehungserfahrungen mit der Kinder- und Jugendhilfe waren nicht nur durch Fremdbestimmung geprägt, sondern auch durch Momente der Selbstermächtigung. Ihre Erzählung offenbarte eine Verlaufskurve, in der äußere Bedingungen sie zeitweise in reaktive Handlungsweisen drängten. Gleichzeitig gab es Wandlungsprozesse, die durch ihre Eigeninitiative, wie die bewusste Kontaktaufnahme mit der Institution, angestoßen wurden.

Die analytische Abstraktion diente nicht nur dazu, das Einzigartige eines Falls herauszuarbeiten, sondern auch übergreifende Muster zu finden, die in ähnlichen Fällen auftreten (Gandt, 2016, S. 50–51). Dieser Prozess erforderte eine wiederholte und sorgfältige Auseinandersetzung mit dem Material. Die abstrahierten biografischen Handlungsweisen wurden zunächst für jede Sinneinheit einzeln erfasst und mithilfe sozialwissenschaftlicher Konzepte weiter verdichtet. Im Vergleich dieser abstrahierten Muster konnten typische Prozessstrukturen identifiziert werden, die die Gesamtbiografie prägen. Dazu zählen insbesondere:

- Verlaufskurven, die durch immer schmerzhafter werdendes Erleben gekennzeichnet sind (Schütze, 2016c, S. 124).
- Wandlungsprozesse, die intendierte und unerwartet transformative Ereignisse umfassen (Schütze, 1984, S. 92).

Diese Prozessstrukturen lieferten wertvolle Erkenntnisse für die Analyse der Beziehungsgestaltung im Gefährdungsabklärungsprozess. Darüber hinaus wurde die Bedeutung der abstrahierten Muster durch die Analyse von Hintergrundkonstruktionen gestützt. Diese sprachlichen Einschübe treten häufig auf, wenn Erzählungen in Unordnung geraten oder wenn Details ausgelassen werden, die für die Erzählenden emotional belastend sind. Hintergrundkonstellationen helfen, schwierige Ereignisverwicklungen und strukturelle Bedingungen zu verstehen, die das Erleben der Adressat:innen beeinflussen (Schütze, 1984, S. 95–117). Meine Forschung zeigte, dass solche Konstruktionen nicht nur Hinweise auf die subjektive Verarbeitung von Ereignissen lieferten, sondern auch auf die Art und Weise, wie Beziehungserfahrungen narrativ dargestellt und reflektiert werden. Durch die analytische Abstraktion konnte ich sowohl individuelle Lebensverläufe als auch die übergreifenden Muster der Beziehungsgestaltung im Kontext der Kinder- und Jugendhilfe rekonstruieren. Dieser Schritt erwies sich als besonders wertvoll, um die Wechselwirkungen zwischen biografischen Erfahrungen, institutionellen Rahmenbedingungen und den dynamischen Prozessen der Beziehungsgestaltung sichtbar zu machen.

4. **Kollegiale Validierung (Zwischenschritt)**

Die kollegiale Validierung, auch als Peer Debriefing oder Expert:innen-Validierung bezeichnet, war ein nicht wegzudenkender Bestandteil meiner Forschung, um die Vertrauenswürdigkeit und Glaubwürdigkeit der Ergebnisse zu erhöhen. Im Gegensatz zur kommunikativen Validierung, bei der die Perspektiven der Beforschten aktiv in den Validierungsprozess einbezogen werden, zielt die kollegiale Validierung darauf ab, Interpretationen und Ergebnisse mit Fachkolleg:innen zu diskutieren. Dieser Prozess diente dazu, Forschungsannahmen, methodische Entscheidungen und interpretative Schlüsse von externen Expert:innen prüfen zu lassen. Insbesondere meine Intervisionsgruppe, mein Supervisor und Fachkolleg:innen, die nicht direkt in die Studie involviert waren, lieferten wertvolle Rückmeldungen. Sie schlugen alternative Deutungen vor, deckten blinde Flecken auf und identifizierten methodische Schwächen (Flick, 2022, S. 538).

Die Entscheidung, auf eine kommunikative Validierung zu verzichten, beruhte auf den im Abschnitt 6.2.3 beschriebenen Herausforderungen beim Feldzugang.

Stattdessen erwies sich die kollegiale Validierung als besonders geeignet für die retrospektive Interpretation und die Analyse unterschiedlicher Lesearten während der analytischen Abstraktion. Dieser Ansatz ermöglichte es mir, die Subjektivität meiner Interpretationen kritisch zu reflektieren und den Erkenntnisgewinn durch den Diskurs mit anderen Fachkolleg:innen gezielt zu erweitern. Durch diese Multiperspektivität, die im Rahmen der kollegialen Validierung integriert wurde, konnten die Forschungsergebnisse weiter differenziert und die methodischen Vorgehensweisen optimiert werden (Mruck & Mey, 2000, S. 347–348). Die kollegiale Validierung erwies sich somit als wertvolle methodische Ergänzung der heuristischen Möglichkeiten meiner empirischen Forschung, um die Komplexität sozialer Phänomene adäquat zu erfassen und die Vertrauenswürdigkeit der Analyseergebnisse zu erhöhen.

5. Wissensanalyse
Die Wissensanalyse stellt den letzten Schritt der vertikalen Analyse dar und zielt darauf ab, die Argumentationen der Adressat:innen systematisch zu untersuchen, um deren Orientierungs-, Deutungs- und Legitimationsstrategien zu verstehen (Schütze, 2016a, S. 58). Zu diesem Zweck werden die zuvor ausgeklammerten nicht-narrativen Passagen wie Beschreibungen, Argumentationen und Reflexionen wieder in die Analyse einbezogen. Ziel ist es, diese mit den bereits rekonstruierten biografischen Prozessstrukturen zu verknüpfen, um die tatsächlichen Handlungs- und Verhaltensweisen der Erzählenden in Beziehung zu deren Deutungen, Wahrnehmungen und Wertungen zu setzen. Dieser Schritt liefert Einblicke in die Handlungsabsichten, sozialen Deutungen und Orientierungen der Befragten zum Zeitpunkt des Geschehens sowie in deren nachträgliche Bewertung dieser Ereignisse (Kleemann.et al., 2013, S. 90–95). In meiner Forschung war dieser Schritt besonders relevant, um die Beziehungsgestaltung zwischen der Kinder- und Jugendhilfe und den Adressat:innen zu analysieren. Diese Perspektiven ermöglichten es, Orientierungsmuster und eigentheoretische Wissensproduktionen zu erfassen, die die Beziehungsgestaltung beeinflussen.

Wie Schütze (2016a, S. 58) und Przyborski (2014, S. 243) betonen, ist es essenziell, den lebensgeschichtlichen Ereignis- und Erfahrungsrahmen der Befragten zu kennen, um deren autobiografische Theorieproduktionen für den Lebensverlauf angemessen zu bewerten. Die Wissensanalyse erfordert daher eine sorgfältige Auseinandersetzung mit den Argumentationen, um Funktionen wie Orientierungs-, Verarbeitungs-, Deutungs-, Selbstdefinitions-, Legitimations-, Ausblendungs- und Verdrängungsfunktionen herauszuarbeiten (Schütze, 2016a, S. 58). An dieser Stelle stellte ich mir gezielt die Frage, welche Argumentationen von den Adressat:innen genutzt wurden, welche Funktionen diese erfüllten und welche Rückschlüsse sich daraus auf deren eigentheoretische Perspektiven ziehen ließen. Ein methodisches Merkmal der Wissensanalyse ist, dass Deutungen, Motivationen und Orientierungen nicht statisch sind, sondern sich im Zeitverlauf verändern können. Diese Veränderungen müssen prozessual erfasst und an den bereits rekonstruierten Verlauf des biografischen Prozesses verknüpft werden (Kleemann et al., 2013, S. 88–91; Schütze, 2016a, S. 59). Es ist entscheidend, die Wissensdimensionen systematisch mit den herausgearbeiteten Prozessstrukturen in Verbindung zu setzen. Besonders hilfreich war es, die Logik der Darstellung (wie etwas gesagt wird) und die Logik der Handlung (was tatsächlich geschah) für jeden Fall zu analysieren, um Divergenzen und Konsistenzen zwischen beiden Ebenen sichtbar zu machen (Heiser, 2024, S. 157–158). Die Unterschiede lieferten wertvolle Hinweise auf die Selbstwahrnehmung der Adressat:innen und die narrativen Strategien, mit denen sie ihre Erfahrungen darstellen.

Ein Beispiel aus meiner Studie ist der Fall von Christina Dürr. Ihre Argumentationen betonten die Eigeninitiative und Handlungsfähigkeit, etwa durch Formulierungen wie „Na ja, es war ja so“ und „nicht ich bin quasi gemeldet worden“. Diese Aussagen verdeutlichten, wie sie ihre Rolle in der Beziehungsgestaltung aktiv darstellte. Gleichzeitig offenbarte die argumentative Passage „Wenn ich etwas versucht hätte, ist es überhaupt richtig, wie ich versucht hätte?“ eine reflektierende Bewertung ihres Handelns, die auf einen nachträglichen Legitimationsprozess hinweist. Die Untersuchung solcher Divergenzen zwischen Darstellung und Handlungslogik half dabei, die eigentheoretischen Wissensproduktionen und deren Bedeutung für die Beziehungsgestaltung zu rekonstruieren.

Da die Wissensanalyse kein elaboriertes Verfahren (Kleemann et al., 2013, S. 91) ist, bemühte ich mich um Nachvollziehbarkeit meiner Interpretationen. Zur Dokumentation des analytischen Prozesses erstellte ich Memos zu den ausgeklammerten Passagen, in denen ich wichtige Notizen und Eckpunkte festhielt. Diese systematische Aufzeichnung diente sowohl der Qualitätssicherung als auch der Vorbereitung des kontrastiven Vergleichs im nächsten Schritt. Zusätzlich analysierte ich, welche Prozesse im Kontext der Beziehungsgestaltung besonders relevant waren und welche ich im nachfolgenden Vergleich weiter untersuchen wollte. Die Wissensanalyse ermöglichte es, die Verknüpfung zwischen narrativen und nicht-narrativen Passagen herzustellen und so die vielschichtigen Dimensionen der Beziehungsgestaltung im Kontext der Kinder- und Jugendhilfe zu beleuchten. Durch diese Methode wurden nicht nur Einblicke in die sozialen Deutungen und Handlungsorientierungen der Adressat:innen gewonnen, sondern auch die Wechselwirkungen zwischen individuellen biografischen Prozessen und institutionellen Rahmenbedingungen verdeutlicht.

6. **Kontrastiver Fallvergleich**
Der letzte Schritt der Narrationsanalyse bestand im kontrastiven Vergleich der Einzelfälle. Dieser Vergleich basierte auf den umfassenden und forschungsleitenden Fallanalysen der zehn Interviews, die gemäß der zuvor dargestellten Auswertungsschritte detailliert ausgearbeitet wurden. Ziel dieses Schrittes war es, falltypische Muster und strukturelle Dynamiken in der Beziehungsgestaltung zwischen Adressat:innen und Fachkräften zu identifizieren und daraus theoretische Implikationen abzuleiten. Dabei griff ich auf das Prinzip der minimalen und maximalen Kontrastierung zurück, wie es von Glaser und Strauss (1967) im Rahmen der Grounded Theory Methodology entwickelt wurde. Die minimale Kontrastierung diente dazu, thematisch ähnliche Ergebnisse zwischen den Fällen zu differenzieren, wodurch feine Unterschiede in den Beziehungserfahrungen und deren Bedeutung für die Adressat:innen sichtbar wurden. Beispielsweise zeigte sich in mehreren Fällen, dass die Beziehungsgestaltung durch ähnliche institutionelle Rahmenbedingungen geprägt war, die jedoch je nach biografischem Hintergrund der Adressat:innen unterschiedlich wahrgenommen und verarbeitet wurden.

Im Gegensatz dazu zielte die maximale Kontrastierung darauf ab, größere Unterschiede zwischen den Fällen herauszuarbeiten. Diese Unterschiede lieferten wertvolle Hinweise auf alternative Dynamiken in der Beziehungsgestaltung, insbesondere wenn Adressat:innen ihre Beziehungserfahrungen mit der Kinder- und Jugendhilfe durch Eigeninitiative oder externe Unterstützung beeinflussen konnten (Przyborski & Wohlrab-Sahr, 2014, S. 243; Schütze, 1983, S. 60). Im Verlauf meiner Forschung wurde deutlich, dass die relevanten theoretischen Dimensionen und begrifflichen Kategorien erst während des kontrastiven Fallvergleichs entstanden. Diese Entwicklung entspricht der Beobachtung von Schütze (1983; 2016a, S. 60), dass Vergleichsdimensionen nicht im Voraus festgelegt sein müssen, sondern sich erst durch die Analyse von Kontrasten zwischen den Fällen herausbilden.

Kategorien für den kontrastiven Fallvergleich
Für meine Arbeit bedeutete dies, dass analytische Kategorien wie Macht und Fremdbestimmung sowie Selbstermächtigung und Partizipation vs. Antizipation und Passivität nicht von Beginn an als feste Analysekategorien definiert waren, sondern sich aus den Fallkontrasten ergaben. Die differenzierte Betrachtung der einzelnen Fälle ermöglichte es, die strukturellen, biografischen und institutionellen Einflussfaktoren auf die Beziehungsgestaltung und den Gefährdungsabklärungsprozess sichtbar zu machen.

Die nachfolgend aufgeführten Kategorien, die sich aus der empirischen Analyse ableiteten, bilden die Grundlage für den kontrastiven Fallvergleich, der in Kapitel 9 sowie in Abbildung 7 detailliert dargestellt ist:

- Soziale und biografische Prägungen in der Institutionserfahrung
- Selbst- und Fremdwahrnehmung im Gefährdungsabklärungsprozess
- Macht und Fremdbestimmung
- Selbstermächtigung und Partizipation vs. Antizipation und Passivität
- Nähe und Distanz
- Strukturelle Rahmenbedingungen

Durch die kontrastive Analyse dieser Kategorien wird deutlich, welche Faktoren die Beziehungsgestaltung im Gefährdungsabklärungsprozess prägen und welche Dynamiken zwischen Adressat:innen und Fachkräften entstehen. Diese Kategorien ermöglichen eine differenzierte Analyse struktureller und interaktionaler Spannungsfelder und geben Aufschluss über die Bedeutung professioneller Beziehungsgestaltung in belastenden institutionellen Kontexten.

Abweichend von der klassischen Narrationsanalyse nach Schütze (1983, 2016a, 2016b) wurde in dieser Arbeit kein abgeschlossenes theoretisches Modell entwickelt. Der Fokus liegt stattdessen auf theoretischen Implikationen für die Soziale Arbeit im Kontext der Kinder- und Jugendhilfe, die auf Basis der zehn analysierten Fälle herausgearbeitet wurden. Besonders relevant ist der Zusammenhang zwischen biografischen Erfahrungen und der Beziehungsgestaltung in der Kinder- und Jugendhilfe. Hier steht die Frage im Mittelpunkt, wie Fachkräfte Adressat:innen im Gefährdungsabklärungsprozess unterstützen können, um eine tragfähige und konstruktive Beziehungsgestaltung zu ermöglichen. Die Arbeit folgt einem induktiven, gegenstandsbezogenen Ansatz, der sich an der Narrationsanalyse nach Schütze orientiert, jedoch methodisch Elemente der Grounded Theory Methodology (Glaser & Strauss, 1967) integriert. So wurden Kategorien nicht im Vorhinein festgelegt, sondern entwickelten sich erst durch den kontrastiven Fallvergleich. Da der Forschungskontext bislang wenig systematisch untersucht wurde, ist die Arbeit als explorative Grundlagenforschung einzuordnen. Sie trägt dazu bei, die professionelle Beziehungsgestaltung in der Kinder- und Jugendhilfe theoretisch zu fundieren und neue Perspektiven für Forschung und Praxis zu eröffnen.

7 Maximalvergleich von zwei Fällen: Narrationsanalyse

Für die vertiefende Fallanalyse wurden zwei maximal kontrastierende Fälle ausgewählt: Der Fall von Christina Dürr und jener von Gerda Hoffmann. Ein solcher Vergleich eignet sich besonders, um die Spannbreite an Beziehungserfahrungen und -dynamiken sichtbar zu machen. Die Gegenüberstellung extrem unterschiedlicher Verläufe ermöglicht nicht nur die Herausarbeitung von Differenzen, sondern auch die Identifizierung grundlegender Strukturen und wiederkehrender Muster. Die nachfolgende Darstellung beider Fälle präsentiert eine Auswahl an Lesearten, Interpretationen und Rekonstruktionen, die im Rahmen der Analyse entwickelt wurden. Durch die ausführliche Gegenüberstellung wird die analytische Auseinandersetzung nachvollziehbar und methodisch transparent gestaltet. Wie Przyborski und Wohlrab-Sahr (2014, S. 243) betonen, erlaubt ein derartiger Vergleich die Identifikation alternativer Themen und struktureller Zusammenhänge. Er folgt den Prinzipien minimaler und maximaler Kontrastierung nach Glaser und Strauss (1967), wie sie im Rahmen der Grounded Theory Methodology entwickelt wurden. Zudem werden theoretische Kategorien herausgearbeitet, die für die Analyse professioneller Beziehungsgestaltung in der Kinder- und Jugendhilfe von besonderer Relevanz sind (Schütze, 1983).

Die übrigen acht Fälle werden in Kapitel 8 in ihrer Gesamtstruktur dargestellt und in Kapitel 9 kontrastiv verglichen, um falltypische Muster, Ähnlichkeiten und Unterschiede herauszuarbeiten. Diese Darstellungen bilden eine Grundlage, um individuelle Lebensverläufe und deren Dynamiken im Kontext professioneller Beziehungsgestaltung nachvollziehbar zu machen. Der kontrastive Fallvergleich stellt den abschließenden Analyseschritt dar. Schröder-Wildhagen (2010, S. 130) beschreibt diesen Auswertungsschritt als nicht gegenständlich, da die Erkenntnisse unmittelbar in die theoretische Modellbildung einfließen. In meiner Arbeit betrachte ich diesen Schritt als bedeutend und habe wesentliche fallübergreifende

M. Linser, *"Beziehung unter Risiko"*,
https://doi.org/10.1007/978-3-658-51455-6_7

Themen identifiziert, die typische Muster und Dynamiken der Beziehungsgestaltung sichtbar machen. Diese Themen werden in Kapitel 9 ausführlich dargestellt, um die Auswertung nachvollziehbar und transparent zu gestalten. Abweichend von der klassischen Narrationsanalyse nach Schütze (1983; 2016a; 2016b) verzichte ich bewusst auf die Präsentation eines abgeschlossenen theoretischen Modells. Stattdessen entwickle ich auf Grundlage der empirischen Analyse theoretische Implikationen für die Soziale Arbeit in der Kinder- und Jugendhilfe. Der Fokus liegt dabei auf der professionellen Beziehungsgestaltung zwischen Adressat:innen und Fachkräften im Gefährdungsabklärungsprozess. Mit diesem Zugang unterstreiche ich die Relevanz von Beziehungsmustern für die Praxis der Kinder- und Jugendhilfe und leiste einen Beitrag zur Weiterentwicklung in Forschung und Praxis.

Der direkte Vergleich der beiden Fälle zeigt sowohl signifikante Unterschiede und gegensätzliche Dynamiken als auch relevante Gemeinsamkeiten, die für die professionelle Beziehungsgestaltung von maßgeblicher Bedeutung sind. Ziel dieser Gegenüberstellung ist es, bedeutsame Einflussfaktoren auf die Kooperationsbereitschaft sowie auf die langfristigen Wirkungen der Unterstützung durch die Kinder- und Jugendhilfe herauszuarbeiten. Besonders die Art der Beziehungsgestaltung sowie die Wahrnehmung von Autonomie und Machtasymmetrien erweisen sich dabei als entscheidende Faktoren. Der Fall von Christina Dürr zeigt eine stabilisierende Beziehungserfahrung mit der Kinder- und Jugendhilfe, geprägt durch Eigeninitiative und Handlungsfähigkeit. Aussagen wie: „Na ja, es war ja so" und „nicht ich bin quasi gemeldet worden" (Dürr, S. 1, Z. 5–9) verdeutlichen, dass sie ihre aktive Rolle in der Beziehungsgestaltung als positiv und unterstützend wahrnimmt. Demgegenüber wird der Fall von Gerda Hoffmann durch konfliktreiche und destabilisierende Beziehungserfahrungen gekennzeichnet. Sie erlebt die Kinder- und Jugendhilfe als Bedrohung ihrer Autonomie und beschreibt die Beziehung als kontrollierend und fremdbestimmt. In beiden Fällen begegnen die Adressat:innen dem Hilfeprozess zunächst mit Skepsis. Während bei Christina Dürr im Verlauf der Unterstützung ein Vertrauensaufbau gelingt, verstärkt sich bei Gerda Hofmann das Misstrauen gegenüber der Institution. Diese übergeordnete Thematik lässt sich anhand folgender Aspekte und kontrastierender Dynamiken konkretisieren:

Beziehungsaufbau und Vertrauen

- Frau Dürr erlebt eine einfühlsame und unterstützende Fachkraft, was ihr Vertrauen in die Institution stärkt und ihre Eigenständigkeit fördert.

- Frau Hofmann hingegen nimmt die Fachkraft als kontrollierende Instanz wahr und empfindet die Kinder- und Jugendhilfe als Bedrohung ihrer Autonomie.
- Während Frau Dürr durch Transparenz und Empathie Vertrauen entwickeln kann, fühlt sich Frau Hofmann in ihrer Elternrolle und Eigenständigkeit eingeschränkt.

Machtasymmetrien und Fremdbestimmung

- Frau Dürr empfindet die Fachkraft als unterstützende Begleitung, die ihre Autonomie respektiert und ihre Entscheidungen wertschätzt.
- Frau Hofmann hingegen fühlt sich durch institutionelle Strukturen fremdbestimmt und kontrolliert, was bei ihr zu einer starken Abwehrhaltung und zum Rückzug führt.
- Während Frau Dürr die Unterstützung als gleichwertig und bereichernd erlebt, nimmt Frau Hofmann die Institution als hierarchisch und stigmatisierend wahr.

Selbstermächtigung und Partizipation versus Antizipation und Passivität

- Für Frau Dürr hat die Unterstützung der Kinder- und Jugendhilfe nachhaltige positive Effekte: Sie geht gestärkt aus dem Prozess hervor und entwickelt Vertrauen in institutionelle Hilfe.
- Frau Hofmanns negative Erfahrungen hingegen führen zu einem langfristigen Vertrauensverlust gegenüber der Kinder- und Jugendhilfe und zu einer ausgeprägten Abwehrhaltung gegenüber sozialen Unterstützungsangeboten.
- Diese gegensätzlichen Erfahrungen beeinflussen auch die zukünftige Kooperationsbereitschaft: Frau Dürr bleibt offen für Unterstützung, während Frau Hofmann soziale Institutionen künftig eher meiden oder sogar rechtliche Schritte erwägen würde, um ihre Autonomie zu sichern.

Diese Erkenntnisse bieten theoretische Implikationen für den Gefährdungsabklärungsprozess in der Kinder- und Jugendhilfe

7.1 Christina Dürrs Weg von Misstrauen zu Vertrauen

„Wenn du nicht brav bist, kommt das Jugendamt."

Das Interview mit Christina Dürr fand an einem heißen Sommertag in einem Café in ihrem Heimatort statt. Sie war zum Zeitpunkt des Interviews zwischen

26 und 30 Jahre[1] alt. Den Ort hatte sie selbst gewählt. Obwohl ich diesen aufgrund der geringen Anonymität, des lauten Straßenverkehrs und der intensiven Hitze als wenig geeignet empfand, begannen wir das Gespräch nach einer kurzen Vorstellungsphase bei einem erfrischenden Getränk. Frau Dürr wirkte sehr freundlich, zugleich jedoch auch gestresst, da sie mit leichter Verspätung zum vereinbarten Termin erschien. Ihr anfänglich hohes Redetempo ließ auf Nervosität schließen, die durch ein verlegenes Lächeln und gelegentliches Kichern zusätzlich unterstrichen wurde. Zu Beginn äußerte sie sich in vergleichsweise kurzen Stegreiferzählungen, die ihre Aufgeregtheit widerspiegelten. Im Verlauf des Gesprächs gewann sie spürbar an Vertrauen, was sich in längeren Stegreifpassagen und einem höheren narrativen Anteil im Nachfrageteil zeigte. Diese Entwicklung deutet auf eine entspanntere Gesprächsatmosphäre und zunehmende Offenheit hin.

7.1.1 Strukturelle Beschreibung

Erstes Segment (S. 1, Z. 5–9): Eigeninitiative und Selbsthilfe

Frau Dürr beginnt ihre Erzählung mit einer Präambel[2]: „Na ja, es war ja so: Nicht ich bin quasi gemeldet worden, sondern ich bin ja von selber hin und hab von selbst Hilfe gesucht."[3] Damit betont sie, dass der Kontakt zur Kinder- und Jugendhilfe auf ihre eigene Initiative zurückging, da sie sich aufgrund „gewisser Dingen" überfordert fühlte – ohne diese näher zu benennen. Auch ihre Unsicherheit darüber, ob ihre bisherigen Lösungsansätze angemessen waren, wird angedeutet. Die doppelte Verwendung des Ausdrucks „von selber" unterstreicht ihren Wunsch nach Autonomie. Mit ihrer Selbstpräsentation als proaktiv und eigeninitiativ signalisiert Frau Dürr, dass sie trotz Überforderung und Unsicherheit verantwortungsbewusst handelt und ihre Rolle als Mutter ernst nimmt. Ihr Vorgehen, den Kontakt zur Kinder- und

[1] Anonymität: Wie bereits in der Beschreibung des Samples ausgeführt, verzichte ich zur Wahrung der größtmöglichen Anonymität meiner Interviewpartner:innen auf die Angabe des Erhebungsortes sowie auf exakte Altersnennungen. Stattdessen verwende ich grobe Altersspannen (20–25, 26–30, 31–40, 41–50, 51–55 Jahre). Auch wenn von den Kindern der Adressat:innen die Rede ist, greife ich ausschließlich auf geschlechtsneutrale Formulierungen wie „Kinder und Jugendliche" zurück und verzichte auf genaue Altersangaben, um Rückschlüsse auf die Identität der Gesprächspartner:innen zu vermeiden.

[2] Die Erzählpräambel zu Beginn bzw. unmittelbar vor einer Stegreiferzählung dient als Vorschau auf die nachfolgende Geschichte. Sie gibt Aufschluss darüber, wie der:die Erzähler:in das Erzählte selbst versteht und verstanden wissen möchte (Schütze 1984).

[3] Alle Zitate in der strukturellen Beschreibung stammen – sofern nicht anders gekennzeichnet – aus dem jeweils analysierten Segment.

Jugendhilfe selbstständig herzustellen, bevor ihre Überforderung größer wird und eine dritte Partei eingreifen müsste, basiert auf einem alltagsweltlichen Wissen. Dieses Wissen, möglicherweise durch Erfahrungen im sozialen Umfeld beeinflusst, motiviert Frau Dürr zu frühzeitigem und eigenständigen Handeln. Dass die Kinder- und Jugendhilfe eine Institution im Spannungsfeld zwischen Hilfe und Kontrolle darstellt, ist dabei im Kontext ihrer Autonomiebestrebungen von besonderer Bedeutung.

Zusammenfassend lässt sich feststellen, dass sich Frau Dürr aufgrund von Überforderung und Unsicherheit eigenständig an die Kinder- und Jugendhilfe wendet. Ihre Nervosität zu Beginn des Gesprächs erklärt, warum sie diese erste Passage ihrer Erzählung relativ knapp hält und keine Details zu ihrer Überforderung oder ihren Unsicherheiten preisgibt. Stattdessen bleibt sie bei der allgemeinen Formulierung „einfach mit gewissen Dingen" und lässt ihre Unsicherheiten damit unkonkret. Dieses Verhalten lässt sich im Kontext der Zugzwänge[4] (Schütze, 1984; Kallmeyer & Schütze, 1976; Kleemann et al., 2013, S. 66–67; Heiser, 2024, S. 166–167) interpretieren.[5] Das Segment schließt Frau Dürr mit einer Koda ab: „Und deswegen hab ich mich dann gemeldet bei der KJH." Diese Koda kann als reflexive Zusammenfassung oder argumentative Rahmung verstanden werden. Sie verdeutlicht, dass Frau Dürr bereits zu Beginn ihrer Erzählung reflektiert, wie sie die Unterstützung der Kinder- und Jugendhilfe organisiert hat, um mit ihrer Überforderung und Unsicherheit umzugehen.

---

[4] Zu Beginn der Stegreiferzählung traten – wie auch in anderen Fällen – bestimmte Steuerungsabsichten der Erzählenden deutlich hervor. Diese waren zunächst dominanter als die im späteren Gesprächsverlauf zunehmenden „Zugzwänge des Erzählens". Anfangs zielten die Steuerungsversuche nicht nur auf die Darstellung eines bevorzugten Selbstbildes ab, sondern beinhalten auch die bewusste Ankündigung, bestimmte Erfahrungen nicht thematisieren zu wollen. Im weiteren Verlauf zeigten sich jedoch bei einigen Adressat:innen überraschende Öffnungsmomente: Sie sprachen schließlich doch über ursprünglich ausgesparte Erlebnisse. Diese Offenheit führte nicht selten zur rückblickenden Einschätzung, dass ihnen das Gespräch im Sinne einer reflektierenden Auseinandersetzung gutgetan habe.

[5] Eine alternative Erklärung für die anfängliche Unsicherheit sowie die betonte Selbstpräsentation zu Beginn des Interviews ergab sich im Rahmen der kollegialen Validierung. Die Information, dass ich selbst viele Jahre als Sozialarbeiterin in der Kinder- und Jugendhilfe tätig war und der Kontakt über die Behörde hergestellt wurde (siehe Kapitel 6 und 6.2), könnte bei Frau Dürr zusätzliche Unsicherheit hinsichtlich der Vertraulichkeit der Interviewdaten ausgelöst haben. Dies wiederum könnte ihre Offenheit im Gespräch beeinflusst und möglicherweise zu Verzerrungen oder Einschränkungen im Datenmaterial geführt haben (Flick, 2022).

Zweites Segment (S. 1, Z. 11–16): Offenheit und Vertrauen

Mit dem Rahmenschaltelement „Mhm. Ja, es ist dann eigentlich relativ rasch gegangen" leitet Frau Dürr in das nächste Segment über. Diese Formulierung markiert einen zeitlichen Übergang und eröffnet eine szenische Darstellung ein, in der sie ein Erlebnis mit einer Fachkraft der Kinder- und Jugendhilfe schildert. Sie führt die Fachkraft (Name der Fachkraft) als Hauptfigur ein und beschreibt sie mit positiven Attributen wie „superlieb" und „voll nett". Diese Begriffe spiegeln ihre Wertschätzung wider und deuten darauf hin, dass die Fachkraft in einer belastenden Situation eine beruhigende Rolle für Frau Dürr eingenommen hat. Gleichzeitig thematisiert Frau Dürr ihre eigene Überforderung, relativiert diese jedoch: „Ich will jetzt nicht sagen, hysterisch, aber doch sehr überbesorgt." Diese Formulierung zeigt ihr Bemühen, ihre Unsicherheiten darzustellen, ohne dabei ein negatives Selbstbild zu erzeugen. Diese Darstellung kann als Ausdruck einer bewussten Selbstpräsentation verstanden werden, bei der sie ihre Überforderung erklärt, jedoch gleichzeitig Kontrolle über die Situation betont.

Durch die Erwähnung einer früheren Fachkraft, mit der sie bereits Kontakt hatte, und der neuen, aktuell zuständigen Fachkraft (Karenzvertretung), erzeugt Frau Dürr einen Kontrast. Sie betont: „Also [Name der neuen Fachkraft] habe ich überhaupt noch nicht gekannt." Die besonders positiven Beschreibungen der neuen Fachkraft deuten auf anfängliche Unsicherheiten bezüglich des Fachkräftewechsels hin. Diese scheinen jedoch durch die empathische und unterstützende Haltung der neuen Fachkraft überwunden worden zu sein. Aussagen wie „viel beruhigt" und „Druck herausgenommen" verdeutlichen, dass Frau Dürr die Fachkraft als stabilisierende und entlastende Bezugsperson erlebt. Ihr Verhalten wird von Frau Dürr als einfühlsam und unterstützend beschrieben. Die narrative Darstellung macht deutlich, dass der Fachkräftewechsel – trotz anfänglicher Irritation – letztlich als positiv wahrgenommen wurde. Die wiederholte Verwendung positiver Begriffe wie „superlieb" und „hat auch beruhigt" unterstreicht, dass Frau Dürr die neue Fachkraft als wichtige Unterstützung in einer emotional herausfordernden Situation erlebt hat.

Das Segment zeigt exemplarisch, wie Frau Dürr ihre Beziehung zur Kinder- und Jugendhilfe erlebt und reflektiert. Sie beschreibt ihre eigene Überforderung und stellt ihr die entlastende Rolle der Fachkraft gegenüber. Die narrative Struktur verbindet zeitliche Abfolgen mit szenischen und beschreibenden Elementen, wodurch die Dynamik zwischen Selbstpräsentation, emotionaler Verarbeitung und der Bewertung institutioneller Unterstützung deutlich wird. Frau Dürr positioniert sich als Biografieträgerin, die sowohl Unsicherheiten als auch ihr Bemühen um ein positives Selbstbild thematisiert.[6]

Drittes Segment (S. 1, Z. 18–26): Vertrauen, Transparenz und die besondere Bedeutung der neuen Fachkraft

Im dritten Segment ihrer Erzählung beschreibt Frau Dürr die Vorgehensweise der neuen Fachkraft, die durch regelmäßige Gespräche und individuell abgestimmte Hilfsangebote geprägt ist. Sie schildert, dass diese Fachkraft zunächst ein Gespräch mit ihr und anschließend eines mit ihrem Kind führt. Aufbauend auf diesen Gesprächen schlägt sie schrittweise verschiedene Unterstützungsangebote vor, die gemeinsam reflektiert und bewertet werden. Die Aussage „[...] wo wir dann gemeinsam geschaut haben, was passt, was passt nicht“ verdeutlicht für Frau Dürr ein Gefühl von Selbstermächtigung und Mitbestimmung und stärkt ihre Autonomie.

Ihr Bericht betont die eigene aktive Beteiligung im Hilfeprozess. Dies unterstreicht die Bedeutung einer unterstützenden, jedoch nicht bevormundenden Beziehungsgestaltung, die Frau Dürr als respektvoll und hilfreich empfindet. Besonders hervorzuheben ist, dass sie trotz der anfänglichen Überforderung großen Wert auf Entscheidungsfreiheit legt – ein Aspekt, den sie in der gemeinsamen Entscheidungsfindung mit der Fachkraft verwirklicht sieht. Frau Dürr berichtet weiter, dass der Kontakt in der Anfangszeit beinahe wöchentlich erfolgt und die Fachkraft sich sehr engagiert zeigt. Die regelmäßigen Anrufe, bei denen nach dem aktuellen Stand gefragt wird, empfindet sie als Ausdruck echten Interesses. Dies macht deutlich, wie bedeutsam sie das kontinuierliche Bemühen der Fachkraft um ihr Wohlergehen und das ihres Kindes wahrnimmt.

Das Segment verdeutlicht darüber hinaus eine allmähliche Veränderung in der Beziehungsgestaltung: Während Frau Dürr zu Beginn des Prozesses Überforderung erlebt und Unterstützung sucht, entwickelt sich zunehmend ein Gefühl von Kontrolle und aktiver Mitgestaltung. Diese Wandlung kann als biografischer Transformationsprozess verstanden werden, bei dem Frau Dürr ihre Handlungsfähigkeit in einer zunächst als belastend erlebten Situation zurückgewinnt. Die positive Bewertung der Fachkraft zeigt sich in Formulierungen wie „[...] [Name der Fachkraft] ist

[6] Eine weitere Interpretation, die aufgrund unzureichender Hinweise im Interviewmaterial nicht weiterverfolgt wurde, verweist auf ein mögliches unsicheres Bindungsmuster der Biografieträgerin. Ihre Aussagen über eigene Unsicherheiten sowie das gleichzeitige Bedürfnis nach Beruhigung einerseits und Autonomie andererseits deuten auf Merkmale eines ambivalentes Bindungsmusters hin, wie es in der Bindungstheorie beschrieben wird (siehe Abschnitt 4.1). Zwar finden sich an einzelnen Stellen des Materials Hinweise, die diese Annahmen stützen könnten, eine vertiefte Analyse dieses Aspekts hätte jedoch den Rahmen der vorliegenden Arbeit überschritten und wurde daher nicht weitergeführt.

voll bemüht“ und „hat sich da wirklich sehr viele Gedanken darüber gemacht“. Diese Aussagen spiegeln die erlebte Empathie und das Engagement der Fachkraft wider – zwei Merkmale, die für Frau Dürr offenbar wesentliche Elemente erfolgreicher Unterstützung darstellen. Zugleich lässt sich vermuten, dass eine derart intensive Zuwendung für sie ungewohnt ist, was sich in der wiederholten Betonung der Kontaktfrequenz und Bemühungen der Fachkraft ausdrückt. Die narrative Struktur macht deutlich, wie die Fachkraft durch kontinuierliche, einfühlsame Kommunikation – etwa durch Fragen wie „wie es uns geht und ob eh alles ok ist“ – eine tragfähige, vertrauensvolle Beziehung aufbauen konnte.

Viertes Segment (S. 2, Z. 30–36): Emotionale Verarbeitung und Anerkennung (Wandlungsprozess)
Nach einer kurzen Pause beginnt Frau Dürr das vierte Segment ihrer Erzählung sichtlich emotional berührt. Ihre Sprache wird zögerlicher, das Sprechtempo verlangsamt sich, und die Gesprächsatmosphäre wirkt deutlich entspannter. Diese Veränderung in der Erzählweise weist auf eine Phase emotionaler Reflexion hin, die sich auf die zuvor geschilderten Erfahrungen bezieht. Das vorhergehende Segment hatte Frau Dürr mit der Koda beendet: „Und [Name der Fachkraft] hat sich da wirklich sehr viele Gedanken darüber gemacht, also, da hab ich gemerkt, ja, dass da sehr viel Hilfsbereitschaft dahinter steckt.“ Diese Aussage fungiert sowohl als Beschreibung des Engagements der Fachperson als auch als vorzeitiges Resümee ihrer Unterstützungserfahrung. Sie vermittelt Dankbarkeit und Zufriedenheit – jedoch nicht nur gegenüber der konkreten Person, sondern zunehmend auch gegenüber der Institution Kinder- und Jugendhilfe.

In der Fortsetzung ihrer Erzählung hebt Frau Dürr hervor, dass „viel Mühe“ vonseiten der Kinder- und Jugendhilfe geleistet worden sei, und ergänzt: „Man sollte das wohl auch durchaus sehr hervorheben.“ Damit verschiebt sie die positive Bewertung von der individuellen Ebene auf die strukturelle und deutet an, dass ihr Blick auf die Institution insgesamt differenzierter geworden ist. Zugleich wird deutlich, dass sie sich damit von einem negativ geprägten Bild der Kinder- und Jugendhilfe abgrenzt – ein Bild, das offenbar in ihrem sozialen Umfeld verbreitet ist. Dies verdeutlicht sie mit der Aussage: „Man hört immer so viel negativen Scheiß, sag ich jetzt einmal, und es wird … höchstwahrscheinlich auch sehr viel Dreckwäsche gewaschen, keine Frage.“ Die Verwendung des unpersönlichen Pronomens „man“ verweist auf kollektive Erfahrungen oder Bewertungen, von denen sie sich bewusst distanziert. Gleichzeitig lässt sich vermuten, dass sie selbst Teil dieses Diskurses war – ein Aspekt, den sie im weiteren Verlauf andeutet, wenn sie erklärt: „Also ich hab auch meine negativen Erfahrungen gemacht, jetzt auch nicht negativ, aber es war halt schwieriger als wie das jetzt.“ Diese Relativierung zeigt einerseits, dass sie persönliche Belastungen mit der Institution erlebt hat, andererseits aber darum bemüht ist, ihre aktuelle positive Erfahrung nicht zu entwerten. Dadurch grenzt sie sich zugleich von pauschalen Urteilen ab, ohne frühere Schwierigkeiten vollständig zu leugnen.

Ihre Reflexion legt nahe, dass negative Darstellungen der Kinder- und Jugendhilfe in ihrem sozialen Umfeld ihre Erwartungen geprägt haben. Es scheint denkbar, dass sie sich in Anbetracht ihrer aktuellen positiven Erfahrung nun mit ambivalenten Gefühlen konfrontiert sieht – möglicherweise auch mit Scham darüber, selbst (mit)getragen zu haben, was sie nun als verzerrtes Bild erkennt. Dieses Spannungsfeld zwischen früherer Skepsis und gegenwärtiger Anerkennung prägt das Segment entscheidend. Besonders deutlich wird dieser innere Wandlungsprozess in der Aussage: „Das hab ich auch selber erlebt. Also ich hab auch meine negativen Erfahrungen gemacht." Damit verweist sie auf schwierige Erlebnisse im Rahmen eines früheren Gefährdungsabklärungsprozesses. Im direkten Vergleich beschreibt sie die aktuelle Situation als „superschnell, unkompliziert und sehr hilfreich". Diese Gegenüberstellung markiert einen Wendepunkt in ihrer Wahrnehmung der Institution. Die Formulierung „negativen Scheiß" könnte dabei sowohl auf überzogene oder undifferenzierte Fremdbilder verweisen als auch auf tatsächliche Belastungen durch Fremdzuschreibungen oder intime Offenlegungen im Abklärungsprozess. Der Ausdruck „es wird [...] viel Dreckwäsche gewaschen" lässt zudem erkennen, wie konflikthaft die Konfrontation mit privaten Themen im institutionellen Kontext erlebt werden kann – ein Thema, das in den folgenden Segmenten weiter vertieft wird.

Die zögerliche und zugleich reflektierte Erzählweise in diesem Abschnitt lässt auf eine intensive Auseinandersetzung mit diesen Widersprüchen schließen. Einerseits anerkennt Frau Dürr die erfahrene Unterstützung und Professionalität, andererseits bearbeitet sie kritisch ihr eigenes, möglicherweise voreingenommenes Bild der Kinder- und Jugendhilfe. Diese Ambivalenz sowie der Prozess der Neubewertung werden durch die Struktur des Erzählsegments und durch sprachliche wie emotionale Verschiebungen besonders eindrücklich nachvollziehbar.

Fünftes Segment (S. 2, Z. 38–46): Vergleich mit früheren negativen Erfahrungen (Verlaufskurve)

Im fünften Segment knüpft Frau Dürr an die im vorigen Abschnitt angedeuteten negativen Erfahrungen an und schildert nun detaillierter die belastenden Situationen, die sich im Zusammenhang mit früheren Gefährdungsabklärungsverfahren ereigneten. Ausgelöst wurden diese durch wiederholte anonyme Gefährdungsmitteilungen[7] ihres Ex-Mannes und dessen neuer Partnerin, die jeweils eine Intervention der Kinder- und Jugendhilfe nach sich zogen. Frau Dürr beschreibt eindrücklich das Gefühl von Demütigung und Ausgeliefertsein, das sie in diesen Momenten empfand. Insbesondere der Umstand, dass sich Fachkräfte ein Bild von der Lage machen mussten, wird von ihr als „unangenehme Erfahrung“ charakterisiert. Diese Ereignisse liegen laut ihrer Erzählung rund zehn Jahre zurück – ihr Kind war damals noch sehr klein, und sie selbst war angesichts ihres heutigen Alters (zwischen 26 und 30 Jahren) vermutlich gerade volljährig oder noch minderjährig. Diese biografischen Rahmenbedingungen verdeutlichen die besondere Belastung dieser Lebensphase: eine frühe Elternschaft, die Trennung vom Partner, vermutlich die Übernahme der Alleinerziehendenrolle sowie die Konfrontation mit institutionellen Interventionen, ausgelöst durch externe, konflikthafte Beziehungskonstellationen.

Frau Dürr schildert, dass die Fachkraft „relativ schnell gesehen hat, dass da nicht viel dahinter ist“, dennoch jedoch eine sozialpädagogische Familienbetreuung angeordnet wurde – aus ihrer Sicht primär, „damit man die Gerüchte gleich dementieren kann, wenn wieder welche kommen“. Diese Aussage macht das Spannungsverhältnis deutlich zwischen dem Wunsch nach Anerkennung als verantwortungsvolle Mutter und dem gleichzeitigen Erleben institutioneller Kontrolle. Die Maßnahme erscheint ihr weniger als Unterstützung, denn als präventive Maßnahme zur Abwehr künftiger Vorwürfe. Besonders prägend scheint für Frau Dürr die Erfahrung gewesen zu sein, dass sie in dieser Zeit wenig Einfluss auf die Entscheidungen hatte. Die zuständige Fachkraft beschreibt sie als korrekt, aber distanziert und wenig empathisch. Die Anordnung der Familienbetreuung erlebte sie als von oben herab und ohne aktive Beteiligung. Dieses Gefühl der Fremdbestimmung verstärkte die Wahrnehmung einer hierarchischen Struktur innerhalb des Abklärungsprozesses und ließ sie sich in ihrer Selbstwirksamkeit eingeschränkt fühlen.

Am Ende des Segments zieht Frau Dürr eine ambivalente Bilanz: „Also, das war eigentlich auch eher positiv. Unangenehm, aber dann positiv im Ausgang.“ Diese Reflexion lässt vermuten, dass sie trotz anfänglicher Ablehnung die Maßnahme im Rückblick als hilfreich einordnen kann – zumindest in ihrer Wirkung. Ihre Erzählung verdeutlicht die Dynamik zwischen anfänglicher Ablehnung und späterer Anerkennung der Unterstützung. Während sie frühere Erfahrungen mit der Kinder- und Jugendhilfe als kontrollierend und belastend beschreibt, hebt sie die

[7] Die Betonung des Begriffs anonym verdeutlicht, dass Gefährdungsmitteilungen für die Adressat:innen häufig mit Gefühlen von Unsicherheit und Machtlosigkeit verbunden sind. Diese Wahrnehmung resultiert vor allem aus der Intransparenz, die anonyme Mitteilungen mit sich bringen, sowie aus dem erlebten persönlichen Eingriff in das Leben (siehe Abschnitt 2.2)

aktuelle Situation als von Transparenz, Dialog und Sicherheit geprägt hervor. Die Struktur des Segments offenbart eine biografisch bedeutsame Vergleichsbewegung: Frau Dürr blickt zurück auf eine Phase, in der institutionelle Hilfe mit Fremdbestimmung und emotionalem Stress verbunden war, und kontrastiert diese mit ihrer gegenwärtigen Erfahrung, in der Beziehungsgestaltung, Partizipation und Empathie im Vordergrund stehen. Der Verlauf ihrer Erzählung lässt sich somit als eine Verlaufskurve interpretieren, die von Misstrauen über Ambivalenz hin zu Anerkennung und Vertrauen reicht.

Beginn des Nachfrageteils
Im Folgenden werden ausgewählte Ausschnitte des Nachfrageteils dargestellt, die ein vertiefendes Verständnis des von Christina Dürr erlebten Gefährdungsabklärungsprozesses ermöglichen. Diese ergänzen die in der Stegreiferzählung angesprochenen biografischen Themen. Die Reihenfolge der Segmente folgt einer chronologischen Struktur. In Anlehnung an Przyborski und Wohlrab-Sahr (2014, S. 123–125) wird zudem jeweils eingeordnet, an welche Segmente der Stegreiferzählung sie inhaltlich anschließen.

Erstes Segment (S. 2, Z. 47–57): Angst vor der Kinder- und Jugendhilfe (Verlaufskurvendynamik)

Dieses Segment schließt an das vierte Segment der Stegreiferzählung an (S. 2, Z. 30–36: Emotionale Verarbeitung und Anerkennung – Wandlungsprozess)

Auf eine immanente Nachfrage hin schildert Frau Dürr schnellerem Sprechrhythmus und mit größerer Detailtiefe ihr unangenehmes Empfinden sowie ihre früheren Beziehungserfahrungen mit der Kinder- und Jugendhilfe, insbesondere mit der damaligen Fachkraft. Sie beschreibt den weiteren Verlauf des damaligen Gefährdungsabklärungsverfahrens, der sowohl die Verlaufskurvendynamik ihres emotionalen Erlebens als auch einen Wandel infolge eines Fachkraftwechsels im letzten Abklärungsprozess umfasst. Dieser Wechsel eröffnete ihr neue Erfahrungen und führte allmählich zu einer veränderten Haltung gegenüber der Institution.

Frau Dürr führt ihr unangenehmes Empfinden auf die Unsicherheit zurück, ob „etwas nicht passen könnte“. Ihre Aussage verweist auf eine starke Verunsicherung beim Erstkontakt mit der Kinder- und Jugendhilfe. Sie war zum Zeitpunkt der geschilderten Ereignisse eine sehr junge Mutter. Ihre Erzählung lässt erkennen, dass sie sich aufgrund ihrer Lebenssituation – der Trennung vom Kindsvater, dessen neuer Beziehung, der frühen Mutterschaft sowie allgemeiner Überforderung – stark belastet fühlte. Die erste Begegnung mit der Kinder- und Jugendhilfe beschreibt sie als angstbesetzt: „Natürlich hat man da im ersten Moment Angst, wenn man mit der Materie nicht vertraut ist und immer nur schlechte Sachen gehört hat." Diese Angst wurzelt in frühen Kindheitserfahrungen: Ihre Eltern drohten ihr damals, das Jugendamt einzuschalten und sie in ein Heim zu geben. Diese frühe Prägung hinterließ tiefliegende Ängste, die ihre Wahrnehmung der Kinder- und Jugendhilfe bis ins Erwachsenenalter beeinflussten. Als möglicher Hintergrund zeigt sich im zweiten Segment – wenn auch nur angedeutet – ein unsicheres oder ambivalentes Bindungsmuster (siehe Abschnitt 4.1), das ihre spätere Interaktion mit der Kinder- und Jugendhilfe emotional mitprägt – zwischen Unsicherheit und dem Wunsch nach Anerkennung und Unterstützung.

Die Kombination aus Angst und der Vermutung, dass „etwas nicht passen könnte", verweist darauf, dass Frau Dürr der Institution zunächst mit Misstrauen begegnet und deren Unterstützungspotenzial nicht erkennt. Zugleich wird jedoch bereits im ersten Segment deutlich, dass sie ihre Eigeninitiative und Selbsthilfepotenzial betont[8] – trotz bestehender Unsicherheiten. Schon hier zeichnet sich ein alternatives Handlungsschema ab: Während sie die erste Gefährdungsabklärung noch als stark verunsichernd erlebt hatte, beschreibt sie diese rückblickend als „unangenehm, aber positiv dann im Ausgang" (S. 2, Z. 46). Dies weist auf eine beginnende Veränderung ihrer Haltung hin – weg vom Gefühl institutioneller Ohnmacht hin zu einem biografisch motivierten Handlungsschema, das sie zur proaktiven Suche nach Unterstützung befähigt. Die Entscheidung, sich bei erneuter Überforderung eigenständig an die Kinder- und Jugendhilfe zu wenden (vgl. erstes Segment), kann als Versuch gewertet werden, anonymen Gefährdungsmitteilungen zuvorzukommen und durch Eigenverantwortung Autonomie zu wahren. Aus ihrem alltagsweltlich geprägten Wissen heraus erkennt Frau Dürr, dass proaktive Kooperationsbereitschaft den Verlauf eines Gefährdungsabklärungsprozesses positiv beeinflussen kann.

Im weiteren Verlauf beschreibt sie ihre Ängste und Unsicherheiten erneut unter Rückgriff auf das vierte Segment. Sie betont, dass insbesondere mangelndes Wissen und negative Erfahrungen aus dem Umfeld die Angst vor der Institution verstärkten. Besonders prägend war für sie die elterliche Drohung: „Wenn man selbst noch Kind ist und die Eltern einem sagen, sie holen das Jugendamt und die stecken dich ins Heim" (S. 2, Z. 48–49). Daraus ergibt sich eine anfängliche Wahrnehmung der

[8] Selbst- und Fremdtäuschungsabsichten lassen sich nach Schütze (1976b) in partikularen und totalen Ideologien unterscheiden (siehe Abschnitt 6.4.1). In der doppelten Betonung des eigenen Handelns von Frau Dürr lässt sich ein Hinweis auf eine mögliche Selbsttäuschung erkennen – also der implizite Versuch, die eigene Initiative zur Hilfesuche bei Überforderung zu relativieren und gleichzeitig durch das Bild der „überbesorgten" und verantwortungsbewussten Mutter aufzuwerten. Darüber hinaus ist auch eine Fremdtäuschungsabsicht denkbar, die darauf abzielt, der Interviewerin gezielt ein bestimmtes Bild einer verantwortungsvollen Mutter zu vermitteln.

Fachkräfte als Kontrollinstanz. Die Aussage „Man hört ja auch rundherum lauter Sachen: Denen haben sie Kinder weggenommen und denen haben sie Kinder weggenommen" verdeutlicht, wie sehr ihre Wahrnehmung von kollektiven Ängsten im sozialen Umfeld geprägt war. Die wiederholte Verwendung von „man" und „rundherum" zeigt, dass Frau Dürr diese Erfahrungen nicht als individuell, sondern als sozial geteilt empfindet. Dies verweist auf das Milieu, in dem sie aufwuchs. Auch wenn sie ihren Wohnort nicht explizit nennt, zeigt die Recherche, dass es sich um einen sozialen Brennpunkt handelt – ein Umstand, der möglicherweise zur Verfestigung negativer Vorstellungen über die Kinder- und Jugendhilfe beigetragen hat. Die Erfahrung einer unangekündigten Intervention nach einer anonymen Gefährdungsmitteilung schildert Frau Dürr als besonders unangenehm und als Eingriff in ihre Privatsphäre: „Dass halt da wer gekommen ist auf einmal und dem nachgegangen ist". Die Formulierung „auf einmal" vermittelt ein Gefühl des Überrumpeltseins und der Ausgeliefertheit. Ihre Aussagen „viel Dreckwäsche gewaschen" (S. 2, Z. 32–33) und „durch den Schmutz gezogen worden" (S. 2, Z. 38–39) machen deutlich, wie sehr sie sich beschämt und in ihrer Integrität verletzt fühlte.

Auch Formulierungen wie „wenn man halt selbst noch ein Kind ist" verweisen auf ihre damalige Unsicherheit und eine kindlich empfundene Abhängigkeit. Wiederkehrende Aussagen wie „man hört ja" oder „die nehmen mir jetzt sofort mein Kind weg" zeigen, dass ihre Ängste auf fehlendem Wissen über die tatsächlichen Abläufe beruhen. Mit der Bemerkung „Das ist eigentlich der erste Gedanke, der dich immer trifft, wenn du die Erfahrung noch nicht gemacht hast" formuliert sie eine rückblickende Erkenntnis, die auf ein reflektiertes Verhältnis zu ihrer früheren Wahrnehmung verweist. Diese Distanzierung verdeutlicht einen Lernprozess: Ihr spätere Einsicht in das Subsidiaritätsprinzip – wonach die Kinder- und Jugendhilfe nur in gravierenden Fällen auf außerfamiliäre Betreuungsformen zurückgreift – belegt diese Entwicklung.

Frau Dürrs anfängliche Wahrnehmung der Kinder- und Jugendhilfe als Bedrohung war eng mit Unsicherheit und emotionaler Belastung verbunden. Ihre Haltung schwankte zu Beginn zwischen Duldung und stiller Akzeptanz, um schwerwiegendere Konsequenzen zu vermeiden. Besonders deutlich wird dies in ihrer wiederholten Angst, ihr könnte das Kind sofort weggenommen werden. Ihre abschließende Einschätzung im fünften Segment bringt diese Ambivalenz auf den Punkt: „Also, das war eigentlich auch eher positiv. Unangenehm, aber dann positiv im Ausgang" (S. 2, Z. 46). Damit relativiert sie die belastenden Erfahrungen, würdigt aber zugleich den positiven Verlauf. In ihrer Selbstdarstellung bezeichnet sie sich als „hysterisch" und „überbesorgt", betont aber zugleich ihr Verantwortungsbewusstsein. Diese Einschätzung verweist auf einen Wandlungsprozess: Die anfängliche Angst weicht allmählich einem reflektierteren Verständnis. Vor allem die positiven

Erfahrungen mit neuen Fachkräften im letzten Gefährdungsabklärungsprozess trugen dazu bei, ihre Unsicherheiten abzubauen. Mit wachsendem Vertrauen gelingt es ihr zunehmend, sich zu emanzipieren und die Bedingungen der Zusammenarbeit mit der Kinder- und Jugendhilfe selbstbewusster mitzugestalten.

Zweites Segment (S. 2–3, Z. 59–69): Ambivalente Beziehungserfahrungen mit der ersten Fachkraft (Biografisches Handlungsschema)

Dieses Segment schließt an das fünfte Segment der Stegreiferzählung an (S. 2, Z. 38–46: Vergleich mit früheren negativen Erfahrungen – Verlaufskurve)

Auf Nachfrage hin schildert Frau Dürr, wie sie den Kontakt und die Beziehung zur Fachkraft im ersten Gefährdungsabklärungsprozess erlebt hat. Auffällig ist, dass sie – wie auch in Bezug auf die spätere Fachkraft – zunächst dieselbe positive Zuschreibung verwendet: „superlieb“. Diese Charakterisierung relativiert sie jedoch unmittelbar mit: „also: sehr streng“ und schwächt sie anschließend erneut ab: „voll lieb, eigentlich, ja.“ Die wechselhafte Wortwahl zwischen „superlieb“ und „sehr streng“ verweist auf eine ambivalente Wahrnehmung und ein inneres Ringen um eine angemessene Beschreibung. Bemerkenswert ist zudem die knappe und wenig detaillierte Darstellung dieser Beziehungserfahrung. Die zögerliche Erzählweise und der geringe Ausdifferenzierungsgrad lassen darauf schließen, dass Frau Dürr diesen Abschnitt ihrer Biografie nicht weiter vertiefen möchte. Diese Begrenzung im narrativen Fluss lässt sich im Sinne der Zugzwänge bzw. der pragmatischen Brechung (Abschnitt 6.4.2) interpretieren.

Die Analyse zeigt, dass Frau Dürr die damalige Fachkraft als wohlwollend erlebt, solange die Interaktion unterstützend bleibt. Werden jedoch kritische Rückmeldungen gegeben, nimmt sie dieselbe Person als streng und autoritär wahr. Diese Ambivalenz zeigt sich nicht nur in der Sprache, sondern auch in der Haltung, mit der sie sich in der Beziehung positionier: eher untergeordnet und kindlich angepasst – vermutlich aus dem Wunsch heraus, Konflikte oder Sanktionen zu vermeiden. Ihr rückblickendes Fazit zum ersten Gefährdungsabklärungsprozess als „unangenehm, aber positiv im Ausgang“ (S. 2, Z. 46) bringt diese Ambivalenz auf den Punkt. Der Prozess wurde als belastend und eingreifend erlebt, jedoch im Nachhinein als klärend und hilfreich bewertet. Eine spätere Begegnung mit der damaligen Fachkraft („vor Kurzem wieder einmal gesehen“) veranlasst Frau Dürr zu einer aktualisierten Einschätzung. Sie stellt fest, dass die Fachkraft heute „nicht mehr so streng im Auftreten“ wirke wie damals. Die zögernde Formulierung „mhm-hm“ verweist auf einen inneren Reflexionsprozess. Es liegt nahe, dass sie heute – aus der Perspektive des Erwachsenenalters – erkennt, wie sehr ihre damalige Wahrnehmung von eigener Unsicherheit und Überforderung geprägt war.

Das in diesem Segment erkennbare Handlungsmuster folgt einer typischen Verlaufskurve: Zunächst steht Unsicherheit im Vordergrund, darauf folgt ein angepasstes Verhalten zur Vermeidung von Konflikten oder Sanktionen. Im Rückblick vollzieht sich ein Wandel: Frau Dürr gelingt es zunehmend, ihre Erfahrungen differenziert zu betrachten. Dieser Perspektivenwechsel verweist auf einen biografischen Lern- und Reifungsprozess, in dem die früher als bedrohlich empfundene Strenge der Fachkraft in einem neuen Licht erscheint.

Drittes Segment (S. 3, 71–113): Vertrauen und Transparenz – Die besonderen Mühen der zweiten Fachkraft als biografischer Wandlungsprozess: „So etwas macht sicher auch nicht jeder!"

Dieses Segment knüpft an das dritte Segment der Stegreiferzählung an (S. 1, Z. 18–26: Vertrauen, Transparenz und die besondere Bedeutung der zweiten Fachkraft)

Nach ihren Schilderungen zur ersten Fachkraft betont Frau Dürr einen deutlichen Kontrast zu ihren Erfahrungen mit der aktuellen Fachkraft, die sie wesentlich detaillierter und emotional positiver beschreibt. Diese Betonung macht deutlich, dass sie die positiven Erlebnisse mit dieser Person besonders hervorheben möchte. Es zeigt sich, dass die Zusammenarbeit für Frau Dürr eine neue, vertrauensvolle Erfahrung darstellt, die sie im Vergleich zu früheren Kontakten mit der Kinder- und Jugendhilfe als außergewöhnlich erlebt. Ihre Erzählung über die aktuelle Fachkraft ist von Wärme und positiver Emotionalität geprägt. Dabei wirkt sie zugleich verlegen und bewundernd – sowohl im Tonfall als auch in der Verwendung positiver Zuschreibungen wie „immer lieb", „ruhig", „stets lächelnd und höflich". Besonders hebt sie die kontinuierlichen Bemühungen der Fachkraft hervor, die sie als Ausdruck echter Zuwendung versteht. Diese nachdenklich-wertschätzende Darstellung unterstreicht die besondere Bedeutung dieser Beziehungserfahrung für Frau Dürr.

Um die Bemühungen der Fachkraft für die Interviewerin greifbar zu machen, fügt Frau Dürr mehrere detaillierte Erzähleinschübe ein, mit denen sie ihren positiven Eindruck untermauert. Diese Einschübe unterbrechen kurzzeitig den narrativen Fluss, dienen aber dazu, konkrete Situationen anschaulich zu schildern, bevor sie jeweils wieder zu den Themen Vertrauen, Transparenz und Wertschätzung[9] zurückkehrt. Im ersten Einschub berichtet sie, wie die Fachkraft einen Termin

[9] An dieser Stelle ließe sich kritisch anmerken, dass Frau Dürr durch die Interviewerin im Nachfrageteil dieses Segments explizit auf das Thema Transparenz hingewiesen wurde. Dies erfolgte in Form eines Reframings: „Mhm. Das heißt, in dem Prozess war ganz viel Transparenz (kurze Pause)" (S. 4, Z. 105), mit dem Ziel, den Erzählfluss erneut anzuregen. Vor diesem Hintergrund ist es möglich, dass Frau Dürr das Bedürfnis verspürte, nochmals vertiefend auf die Bedeutung der Transparenz sowie auf die entsprechenden Bemühungen der Fachkraft einzugehen.

stellvertretend für sie wahrnimmt, um aktiv Unterstützung für sie und ihr Kind vorzubereiten. Im zweiten Einschub schildert sie, wie eine Sozialpädagogin eine positive Rückmeldung gibt, die ihr von der Fachkraft konstruktiv weitergeleitet wird. Im dritten Einschub beschreibt sie transparente Gespräche mit der Schule, bei denen sie umfassend informiert und einbezogen wurde. Ein weiterer Einschub hebt die Achtsamkeit der Fachkraft gegenüber ihren persönlichen Bedürfnissen hervor – etwa durch Nachfragen nach zusätzlicher Unterstützung. Abschließend bringt Frau Dürr ihre Anerkennung für die verlässliche und offene Kommunikation auf den Punkt: „[Name der Fachkraft] gibt mir da die 100-prozentige Einsicht und die Sicherheit, dass da nichts hinter meinem Rücken abrennt."

Diese detaillierten Einschübe verdeutlichen nicht nur das hohe Maß an Erzählintensität, sondern auch einen biografischen Wandel. Ihr befreites Lachen signalisiert Erleichterung und Freude über diese positive Veränderung. Ihre Aussage „Im Umgang mit Menschen generell ist das eine neue Erfahrung, ja" macht deutlich, dass sie Transparenz und Achtsamkeit bisher kaum erlebt hat. Es ist anzunehmen, dass Frau Dürr in ihrem Leben bereits vielfältige Belastungen erfahren hat. Diese Annahme wird gestützt durch das wechselnde Erzähltempo zwischen kondensierten uns ausführlich geschilderten Passagen – ein Hinweis auf Zugzwänge – sowie durch die beiläufige Erwähnung einer psychotherapeutischen Begleitung. Besonders bedeutsam ist, dass Frau Dürr beschreibt, wie die Fachkraft nicht nur die Bedürfnisse ihres Kindes eingeht, sondern auch ihre eigenen Anliegen ernst nimmt. Diese Erfahrung von Einbindung und Wertschätzung vermittelt ihr ein wachsendes Gefühl von Handlungsfähigkeit und Eigenständigkeit – ein wesentliches Element ihres biografischen Wandlungsprozesses.

Viertes Segment (S. 4, Z. 114–130): Von Überforderung zur Selbstreflexion: Vertrauen, Transparenz

Dieses Segment schließt an das erste Segment der Stegreiferzählung an (S. 1, Z. 5–9: Eigeninitiative und Selbsthilfe)

Auf Anregung der Interviewerin führt Frau Dürr ihre Aussagen aus dem dritten Segment der Stegreiferzählung weiter aus und betont dabei erneut die Bedeutung von Vertrauen, Transparenz und der außergewöhnlichen Hilfsbereitschaft der zweiten Fachkraft. Diese Unterstützung ermöglichte es ihr, die bereits im vierten Segment sichtbar gewordenen Ängste intensiver zu reflektieren. Ihre Ausführungen werden dabei durch eigentheoretische Überlegungen ergänzt.

Ein neuer Aspekt, der bisher nicht thematisiert wurde, tritt nun durch den sogenannten Detailierungszwang zutage: Frau Dürr berichtet von einer zweiten Gefährdungsabklärung im letzten Jahr, die aufgrund schulischer Schwierigkeiten ihres Kindes von der Schule initiiert wurde. Zu Beginn stellt sie klar, dass sie die Ursachen der Schwierigkeiten ausschließlich der Schule zuschreibt: „…, dass, alles was (Name des Kindes) betrifft und negativ beeinflusst, die Schule ist, und dass wir daheim kein Thema haben.“ Aus ihrer Schilderung wird ersichtlich, dass diese Gefährdungsabklärung für sie eine wichtige Erkenntnis mit sich brachte („das war superwichtig“). Frau Dürr beschreibt, dass die Kinder- und Jugendhilfe sie als kompetente und verantwortungsbewusste Mutter wahrnimmt, die sich um ihr Kind bemüht. Entscheidend für sie ist, dass sie nicht für die schulischen Schwierigkeiten ihres Kindes verantwortlich gemacht wird. Diese transparente und nachvollziehbare Kommunikation im Gefährdungsabklärungsprozess ermöglicht es ihr, ihre Rolle als Mutter kritisch zu reflektieren und anzuerkennen, dass sie mit „gewissen Dingen überfordert war“ (S. 1, Z. 6). Diese Überforderung erwähnt sie bereits in ihrer Erzählpräambel, jedoch ohne konkrete Ausführungen. Ihre Unsicherheit bezüglich geeigneter Lösungsstrategien wird dabei erneut deutlich. Gleichzeitig lässt die knappe Schilderung der zweiten Gefährdungsmitteilung sowie der schulischen Probleme darauf schließen, dass Frau Dürr diese Aspekte möglicherweise nicht vertiefen möchte. Die Tatsache, dass sie diesen Teil ihrer Geschichte in der Stegreiferzählung nicht erwähnt, deutet darauf hin, dass sie ihn zunächst ausklammern wollte. Dies lässt vermuten, dass sie diese Themen mit unangenehmen Gefühlen verbindet.

Die Struktur dieses Segments zeigt eine Entwicklung von einem institutionellen zu einem biografischen Ablaufmuster. Zunächst steht die institutionelle Transparenz im Vordergrund, doch zunehmend integriert Frau Dürr ihre persönlichen Erfahrungen und Erkenntnisse. Ihre Entscheidung, sich erneut an die Kinder- und Jugendhilfe zu wenden, resultiert nicht nur aus der akuten Überforderung, sondern auch aus Vertrauen in die Institution und ihrer Fähigkeit zur Selbstreflexion. Sie äußert dies mit den Worten: „Vielleicht hab ich mich auch deshalb so einfach da hinwenden können, ich weiß es nicht.“ In ihrem Erzählprozess beginnt Frau Dürr, ihre eigenen Anteile an der Überforderung und den Schwierigkeiten ihres Kindes selbstkritisch zu hinterfragen: „Mah, sicher hat man immer irgendwo diesen Gedanken: War das und das doch meine Schuld?“ Gleichzeitig beschäftigt sie sich mit der Möglichkeit, dass die Kinder- und Jugendhilfe im Gefährdungsabklärungsprozess „irgendwas aufzeigen könnte“, das nicht passt. Diese Ambivalenz gegenüber der Institution, die bereits in den Spannungen der Präambel (Segment 1) erkennbar ist, bleibt bestehen. Die wiederholte Verwendung von „man“ deutet darauf hin, dass Frau Dürr in ihrem Reflexionsprozess noch eine gewisse Distanz wahrt und ihre Gedanken auf eine verallgemeinerte Ebene hebt, anstatt sie subjektiv zu übernehmen.

Am Ende hält sie fest, dass sie weiterhin unsicher ist, ob ihre Lösungsansätze den Erwartungen anderer, insbesondere der Kinder- und Jugendhilfe, entsprechen: „Und beziehungsweise, wenn ich etwas versucht hätte, ist es überhaupt richtig, wie ich es versucht hätte?" (S. 1, Z. 7–8). Diese Unsicherheit weist auf eine Diskrepanz zwischen ihrem idealen Selbstbild und ihrer Selbstwahrnehmung hin. Diese Spannung thematisiert sie im Zusammenhang mit einer Kultur der Fehlererlaubnis: „Selbst, wenn, ist das glaub ich gar nicht schlimm, weil – never mind – jeder Mensch macht Fehler und ich darf lernen, ok." Die Abwertung des Begriffs „hysterisch" wird durch die Relativierung „überbesorgt" gemildert. Frau Dürr erkennt diese Diskrepanz und rechtfertigt ihre Unsicherheit, indem sie ihre Aussagen an eine verallgemeinerte Perspektive richtet („jeder Mensch macht Fehler"). Durch diese Reflexion gelingt ihr, eine antizipierte Wahrnehmung von „so überfordert" (S. 1, Z. 14) zu teilen und sich bewusst von der Bewertung als „hysterisch" (S. 1, Z. 15) abzugrenzen.

Fünftes Segment (S. 4–5, Z. 131–161): Die Bedeutung von Übertragung und emotionaler Resonanz in der Beziehungsgestaltung mit der Kinder- und Jugendhilfe

In diesem Segment des Nachfrageteils wird ein neuer Aspekt angesprochen, der keinem spezifischen Segment zugeordnet ist, aber signifikant an Segment zwei der Stegreiferzählung (S. 1. Z. 11–16) zum Thema Offenheit und Vertrauen anknüpft.

Die Interviewerin bestätigt Frau Dürrs Einsicht, dass Fehler erlaubt sind, mit einem „Mhm, mhm". Diese Bestätigung ermutigt Frau Dürr, ihre Erklärung mit einer Mischung aus Verlegenheit, Fröhlichkeit und Lockerheit fortzusetzen. Sie beginnt über das Erscheinungsbild der zweiten Fachkraft zu sprechen, was bei ihr sofort positive Emotionen und Erinnerungen weckt: „Macht schöne Erinnerungen!" Die Erzählerin führt mit dem Erscheinungsbild der Fachkraft einen neuen Aspekt ein, der in der Stegreiferzählung nicht vorkommt, aber dem Segment zwei der Stegreiferzählung zugeordnet werden kann, in dem Frau Dürr die neue Fachkraft mit den Attributen „superlieb" (S. 1, Z. 11) beschreibt und ihre Begeisterung für die neue Fachkraft mit „Also (Name der Fachkraft) hab ich überhaupt noch nicht gekannt", ausdrückt. Sie berichtet, dass die Fachkraft sie an ihre erste große Liebe erinnert. Diese Assoziation löst bei ihr eine Mischung aus Verlegenheit und heiterer Schwärmerei aus, was darauf hinweist, dass ihre Wahrnehmung der Fachkraft stark von persönlichen Emotionen beeinflusst ist.

Im weiteren Verlauf schildert Frau Dürr den ersten Kontakt mit dieser Fachkraft nach einem schulischen Vorfall. Sie schließt damit an Segment vier des Nachfrageteils an und bemüht sich, ihre Darstellung verständlich und strukturiert zu vermitteln (folgt dem Kondensierungszwang). Sie beschreibt den Ablauf der Kontaktaufnahme über die Kinder- und Jugendhilfe und hebt besonders hervor, wie schnell und effizient die Fachkraft auf ihre Anfrage reagierte. Diese Schnelligkeit wird mehrfach positiv erwähnt, beispielsweise in Segment zwei der Stegreiferzählung („Es ist dann relativ rasch gegangen.") und im vierten Segment („Das war einfach superschnell, unkompliziert und sehr hilfreich."). Die zügige Bearbeitung ihrer Anliegen ist für Frau Dürr von vorrangiger Bedeutung. Dies deutet darauf hin, dass ihre Bedürfnisse in der Vergangenheit möglicherweise nicht immer ernst genommen oder zeitnah berücksichtigt wurden – ein Muster, das in ihrem sozialen und familiären Umfeld zu erkennen ist (Segment vier und fünf der Stegreiferzählung). Die unkomplizierte bedarfsorientierte Vorgehensweise der Fachkraft vermittelt ihr das Gefühl, ernst genommen und unterstützt zu werden.

Beim ersten persönlichen Gespräch schildert Frau Dürr ihre Situation mit starker emotionaler Beteiligung. Rückblickend reflektiert sie die Bedeutung ihrer eigenen emotionalen Reaktionen und beschreibt sich selbst mit den Worten: „... und so emotional wie ich bin." Diese Aussage zeigt eine veränderte, reflektiertere Selbstwahrnehmung im Vergleich zum zweiten Segment der Stegreiferzählung, wo sie sich noch als „unsicher", „übervorsichtig" und sogar „hysterisch" charakterisiert hatte. Die ruhige und gelassene Reaktion der neuen Fachkraft scheint nicht nur ihre emotionale Beteiligung aufzufangen, sondern trägt auch zur positiven Neubewertung ihres eigenen Verhaltens bei. Diese ruhige Art der Fachkraft wurde bereits zu Beginn der Stegreiferzählung im zweiten Segment positiv hervorgehoben und scheint für Frau Dür von besonderer Bedeutung zu sein. Sie beschreibt, wie sie ihre Probleme offen darlegt, während die Fachkraft mit Gelassenheit und Verständnis reagiert. Diese Reaktion bezeichnet Frau Dürr als „süß" und entspannend, was verdeutlicht, dass ihre positive Wahrnehmung der Fachkraft durch emotionale Resonanz geprägt ist. Anschließend geht Frau Dürr auf die gemeinsam mit der Fachkraft geplanten weiteren Schritte ein. Sie beschreibt, wie im Hilfeplanungsprozess die passende Unterstützung für sie und ihr Kind angeboten wird. Die strukturierte Herangehensweise der Fachkraft wird von ihr als stabilisierend empfunden, da sie ihrem Bedürfnis nach Orientierung und Sicherheit entgegenkommt.

Die Darstellung macht deutlich, dass Frau Dürr eine starke emotionale Verbindung zur Fachkraft spürt. Diese Verbindung könnte durch Übertragungsphänomene beeinflusst sein, bei denen frühere Beziehungserfahrungen unbewusst auf die Fachkraft projiziert werden. Hinweise darauf sind in der positiven Assoziation mit ihrer ersten großen Liebe erkennbar. Dies legt nahe, dass Frau Dürr in der Fachkraft nicht nur eine professionelle Unterstützung sieht, sondern auch eine emotional bedeutsame Bezugsperson, die ihr ein Gefühl von Stabilität und Verständnis vermittelt. Die positiven Assoziationen und die Berechenbarkeit der Fachkraft stärken Frau Dürrs Vertrauen in den gemeinsamen Prozess und tragen zu einer erfolgreichen Beziehungsgestaltung bei. Besonders bemerkenswert ist ihre Aussage: „[...] ist ja immer lieb (lacht leicht auf)" (S. 2, Z. 71), die ihre Wertschätzung der konstanten Freundlichkeit und Zuverlässigkeit der Fachkraft unterstreicht.

Sechstes Segment (S. 5–6, Z. 162–185): Zwischen Ambivalenz und Wandlung – Positive Entwicklungen im Fokus

Dieses Segment schließt an das fünfte Segment der Stegreiferzählung an (S. 2, Z. 38–46: Vergleich mit früheren negativen Erfahrungen – Verlaufskurve)

Frau Dürr knüpft auf die Frage der Interviewerin „Mhm, und wie ist es weiter gegangen?" deutlich emotional beruhigter und sachlicher an. Sie beschreibt die weiteren Unterstützungsschritte, die von der zweiten Fachkraft initiiert wurden. Besonders betont sie die Einbindung einer sozialpädagogischen Fachkraft[10], die sie bereits vor zehn Jahren im Rahmen der ersten Gefährdungsabklärung kennengelernt hatte. Interessanterweise verweist Frau Dürr auf frühere negative Erfahrungen mit der damaligen Fachkraft, wie sie in Segment fünf beschrieben wurden. Während sie damals die Entscheidung, eine sozialpädagogische Familienbetreuung einzusetzen, als unangenehm empfand, hebt sie nun die Betreuung durch dieselbe sozialpädagogische Fachkraft als besonders erfreulich hervor. Diese Rückschau verdeutlicht das Spannungsfeld zwischen ihren damaligen und heutigen Wahrnehmungen. Die Wiederbegegnung mit der sozialpädagogischen Fachkraft beschreibt sie als „voll schön", was die Bedeutung von Kontinuität und vertrauten Unterstützungsfiguren in ihrem Leben unterstreicht. Besonders betont sie deren Transparenz und Vertrauenswürdigkeit: „Ich weiß genau, wenn irgendetwas wäre, was besorgniserregend wäre, sagt sie es mir" (S. 2, Z. 71). Daraus wird deutlich, dass Frau Dürr erwartet, mögliche Probleme würden nicht sofort an die Kinder- und Jugendhilfe gemeldet, sondern zunächst mit ihr besprochen.

Sie hebt mehrfach das Engagement und die Bemühungen der sozialpädagogischen Fachkraft hervor, insbesondere deren Bereitschaft, auf die Wünsche ihres Kindes einzugehen und dieses aktiv in den Unterstützungsprozess einzubinden. Frau Dürr verwendet dabei sowohl beschreibende als auch argumentative Sprachmuster, um die besondere Rolle der sozialpädagogischen Fachkraft im Unterstützungsprozess zu betonen. Ihre positive Darstellung der Fachkraft kann jedoch auch auf eine Idealisierung hindeuten, die dazu dient, ihre aktuelle Entscheidung, externe Unterstützung anzunehmen, zu rechtfertigen.

[10] Sozialpädagogische Fachkräfte werden im Rahmen der Kinder- und Jugendhilfe in unterschiedlichen Funktionen und für verschiedene Aufgaben eingesetzt (siehe Abschnitt 2.1 und 2.2). In diesem Fall wird bewusst eine allgemein gehaltene Bezeichnung verwendet, um mögliche Rückschlüsse auf die Identität der Adressatin zu vermeiden.

Dieser Aspekt weist darauf hin, dass Frau Dürr den Unterstützungsprozess retrospektiv verstärkt positiv bewertet, um frühere Ambivalenz oder gar Ablehnung gegenüber der ersten Hilfeleistung zu überwinden. Dies legt nahe, dass sie sich auf einen inneren Prozess der Integration und Akzeptanz eingelassen hat, der sich in ihrer positiven Darstellung widerspiegelt. Das erneute Hervorheben der bekannten sozialpädagogischen Fachkraft weist auf ein biografisches Handlungsschema hin. Obwohl dieses Thema bereits in der Stegreiferzählung relevant war, spricht Frau Dürr erst im Nachfrageteil darüber. Dies könnte ein Hinweis darauf sein, dass die aktuellen Wandlungsprozesse für sie dominanter sind. Ihre Fokussierung auf positive Entwicklungen lässt vermuten, dass sie retrospektiv erfolgreiche Veränderungen stärker gewichtet und diese in den Mittelpunkt ihrer Erzählung rückt.

Siebtes Segment (S. 6–7, Z. 186–204): Hinderliche Faktoren und wünschenswerte Ansätze – Frau Dürrs Perspektive auf die Beziehungsgestaltung im Gefährdungsabklärungsprozess

Dieses Segment wird keinem Segment der Stegreiferzählung zugeordnet, da die Aspekte auf eine erzählexterne Nachfrage (Abschnitt 6.3.2) von Frau Dürr dargestellt werden nach hinderlichen Faktoren in der Beziehungsgestaltung während des Gefährdungsabklärungsprozesses.

Frau Dürr betont, dass eine unhöfliche oder laut dominante Fachkraft für sie problematisch gewesen wäre. Sie bevorzugt ein ruhiges und gelassenes Gegenüber, da sie sich selbst als sehr aufgeregt beschreibt und sich durch eine ruhige Interaktion beruhigt fühlt. Diese Präferenz unterstreicht, wie wichtig die Atmosphäre und das Verhalten der Fachkraft für eine gelingende Beziehungsgestaltung sind. Ihre starke Betonung auf Ruhe und Gelassenheit lässt vermuten, dass Frau Dürr unbewusst eigene biografische Defizite oder unerfüllte Bedürfnisse auf die Fachkraft projiziert. Daraus ergibt ich die Erwartung, dass die Fachkraft zur Regulierung ihres inneren Zustands beiträgt, was auf mögliche Übertragungsphänomene hinweist. Besonders hebt sie auch hervor, dass Fachkräfte hinderlich wirken, wenn sie Probleme thematisieren, die aus ihrer Sicht nicht relevant sind. Dies verdeutlicht erneut ihre Präferenz für eine sensible und fokussierte Vorgehensweise, bei der ihre Anliegen ernst genommen und die Hilfsangebote darauf abgestimmt werden. Ihr Bedürfnis nach klaren Strukturen und einer thematischen Fokussierung kann als Ausdruck eines Wunsches nach Kontrolle und Sicherheit im Prozess interpretiert werden.

Auf die Frage nach wünschenswerten Faktoren für einen erneuten Gefährdungsabklärungsprozess reflektiert Frau Dürr überwiegend positiv über ihre bisherigen Erfahrungen. Sie beschreibt den Ablauf als größtenteils gut und betont, dass auch ihr Kind den Gefährdungsabklärungsprozess überwiegend als angenehm empfunden hat. Einzig ein Gespräch über Pornografie wird als potenziell unangenehm beschrieben, jedoch auch als notwendig anerkannt. Diese Reflexion zeigt, dass Frau Dürr schwierige Themen als Teil des Prozesses akzeptiert, wenn sie mit Sensibilität behandelt werden. Dies deutet auf eine positive Wandlungsdynamik hin und zeigt ihre Bereitschaft, herausfordernde Themen konstruktiv zu verarbeiten. Ihre Erzählung im Nachfrageteil schließt mit einer abschließenden Koda: „Und ich finde, so etwas gehört halt auch einmal gesagt." Mit dieser Aussage knüpft sie erneut an das vierte Segment der Stegreiferzählung an (Emotionale Verarbeitung und Anerkennung: Wandlungsprozess) an. Dabei wirkt sie sowohl leicht verlegen als auch selbstbewusst in ihrer Darstellung.

7.1.2 Gesamtformung

In diesem Schritt geht es um die biografische Gesamtformung des Falles, also darum, die für die Gesamtbiografie dominante Prozessstruktur des Lebenslaufs in ihrer spezifischen Ausprägung zu erfassen (Schütze, 1983; Kleemann et al., 2013, S. 88). Auf den vorliegenden Fall von Frau Dürr angewendet bedeutet dies, die Gesamtformung des Gefährdungsabklärungsprozesses zu analysieren und herauszuarbeiten, wie sich dieser in ihrer Lebensgeschichte abbildet. Dabei liegt der Fokus weniger auf den äußeren Abläufen als vielmehr auf ihrer Haltung sowie die Art und Weise, wie sie mit diesen lebensgeschichtlichen Ereignissen umgeht. Konkret geht es um den Gefährdungsabklärungsprozess durch die Kinder- und Jugendhilfe, der anlässlich ihrer Hilfesuche aufgrund der Überforderung mit ihrem Kinde initiiert wurde. Entscheidend ist, zu verstehen, wie Frau Dürr diesen Prozess erlebt, interpretiert und in ihre Biografie integriert. Die Analyse orientiert sich an den von Schütze herausgearbeiteten Prozessstrukturen: Verlaufskurven, biografisches Handlungsschema, institutionelle Ablaufmuster der Lebensgeschichte und Wandlungsprozesse. Diese Kategorien ermöglichen es, Frau Dürrs Umgang mit dem Gefährdungsabklärungsprozess differenziert darzustellen und ihre individuelle Bewältigungsstrategie im Rahmen ihrer Lebensgeschichte zu erfassen.

Dominante Prozessstruktur: Wandlungsprozess

Die dominante Prozessstruktur in der Erzählung von Frau Dürr ist der Wandlungsprozess, der eine tiefgehende Veränderung im biografischen Selbstverständnis beschreibt und sich über lange Zeiträume erstrecken kann (Schütze, 1983). Dieser Wandel wird in der Fallanalyse besonders deutlich durch Frau Dürrs veränderte

Wahrnehmung der Kinder- und Jugendhilfe sowie ihre zunehmend proaktive und selbstbestimmte Haltung im Gefährdungsabklärungsprozess.

Ein klarer Hinweis auf den Wandlungsprozess zeigt sich in Segment sieben des Nachfrageteils, wo sie reflektiert: „Ich finde, so etwas gehört halt auch einmal gesagt.“ Diese Aussage verdeutlicht ihre veränderte Sichtweise auf die Institution, ein Thema, das sich durch das gesamte Interview zieht. Insbesondere ihre veränderte Wahrnehmung der Fachkräfte – vor allem der zweiten Fachkraft, die sie als zunehmend unterstützend erlebt – wird dabei deutlich.

Ein weiterer Aspekt des Wandlungsprozesses sind die Ambivalenzen in ihrem Selbstbild und ihre Unsicherheiten bezüglich eigener Lösungsstrategien. Bereits im Segment eins der Stegreiferzählung betont sie, dass sie eigeninitiativ die Kinder- und Jugendhilfe aufgesucht hat: „Na ja, es war ja so: Nicht ich bin quasi gemeldet worden, sondern ich bin ja von selber hin und hab von selbst Hilfe gesucht.“ Diese Betonung des eigenständigen Handelns markiert einen deutlichen Bruch mit der zuvor dominierenden Verlaufskurve, in der sie sich der Kinder- und Jugendhilfe ausgeliefert fühlte. Gleichzeitig zeigt sich hier auch eine starke Ambivalenz. Einerseits präsentiert sie sich als autonome und verantwortungsbewusste Mutter, andererseits bleibt Unsicherheit über ihre eigenen Lösungswege sichtbar: „Beziehungsweise, wann ich etwas versucht hätte, ist es überhaupt richtig, wie ich es versucht hätte?“ Diese Formulierung verweist auf eine Orientierung an erwartungskonformem Verhalten – ein Versuch, den Anforderungen der Kinder- und Jugendhilfe gerecht zu werden. Diese Unsicherheit ist auch in ihrer retrospektiven Bewertung der ersten Fachkraft erkennbar. Während sie sich als aktiv handelnde Person darstellt, könnte ihre Entscheidung, sich selbst an die Kinder- und Jugendhilfe zu wenden, auch strategisch motiviert gewesen sein. Eigeninitiative könnte als Mittel genutzt worden sein, um sich einen Vorteil im Gefährdungsabklärungsprozess zu verschaffen – ein Vorgehen, das auf ihren bisherigen Erfahrungen mit der Institution basiert.

Schütze (1984) sieht in der Erzählpräambel (erstes Segment der Stegreiferzählung) einen bedeutenden Hinweis auf die gegenwärtige Selbstcharakterisierung der Lebensgeschichte. Daraus lässt sich ableiten, dass die Ambivalenz in ihrer Lebensgeschichte eine wesentliche Rolle spielt, die sich jedoch im Verlauf des Wandlungsprozesses zunehmend aufzulösen scheint.

Ein weiteres wichtiges Beispiel für den Wandlungsprozess zeigt sich in Segment vier der Stegreiferzählung. Hier reflektiert Frau Dürr über ihr früheres, negativ gefärbtes Bild der Kinder- und Jugendhilfe, das durch familiäre Prägungen und das soziale Umfeld beeinflusst war. Diese Skepsis wandelt sich zunehmend zu einer differenzierteren Sichtweise, insbesondere durch positive Erfahrungen mit der zweiten Fachkraft. Sie erkennt die „viel Mühe“, die sich die Kinder- und Jugendhilfe gibt, und äußert: „Man sollte das wohl auch durchaus sehr hervorheben.“ Diese selbstkritische Einschätzung verdeutlicht, dass sie ihr früheres Misstrauens erkennt und es im Licht neuer Erfahrungen revidiert. Diese Reflexion wird als wesentlicher Wendepunkt im Wandlungsprozess betrachtet, bei dem sich ihr Selbstbild und ihre Sichtweise auf die Institution kontinuierlich verändern.

Verlaufskurve als Ausgangspunkt des Wandlungsprozesses

Die Verlaufskurve bildet den Ausgangspunkt für den Wandlungsprozess in Frau Dürrs Biografie. Sie beschreibt dabei das Erleiden von biografischen Krisen, die durch äußere Umstände verursacht werden und bei denen die betroffene Person keine Kontrolle über den Verlauf der Ereignisse hat (Schütze, 1983). Im Fall von Frau Dürr zeigt sich diese Verlaufskurve besonders deutlich in ihren frühen Erfahrungen mit der Kinder- und Jugendhilfe, die sie als unfreiwillig und belastend erlebt. Ein prägnantes Beispiel findet sich in Segment fünf der Stegreiferzählung, wo sie von der anonymen Gefährdungsmitteilung durch ihren Ex-Mann und dessen neue Partnerin berichtet. Diese anonyme Mitteilung löst eine Kettenreaktion aus, die sie als unkontrollierbar und demütigend empfindet: „Die Fachkraft hat relativ schnell gesehen, dass da nicht viel dahinter ist, aber hat mir dann trotzdem eine Familienbegleitung gegeben, damit man die Gerüchte gleich dementieren kann, wenn wieder welche kommen." Diese Aussage verdeutlicht, dass sie die Maßnahme nicht als Unterstützung, sondern als Form von Kontrolle wahrgenommen hat. Die Verlaufskurve bildet somit die biografische Ausgangssituation, aus der sich der Wandlungsprozess entwickelt. Im Gegensatz zur anfänglichen, passiven Haltung gegenüber der Kinder- und Jugendhilfe gewinnt Frau Dürr im Verlauf des Prozesses zunehmend an Handlungsfähigkeit und Vertrauen. Die Veränderung zeigt sich in ihrer aktiven Gestaltung des Gefährdungsabklärungsprozesses sowie ihrer reflektierten Haltung gegenüber der Institution.

Die biografische Gesamtformung ihres Falls verdeutlicht, dass der Wandlungsprozess die dominante Prozessstruktur darstellt. Während die Verlaufskurve zu Beginn ihrer Erfahrungen mit der Kinder- und Jugendhilfe prägend war, entwickelt sich über die Zeit hinweg ein tiefgehender Wandel, der bis heute anhält. Ihre Eigentheorien über ihre Identität bleiben dabei ambivalent: Einerseits betrachtet sie sich als handlungsfähig und reflektiert, andererseits zeigen sich Unsicherheiten in der Selbstdarstellung. Diese Ambivalenz wird durch Inkonsistenzen sichtbar, etwa in der Beschreibung der ersten Fachkraft („superlieb" versus „sehr streng") oder in ihrer rückblickenden Einschätzung der Kinder- und Jugendhilfe.

7.1.3 Fallbezogene Interaktionsmuster in der Beziehungsgestaltung

Die Analyse von Frau Dürrs Fall verdeutlicht, dass biografische Erfahrungen maßgeblich beeinflussen, wie die Beziehungsgestaltung im Gefährdungsabklärungsprozess mit der Kinder- und Jugendhilfe wahrgenommen wird. Frühere Erfahrungen mit institutionellen Interventionen, insbesondere mit der ersten Fachkraft und anonymen Gefährdungsmitteilungen, prägen ihre Wahrnehmung der Kinder- und Jugendhilfe nachhaltig. Die Beziehungsgestaltung ist von einem Spannungsverhältnis zwischen Hilfe und Kontrolle geprägt, das sich aus anfänglichem Misstrauen speist, jedoch im Verlauf des Wandlungsprozesses differenzierter betrachtet wird.

Bereits im Segment eins der Stegreiferzählung wird eine Ambivalenz zwischen Eigeninitiative und Unsicherheit deutlich. Frau Dürr betont, dass sie sich „von selbst gemeldet" habe, was als Versuch verstanden werden kann, sich von der Kontrolle durch die Kinder- und Jugendhilfe zu emanzipieren. Gleichzeitig bleibt die Unsicherheit bestehen, ob ihre Eigeninitiative als Handlungskompetenz anerkannt wird oder lediglich als Anpassung an institutionelle Erwartungen interpretiert wird. Ihre Sozialisation und das negative Bild der Kinder- und Jugendhilfe in ihrem Umfeld prägen ebenfalls ihre Wahrnehmung. In Segment vier der Stegreiferzählung reflektiert sie, dass in ihrer Familie und ihrem sozialen Umfeld häufig negativ über die Kinder- und Jugendhilfe gesprochen wurde („viel Dreckwäsche gewaschen"). Diese Prägung verstärkte ein grundlegendes Misstrauen gegenüber der Institution, das erst durch persönliche Erfahrungen aufgebrochen wird. Der biografische Hintergrund spielt hier eine essenzielle Rolle, da Ängste und Unsicherheiten in Bezug auf Kontrollinstanzen bereits in ihrer Kindheit durch elterliche Drohungen („Wenn du nicht brav bist, kommt das Jugendamt.") verankert wurden.

Beziehungsgestaltung mit der zweiten Fachkraft

Die Beziehung zur zweiten Fachkraft ist für ihren Wandlungsprozess besonders bedeutsam. Während die erste Fachkraft ambivalent beschrieben wird („superlieb", aber auch „streng"), erfährt die zweite Fachkraft eine durchgehend positive Bewertung. Eine besondere Dynamik zeigt sich in Segment fünf des Nachfrageteils, wo Frau Dürr beschreibt, dass sie die zweite Fachkraft mit ihrer „ersten großen Liebe" assoziiert. Diese emotionale Übertragung erklärt das hohe Maß an Vertrauen, das sie gegenüber dieser Fachkraft entwickelt und die Intensität der positiven Wahrnehmungen verstärkt. Die positive Konnotation dieser Übertragung verdeutlicht, dass professionelle Beziehungsgestaltung nicht nur durch strukturelle Bedingungen, sondern auch durch unbewusste emotionale Mechanismen beeinflusst wird. Diese Assoziation schafft eine starke Verbindung und erhöht die Bereitschaft zur Zusammenarbeit.

Ambivalente Wahrnehmung der ersten Fachkraft

Auch die Beziehung zur ersten Fachkraft ist ambivalent. In Segment zwei des Nachfrageteils beschreibt Frau Dürr diese Fachkraft als „superlieb", gleichzeitig aber auch als „sehr streng", sobald Kritik oder Kontrollmechanismen ins Spiel kamen. Diese Schilderung verdeutlicht, dass sie die erste Fachkraft so lange als freundlich erlebte, wie sie deren Ansichten und Vorgaben entsprach. Ihre Wahrnehmung schwankt zwischen Unterstützung und Kontrolle – eine Dynamik, die für ihre gesamte Erfahrung Kinder- und Jugendhilfe kennzeichnend ist. Diese ambivalente Erfahrung verstärkt ihre Unsicherheit darüber, inwiefern ihre Eigeninitiative als kompetent wahrgenommen wird oder nur als Anpassung an institutionelle Vorgaben. Der Wechsel zwischen Fürsorge (Unterstützung) und Kontrolle wird als durchgehendes Muster ihre Beziehung zur Kinder- und Jugendhilfe sichtbar.

Biografische Entwicklung und Übertragungsphänomene

Zum Zeitpunkt der ersten Gefährdungsabklärung war Frau Dürr entweder noch minderjährig oder gerade volljährig, was sie aus einer kindlich geprägten Position handeln ließ. Diese Perspektive erklärt, warum sie die erste Fachkraft retrospektiv nicht nur als „lieb", sondern auch als „streng" und autoritär wahrgenommen hat. Ihre Wahrnehmung wurde vermutlich von früheren Erfahrungen mit autoritären Bezugspersonen beeinflusst. In Segment fünf der Stegreiferzählung zeigt sich, dass sie die erste Gefährdungsabklärung als unangenehm, aber letztlich positiv beschreibt, was darauf hindeutet, dass sich ihre Wahrnehmung dieser Fachkraft über die Jahre gewandelt hat. Ein möglicher Erklärungsansatz dafür ist, dass sie durch ihre persönliche Entwicklung, aber auch durch ihre reflektierte Auseinandersetzung mit der zweiten Fachkraft und deren Beziehungsgestaltung zu einer anderen Bewertung der ersten Fachkraft gelangt ist. Der Unterschied in ihrer Wahrnehmung der zweiten Fachkraft lässt sich auch auf Übertragungs- oder Gegenübertragungsphänomene[11] zurückführen. Ihre positive Assoziation mit der zweiten Fachkraft, die

[11] Übertragung (Abschnitt 3.2 und 4.2) beschreibt den psychodynamischen Prozess, bei dem unbewusste Beziehungsmuster aus früheren Erfahrungen auf aktuelle Bezugspersonen projiziert werden. Bei Frau Dürr zeigt sich dies in ihrer idealisierenden Wahrnehmung der zweiten Fachkraft („erinnert mich an meine erste große Liebe"), was auf eine positive Bindungsübertragung hindeutet. Ihre ambivalente Sicht auf die erste Fachkraft („lieb, aber streng") lässt sich hingegen durch frühere Erfahrungen mit autoritären Bezugspersonen erklären.

sie mit ihrer „ersten großen Liebe“ vergleicht, verdeutlicht, dass diese Person für sie eine emotional bedeutsame Rolle einnimmt. Durch ihre reflektierten Erfahrungen und gewachsene Selbstsicherheit verändert sich auch ihre Sichtweise auf frühere Interaktionen mit der Kinder- und Jugendhilfe, sodass sie sich heute weniger von äußeren Erwartungen beeinflusst fühlt als damals.

Förderliche und hinderliche Faktoren in der Beziehungsgestaltung

Förderliche Faktoren:

- Partizipative Prozessgestaltung: In Segment drei der Stegreiferzählung beschreibt Frau Dürr die gemeinsame Beratung mit der Fachkraft: „[...] wo wir dann gemeinsam geschaut haben, was passt, was passt nicht.“ Diese partizipative Haltung stärkt ihr Vertrauen.
- Transparenz und Kontinuität: Eine konstante und transparente Begleitung wird als besonders vertrauensfördernd empfunden.

Hinderliche Faktoren:

- Erfahrungen von Kontrolle und Machtlosigkeit: Insbesondere in der ersten Gefährdungsabklärung erlebte Frau Dürr Maßnahmen als verordnet und institutionalisiert, nicht als Unterstützung. Die Formulierung, dass sie eine Maßnahme „gegeben bekam“, um Gerüchte zu widerlegen, verdeutlicht dieses Empfinden.
- Angst vor Kontrolle und Beurteilung: Diese bleibt für sie ein wesentlicher Unsicherheitsfaktor, der sich aus frühen Prägungen speist.

Fallbezogene Interaktionsmuster in der Beziehungsgestaltung mit der KJH

- Von Misstrauen zu Vertrauen – Bedeutung der Beziehungskontinuität: Der Wechsel von institutioneller Distanz und Kontrollmechanismen zu einer vertrauensvollen Beziehung durch konstante, transparente und partizipative Unterstützung der zweiten Fachkraft.

Gegenübertragung (Abschnitt 3.2 und 4.2) bezeichnet die (häufig unbewusste) Reaktion der Fachkraft auf solche Übertragungen. Im vorliegenden Fall ist denkbar, dass die erste Fachkraft unbewusst mit Strenge auf Frau Dürrs Unsicherheit reagierte, was deren Gefühl institutioneller Kontrolle verstärkte. Die veränderte Wahrnehmung nach einem späteren Treffen deutet darauf hin, dass Frau Dürr sich teilweise von früheren Übertragungsmustern emanzipiert hat und durch Reflexion zu einer differenzierteren Sicht gelangt ist. Diese Interpretation wird aufgrund unzureichender Hinweise im Datenmaterial nicht weiterverfolgt.

- Erwartungskonformität als ambivalenter Faktor: Schwanken zwischen Eigeninitiative und Unsicherheit bezüglich der eigenen Handlungskompetenz.
- Emotionale Übertragung: Die starke positive Assoziation mit der zweiten Fachkraft verstärken das Vertrauen in den Gefährdungsabklärungsprozess.
- Ambivalenz zwischen Fürsorge und Kontrolle: Wahrnehmung der ersten Fachkraft als unterstützend, solange Übereinstimmung herrscht; als autoritär, wenn Kontrolle oder Kritik erfolgt.
- Von Kontrolle zu Selbstermächtigung: Der Wandel von passiver Akzeptanz institutioneller Maßnahmen zu aktiver Mitgestaltung des Prozesses.

Zusammenfassend zeigt sich, dass die Beziehungsgestaltung zwischen Frau Dürr und der Kinder- und Jugendhilfe stark von biografischen Erfahrungen beeinflusst wird. Während institutionelle Kontrolle und Vorgaben als hinderlich empfunden werden, erweisen sich Partizipation, Transparenz und Kontinuität als entscheidend für den Vertrauensaufbau. Die emotionale Übertragung auf die zweite Fachkraft spielt eine bedeutende Rolle im Aufbau eines stabilen Vertrauensverhältnisses. Ihre anfängliche Skepsis ist vor allem auf ihre Sozialisation in einem KJH-kritischen Umfeld zurückzuführen. Der ambivalente Charakter ihrer Beziehung zur ersten Fachkraft macht deutlich, dass Fürsorge und Kontrolle als zwei Pole institutioneller Beziehungsgestaltung wirken. Der Fall von Frau Dürr verdeutlicht, dass gelingende Beziehungsgestaltung ein sensibles Zusammenspiel von professioneller Haltung, biografischer Prägung und emotionaler Wahrnehmung erfordert.

7.2 Gerda Hoffmanns Kampf um ihre Kinder: Anpassung und Kontrolle

„Dass sie uns wahrscheinlich nur drohen wollte, dass wir besser mitarbeiten."

Gerda Hoffmann ist zum Zeitpunkt des Interviews zwischen 26 und 30 Jahre alt. Sie ist Mutter zweier Kinder und lebt mit dem Vater der Kinder in einer Partnerschaft. Das Interview fand an einem warmen Sommertag in ihrer Wohnung statt, da sie aufgrund einer kürzlich erlittenen Beinverletzung in ihrer Mobilität eingeschränkt war. Ursprünglich war ein Treffen in einem nahegelegenen Park geplant, doch Frau Hoffmann entschied sich bewusst dafür, den Termin trotz der veränderten Umstände wahrzunehmen. Dies könnte darauf hindeuten, dass sie das Gespräch möglichst rasch abschließen oder Wert auf die termingetreue Durchführung legen wollte.

Zu Beginn des Gesprächs wirkte Frau Hoffmann in ihrer Kommunikation teils harsch, jedoch zugleich höflich und distanziert. Ihre anfängliche Zurückhaltung lässt sich möglicherweise durch die ungewohnte Situation erklären, eine fremde Person in der eigenen Wohnung zu empfangen. Vor dem Hintergrund, dass der Kontakt über die zuständige Fachkraft der Kinder- und Jugendhilfe hergestellt wurde, erscheint es plausibel, dass die institutionelle Vermittlung das Vertrauensverhältnis zwischen Interviewerin und Erzählerin beeinflusste und eine gewisse Skepsis gegenüber der Forschung verstärkte.

Aufgrund der Zurückhaltung wurde im Interview eine behutsame Gesprächsführung gewählt. Der Forschungskontext wurde ausführlich erläutert, die Vertraulichkeit betont und der Interviewverlauf sensibel dargestellt. Nach einer persönlichen Vorstellung und einem kurzen Austausch über private Themen – insbesondere über ihre Haustiere – zeigte sich Frau Hoffmann etwas zugänglicher, wenn auch weiterhin distanziert. Ihre grundsätzliche Skepsis blieb jedoch spürbar und spiegelte sich in der Struktur des Interviews wider. Besonders deutlich wurde dies in der Stegreiferzählung, die eher knapp und wenig narrativ ausgestaltet war. Frau Hoffmann beschränkte sich auf faktenorientierte Darstellungen, was auf eine strategisch vorsichtige Erzählweise hindeutet und vermuten lässt, dass sie persönliche Details bewusst zurückhielt[12]. Auch im Nachfrageteil blieb sie zurückhaltend und vermied detaillierte Ausführungen. Diese Zurückhaltung lässt sich als Ausdruck eines tief verwurzelten Misstrauens gegenüber institutionellen Akteur:innen deuten, könnte jedoch ebenfalls eine Strategie der Selbstkontrolle angesichts eines möglicherweise als belastend empfundenen Themas verstanden werden. Trotz der begrenzten narrativen Passagen ermöglichten die erzähltheoretischen Zugzwänge eine analytische Annäherung an ihr ihres subjektives Erleben des Gefährdungsabklärungsprozesses. Ihre Erzählweise eröffnete wertvolle Einblicke in die Art und Weise, wie sie sich im Kontext der Kinder- und Jugendhilfe positioniert. Besonders deutlich wurden die Auswirkungen der institutionellen Kontrolle auf ihre Rolle als Mutter.

7.2.1 Strukturelle Beschreibung

Erstes Segment (S. 1, Z. 14–22): Beginn der Gefährdungsabklärung – Zwischen institutioneller Ordnung und persönlicher Positionierung

Das erste Segment der Erzählung beginnt mit einer retrospektiven zeitlichen Einordnung durch die Erzählerin. Sie eröffnet mit der Aussage: „Das ist eh noch nicht

[12] Selbst- und Fremdtäuschungsabsichten siehe auch Fußnote 8.

so lang her. Das war im (Monat) erst."[13] Diese Selbstvergewisserung deutet darauf hin, dass sie sich zunächst tastend an erinnerte Geschehen annähert, bevor sie in die eigentliche Narration einsteigt.

Thematisch eröffnet Frau Hoffmann in ihre Erzählung mit der Beschreibung eines Termins bei der Kinder- und Jugendhilfe: „Da haben wir einen Termin gehabt, sowieso, weil mein Kind in die (Betreuungsform)[14] gekommen ist." Besonders auffällig ist das Wort „sowieso", das impliziert, dass dieser Termin Teil eines ohnehin erwartbaren oder routinemäßigen Ablaufs war. Das Geschehen wird nicht als außergewöhnlich oder überraschend dargestellt, sondern erscheint eingebettet in einen vorgegebenen institutionellen Rahmen. Die passive Formulierung „mein Kind ist in die Betreuung gekommen" unterstreicht diesen Eindruck zusätzlich: Handlungsmacht wird nicht bei ihr selbst verortet, sondern dem äußeren Ablauf zugeschrieben. Dies legt nahe, dass sie institutionelle Prozesse als kaum beeinflussbar erlebt und sich ihnen unterordnet fühlt.

Auch auf narrativer Ebene bleibt Frau Hoffmann in einer sachlich-distanzierten Haltung. Diese Erzählweise könnte als Bewältigungsstrategie interpretiert werden, mit der sie emotionale Inhalte ausklammert, um sich der Thematik kontrolliert und strukturiert zu nähern. Eine emotionale Einbindung ist in diesem Abschnitt nicht erkennbar, stattdessen dominiert eine formal geprägte Darstellung des Geschehens. Die unsichere zeitliche Einordnung, der distanzierte Erzählstil und die passive Beschreibung der Abläufe weisen darauf hin, dass sich die Erzählerin in einer sogenannten Verlaufskurve bewegt. Diese ist dadurch charakterisiert, dass institutionelle Kontrolle als übergeordnet erlebt wird und die eigene Handlungsmacht als eingeschränkt erscheint. Im Sinne der Erzählpräambel, wie sie von Schütze (1984) konzipiert wurde, kann dieses Segment bereits als bedeutsamer Indikator für die gegenwärtige Selbstverortung der Erzählerin verstanden werden. Erste Hinweise auf ihr Selbstverständnis sowie ihre Positionierung im Spannungsfeld zwischen individueller Perspektive und institutioneller Ordnung werden hier bereits sichtbar.

---

[13] Alle Zitate in der strukturellen Beschreibung stammen – sofern nicht anders gekennzeichnet – aus dem jeweils analysierten Segment.

[14] Zur Wahrung der größtmöglichen Anonymität der Interviewpartner:innen werden weder das Geschlecht noch das genaue Alter der Kinder und Jugendlichen angegeben. Ebenso werden spezifischen Betreuungs- oder Unterstützungsangebote – mit Ausnahme allgemein gängiger Formen wie der sozialpädagogischen Familienbetreuung – nicht benannt. Auf die Nennung konkreter Einrichtungen oder Leistungsangebote wird ebenfalls verzichtet, um eine bestmögliche Anonymisierung der einzelnen Fallgeschichten sicherzustellen.

Zweites Segment (S. 2, Z. 23–29): Die Wahrnehmung der Gefährdungsmitteilung – Institutionelle Kontrolle und Vertrauensdissonanz

Im zweiten Segment der Stegreiferzählung schildert die Erzählerin die Konfrontation mit einer anonymen Gefährdungsmitteilung. Sie beginnt mit der Aussage: „Und, dann haben wir einen Termin gehabt, und dann zwischendurch hat sie mir so gesagt, ja es ist eine Gefährdungsmitteilung von anonym hereingekommen." Die Formulierung „zwischendurch hat sie mir so gesagt" deutet darauf hin, dass die Mitteilung für sie überraschend kam und möglicherweise nicht in einem formellen Rahmen kommuniziert wurde. Diese beiläufige Schilderung könnte darauf hinweisen, dass die Erzählerin die Art der Mitteilung als unstrukturiert oder wenig transparent empfand. Inhaltlich hebt sie hervor, dass in der Mitteilung behauptet wurde, „wir schreien nur mit unseren Kindern, die Kinder sind aggressiv, kennen keine Regeln, sprechen nicht und lauter solche Sachen." Die Aufzählung der Vorwürfe in der direkten Rede lässt erkennen, dass die Erzählerin die Beschuldigungen als schwerwiegend und umfassend erlebt. Die Formulierung „und lauter solche Sachen" verweist zugleich auf eine gewisse Abwehrhaltung und könnte andeuten, dass sie die Anschuldigungen als übertrieben oder ungerechtfertigt empfindet.

Ein wichtiges Element dieses Segments ist die Vertrauensdissonanz, die sie im Verhältnis zur Fachkraft beschreibt und argumentativ untermauert. Sie äußert: „Und eigentlich hätte die (Name der Fachkraft) wissen müssen, dass das nicht stimmt, weil sie kennt uns jetzt mittlerweile schon ich glaub (Anzahl von mehreren Jahren) Jahre?" Hier zeigt sich eine ambivalente Haltung: Einerseits bringt sie Vertrauen in die Fachkraft zum Ausdruck und erwartet, dass diese die Anschuldigungen als unbegründet erkennt. Andererseits offenbart die Formulierung „Aber, ja es ist dann halt eine Gefährdungsabklärung" eine Resignation gegenüber der institutionellen Routine. Die Wortwahl „halt" impliziert, dass sie den Gefährdungsabklärungsprozess als unvermeidlich hinnimmt.

Eine alternative Lesart, die im Rahmen der kollegialen Validierung diskutiert wurde, legt nahe, dass Frau Hoffmann aufgrund ihrer langjährigen Erfahrungen mit der Kinder- und Jugendhilfe verinnerlicht hat, dass sie innerhalb dieser institutionellen Strukturen keine aktive Rolle einnehmen kann, sondern sich den gegebenen Rahmenbedingungen unterordnen muss. Zudem könnte das Alter ihrer Kinder sowie die Dauer des Kontakts zur Kinder- und Jugendhilfe darauf hindeuten, dass sie zum Zeitpunkt der Geburt ihres ersten Kindes noch minderjährig war. In diesem Fall wäre die Kinder- und Jugendhilfe vermutlich aufgrund rechtlicher Bestimmungen mit der Obsorge[15] betraut gewesen. Diese frühe institutionelle Einbindung könnte

[15] Der Begriff Obsorge ex lege bezeichnet eine gesetzlich angeordnete Form der Obsorge, die im österreichischen Kindschaftsrecht (§ 204 ABGB) verankert ist. Sie kommt insbesondere

dazu geführt haben, dass sich Frau Hoffmann über die Jahre hinweg in eine passive Position innerhalb des behördlichen Prozesses gefügt hat, da sie möglicherweise wiederholt die Erfahrung gemacht hat, dass ihre Einflussmöglichkeiten begrenzt sind. Diese institutionelle Prägung könnte ihre Wahrnehmung dahingehend verstärkt haben, dass sie innerhalb des Gefährdungsabklärungsprozesses nur über einen geringen Gestaltungsraum verfügt. Die Beschreibung der Gefährdungsabklärung folgt in einem distanzierten Ton: „Die sind zu uns heim gekommen, haben da geschaut, haben mit uns geredet, dann haben wir zu so einem Psychologen gehen müssen am Jugendamt.[16]" Die Aneinanderreihung der Ereignisse in neutraler Sprache könnte darauf hindeuten, dass die Erzählerin sich diesem Prozess unterordnete, ohne diesen als sinnstiftend zu erleben. Besonders die passive Formulierung „dann haben wir zu so einem Psychologen gehen müssen" verstärkt das Bild institutioneller Kontrolle und Zwangsläufigkeit.

Insgesamt zeigt dieses Segment eine Dynamik zwischen Vertrauen in eine Fachkraft, institutioneller Kontrolle und einer resignativen Haltung gegenüber den Abläufen der Kinder- und Jugendhilfe. Die Erzählerin betont sowohl ihr Unverständnis über die Notwendigkeit der Gefährdungsabklärung als auch ihre fehlende Einflussmöglichkeit auf den Verlauf des Prozesses. Dies wird das bereits im ersten Segment erkennbare Muster verstärkt, in dem institutionelle Strukturen als dominant erlebt und eigene Handlungsmöglichkeiten als begrenzt dargestellt werden.

Drittes Segment (S. 2, Z. 30–41): Zwischen Fremdbestimmung und strategischer Kooperation als Anpassungsstrategie

Im dritten Segment der Stegreiferzählung erfolgt keine explizite Einleitung, sondern ein unmittelbarer Einstieg in die Dynamik des Geschehens, wobei die Gefährdungsabklärung zeitlich im (Monat, in dem die Gefährdungsabklärung beendet wurde) verortet wird. Die Erzählerin thematisiert die Obsorgeentscheidung und beschreibt

dann zur Anwendung, wenn die Eltern eines Kindes zum Zeitpunkt der Geburt minderjährig oder aus anderen rechtlichen Gründen – etwa bei behördlich festgestellter Obsorgeunfähigkeit oder fehlender Feststellung der Vaterschaft – nicht in der Lage sind, die elterliche Obsorge auszuüben. In solchen Fällen wird die Obsorge kraft Gesetzes (ex lege) automatisch einer geeigneten Instanz übertragen, in der Regel der Kinder- und Jugendhilfe (§ 211 ABGB). Diese übernimmt vorübergehend die gesetzliche Verantwortung für das Kind, bis eine anderweitige Regelung – etwa durch das Familiengericht oder durch Reifewerden eines Elternteils – getroffen werden kann.

[16] Der Begriff Jugendamt wird in der gesellschaftlichen Praxis weiterhin als umgangssprachliche oder historisch gewachsene Bezeichnung für die Kinder- und Jugendhilfe verwendet. Trotz terminologischer Anpassungen in Fachkreisen und in der Gesetzgebung bleibt dieser Begriff in der öffentlichen Wahrnehmung präsent und wird häufig synonym für die behördliche Instanz der Kinder- und Jugendhilfe gebraucht.

die damit verbundenen Interaktionen mit den Fachkräften der Kinder- und Jugendhilfe. Die Orientierung erfolgt über die zeitliche Einbettung sowie die Nennung relevanter Akteur:innen. Die Komplikation liegt in der Ankündigung der Fachkraft, Obsorge beantragen zu wollen, da eine Gefährdung wahrgenommen wurde. Dies schildert Frau Hoffmann mit den Worten: „Sie beantragt die Obsorge für die Kinder, weil sie eine Gefährdung sehen und (Pause) ahm (Pause) also wegen einer Aussage von uns…“. Die Pausen nach „weil sie eine Gefährdung sehen und…“ deuten auf eine Unsicherheit oder eine zögernde Reflexion hin. Die Erzählerin könnte hier innerlich abwägen, welche Bedeutung diese Begründung für den weiteren Verlauf hatte. Die Einfügung von „ahm“ signalisiert möglicherweise einen Moment der Selbstkorrektur oder des Überdenkens und könnte darauf hindeuten, dass sie sich der Ursachen für die Entscheidung nicht sicher ist.

Besonders bemerkenswert ist die Formulierung „also wegen einer Aussage von uns…“. Damit verlagert die Erzählerin die Begründung der Fachkraft von einer objektiven wahrgenommenen Gefährdung hin zu einer subjektiven Deutung, die auf einer einzelnen Äußerung der Familie basiert. Dies kann als strategische Darstellung interpretiert werden, mit der sie die Entscheidung der Behörde als wenig fundiert erscheinen lässt. Es lässt sich vermuten, dass Frau Hoffmann die Begründung als willkürlich empfindet oder zumindest überzogen empfindet. Der Ausdruck legt nahe, dass sie die Obsorgegefährdung nicht im tatsächlichen Verhalten, sondern in einer möglicherweise aus dem Kontext gerissenen oder überbewerteten Aussage verortet. Dies verstärkt die Wahrnehmung von Fremdbestimmung und begrenzter Mitgestaltungsmöglichkeit im institutionellen Entscheidungsprozess.

Dieses Segment zeigt deutlich das Spannungsfeld zwischen Fremdbestimmung und strategischer Kooperation, in dem sich die Erzählerin bewegt. Besonders deutlich wird dies in ihrer Aussage: „Dann haben wir halt so einen Sozialpädagogen gekriegt.“ Die Wortwahl „halt“ signalisiert eine als unausweichlich empfundene Maßnahme seitens der Kinder- und Jugendhilfe und knüpft an die bereits im zweiten Segment beschriebene Erfahrungsbasis an. Die distanzierte Formulierung „so einen“ verstärkt diesen Eindruck, da sie keine spezifische Bezugnahme positive Konnotation enthält. Dass der Sozialpädagoge nicht namentlich genannt wird, deutet auf emotionale Distanz und möglicherweise auf eine bewusste oder unbewusste Strategie der Abgrenzung hin. Es ist naheliegend, dass sie ihn nicht als unterstützende, sondern als kontrollierende Instanz wahrnimmt, die von der Kinder- und Jugendhilfe eingesetzt wurde und in ihren familiären Alltag eingreift.

Auch die Wortwahl „gekriegt“ lässt auf eine passive Haltung schließen. Sie impliziert, dass die Maßnahme nicht im Dialog entwickelt wurde – ein weiters Element, das das Narrativ der Fremdbestimmung stützt. Die fehlende persönliche

Benennung des Sozialpädagogen verweist zudem darauf, dass dieser nicht als individuelle Bezugsperson, sondern als eine anonyme Repräsentation institutioneller Strukturen wahrgenommen wird. Diese sprachliche Distanzierung zeigt sich auch in der Beschreibung der Maßnahmen: Die Erzählerin geht nicht auf Eigenschaften oder auf eine Beziehung zur Fachkraft ein, sondern stellt sie als eine von mehreren Optionen dar, die ihr „zur Verfügung gestellt" wurden.

Die Auflösung erfolgt in der Beschreibung der eingeleiteten Unterstützungsmaßnahmen: Ein Sozialpädagoge begleitet die Familie weiterhin, wobei das ältere Kind eine heil- und sonderpädagogische Nachmittagsbetreuung besucht, das Beratungsangebot im Kinderschutzzentrum[17] wurde zunächst genutzt, später jedoch pausiert. Auffällig ist hierbei die Formulierung: „Das Kinderschutzzentrum haben wir zwar auch gemacht, aber da haben wir jetzt pausiert, weil (Pause) mhm (Pause) ja." Die Wortwahl „zwar auch" relativiert die Bedeutung der Maßnahme, während die Pausen und das zögerliche „mhm" und „ja" auf Ambivalenz oder Unsicherheit schließen lassen. Während sie bei der Beschreibung der Nachmittagsbetreuung klar und strukturiert formuliert [Name des älteren Kindes] ist in die [Nachmittagsbetreuung] gekommen, genau, der ist nach der Schule, weil er geht in die [Name der Schule] – ist er in der [Nachmittagsbetreuung] und (Pause) genau, wirkt ihre Haltung zum Kinderschutzprogramm weniger gefestigt.

Diese Unterschiede lassen sich aus der unterschiedlichen Anforderungen beider Maßnahmen erklären. Die Nachmittagsbetreuung ist ein institutionelles Angebot für Kinder mit besonderem sozialpädagogischen Bedarf, das außerhalb des familiären Kontexts stattfindet. Das Kinderschutzprogramm hingegen erfordert die aktive Mitarbeit der Eltern, da hier elterliche Erziehungsstrategien reflektiert und weiterentwickelt werden sollen. Die unterschiedliche Bewertung könnte daher auch auf eine unterschiedliche subjektive Betroffenheit hinweisen. Die Erzählerin bewertet den Verlauf der Ereignisse abschließend mit einer gewissen Unsicherheit, indem sie festhält, dass die Gefährdungsmitteilung „nach hinten geschoben" wurde und die Obsorgemeldung „vom Tisch sei" – allerdings unter der Bedingung weiterer Mitarbeit.

---

[17] Kinderschutzzentren bieten spezialisierte Beratungs- und Unterstützungsangebote für Familien, in denen eine potenzielle Kindeswohlgefährdung besteht oder vermutet wird. Die Beratung erfolgt in der Regel auf freiwilliger Basis, kann jedoch auch im Rahmen behördlicher Maßnahmen angeordnet oder nachdrücklich empfohlen werden. Zum Angebotsspektrum zählen unter anderem psychosoziale Beratung, Elterntrainings, Erziehungsberatung sowie therapeutische Interventionen für Kinder und Eltern. Ziel ist es, die elterliche Erziehungskompetenz zu stärken, Risikofaktoren zu verringern und eine sichere Lebensumgebung für das Kind zu schaffen. Die Arbeit im Kinderschutzzentrum erfolgt interdisziplinär und beinhaltet eine enge Zusammenarbeit mit der KJH sowie weiteren relevanten Institutionen.

Diese Formulierung macht deutlich, dass die Entscheidung nicht als endgültig wahrgenommen wird, sondern an fortgesetzte Kooperation geknüpft ist. Das Machtgefälle zwischen Familie und der Kinder- und Jugendhilfe wird hier erneut deutlich. Formulierungen wie „eigentlich“ und „irgendwas“ deuten auf eine Restunsicherheit hin, ob die Situation von Dauer ist. In der abschließenden Koda sagt die Erzählerin: „Ja, mehr gibt's da eigentlich nicht, das war alles.“ Die Verwendung von „eigentlich“ kann als Versuch gedeutet werden, das Geschehene herunterzuspielen. Dies könnte eine Schutzstrategie darstellen, um Eingriff in ihre Lebensrealität zu relativieren. Auch die ungenaue Zeitangabe („das waren, glaub ich, insgesamt drei Termine oder so“) spricht dafür, dass der Prozess nicht als kohärenter Verlauf, sondern eher als lose Abfolge institutioneller Begegnung erlebt wurde.

Beginn des Nachfragteils

Im Folgenden werden ausgewählte Ausschnitte aus dem Nachfrageteils präsentiert, die ergänzend zu den biografischen Themen der Stegreiferzählung ein vertieftes Verständnis der Lebensgeschichte im Kontext des Gefährdungsabklärungsprozesses der Kinder- und Jugendhilfe ermöglichen. Die Reihenfolge der Segmente folgt einer chronologischen Ordnung. In Anlehnung an Przyborski und Wohlrab-Sahr (2014) wird jeweils eingeordnet, an welche Segmente der Stegreiferzählung sie anschließen.

Erstes Segment (S. 2, Z. 42–53): Zwischen Vertrauen und institutioneller Skepsis – Aushandlung von Unterstützung und Fremdbestimmung (Institutionelles Ablaufmuster)

Dieses Segment schließt an das zweite Segment der Stehgreiferzählung an (S. 2, Z. 23–29: Die Wahrnehmung der Gefährdungsmitteilung – Institutionelle Kontrolle und Vertrauensdissonanz)

In diesem Segment wird Gerda Hoffmann gebeten, die langjährige Beziehung zur Fachkraft näher zu erläutern sowie ihr Vermutung, dass die Fachkraft die anonyme Gefährdungsmitteilung möglicherweise überinterpretiert habe. Bereits im zweiten Segment der Stegreiferzählung hatte sie ihre Verwunderung darüber geäußert, dass eine Fachkraft, die ihre Familie seit vielen Jahren kennt, eine Kindeswohlgefährdung annimmt. Auch in diesem Nachfrageteil zeigt sich eine weitere Phase der abfallenden Verlaufskurvendynamik, in der Frau Hoffmann zunehmend an Handlungsfähigkeit verliert. Das erste Segment des Nachfrageteils greift somit die Thematik der langjährigen Beziehung zur Kinder- und Jugendhilfe erneut auf. Deutlich wird, dass ihre heutige Sicht auf den Gefährdungsabklärungsprozess maßgeblich von vorherigen Erfahrungen mit der Institution geprägt ist. Frau Hofmann beschreibt, dass die Zusammenarbeit über Jahre hinweg bestand, jedoch nicht kontinuierlich durch strukturierte Unterstützung begleitet wurde. Diese Erfahrung scheint ihre gegenwärtige Skepsis gegenüber der Institution zu beeinflussen.

In ihrer Schilderung wird ersichtlich, dass sie die Inanspruchnahme der Kinder- und Jugendhilfe nicht als von außen initiierten Eingriff, sondern als eine eigenständige Suche nach Unterstützung versteht. Sie berichtet, dass bereits im Kindergarten erste Verhaltensauffälligkeiten ihres älteren Kindes auftraten, woraufhin sie sich an die Fachkraft wandte. Die Zeitspanne, die sie für das Zustandekommen konkreter Hilfe beschreibt – „das hat dann eh Jahre gedauert" – verdeutlicht ihr Erleben einer langwierigen, wenig strukturierten Begleitung. Die Aussage „Das war halt immer so, ja, [die Fachkraft] hat uns halt zwar unterstützt, aber so richtig war das jetzt [...], also, wir haben keine Hilfeplangespräche oder so gehabt." verweist auf eine ambivalente Haltung: Einerseits anerkennt sie Unterstützung der Fachkraft, andererseits kritisiert sie das Fehlen institutioneller Verfahren wie formalisierte Hilfeplangespräche mit Hilfeplänen, was ihre Unsicherheit im weiteren Verlauf verstärkt haben könnte. Die Erstellung eines Hilfeplans stellt in der Kinder- und Jugendhilfe ein wesentliches Steuerungsinstrument dar, das bei festgestelltem Hilfebedarf oder einer Gefährdungslage (vgl. Abschnitt 2.2) zum Einsatz kommt. Dass Frau Hoffmann betont, es habe „keine Hilfeplangespräche oder so" gegeben, könnte auf eine mangelnde Transparenz dieses Prozesses hinweisen. Möglicherweise empfand sie die erhaltene Unterstützung daher als nicht passgenau oder nicht nachvollziehbar. Ihre resümierende Aussage „ja, sie hat uns halt zwar unterstützt, aber so richtig war das jetzt kein [...]" verweist auf eine latente Unzufriedenheit, wobei insbesondere das „zwar" auf eine zurückhaltende Kritik und das Bedürfnis nach mehr Struktur hinweist.

In der abschließenden Reflexion über den Wechsel von Schule und Kindergarten äußert Frau Hoffmann eine gewisse Unsicherheit darüber, ob sich die Problemlagen tatsächlich nachhaltig verbessert haben. Dies zeigt sich insbesondere in der Formulierung: „Seit er in der neuen Schule ist, ist das eigentlich, ja (Pause) das (Pause) eigentlich jetzt". Die doppelte Verwendung von „eigentlich" lässt auf eine ambivalente Bewertung schließen, die auf eine instabile oder noch nicht abschließend beurteilbare Situation verweist. Demgegenüber formuliert sie für ihr jüngeres Kind eine deutlichere Einschätzung: „Und auch beim Kleinen im Kindergarten passt das. Genau." Die klare Aussage, verstärkt durch das bestätigende „Genau", deutet auf eine höhere subjektive Sicherheit in Bezug auf dessen Entwicklung hin. Diese sprachliche Differenz lässt vermuten, dass die Problematik mit dem älteren Kind eine längere und komplexere Geschichte aufweist, während sie beim jüngeren Kind eine stabilere Entwicklung erwartet oder bereits erfahren hat. Insgesamt zeigt sich, dass Frau Hoffmann ihre Erfahrungen differenziert reflektiert. Sie bringt für unterschiedliche Kontexte verschiedene Grade an Sicherheit bzw. Ambivalenz zum

Ausdruck und offenbart in ihrer Erzählweise sowohl institutionelle Skepsis als auch ein Ringen um Orientierung und Unterstützung.

Zweites Segment (S. 2–3, Z. 54–69): Zwischen Belastung und Entlastung – Der Umgang mit der Gefährdungsmitteilung: „Vom Tisch" (Institutionelles Ablaufmuster)

Dieses Segment schließt an das zweite Segment an (S. 2, Z. 23–29: Die Wahrnehmung der Gefährdungsmitteilung – Institutionelle Kontrolle und Vertrauensdissonanz)

Im zweiten Segment des Nachfrageteils wird die zuvor thematisierte Mitteilung der Fachkraft über die anonyme Gefährdungsmitteilung erneut aufgegriffen. Dabei wird deutlich, dass Frau Hoffmann den Gefährdungsabklärungsprozess in erster Linie als eine von außen initiierte Maßnahme wahrnimmt. Ihre Erzählung folgt einer narrativen Struktur, die von Fremdbestimmung und nachträglicher Sinnzuschreibung geprägt ist.

Die Erzählerin beginnt mit einer unsicheren, distanzierten Beschreibung der Gefährdungsmitteilung: „Ja, eigentlich nur, sie hat nur gesagt, es hat eine anonyme Meldung gegeben, wie die ausschaut, keine Ahnung, die war halt ziemlich ausführlich." Die doppelte Verwendung von „nur" kann als Versuch gewertet werden, die Bedeutung der Gefährdungsmitteilung zu relativieren oder hervorzuheben, dass weder deren Inhalt noch die Quelle bekannt waren. Gleichzeitig deutet die Bemerkung „ziemlich ausführlich" an, dass der Gefährdungsmitteilung dennoch Gewicht beigemessen wurde. Besonders markant ist die Aussage: „Also wir glauben, dass es irgendwer näher Bekanntes war, der was uns da was hineinmischen wollte." Diese Zuschreibung verweist auf eine kognitive Figur der externen Einflussnahme: Die Erzählerin geht davon aus, dass die Mitteilung aus dem näheren sozialen Umfeld stammt und nicht aus einem professionellen Sorgeprozess heraus erfolgt ist, sondern möglicherweise persönliche Motive verfolgt wurden. Diese alternative Erklärung stellt die institutionelle Bewertung in Frage. Daraus lässt sich auch ein gewisses Misstrauen gegenüber dem sozialen Umfeld ableiten – möglicherweise gespeist durch vergangene Konflikte oder Spannungen. Auch wenn das Material hierzu keine weiteren Hinweise enthält, verweist diese Aussage auf eine potenzielle soziale Belastung, die die institutionelle Dynamik zusätzlich beeinflussen könnte. Aufgrund fehlender weiterführender Daten wurde auf eine tiefergehende Analyse dieser Deutungsebene verzichtet.

Die Darstellung des Gefährdungsabklärungsprozesses folgt einem klaren institutionellen Ablaufmuster: „Sie hat halt dann gesagt, ja, es wird jetzt eine Gefahrenabklärung gemacht, und da war eben ein Hausbesuch, und zwei oder drei Termine bei einer Psychologin, ich glaub, drei, weil einmal gemeinsam alle, und einmal ich und einmal mein Partner alleine, genau." Diese Aufzählung vermittelt einen standardisierten, extern gesteuerten Vorgang, in dem die Erzählerin keine aktive Rolle einnimmt, sondern den Ablauf als vorgegeben beschreibt. Es ist denkbar, dass Frau Hoffmann diesen Abschnitt ihrer Geschichte bewusst auf einer formalen Ebene belässt. Dies könnte darauf hinweisen, dass sie die Gefährdungsabklärung als besonders belastend oder stigmatisierend empfand und sich bemüht, sie retrospektiv neutral oder knapp darzustellen. Möglicherweise möchte sie damit vermeiden, sich erneut einer Bewertungssituation auszusetzen oder in eine Rechtfertigungsposition zu geraten. Dies lässt sich als Form strategischer Erzählsteuerung interpretieren, durch die sie Kontrolle über die narrative Deutungshoheit zu bewahren versucht. Gleichzeitig könnte auch ein institutioneller Zugzwang wirksam werden: Eine zu detaillierte Darstellung könnte aus ihrer Sicht neue Angriffsflächen eröffnen.

Ein auffälliges Moment in diesem Segment ist die emotionale Bewertung des Prozesses. Die Erzählerin beschreibt ihn als belastend: „Ja, grundsätzlich ahm… ja, es war stressig natürlich, weil du musst wieder einen Haufen Termine und so machen." Die Verzögerung durch „grundsätzlich ahm" weist auf eine vorsichtige Formulierung hin, möglicherweise um das Ausmaß des Erlebens nicht zu stark zu betonen. Die verallgemeinernde Formulierung „du musst" statt „ich musste" kann als Distanzierung vom eigenen Erleben gedeutet werden – oder als Versuch, das Gesagte als kollektive Erfahrung zu markieren. Ebenso denkbar ist, dass sie auf diese Weise eine implizite Zustimmung ihres Gegenübers anstrebt, indem sie das Belastungserleben als allgemeingültig inszeniert.

Besonders aufschlussreich ist die nachträgliche Neubewertung der Obsorgefrage: „Aber, dass sie dann sagt, ja, sie können, also sie finden, dass es irgendwie eine Gefährdung gibt oder so, sie wollen die Obsorge, ah, und das war nur eigentlich wegen einer Aussage von mir." Die unspezifischen Formulierungen „irgendwie" und „oder so" lassen eine Unsicherheit hinsichtlich der Begründung erkennen. Die Erzählerin stellt die Gefährdungseinschätzung in Frage, indem sie diese auf eine möglicherweise überinterpretierte Aussage zurückführt. Die darauf folgende Passage bringt ihre Perspektive noch deutlicher zum Ausdruck: „Das war, ah […] ja, mein Bruder, der hat auch eine Bewährungsstrafe gekriegt und dann ist er auch gescheiter geworden. Und auf die Aussage hat sie sich aufgehängt." Frau Hoffmann benennt hier eine narrative Strategie zur Selbstentlastung: Indem sie ihren Bruder als Beispiel für eine gelungene Veränderung anführt, versuchte sie in einem Moment der Bedrängnis, sich selbst als einsichtsfähig und veränderungsbereit darzustellen. Gleichzeitig verweist sie auf eine Missinterpretation durch die Fachkraft, die diese Aussage als Hinweis auf Gefährdung verstand. Damit knüpft sie erneut an die im zweiten Segment beschriebene Vertrauensdissonanz an, wenn sie formuliert: „Eigentlich hätte die [Name der Fachkraft] das wissen müssen, dass das nicht stimmt, weil sie kennt uns jetzt mittlerweile schon […]" (S. 2, Z. 27–28). Frau Hoffmann erwähnt in diesem Zusammenhang, dass sie – im Gegensatz zu ihrem Bruder – sehr wohl die Bereitschaft mitbringt, Hilfe für sich und ihr Kind zu einem früheren Zeitpunkt anzunehmen. Diese Aussage unterstreicht die Kluft zwischen ihrer Wahrnehmung der Beziehung zur Fachkraft und der institutionellen Entscheidung, die sie als voreilig und nicht hinreichend informiert erlebt.

In der abschließenden Sequenz verweist Frau Hoffmann darauf, dass die Obsorgefrage letztlich „vom Tisch" sei: „Das ist aber jetzt eh vom Tisch. Also, dadurch, dass wir mitarbeiten, ja." Diese Formulierung greift die Koda aus dem dritten Segment der Stegreiferzählung [„Die Obsorgemeldung ist eigentlich vom Tisch (Pause), genau, wenn wir mitarbeiten (Pause)". (S. 2, Z. 39–40)] erneut auf. Die Wiederholung kann als Indiz dafür gewertet werden, dass sich die Erzählerin diese Erzählweise bewusst aneignet, um eine stabile und kontrollierte Deutung des Geschehens zu etablieren.

Drittes Segment (S. 3, Z. 70–88): Die erzählerische Rekonstruktion der Gefährdungsmitteilung – „Ja, was sollen wir tun, was sollen wir tun?"

Dieses Segment bezieht sich in seinem ersten Teil auf das erste Segment der Stegreiferzählung (S. 1, Z. 14–22: Beginn der Gefährdungsabklärung – Zwischen institutioneller Ordnung und persönlicher Positionierung), im zweiten Teil auf das zweite Segment (S. 2, Z. 23–29: Die Wahrnehmung der Gefährdungsmitteilung – Institutionelle Kontrolle und Vertrauensdissonanz).

Im dritten Segment des Nachfrageteils wird Frau Hoffmann gebeten, näher auf die Hintergründe und Zusammenhänge einzugehen, die zur Gefährdungsabklärung führten. Ihre Erzählung gliedert sich dabei in zwei Abschnitte: Zunächst schildert sie den Zeitpunkt der Information durch die Fachkraft und beschreibt, wie es zu dem Treffen kam, in dem sie erstmals von der Gefährdungsmitteilung erfuhr. Anschließend geht sie auf jene Aussage ein, die sie im Rahmen dieses Gesprächs zur Betreuungsform ihres Kindes machte und die aus ihrer Sicht ausschlaggebend für die institutionelle Bewertung der Gefährdung war. Die Erzählerin knüpft an das erste Segment der Stegreiferzählung an und spricht die bereits in der Präambel erwähnte Betreuungsform an: „Da haben wir einen Termin gehabt, sowieso, weil mein Kind in die Betreuungsform gekommen ist." (S. 1, Z. 22). Die Einfügung von „sowieso" signalisiert eine Einordnung des Termins als regulär oder routinemäßig, also unabhängig von der späteren Gefährdungsmitteilung. Dies kann als Versuch gedeutet werden, die nachfolgende Eskalation als nicht ursächlich mit der Betreuungssituation verknüpft darzustellen. Damit könnte sie bemüht sein, eine

Trennung zwischen einem unterstützenden Hilfeprozess und einem eingreifenden Kontrollmechanismus herzustellen.

Im weiteren Verlauf beschreibt Frau Hoffmann die Herausforderungen der Betreuungseinrichtung im Umgang mit ihrem älteren Kind: „Und da ist es eben um das gegangen, dass die Betreuung nicht so klar gekommen ist mit dem großen Kind, mit den Aggressionen, die hat doch [Anzahl der Kinder], mit so einem Verhalten und die ist halt überhaupt nicht klargekommen." Die doppelte Betonung der Überforderung („nicht so klar gekommen", „überhaupt nicht klargekommen") unterstreicht die Schwere der Problematik aus Sicht der Erzählerin. Die Angabe zur Gruppengröße („die hat doch [Anzahl] Kinder") dient dabei offenbar als Hinweis auf strukturelle Überlastung und könnte die Darstellung stützen, dass die pädagogischen Schwierigkeiten nicht primär auf ihr eigenes Verhalten zurückzuführen seien. In dieser Argumentation wird eine Verantwortungsteilung zwischen Familie und Institution angedeutet: Wenn bereits ausgebildete Fachkräfte überfordert sind, könne es ihr kaum angelastet werden, dass sie mit der Situation ebenfalls Schwierigkeiten hat. Damit greift sie die im ersten Segment des Nachfrageteils bereits formulierte Skepsis gegenüber der Effektivität institutioneller Hilfsangebote auf („hat uns zwar unterstützt, aber so richtig war das jetzt kein [Pause]", S. 2, Z. 49). Die Unsicherheit bezüglich der Wirksamkeit und Passgenauigkeit der Maßnahmen setzt sich somit fort.

Besonders aufschlussreich ist die Aussage: „Und dann [...] hat (er:sie) immer gemeint, ja, was sollen wir tun, was sollen wir tun?" Die wiederholte Frage suggeriert Ratlosigkeit und könnte auf eine Unsicherheit innerhalb der Betreuungseinrichtung hinweisen. Die Erzählweise legt nahe, dass Verantwortung an die Familie zurückgespiegelt wurde. Alternativ[18] lässt sich diese Aussage auch auf die Fachkraft der Kinder- und Jugendhilfe beziehen – insbesondere, wenn diese zunehmend unsicher erschien und dadurch als rigider wahrgenommen wurde. In beiden Fällen wirkt die wiederholte Frage als Ausdruck eines steigenden Erwartungsdrucks auf Frau Hoffmann. Diese Dynamik wird durch ihre nächste Äußerung verstärkt: „Und, ja, ich mein, wir haben schon alles ausgeschöpft." Hier könnte eine defensive Haltung mitschwingen, mit der sie versucht, sich gegen mögliche Vorwürfe abzugrenzen. Gleichzeitig lässt sich darin eine Infragestellung der bisherigen Unterstützungsangebote erkennen – verbunden mit dem Gefühl, bereits alles versucht zu haben, ohne dass sich die Situation verbessert hätte.

In einer zunehmend angespannten Gesprächssituation greift Frau Hoffmann schließlich auf einen Vergleich mit ihrem Bruder zurück, der ihr – wie sie einräumt – im Affekt „herausgerutscht" sei: „Und [...] genau, und dann hab ich gesagt,

[18] Diese alternative Leseart wurde in der kollegialen Validierung diskutiert.

na ja, mein Bruder, der hat auch Bewährungsstrafe gehabt und, ahm [...] ja, dann hat er sich's gemerkt eben. So auf gut Deutsch, wie der Große, der soll dann auch eine Bewährungsstrafe kriegen, dass er's lernt, genau." Diese Formulierung lässt sich als Ausdruck von Überforderung deuten. Möglicherweise sah sie im Moment des Gesprächs keine andere Möglichkeit, um zu erklären, dass Lernprozesse für ihr Kind erst durch konkrete Konsequenzen ausgelöst werden könnten. Die Einleitung „so auf gut Deutsch" wirkt wie ein Versuch, die Aussage nachträglich zu relativieren oder in eine umgangssprachliche Rahmung einzubetten. Auch die Pausen („ahm", „ja") deuten auf eine reflexive Auseinandersetzung mit dem eigenen Gesagten hin.

Diese Aussage verweist auf die bereits zuvor thematisierte Vertrauensdissonanz. Besonders relevant ist, dass die Fachkraft laut der Erzählung bereits vor dem Gespräch über die anonyme Mitteilung informiert war, dies aber zunächst nicht thematisierte. Erst am Ende der Gefährdungsabklärung, also Monate später, entsteht bei Frau Hoffmann der Eindruck, dass ihre Aussage zur Bewährungsstrafe eine entscheidende Rolle in der Bewertung gespielt haben könnte. Dies deutet auf eine als intransparent empfundene und schwer nachvollziehbare institutionelle Praxis hin. Die zeitliche Verzögerung der Rückmeldung könnte ihr Gefühl verstärkt haben, dass Entscheidungen ohne ihr Wissen oder ihre Einflussnahme getroffen wurden – und damit ihre Handlungsspielräume weiter eingeschränkt waren.

Viertes Segment (S. 3–4, Z. 89–104): Zwischen Schock und strategischer Kontrolle – „Ja, momentan war ich voll geschockt." (Wendepunkt)

Das vierte Segment des Nachfrageteils führt einen neuen Aspekt ein, der in der Stegreiferzählung nicht explizit thematisiert wurde. Durch eine gezielte Nachfrage der Interviewerin zur emotionalen Verarbeitung des Gefährdungsabklärungsprozesses wird Frau Hoffmann angeregt, nicht nur den chronologischen Verlauf, sondern auch ihre persönliche Betroffenheit zu reflektieren. Ihre erste Reaktion bleibt affektiv: „Ja, momentan war ich voll geschockt." Doch unmittelbar darauf wechselt sie in eine rationale Bewältigungsperspektive: „Ich hab aber dann gleich auch einen Anwalt kontaktiert und alles." Diese schnelle Umstellung deutet darauf hin, dass sie den Schock nicht vertiefen oder thematisieren möchte, sondern sich stattdessen auf eine handlungsfähige, kontrollierte Position konzentriert. Die Formulierung „und alles" wirkt dabei unspezifisch und kann als bewusste Vagheit verstanden werden – möglicherweise verweist sie damit auf weitere Maßnahmen, die sie getroffen hat, aber nicht weiter ausführen möchte. Dies könnte ein Hinweis auf eine doppelte Funktion sein: Einerseits die bewusste Wahrung von Kontrolle über das Erzählte, andererseits eine Form der Selbstabgrenzung von der Bedrohlichkeit der Situation.

Auffällig ist, dass dieser Aspekt – trotz seiner Relevanz – nicht bereits in der Stegreiferzählung angesprochen wurde. Dies legt nahe, dass Frau Hoffmann die

Inanspruchnahme juristischer Unterstützung nicht als integralen Bestandteil ihrer narrativen Verarbeitung betrachtet, sondern eher als pragmatische Reaktion auf eine als bedrohlich erlebte institutionelle Dynamik. Die Entscheidung, rechtlichen Beistand zu suchen, macht deutlich, dass sie die Einschätzung der Fachkraft als existenzielle Bedrohung empfand. Das Gespräch mit dem Anwalt wird dabei als Orientierungshilfe beschrieben: „Der Richter, der muss das sowieso prüfen, ob das überhaupt alles stimmt." Die wiederholt Verwendung von „sowieso" könnte hier Ausdruck der Hoffnung sein, dass der juristische Prozess eine objektive Korrektur der aus ihrer Sicht überzogenen institutionellen Einschätzung darstellt. Zudem wird erneut das Motiv der Kooperation angesprochen: „Wenn er eben merkt, der Richter, dass wir eben mitarbeiten." Diese Aussage verdeutlicht die bewusste Inszenierung von Mitwirkung als Schlüsselstrategie – nicht nur gegenüber der Kinder- und Jugendhilfe, sondern auch im Rahmen juristischer Aushandlungsprozesse. Zusammenarbeit erscheint hier als narrative Ressource zur Absicherung der eigenen Position im institutionellen Kontext.

Auch die Gespräche mit der Fachkraft beschreibt Frau Hoffmann als wenig transparent: „Dann hat sie gesagt, ja eben, sie schaut sich das [die Gefährdungseinschätzung] noch einmal an." Diese Aussage deutet auf eine Wahrnehmung institutioneller Entscheidungen als intransparent oder instabil hin – als Teil eines kontinuierlichen Prüf- und Bewertungsprozesses, dem sie sich unterworfen sieht. Das wiederholte Motiv der Bedingtheit wird erneut aufgegriffen: „Und dann war das eigentlich vom Tisch, solange wir mitarbeiten." Die Formulierung impliziert, dass die Gefährdungseinschätzung nie vollständig aufgehoben, sondern lediglich ausgesetzt wurde – unter der Voraussetzung fortgesetzter Kooperation. Das „solange" verweist dabei auf eine fortwährende institutionelle Kontrolle und eine fragile Stabilität, die jederzeit infrage gestellt werden kann. Frau Hoffmann positioniert sich somit als kooperative Akteurin, die sich strategisch an institutionelle Erwartungen anpasst – möglicherweise auch, um Konsequenzen zu vermeiden, die sie nicht beeinflussen kann. Besonders markant ist in diesem Zusammenhang eine Diskrepanz in der Erzählung: „Also, ihnen ist es darum gegangen, dass wir mitarbeiten. Also, wir haben halt vorher auch schon mitgearbeitet, so war es jetzt nicht, aber die Kommunikation […]." Diese Formulierung deutet auf eine implizite Kritik an den institutionellen Erwartungen hin: Zwar erkennt sie die Bedeutung von Mitwirkung an, zugleich betont sie, dass diese bereits zuvor erfolgt sei – jedoch offenbar nicht als ausreichend gewürdigt wurde. Der abrupte Übergang zum Thema Schulkommunikation („aber die Kommunikation") stellt einen Bruch in der Erzählstruktur dar, der darauf hindeuten könnte, dass sie sich einer weiteren Auseinandersetzung mit dem Mitwirkungsdiskurs entzieht – oder dass sie institutionelle Herausforderungen aus verschiedenen Lebensbereichen (Kinder- und Jugendhilfe und Schule) miteinander verbindet.

Fünftes Segment (S. 4–5, Z. 105–143): Unzufriedenheit mit vorangegangenen Hilfen und institutioneller Verantwortungsdiffusion – „Es war halt […] nicht das Richtige.“

Dieses Segment knüpft an das zweite Segment der Stegreiferzählung an (S. 2, Z. 23–29: Die Wahrnehmung der Gefährdungsmitteilung – Institutionelle Kontrolle und Vertrauensdissonanz)

In diesem Abschnitt thematisiert Frau Hoffmann die Betreuungssituation ihres älteren Kindes. Im Fokus stehen die zunächst gewählte Betreuungsform sowie die spätere Umstellung auf die heutige Nachmittagsbetreuung in (Name des Ortes). Sie beschreibt die Entscheidungsprozesse und die Schwierigkeiten mit der ersten Einrichtung und äußert dabei deutliche Unzufriedenheit: „Es war halt für ihn nicht das Richtige.“ Diese Aussage impliziert, dass die Betreuungsform nicht den Bedürfnissen des Kindes entsprach und rückblickend als unpassend erlebt wurde. Gleichzeitig betont sie, dass diese Maßnahme auf Empfehlung der Fachkraft erfolgte – was auf eine eingeschränkte Entscheidungsmöglichkeit ihrerseits hindeutet. Die Beschreibung der Betreuungsform als Einrichtung mit „weniger Kindern, aber halt nur einer Betreuungsperson“ enthält eine ambivalente Bewertung. Die reduzierte Gruppengröße deutet auf ein erhofftes Mehr an individueller Zuwendung hin. Die Einschränkung „aber halt nur“ relativiert jedoch diesen Vorteil und verweist auf strukturelle Defizite. Im weiteren Verlauf konkretisiert sich diese Ambivalenz anhand der Überforderung der Betreuungsperson sowie problematischer Gruppendynamiken.

Besonders eindrücklich schildert Frau Hoffmann einen Vorfall, bei dem ihr Kind körperlich angegriffen wurde: „Es hat richtige Würgemale gehabt und eben auch nimmer gescheit Luft gekriegt.“ Die plastische Beschreibung der Verletzungen zeigt, wie sehr sie dieses Ereignis belastet hat. Entscheidender noch ist ihre Kritik an der fehlenden Kommunikation durch die Betreuungskraft: „Also, sie hat mich nicht informiert darüber, oder irgendwas, und ich hab dann die Rettung eben angerufen.“ Die Formulierung „oder irgendwas“ wirkt unspezifisch und könnte auf Frustration oder einen generellen Vertrauensverlust in die Einrichtung hindeuten. Dass sie selbst aktiv werden und die Rettung rufen musste, betont ihre Eigeninitiative und das Erleben mangelnder institutioneller Reaktionsfähigkeit. Die anschließende Eskalation („dann ist eh die Polizei und alles“) unterstreicht die Dramatik der Situation.

Der spätere Wechsel zur Nachmittagsbetreuung in (Name des Ortes) wird von Frau Hoffmann als positive Entwicklung beschrieben: „Wir waren eigentlich dann schon froh, wie es geheißen hat, Nachmittagsbetreuung in (Name des Ortes).“ Diese Aussage signalisiert Erleichterung und verdeutlicht eine klare Abgrenzung zur vorausgehenden Betreuung. Ihre Begründung verweist auf strukturelle Probleme der ersten Einrichtung: „Man hat gemerkt, dass (die Betreuungsperson) überfordert ist, wenn sie (Anzahl) Kinder hat, die was so sind.“ Damit verweist sie auf die Inadäquatheit der Rahmenbedingungen, vermeidet jedoch eine direkte Schuldzuweisung an die Fachkraft. Die Formulierung „die was so sind“ deutet auf herausforderndes Verhalten hin und unterstreicht ihre Einschätzung, dass die Einrichtung nicht hinreichend auf solche Anforderungen vorbereitet war.

Ein zentrales Moment dieses Segments bildet ein Gespräch mit der Fachkraft, das ursprünglich als „Startgespräch[19] für die erste Betreuungsform“, in dem es um Ziele und Reflexionen geht, angekündigt war. Erst gegen Ende des Gesprächs wurde laut Frau Hoffmann die Gefährdungsmitteilung thematisiert: „Das wäre halt so das Startgespräch für die Betreuungsform gewesen, und [...] da hat sie halt dann zwischendurch einmal gesagt, dass sie eben eine Gefährdungsmitteilung gekriegt hat, ich glaub, das war kurz vorm Schluss oder so.“ Die Platzierung der Information „kurz vorm Schluss“ kann als strategisch empfunden worden sein – als ein Moment, in dem keine unmittelbare Auseinandersetzung mehr möglich war. Ihre Reaktion darauf ist eindeutig: „Das hat gar nichts damit zu tun gehabt.“ Diese scharfe Abgrenzung[20] zeigt, dass sie die Verbindung zwischen Betreuungsgespräch und Gefährdungsmitteilung als unangemessen erlebt hat. Die anschließende Aussage der Fachkraft – „Aber Genaueres will sie nicht besprechen, sondern ein anderes Mal.“ – wird offenbar als weiterer Unsicherheitsfaktor erlebt. Der zusätzlich angesetzte Termin diente dann der inhaltlichen Besprechung der Mitteilung, bei der konkrete Vorwürfe genannt wurden („die Kinder werden geschlagen“, „wir schreien

[19] Wird eine Maßnahme oder Unterstützungsleistung von der KJH angeboten und finanziert, findet zu Beginn ein gemeinsames Startgespräch mit Beteiligten statt. Dabei werden die Ziele, Auftrag und Rahmenbedingungen der Hilfe geklärt. Ziel ist eine beteiligungsorientierte Planung, in der die Perspektiven von Eltern und Kindern einbezogen werden. In der Praxis kann dieses Gespräch jedoch – etwa aufgrund begrenzter zeitlicher oder personeller Ressourcen – auch erst nach Beginn der Hilfeleistung stattfinden, was zu Unklarheiten hinsichtlich des Auftrags und der gegenseitigen Erwartungen führen und die Zusammenarbeit zwischen Fachkräften und Familien erschweren kann. Das Startgespräch stellt somit einen wesentlichen Bestandteil der Hilfeplanung dar, um Transparenz herzustellen und eine gemeinsame Zielausrichtung zu ermöglichen.

[20] An dieser Stelle ist kritisch anzumerken, dass die Erzählerin von der Interviewerin gezielt zum besseren Verständnis gefragt wurde, ob die Gefährdungsmitteilung in einem anderen Gespräch erfolgt sei – was sie mit „Ja, das hat gar nichts damit zu tun gehabt“ bestätigte. Dies deutet darauf hin, dass die Abgrenzung der Situation erst im Rahmen der gemeinsamen Reflexion entstand.

sie nur an“). Frau Hoffmann kommentiert diese Vorwürfe nicht weiter, sondern beendet die Aufzählung mit: „und lauter so Sachen. Genau.“ Diese distanzierende Formulierung lässt auf Ablehnung oder das Bedürfnis schließen, sich nicht weiter auf die Vorwürfe einzulassen – möglicherweise, weil sie diese als unzutreffend oder überzogen wahrnimmt.

Aus diesem Segment wird deutlich, dass Frau Hoffmann die institutionellen Maßnahmen nicht als konsistent oder nachvollziehbar erlebt hat. Der Wechsel der Betreuungsformen, die intransparente Kommunikation über die Gefährdungsmitteilung sowie die empfundenen Mängel in der Ausgestaltung institutioneller Unterstützung stellen für sie prägende Spannungsfelder dar. Sprachlich positioniert sie sich über die Betonung ihrer Eigeninitiative (z. B. Rettungsruf), durch relativierende Formulierungen (z. B. „nicht das Richtige“) und durch eine klare Abgrenzung von institutionellen Einschätzungen als handelnde, um das Wohl ihres Kindes bemühte Mutter.

Gleichzeitig kritisiert sie eine mangelnde Kohärenz und Verantwortungsübernahme auf Seiten der Institution. So wird beispielsweise die Betreuungsperson nach dem Vorfall nicht als verantwortlich adressiert, ebenso wenig wie die Fachkraft, die zwar Empfehlungen ausspricht, sich aber bei deren Scheitern distanziert. Die Verantwortung wird – so Frau Hoffmanns Darstellung – an sie selbst zurückgespielt. Der von ihr wahrgenommene Druck wird insbesondere in der wiederholten Frage „Ja, was sollen wir tun, was sollen wir tun?“ spürbar, die sie als Ausdruck institutioneller Unsicherheit und mangelnder Unterstützung interpretiert. Insgesamt bleibt aus Sicht der Erzählerin unklar, ob sie sich auf eine konstruktive, verlässliche und tragfähige Unterstützung durch die Kinder- und Jugendhilfe verlassen kann. Die Diskrepanz zwischen ihrer Bereitschaft zur Zusammenarbeit und der erlebten institutionellen Praxis verweist auf ein strukturelles Spannungsverhältnis, das ihr Vertrauen nachhaltig beeinträchtigt.

Sechstes Segment (S. 5–6, Z. 144–165): „Wie, wenn sie das voll mit Absicht machen.“ – Wahrgenommene Strategien und Vertrauensdissonanzen im Umgang mit der Gefährdungsmitteilung

Dieses Segment knüpft an das zweite Segment der Stegreiferzählung an (S. 2, Z. 23–29: Die Wahrnehmung der Gefährdungsmitteilung – Institutionelle Kontrolle und Vertrauensdissonanz)

Im sechsten Segment des Nachfrageteils wird Frau Hoffmann gezielt nach ihrem Empfinden hinsichtlich der Gefährdungsmitteilung sowie dem Zeitpunkt ihrer Mitteilung befragt. Besonders im Fokus steht die Tatsache, dass sie erst am Ende eines anderen Gesprächs – für sie unerwartet – über die Mitteilung informiert wurde. In ihrer Reaktion zeigt sich zunächst eine narrative Strategie der Distanzierung: Anstatt ihre emotionale Betroffenheit direkt auszudrücken, versucht sie, eine rationale Haltung einzunehmen. Bereits ihre erste Antwort – „Ich war das gewöhnt.“ – verweist auf einen habituellen Umgang mit solchen Situationen. Sie rahmt das Ereignis als nichts Ungewöhnliches und greift damit auf eine Art psychischen Schutzmechanismus zurück. Die Interviewerin geht auf diese Haltung ein („Sie sind das gewöhnt?“) und erhält die Bestätigung: „Ja. Unser Nachbar, der hat ständig gemeldet.“ Damit verweist Frau Hoffmann auf eine bereits bekannte Quelle früherer Mitteilungen und etabliert eine Form der Normalisierung, mit der sie emotionale Auseinandersetzung zunächst vermeidet. Gleichzeitig wird hier ein Zusammenhang zu einer früheren Passage im Nachfrageteil hergestellt („Wir glauben, dass es irgendwer näher Bekanntes war […]“, S. 2, Z. 56). Allerdings differenziert sie in der weiteren Erzählung zwischen den früheren Mitteilungen und der aktuellen: „Ob’s jetzt er war oder wer anderer, das wissen wir nicht, das war komplett anonym diesmal.“ Die Anonymität wird als Unsicherheitsmoment markiert – im Gegensatz zu den vorangegangenen, eindeutig zuordenbaren Mitteilungen. Die Unbestimmbarkeit der Quelle erzeugt ein Gefühl der Bedrohung und macht eine eindeutige emotionale Verarbeitung schwieriger – obwohl sie nach außen zunächst Gelassenheit demonstriert.

Deutlicher wird ihre emotionale Betroffenheit im weiteren Verlauf: „Ja, irgendwie, ich mein, momentan war ich voll angefressen.“ Die umgangssprachliche Formulierung „voll angefressen“ signalisiert deutlichen Ärger und offenbart eine emotionale Reaktion, die mit der bisherigen Darstellung nicht vollständig übereinstimmt. Als auslösendes Moment benennt sie den zeitlichen Zusammenhang: „Wir haben ja Familienhelfer gehabt und das ist im (Monat) abgeschlossen worden und genau nach dem Abschluss, ahm, kommt auf einmal so etwas heraus.“ Diese Darstellung impliziert eine kausale Beziehung – die Gefährdungsmitteilung erscheint ihr nicht zufällig, sondern bewusst gesetzt: „Also, wie wenn sie das voll mit Absicht machen.“ Die vage Referenz „sie“ verweist auf eine vermutete institutionelle Absicht, ohne konkrete Akteur:innen zu benennen. Diese Form der Deutung steht exemplarisch für eine Vertrauensdissonanz, wie sie bereits in vorangegangenen Segmenten thematisiert wurde.

Ihre Skepsis gegenüber der institutionellen Praxis verstärkt sich in der weiteren Darstellung: „Weil, sie haben ja die Meldung, ich glaub, schon einige Zeit vorher gekriegt gehabt, aber erst später besprochen.“ Die verzögerte Weitergabe der Information deutet für sie auf eine strategische Zurückhaltung hin. Sie formuliert eine normative Erwartung an das institutionelle Vorgehen: „Und wenn das so eine Gefährdungsmitteilung war, dann besprich ich das eigentlich gleich, mit den

Familienhelfern zusammen." Diese Aussage verweist auf eine eigene, idealtypische Vorstellung von professionellem Handeln, die sie in der konkreten Situation als verletzt wahrnimmt. Ihre anschließende Bemerkung – „Aber das haben sie genau eigentlich nach dem Abschluss, ich glaub, es war eine Woche nach dem Abschluss, oder so." – enthält zwar eine Unsicherheit bezüglich der genauen Chronologie, verweist jedoch deutlich auf ein subjektiv erlebtes Muster der Intransparenz. Der Fokus liegt dabei nicht auf exakter zeitlicher Verortung, sondern auf dem als strategisch empfundenen Ablauf, was auf eine biografische Sinnkonstruktion verweist, in der das Erleben von Kontrollverlust und institutioneller Machtasymmetrie zentral ist.

Die abschließende Zusammenfassung der Erzählerin verdeutlicht diesen Eindruck nochmals: „Weil das, das war halt das, was uns schon ziemlich komisch vorgekommen ist: Die Meldung kommt bereits einige Zeit vorher und eben genau nachdem wir die Familienhelfer abgeschlossen haben, bespricht sie das mit uns." Die doppelte Betonung („das, das war halt das") verstärkt ihre Empörung und markiert den aus ihrer Sicht auffälligen Widerspruch im institutionellen Handeln. Sie deutet das Vorgehen der Fachkräfte nicht nur als unkoordiniert, sondern als gezielt taktisch – und damit als weiteren Ausdruck institutioneller Kontrolle und mangelnder Vertrauenswürdigkeit.

Siebtes Segment (S. 5, Z. 166–179): Strategische Selbstabsicherung durch juristische Intervention – „Gleich einen Anwalt kontaktiert"

Dieses Segment knüpft an das vierte Segment des Nachfrageteils an (S. 3–4, Z. 89–104: Zwischen Schock und strategischer Kontrolle – „Ja, momentan war ich voll geschockt." – Wendepunkt)

Das siebte Segment des Nachfrageteils markiert einen entscheidenden Wendepunkt im Gefährdungsabklärungsprozess: Frau Hoffmanns Entscheidung, anwaltliche Unterstützung in Anspruch zu nehmen. Dieser Schritt stellt eine Veränderung ihres bisherigen Umgangs mit der Situation dar – von emotionaler Betroffenheit und institutionellem Misstrauen hin zu einer formalisierten Strategie der Absicherung. Die Interviewerin knüpft an die vorangegangene Erzählung an und bittet sie um eine genauere Schilderung des Ablaufs. Daraus wird ersichtlich, dass die Konsultation eines Anwalts aus Sicht der Erzählerin eine entscheidende Bedeutung im weiteren Verlauf einnahm.

Durch die gezielte Nachfrage („Das war dann nach dem Gespräch, oder?") erhöht sich der Erzähldruck, woraufhin Frau Hoffmann die Chronologie bestätigt: „Genau." Sie berichtet, unmittelbar nach dem Gespräch mit der Fachkraft einen Anwalt kontaktiert zu haben – was auf eine als akut wahrgenommene Bedrohungslage hindeutet. Die Formulierung „gleich den Anwalt angerufen" unterstreicht die empfundene

Dringlichkeit und verweist auf eine Handlungsstrategie, die darauf abzielt, institutionelle Machtasymmetrien zu kompensieren. In ihrer weiteren Darstellung liegt der Fokus auf formalen Aspekten: „Da sind wir dann eh hingegangen, haben ihm das halt geschildert und auch die Hilfepläne mitgenommen, die alten, dass alles gepasst hat und so." Besonders die Erwähnung der Hilfepläne als Beleg für regelkonformes Verhalten kann als Strategie der retrospektiven Selbstabsicherung verstanden werden. Die Formulierung, „dass alles gepasst hat", signalisiert den Versuch, sich gegenüber möglichen institutionellen Vorwürfen durch Dokumente und Nachweise zu legitimieren.

Im Mittelpunkt steht in diesem Segment die folgende Aussage: „Ja, es hat nicht so lange gedauert, dann hat er eh gesagt, ja, wir sollen jetzt einmal warten, weil da kommt vom Gericht ein Schreiben[21], da steht dann genau drinnen, ahm, was halt, ahm, die Meldung ist und hin und her." Hier verlagert sich die Verantwortung auf eine juristische Instanz. Der Anwalt spricht keine konkrete Handlungsanweisung aus, sondern empfiehlt eine abwartende Haltung. Die Aussage „da steht dann genau drinnen" verweist auf eine Erwartung, dass das gerichtliche Schreiben für Klarheit sorgen werde. Gleichzeitig deutet die Redewendung „hin und her" auf Unsicherheit oder begrenzte Einblicke in die juristischen Abläufe hin. Frau Hoffmann scheint den weiteren Verlauf des Verfahrens als wenig beeinflussbar zu erleben. Die Wiederholung von „genau" – „der Richter, der prüft das eh genau, genau" – wirkt wie eine Selbstberuhigungsformel, mit der sie ihre Hoffnung auf ein faires Verfahren unterstreicht, aber zugleich auch eine gewisse Ohnmacht gegenüber dem Prozess erkennen lässt.

Bemerkenswert ist schließlich der Abschluss des Segments: „Wir haben dann aber auch keinen Termin mehr gehabt." Auf die Rückfrage der Interviewerin – „Sie haben dann keinen Termin mehr gehabt?" – folgt eine erneute Bestätigung: „Beim Anwalt – nein." Dieser Umstand ist insofern bedeutsam, als er eine Passivität im weiteren juristischen Vorgehen erkennen lässt. Möglich ist, dass sich die Situation nach dem Erstkontakt mit dem Anwalt entspannte oder dass Frau Hoffmann keinen akuten Handlungsbedarf mehr sah. Ebenso denkbar ist, dass der Gang zum Anwalt

---

[21] Wenn die Kinder- und Jugendhilfe eine Obsorgeübertragung beim zuständigen Gericht beantragt, muss sie dies schriftlich begründen und darlegen, welche Umstände aus ihrer Sicht eine Kindeswohlgefährdung darstellen. Der Antrag wird anschließend allen beteiligten Parteien – in diesem Fall auch Frau Hoffmann – zugestellt, damit sie Stellung nehmen können, schriftlich oder im Rahmen einer gerichtlich anberaumten Tagsatzung (Anhörung). Die juristische Empfehlung, zunächst das gerichtliche Schreiben abzuwarten, folgt einer strategischen Überlegung: Erst nach Kenntnis des konkreten Inhalts kann eine gezielte und fundierte Stellungnahme erfolgen. Entsprechend raten Anwält:innen häufig dazu, erst nach Zustellung der Unterlagen juristisch zu reagieren, um gezielt auf die vorgebrachten Vorwürfe und rechtlichen Argumente einzugehen.

vor allem eine symbolische Handlung darstellte – eine Art formeller Schutzmaßnahme, ohne dass eine vertiefte juristische Auseinandersetzung angestrebt wurde. Ihre abschließende Bemerkung – „Nein, wir haben gesagt, wir melden uns, wenn es so weit ist, genau." – lässt Spielraum für unterschiedliche Deutungen. Einerseits könnte sie auf eine latente Fortdauer der Bedrohungslage hinweisen, bei der ein erneuter Kontakt je nach Eskalationsverlauf denkbar bleibt. Andererseits kann sie auch Ausdruck einer gewissen Erleichterung sein, dass keine weiteren Schritte notwendig wurden.

In der Gesamtschau zeigt dieses Segment, dass die Entscheidung zur juristischen Absicherung eine bedeutende Wendung in der Erzählung darstellt. Die stark auf formale Abläufe fokussierte Darstellung und der weitgehende Verzicht auf emotionale Reflexion legen nahe, dass sich Frau Hoffmann zu diesem Zeitpunkt in einem funktionalen, strategisch orientierten Handlungsmodus befand – mit dem Ziel, Risiken zu minimieren und ihre Position gegenüber der Kinder- und Jugendhilfe abzusichern. Die ausbleibende Fortsetzung des anwaltlichen Kontakts weist jedoch auch auf eine Ambivalenz hin: zwischen dem Bedürfnis nach Absicherung und der gleichzeitigen Hoffnung, den Konflikt nicht weiter eskalieren zu müssen.

Achtes Segment (S. 6, Z. 180–200): „Dass sie uns wahrscheinlich nur drohen wollte" – Obsorgeantrag als Druckmittel zur Zusammenarbeit

Dieses Segment knüpft an das dritte Segment der Stegreiferzählung an (S. 2, Z. 30–41: Zwischen Fremdbestimmung und strategischer Kooperation als Anpassungsstrategie)

Auf Nachfrage der Interviewerin, wie sich der Prozess nach den vorhergehenden Entwicklungen weiter gestaltete, schildert Frau Hoffmann eine Reihe von Gesprächen mit der Fachkraft. Nach der juristischen Beratung geht ihre Erzählung in eine Phase strategischer Aushandlung über. Bereits in der ersten Aussage wird ein zentrales Motiv deutlich: „Am Anfang hat sie eh gemeint, nein, das kann man nimmer abwenden, und hin und her." Die Verwendung von „eh" suggeriert eine gewisse Erwartbarkeit der Aussage – als hätte sie mit der Obsorgebeantragung bereits gerechnet. Gleichzeitig verweist die Formulierung „und hin und her" auf eine vage oder als wenig nachvollziehbar empfundene Argumentation. Dies könnte sowohl eine tatsächliche Unklarheit seitens der Fachkraft widerspiegeln als auch eine von Frau Hoffmann so erlebte Kommunikationsform.

Besonders aufschlussreich ist die folgende Wendung: „Aber irgendwann hat sie dann doch gesagt, nein, sie merkt, dass wir mitarbeiten wollen und hin und her, dass eben das nach hinten rutscht und genau." Die ungenaue zeitliche Einordnung durch

„irgendwann“ deutet auf einen Prozess hin, der für Frau Hoffmann wenig transparent verlief. Die Betonung der Mitwirkung als ausschlaggebender Faktor für das Zurückstellen der Obsorgebeantragung legt nahe, dass Frau Hoffmann ihre Kooperationsbereitschaft gezielt inszeniert – möglicherweise als strategische Anpassung an institutionelle Erwartungen. Die Entscheidung erscheint ihr nicht als Ergebnis objektiver Einschätzungen, sondern als Reaktion auf ihr Verhalten, was auf eine asymmetrische Machtkonstellation verweist.

Ein weiterer bedeutender Aspekt ist die Vermutung einer strategischen Drohung: „Und das, da haben halt auch einige gesagt, ahm, dass halt das schon so ist, dass sie uns wahrscheinlich nur drohen wollte, dass wir besser mitarbeiten oder so.“ Bemerkenswert ist hier die Einbindung einer vermeintlich kollektiven Perspektive („da haben halt auch einige gesagt“), durch die Frau Hoffmann ihre Interpretation absichert. Die Deutung, dass die Obsorgebeantragung als Druckmittel fungierte, stützt die These einer erlebten Machtausübung, bei der Kooperationsverweigerung mit Eskalation sanktioniert wird.

Die Erklärung für die Formulierung „das nach hinten rutscht“ konkretisiert diesen Eindruck: „Die Obsorge, also dass sie nicht gleich die Obsorge beantragen, sondern jetzt einmal warten, was [Pause] Sie hat sich überlegt, dann, ahm, was wir noch machen können und dann halt auch, was wir annehmen, inwieweit wir mitarbeiten, genau.“ Die Entscheidungsverschiebung erscheint hier nicht als Ergebnis fachlicher Beurteilung (einer sozialen Diagnostik[22]), sondern als abhängige Variable institutioneller Beobachtung und elterlicher Compliance. Frau Hoffmann sieht sich in einer Art Bewährungsphase, in der sie durch Mitwirkung Einfluss auf das Verfahren nehmen kann – oder muss. Die Aussage „Und jetzt ist es derweil komplett vom Tisch eigentlich, also, gibt's keinen Anhaltspunkt“ verweist auf eine nur vorläufige Entlastung. Die Begriffe „derweil“ und „eigentlich“ lassen darauf schließen, dass Frau Hoffmann die Situation weiterhin als latent gefährdet wahrnimmt. Das Verfahren erscheint ihr nicht endgültig beendet, sondern lediglich ausgesetzt – abhängig von ihrem Verhalten.

[22] Nach Eingang einer Gefährdungsmitteilung führt die Kinder- und Jugendhilfe eine Gefährdungsabklärung durch. Im Rahmen einer sozialen Diagnose werden dabei sowohl alle Sorgen oder Defizite, die auf eine mögliche Kindeswohlgefährdung hindeuten, als auch vorhandene Ressourcen erhoben, die einer Gefährdung entgegenwirken könnten. Auf dieser Grundlage erfolgt eine fachliche Einschätzung, ob und in welchem Ausmaß das Kindeswohl gefährdet ist. In Folge wird gemeinsam mit den Betroffenen ein Sicherheits- oder Hilfeplan erarbeitet, um eine (fortwährende) Gefährdung abzuwenden (Abschnitt 2.2; Praxishandbuch KJH, 2022, S. 38).

Im Anschluss schildert sie eine Entspannung der Gesamtsituation: „Mmh, ja, es gibt halt jetzt keine Konflikte mehr mit der Schule oder auch mit dem Kindergarten gibt's gar keine, mit dem Neuen." Die Betonung des Wechsels zu einer neuen Einrichtung und der Kontrast zu früheren Problemen deuten darauf hin, dass Frau Hoffmann die Ursachen für die Konflikte eher institutionell verortet. Die explizite Erwähnung des neuen Kindergartens dient hier offenbar auch der Absicherung – sie signalisiert Stabilität und Problemlösungskompetenz. Dieser Zusammenhang lässt sich mit dem dritten Segment der Stegreiferzählung verbinden, in dem sie äußert: „hab ich zu ihr gesagt, dass wir alles machen, also Kinderschutzzentrum, ahm, von mir aus auch Familienhelfer oder irgendwas" (S. 2, Z. 33–34). Darin wird eine generelle Bereitschaft zur Mitwirkung deutlich – gleichzeitig zeigt sich eine selektive Bewertung der Hilfsangebote: Während sie die Nachmittagsbetreuung ihres älteren Kindes positiv bewertet, äußert sie sich zu anderen Maßnahmen wie Familienbetreuung oder dem Sozialpädagogen zurückhaltend. Dies könnte auf eine subjektive Bewertung von Kontrolle und Autonomie in der Unterstützungsstruktur hindeuten, bei der als hilfreich erlebte Maßnahmen eher mit Selbstbestimmung verbunden sind, während andere Formen der Intervention als Druckmittel oder als fremdbestimmt wahrgenommen werden. Diese Unterscheidung zeigt sich bereits in der Stegreiferzählung und setzt sich in der aktuellen Erzählung fort, insbesondere im Spannungsverhältnis zwischen strategischer Kooperation und der empfundenen institutionellen Macht.

Diese Ambivalenz zeigt sich auch in der folgenden Passage: „Und auch mit dem Sozialpädagogen und das Kinderschutzzentrum hätten wir ja auch gemacht, aber das war uns einfach zu stressig, weil die freitags nicht arbeiten und wir aber unter der Woche arbeiten sind, ah [Pause] und das hab ich dann der [Name der Fachkraft] gesagt, dass das einfach ein Horror ist mit den Kleinen in der Früh, wenn wir so einen Stress haben und so." Hier führt sie pragmatische Gründe (zeitliche Belastung, Stress mit dem Kind) für die Unterbrechung einer Maßnahme an, ohne diese grundsätzlich abzulehnen. Die Darstellung legt nahe, dass sie sich bewusst ist, dass eine vollständige Verweigerung institutioneller Hilfen problematisch sein könnte. Stattdessen präsentiert sie die Nichtteilnahme als nachvollziehbar und situationsbedingt – eine Strategie, die Spielräume wahrt und zugleich den Anforderungen institutioneller Kooperation Rechnung trägt.

Die abschließende Formulierung „Und da wird dann entschieden: Brauchen wir das noch, brauchen wir es nicht? Genau." verweist auf einen fortlaufenden Aushandlungsprozess. Die Wiederholung der Entscheidungsformel („Brauchen wir das noch, brauchen wir es nicht?") legt nahe, dass die Entscheidung nicht ausschließlich bei ihr liegt. Die Formulierung „wird entschieden" suggeriert eine Fremdsteuerung des Prozesses, die sie zwar mitgestaltet, jedoch nicht kontrolliert.

Insgesamt verdeutlicht dieses Segment die anhaltende Spannung zwischen strategischer Kooperation und institutioneller Machtausübung. Frau Hoffmann beschreibt den Prozess als ein Zusammenspiel aus Handlungsspielräumen und impliziten Drohkulissen, bei dem ihre Kooperationsbereitschaft maßgeblich über den weiteren Verlauf entscheidet. Trotz Deeskalation bleibt das Machtgefälle bestehen – sichtbar in der vorsichtigen Sprache („derweil", „eigentlich"), in der Bewertung von Unterstützungsangeboten und im wiederkehrenden Hinweis auf Bedingungen („weil wir mitarbeiten"). Ihre Erzählweise legt nahe, dass sie versucht, innerhalb dieser asymmetrischen Struktur Handlungsspielraum zu behaupten, ohne die institutionellen Erwartungen offen zu unterlaufen.

Neuntes Segment (S. 6, Z. 201–208): „Man therapiert da eigentlich auch Konfliktsituationen und so [Pause] aber im Endeffekt, ja." – Sprachliche Strategien der Selbst- und Fremddarstellung im Kontext angeordneter Hilfen

Dieses Segment knüpft an das dritte Segment der Stegreiferzählung an (S. 2, Z. 30–41: Zwischen Fremdbestimmung und strategischer Kooperation als Anpassungsstrategie)

Die Interviewerin bezieht sich in ihrer Nachfrage auf das Vorwissen der Erzählerin, um vertiefende Informationen zur angeordneten Hilfe durch das Kinderschutzzentrum sowie zur Zusammenarbeit mit den Fachkräften zu erhalten. In der sprachlichen Gestaltung von Frau Hoffmann wird dabei eine auffällige Zurückhaltung sichtbar, die sich in Unbestimmtheitsmarkern („irgendwas", „ja", „eigentlich") sowie mehrfachen Relativierungen („ich glaub", „mehr kann ich Ihnen dazu nicht sagen") manifestiert. Dies kann sowohl auf eine geringe subjektive Relevanz der Maßnahme als auch auf eine ambivalente Haltung gegenüber dem Angebot hindeuten.

Strukturell bewegt sich die Erzählerin in einem berichtenden Modus ohne ausgeprägte narrative Elemente. Ihre Aussage „wir waren erst zwei- oder dreimal da" verweist auf eine nur kurze Inanspruchnahme des Angebots und könnte darauf hindeuten, dass dieses von ihr nicht als nachhaltig wirksam oder tragfähig erlebt wurde. Die Beschreibung des Kinderschutzzentrums als Einrichtung, in der „man therapiert da eigentlich auch Konfliktsituationen" bleibt allgemein und unkonkret. Die Formulierung vermittelt eine funktionale Vorstellung des Angebots, ohne jedoch auf persönliche Erlebnisse oder Interaktionen mit Fachkräften einzugehen.

Im Sinne von Schütze (1984) lässt sich hier eine kognitive Figur der Unsicherheit identifizieren. Die Erzählerin wechselt nicht in einen detaillierten Erfahrungsbericht, sondern verbleibt in einer fragmentarischen Darstellung mit zahlreichen Abschwächungen, Relativierungen und Pausen. Dies könnte auf eine begrenzt reflektierte

Erfahrung oder eine bewusste Distanzierung von der Maßnahme hinweisen. Möglicherweise wird das Kinderschutzzentrum in der biografischen Rückschau als randständiger Bestandteil des Hilfeprozesses eingeordnet, was sich auch in der sprachlichen Gestaltung niederschlägt.

Besonders auffällig ist die wiederholte Passage „[Pause] aber im Endeffekt, ja…“, die auf eine innere Suchbewegung schließen lässt. Die Pause signalisiert Zögern, das „aber im Endeffekt“ einen Versuch, zu einer abschließenden Bewertung zu gelangen, während das abschließende „ja […]“ diese erneut abschwächt. Diese sprachliche Struktur kann als Ausdruck innerer Ambivalenz gelesen werden: Frau Hoffmann scheint zwischen verschiedenen Deutungsmöglichkeiten ihres Erlebens zu schwanken. Die Entscheidung für eine eindeutige Bewertung wird hinausgezögert, wodurch ein diffuses Verhältnis zur Maßnahme deutlich wird – zwischen Anerkennung, Ablehnung und strategischer Rahmung.

In dieser uneindeutigen Positionierung könnte sich auch eine Form der Selbstberuhigung im Umgang mit der weiterhin latenten Bedrohung durch die Obsorgebeantragung zeigen. Die Kooperation mit dem Kinderschutzzentrum wird in sprachlicher Hinsicht nicht abgelehnt, aber auch nicht als sinnvoll und bedeutungsvoll hervorgehoben – was auf eine Strategie der situativen Anpassung hinweisen könnte. Diese ist auch an der sprachlichen Zurückhaltung und Verwendung formaler, distanzierender Begriffe („man“, „eigentlich“, „und so“) erkennbar. Darüber hinaus ist auch eine potenzielle Fremddarstellungsstrategie nicht auszuschließen: Die reduzierte und abstrahierte Beschreibung des Kinderschutzzentrums kann als Versuch gedeutet werden, gegenüber der Interviewerin ein Bild konstruktiver Kooperationsbereitschaft zu vermitteln – ohne sich in konkrete Inhalte oder persönliche Bewertungen zu verstricken. Diese Form der Darstellung fügt sich ein in das übergeordnete Muster strategischer Erzählsteuerung, das auch in anderen Segmenten beobachtet werden konnte.

Zehntes Segment (S. 6–7, Z. 209–224): „Ja, ich hätt gekämpft um meine Kinder.“ – Angst, Bedrohung und ambivalente Anpassungsstrategien im Kontext angeordneter Hilfen

Dieses Segment schließt inhaltlich an das zweite Segment der Stegreiferzählung an (S. 2, Z. 23–29: Die Wahrnehmung der Gefährdungsmitteilung – Institutionelle Kontrolle und Vertrauensdissonanz)

Die Interviewerin fragt gezielt nach, wie Frau Hoffmann mit der Situation umging, nachdem sie von der Gefährdungsmitteilung erfahren hatte und auf einen weiteren Termin mit der Fachkraft wartete. Dieses Segment steht in direktem Zusammenhang mit Segment zwei der Stegreiferzählung und knüpft an Segment sechs des Nachfrageteils an, in dem Frau Hoffmann ihre Empörung über die Vorgehensweise ausdrückt („Momentan war ich voll angefressen.“, S. 5, Z. 150). Ihre Antwort offenbart eine ambivalente Haltung: Zunächst schildert sie, neugierig und ungeduldig gewesen zu sein, relativiert dies aber umgehend: „war’s mir eigentlich ziemlich wurscht, weil ich weiß, dass es nicht stimmt.“ Die Verwendung des Relativierungsmarkers „eigentlich“ sowie der umgangssprachlich abwertende Ausdruck „wurscht“ deuten auf eine nachträgliche Abmilderung der emotionalen Belastung hin. Diese sprachliche Konstruktion kann als Versuch verstanden werden, die eigene Reaktion zu kontrollieren oder herunterzuspielen. Diese Ambivalenz wird im weiteren Verlauf noch deutlicher: Während sie einerseits betont, dass ihr die Gefährdungsmitteilung „ziemlich wurscht“ gewesen sei, versichert sie gleichzeitig, dass sie „gekämpft“ hätte, um ihre Kinder zu behalten. Die Formulierung „ja, ich hätt gekämpft“ dient hier offenbar der Selbstvergewisserung. Die wiederholte Verwendung von „genau“ wirkt dabei, wie eine Bestätigung gegenüber sich selbst und der Interviewerin, dass sie trotz der vordergründigen Gelassenheit sehr wohl die Bedrohung ernst genommen hat. Auch die folgende Aussage – „Natürlich hat man Angst, also das natürlich, ja. Aber sonst…“ – spiegelt diese Spannung zwischen Bedrohungsbewusstsein und Abwehr wider. Die Wiederholung des „natürlich“ könnte als Versuch gelesen werden, ihre Angst zu legitimieren, während das abschließende „aber sonst…“ erneut relativiert. Es entsteht der Eindruck, dass sie bemüht ist, ihre Emotionen im Rückblick nicht überzubetonen – möglicherweise, um Souveränität zu bewahren.

Im zweiten Teil des Segments richtet sich der Fokus auf die Unterstützung durch die sozialpädagogische Fachkraft. Zunächst beschreibt sie die häufigen Besuche als „lästig“, was auf eine gewisse Skepsis oder Abwehrhaltung hinweist. Danach stellt sie jedoch fest, dass die Besuche „mittlerweile […] weniger geworden“ seien, „weil’s eh passt“. Diese Formulierung wirkt ambivalent: Einerseits wird eine positive Entwicklung angedeutet, andererseits erscheint die Aussage „weil’s eh passt“ eher wie eine pragmatische Begründung als Ausdruck aktiver Zustimmung. Die sprachliche Gestaltung suggeriert, dass die Maßnahme eher geduldet als hilfreich erlebt wurde. Es scheint weniger die Intervention selbst, sondern deren Reduktion zu sein, die sie als Erleichterung wahrnimmt. Dies kann als Ausdruck eines Wunsches nach Autonomie interpretiert werden. Auch in der abschließenden Bemerkung zur sozialpädagogischen Nachmittagsbetreuung („da komm ich eigentlich auch klar“) zeigt sich Das „eigentlich“ lässt offen, ob Frau Hoffmann die Maßnahme als hilfreich erlebt oder ob sie lediglich eine gewisse Funktionalität anerkennt, ohne sie als aktiv unterstützend zu bewerten. Die Formulierung bleibt vage und weist – wie in anderen Segmenten – auf eine Haltung hin, die zwischen äußerer Anpassung und innerer Distanz oszilliert.

Insgesamt verdeutlicht dieses Segment ein Spannungsfeld zwischen subjektivem Bedrohungserleben, dem Bemühen um emotionale Selbstkontrolle und strategischer Anpassung an institutionelle Anforderungen. Frau Hoffmann zeigt sich nach außen kooperationsbereit, bewahrt sich jedoch gleichzeitig narrative Deutungsmacht über ihr eigenes Erleben. Ihre Sprache ist geprägt von Relativierungen, Abmilderungen und pragmatischen Wendungen, die als Indikatoren für eine ambivalente Haltung gegenüber den angeordneten Hilfen gelesen werden können – ein Muster, das sich bereits in früheren Segmenten zeigt und sich hier nochmals verdichtet.

Elftes Segment (S. 7, Z. 225–232) Zwischen emotionaler Belastung und Autonomie – Die Dissonanz im Umgang mit anonymen Gefährdungsmitteilungen: „Der war mir wurscht"

Dieses Segment knüpft an das zweite Segment der Stegreiferzählung an (S. 2, Z. 23–29: Die Wahrnehmung der Gefährdungsmitteilung – Institutionelle Kontrolle und Vertrauensdissonanz)

Die Interviewerin greift erneut das Thema der anonymen Gefährdungsmitteilung auf, mit dem Ziel, ein vertieftes Verständnis für Frau Hoffmanns Wahrnehmung und Bewertung dieses Eingriffs zu gewinnen. Im Fokus steht dabei die Frage nach der vermuteten Urheberschaft der Gefährdungsmitteilung, die bereits in der Stegreiferzählung angedeutet wurde: „Wir glauben, dass es irgendwer näher Bekanntes war" (S. 2, Z. 57). Im Verlauf des Interviews konkretisiert sich diese Vermutung zunehmend in Richtung des Nachbarn: „Unser Nachbar, der hat ständig gemeldet" (S. 5, Z. 146). Frau Hoffmann schildert den Nachbarn als wiederkehrenden Störfaktor, der sich regelmäßig über Alltägliches wie Kinderlärm, den Trockner oder Telefonate beschwert habe. Diese Beschreibung zeichnet ein Bild von einer konfliktbehafteten Nachbarschaftsbeziehung, in der sie sich offenbar wiederholt mit Vorwürfen oder Kritik konfrontiert sah. Die Formulierung „der war mir wurscht" dient dabei als demonstrative Abgrenzung. Sie stellt sich verbal über die Situation und signalisiert damit Unberührtheit – was als Strategie der Selbstbehauptung verstanden werden kann.

Gleichzeitig deutet die emotionale Färbung der Beschreibung auf eine latente Belastung hin: Die wiederholten Beschwerden des Nachbarn werden nicht als einmalige Vorkommnisse, sondern als kontinuierliche Störung thematisiert. Das lässt darauf schließen, dass Frau Hoffmann sich durchaus beeinträchtigt fühlte, auch wenn sie dies sprachlich zu relativieren versucht. Die abschließende Bemerkung „Aber mehr gibt's da eigentlich nicht dazu zu sagen" kann als narrativer Schlussversuch gewertet werden. Sie signalisiert eine bewusste Begrenzung der

Thematik, möglicherweise, um sich emotional zu entlasten oder einer tiefergehenden Auseinandersetzung mit einem konflikthaften sozialen Umfeld auszuweichen. Das „eigentlich“ wirkt dabei erneut als sprachliche Abschwächung, wie sie in früheren Segmenten mehrfach beobachtet wurde, und unterstreicht die Ambivalenz im Umgang mit belastenden Themen.

Insgesamt zeigt dieses Segment eine deutliche Dissonanz im Umgang mit anonymen Gefährdungsmitteilungen: Einerseits benennt Frau Hoffmann den Nachbarn konkret als potenziellen Auslöser und schildert seine wiederholten Beschwerden detailliert – andererseits minimiert sie dessen Bedeutung („der war mir wurscht“) und schließt die Thematik abrupt ab. Diese Spannung lässt sich als Schutzstrategie deuten: Die Abwertung des Nachbarn sowie die verweigerte Weiterführung des Themas könnten dem Versuch dienen, emotionale Kontrolle zurückzugewinnen und die eigene Autonomie gegenüber einem bedrohlich erlebten institutionellen Eingriff zu behaupten.

Zwölftes Segment (S. 7–8, Z. 233–254): Ambivalente Wahrnehmung der Beziehung zur Fachkraft – „Ja, also unfreundlich ist sie nicht, nein. Ganz normal halt.“

Dieses Segment gehört zum externen Nachfrageteil (Abschnitt 6.3.2), es wird ein neuer Aspekt eingebracht, sodass diese keinem Segment der Stegreiferzählung zugeordnet wird

Dieses Segment gehört zum externen Nachfrageteil und lässt sich keinem spezifischen Abschnitt der Stegreiferzählung zuordnen. Die Interviewerin führt einen neuen Themenkomplex ein, um ein vertiefendes Verständnis der Beziehungsgestaltung zwischen Frau Hoffmann und der Fachkraft der Kinder- und Jugendhilfe zu gewinnen – ein Aspekt, der in der Stegreiferzählung nur am Rande thematisiert wurde, obwohl die Beziehung über mehrere Jahre bestand.

In Frau Hoffmanns Darstellung fällt insbesondere ihre zurückhaltende und vage Sprache auf. Wiederholte Relativierungen wie „eigentlich“ oder „muss ich sagen“ wirken wie semantische Abschwächungen, die eine klare Positionierung vermeiden. Diese Form der sprachlichen Gestaltung kann als Ausdruck einer ambivalenten Haltung gelesen werden: Möglicherweise möchte sie einerseits Loyalität gegenüber der Fachkraft wahren, empfindet deren Unterstützung jedoch nicht durchgängig als hilfreich oder verbindlich. Ihre Bewertung bleibt damit auf einer allgemeinen Ebene und verweigert sich einer eindeutigen emotionalen Einordnung. Auffällig ist zudem die unpersönliche, distanzierte Erzählweise. Frau Hoffmann beschreibt die Beziehung zur Fachkraft weder anhand konkreter Situationen noch reflektiert sie eigene Anteile an der Interaktion. Die Erzählung bleibt oberflächlich, vermeidet

Ausschmückungen und persönliche Rückblicke. Die Formulierungen „unfreundlich ist sie nicht, nein“ oder „ganz normal halt“ suggerieren eine funktionale Beziehung, ohne emotionale Tiefe oder nachhaltige Bedeutung. Die wiederholte Verwendung von Negationen („nicht wirklich“, „nicht unfreundlich“) deutet auf eine gewisse Ambivalenz hin, ohne dass diese explizit thematisiert wird. Diese sprachliche und inhaltliche Zurückhaltung lässt sich als Schutzstrategie deuten. Sie könnte darauf abzielen, eine kritische Auseinandersetzung mit der Fachkraft oder ihrer Rolle im Hilfeplanungsprozess[23] – und damit auch mit möglichen eigenen Enttäuschungen oder Erwartungen – zu vermeiden. Alternativ ist denkbar, dass Frau Hoffmann die Beziehung zur Fachkraft tatsächlich als sachlich, aber wenig bedeutungsvoll erlebt und ihr daher im Rückblick keine tiefere Relevanz zuschreibt.

Zusammenfassend lässt sich festhalten, dass Frau Hoffmann die Fachkraft als professionell und bemüht beschreibt, diese Einschätzung jedoch sprachlich abschwächt und emotional distanziert präsentiert. Ihre Darstellung verweist auf eine funktional geprägte Beziehung, in der Nähe und Vertrauen möglicherweise nicht im Zentrum standen oder retrospektiv nicht erinnert werden. Die narrative Zurückhaltung und die relativierende Sprache deuten auf eine ambivalente Wahrnehmung hin, die in das bereits erkennbare Muster strategischer Selbstpositionierung und distanzierter Erzählweise eingebettet ist.

Dreizehntes Segment (S. 8, 255–286): Reflexion des Gefährdungsabklärungsprozesses und abschließende Bewertung

In diesem Segment des Nachfrageteils wird von der Interviewerin im Rahmen des externen Nachfrageteils ein neuer Aspekt eingebracht, sodass diese keinem Segment der Stegreiferzählung zugeordnet wird

Die Interviewerin nutzt die Gelegenheit, um eine abschließende Reflexion über den Gefährdungsabklärungsprozess anzuregen und mögliche hilfreiche oder hinderliche Faktoren aus Sicht der Erzählerin zu erheben. Frau Hoffmanns Reaktion auf die offene Frage nach Verbesserungswünschen zeigt erneut eine starke Tendenz zur

[23] Zum Zeitpunkt des Interviews befand sich Frau Hoffmann noch im Hilfeplanungsprozess. Nach Abschluss der Gefährdungsabklärung nahm sie mehrere Hilfen zur Erziehung in Anspruch (Abschnitt 2.2), wodurch eine aktive Zusammenarbeit mit der Fachkraft fortbestand. Ihre Aussagen sind daher auch als strategische Positionierung im laufenden Hilfeprozess zu verstehen – im Spannungsfeld zwischen Kooperationsbereitschaft und dem Wunsch nach Autonomie. Dies erschwert eine abschließende Bewertung der professionellen Unterstützung. In diesem Kontext wird ein möglicher Anpassungsmechanismus sichtbar, der darauf abzielt, eine Balance zwischen Eigenständigkeit und institutionellen Erwartungen wahren. Diese Dynamik unterstreicht die Schwierigkeit, professionelle Unterstützung zu bewerten, solange der Hilfeprozess nicht abgeschlossen ist.

Relativierung und zum Rückzug aus einer vertieften Auseinandersetzung: „Nein, eigentlich nicht. Es ist ihre normale Vorgehensweise, das müssen sie ja machen.“ Die wiederholte Berufung auf Vorschriften und standardisierte Abläufe verweist auf eine pragmatische Haltung. Der Gefährdungsabklärungsprozess erscheint ihr als institutionelle Notwendigkeit, der sie sich zwar unterordnet, zu dem sie jedoch keine aktiv gestaltende Haltung mehr einnimmt. Diese Haltung kann als Ausdruck einer gewissen Resignation oder auch als bewusste Selbstbegrenzung gedeutet werden – möglicherweise, um emotionale Belastungen nicht weiter zu vertiefen.

Gleichzeitig wird der Wunsch nach Distanz deutlich: „Ich bin froh, wenn ich sie nimmer hab.“ In Verbindung mit der Äußerung, sie wünsche sich „wieder mehr Ruhe“, legt dies nahe, dass sie die Intervention eher als Belastung, denn als Unterstützung empfunden hat. Die Fachkraft erscheint ihr nicht als dauerhaft hilfreiche Bezugsperson, sondern als Symbol für einen als störend erlebten Eingriff in ihren Alltag. Zugleich bemüht sich Frau Hoffmann, ihre Handlungsfähigkeit hervorzuheben. Ihre Erzählung, sie habe mehrfach Kontakt zur Fachkraft aufgenommen und sei damit „durchgekommen“, dient der Betonung von Einflussnahme und Wirksamkeit: „Sie hat’s ernst genommen. Hat man auch gemerkt.“ Diese Aussage kann als Versuch gelesen werden, sich selbst nicht ausschließlich als Objekt institutioneller Kontrolle, sondern als aktiv Mitgestaltende zu positionieren. In dieser strategischen Selbstvergewisserung wird das Bedürfnis nach Selbstwirksamkeit sichtbar – ein Bedürfnis, das in früheren Segmenten häufig mit Unsicherheit, Ohnmacht oder ambivalenter Kooperation korrespondiert.

Bedeutsam ist auch die erneute Thematisierung der Obsorgefrage. Frau Hoffmann betont die strukturelle Komplexität der Situation, insbesondere in Bezug auf die juristische Dimension: „Da brauchst einen Anwalt, ohne Anwalt schaffst du das nicht.“ Diese Einschätzung verweist auf ein latentes Gefühl der Überforderung im Kontext rechtlicher Verfahren. Dass in ihrem Fall kein Gerichtsprozess notwendig war, schreibt sie ihrer aktiven Kontaktaufnahme zur Fachkraft zu – was erneut ihr Selbstbild als verantwortungsvolle und lösungsorientierte Akteurin unterstreicht.

Am Ende des Segments erfolgt eine überraschend positive Bewertung der Fachkraft: „Da gibt’s eigentlich nichts. Das war normal.“ und: „So sollte jeder sein. Oder die haben ihren Beruf verfehlt.“ Diese klare Zustimmung steht im Kontrast zur überwiegend distanzierten und ambivalenten Haltung in den vorangegangenen Segmenten. Möglicherweise liegt hierin eine nachträgliche Auflösung von Spannungen, die sich im Laufe des Gesprächs aufgebaut haben. Die plötzliche Aufwertung könnte als narrativer Abschluss und strategische Selbstpositionierung verstanden werden: Indem sie die Fachkraft lobt, betont sie implizit auch ihre eigene Bereitschaft zur Zusammenarbeit – allerdings unter Bedingungen, die sie selbst mitgestaltet. Diese abschließende Zustimmung lässt sich jedoch auch alternativ deuten. Vor dem Hintergrund der mehrfach beobachteten Relativierungen und ambivalenten Äußerungen im Verlauf des Interviews könnte es sich um eine Strategie handeln, das eigene Erleben widerspruchsfrei zu rahmen. Die positive Bewertung der Fachkraft könnte helfen, innere Spannungen zu reduzieren und widersprüchliche Erfahrungen (zwischen Überforderung, Misstrauen und Kooperation) narrativ zu ordnen. Gleichzeitig bleibt offen, ob diese Anerkennung auf tatsächlicher Wertschätzung beruht oder vielmehr als Schutzstrategie gegen erneute institutionelle Zuschreibungen fungiert.

Insgesamt zeigt dieses Segment – wie bereits frühere Passagen – die Spannungsfelder zwischen Bedrohungserleben und Mitgestaltung, zwischen Anpassung und Selbstbehauptung. Die abschließende Bewertung verweist nicht nur auf eine positive Einschätzung der konkreten Fachkraft, sondern auch auf ein übergeordnetes Bedürfnis, sich am Ende des Prozesses als bewältigende und handlungsfähige Akteurin zu verorten.

7.2.2 Gesamtformung

In diesem Auswertungsschritt geht es um die biografische Gesamtformung des Falles. Ziel ist es, die für den Lebenslauf dominante Prozessstruktur in ihrer spezifischen Ausprägung zu rekonstruieren (Schütze, 1983; Kleemann et al., 2013, S. 88). Bezogen auf den vorliegenden Fall von Gerda Hoffmann bedeutet dies, die Gesamtstruktur des Gefährdungsabklärungsprozesses zu erfassen und zu analysieren, wie dieser sich im Rahmen ihrer Lebensgeschichtet abbildet. Dabei stehen nicht primär die äußeren Abläufe, sondern vielmehr die subjektive Haltung und die Verarbeitungsweise der Adressatin im Vordergrund – insbesondere im Hinblick auf das Erleben und den Umgang mit dem Gefährdungsabklärungsprozess durch die Kinder- und Jugendhilfe infolge einer anonymen Gefährdungsmitteilung.

Die Analyse folgt im Weiteren den von Schütze (1983) identifizierten prozessstrukturellen Grundmustern biografischer Verläufe: der Verlaufskurvendynamik, dem biografischen Handlungsschema, dem institutionellen Ablaufmuster sowie dem Wandlungsprozess. Diese Strukturmuster dienen im Folgenden als analytische Orientierung, um die biografische Einbettung und Bedeutung des Hilfeprozesses im Lebenslauf der Adressatin differenziert herauszuarbeiten.

Dominante Prozessstruktur: Verlaufskurvendynamik und institutionelle Kontrolle

Die lebensgeschichtliche Erzählung von Gerda Hoffmann ist wesentlich durch eine Verlaufskurvendynamik im Sinne Schützes (1984) geprägt. Die biografische Struktur ihrer Darstellung folgt einem krisenhaften Verlauf, in dem sie sich zunehmend als Objekt institutioneller Kontrolle erlebt und in eine defensive, fremdbestimmte Position gerät. Ausgelöst wird diese Dynamik durch eine anonyme Gefährdungsmitteilung, die als biografischer Wendepunkt fungiert und eine Reihe formalisierter Interventionsmaßnahmen der Kinder- und Jugendhilfe in Gang setzt.

Charakteristisch für diese Verlaufskurve ist, dass der biografische Bruch nicht auf ein individuelles Scheitern oder auf subjektiv erlebte Überforderung der Erzählerin zurückzuführen ist, sondern durch externe, institutionelle Mechanismen erzeugt wird. Frau Hoffmann beschreibt sich selbst als lebenspraktisch stabil und um das Wohl ihrer Kinder bemüht, sieht sich jedoch durch die behördliche Dynamik mit einer sich zuspitzenden Situation konfrontiert, die sie nicht aktiv mitgestalten kann, sondern als von außen übergestülpt erlebt.

Besonders deutlich wird dieses Moment der Fremdsteuerung im Zusammenhang mit der latenten Androhung eines Obsorgeentzugs. Diese wird von Frau Hoffmann nicht als sachlich nachvollziehbare Maßnahme beschrieben, sondern als implizites Druckmittel, mit dem die Institution ihre Kooperationsbereitschaft einfordert. Die daraus resultierende narrative Bewegung folgt einer klassischen Verlaufskurvendynamik: Auf einen als willkürlich und bedrohlich erlebten Einschnitt folgt ein Zustand der Unsicherheit, in dem die Erzählerin versucht, durch strategische Anpassung (z. B. Zustimmung zu Hilfeangeboten, juristische Absicherung, betonte Kooperationsbereitschaft) wieder Handlungsspielräume zurückzugewinnen. Die Verlaufskurve bleibt dabei nicht episodisch, sondern zieht sich als strukturierendes Grundmuster durch das gesamte Interview. Sie verdeutlicht, wie stark biografische Selbstdeutungen durch institutionelle Abläufe und Machtverhältnisse geprägt sein können, insbesondere dann, wenn der Zugriff auf das Familiensystem mit dem Risiko einer nachhaltigen Statusveränderung – wie im Falle einer Obsorgeübertragung – verbunden ist.

Institutionelles Ablaufmuster: Entscheidungszwänge und Delegation von Verantwortung

Ein prägendes Strukturmuster im Fall von Gerda Hoffmann ist das institutionelle Ablaufmuster, wie es von Schütze (1983) beschrieben wird: Die Erzählerin wird zum Objekt eines formalen Hilfeprozesses, dessen Dynamik wesentlich durch Entscheidungszwänge, Verantwortungsdelegation und Risikoabwägungen innerhalb der Institutionen geprägt ist. Insbesondere in der Interaktion mit der Kinder- und

Jugendhilfe sowie den Betreuungseinrichtungen ihres älteren Kindes wird deutlich, dass strukturelle Überforderung auf Seiten der Fachkräfte vorliegt. Anstelle einer kohärenten Fallsteuerung erfolgt eine Verlagerung der Verantwortung auf die Mutter – sie wird zur zentralen Adressatin einer problematisierten Familiensituation, während sich die Institutionen zunehmend entlasten. Diese Dynamik folgt einem typischen Eskalationsmuster sozialer Hilfesysteme: In Situationen ambivalenter Fallkonstellationen entsteht Handlungsdruck, der Fachkräfte dazu veranlasst, klare Eingriffspunkte zu identifizieren, um eine Risikobewertung abzusichern und interventionsfähig zu bleiben. Die Kommunikationsweise der Fachkraft verstärkt aus Sicht der Erzählerin den Eindruck mangelnder Transparenz: Die Ankündigung der Gefährdungsmitteilung erfolgt beiläufig und ohne strukturelle Einbettung („Zwischendurch hat sie mir so gesagt, ja, es ist eine Gefährdungsmeldung hereingekommen", Segment 2). Diese Form der Mitteilung erscheint der Erzählerin willkürlich – sie erlebt sich nicht als aktiv Beteiligte, sondern als passiv Betroffene einer bereits laufenden Entscheidungslogik.

Ein zentrales Moment in diesem institutionellen Ablaufmuster ist die retrospektiv als folgenreich erlebte Äußerung über ihren Bruder, die Frau Hoffmann unter emotionalem Druck tätigt („So auf gut Deutsch, wie der Große, der soll dann auch eine Bewährungsstrafe kriegen, dass er es lernt", Segment 3). Diese Aussage wird von ihr selbst als Auslöser einer Neubewertung ihrer elterlichen Kompetenz gedeutet. Sie verdeutlicht, wie institutionelle Prozesse in Situationen diagnostischer Unsicherheit auf situative und affektive Aussagen zurückgreifen, um Handlungsentscheidungen zu legitimieren. Das institutionelle Ablaufmuster zeigt sich damit als Logik sozialer Kontrolle unter Bedingungen struktureller Ambivalenz: Zwischen Unterstützungsabsicht und Risikomanagement oszillierend, greifen Fachkräfte auf interpretative Deutungsmuster zurück, die einzelne Aussagen oder Verhaltensweisen in ihrer Bedeutung überhöhen können. In der Folge wird nicht mehr die Gesamtsituation, sondern ein herausgelöster Moment zum Kristallisationspunkt für weitreichende Maßnahmen – mit teils massiven biografischen Konsequenzen für die Betroffenen.

Strategische Anpassung und symbolische Kooperation

Ein prägendes Muster in der Erzählung von Frau Hoffmann ist ihr Umgang mit institutionellen Anforderungen, der zwischen strategischer Anpassung und latenter Abgrenzung oszilliert. Ihre biografische Selbstverortung schwankt zwischen äußerer Kooperationsbereitschaft und innerer Distanz zu den Maßnahmen. Unterstützungsangebote werden zwar angenommen, gleichzeitig jedoch sprachlich relativiert oder als wenig wirksam beschrieben.

Insbesondere die nur punktuelle Inanspruchnahme des Kinderschutzzentrums („Wir waren erst zwei- oder dreimal da“, Segment 9/NT) verweist auf eine mögliche symbolische Kooperation, die primär der Erfüllung institutioneller Erwartungen dient. Die sprachlichen Markierungen („eigentlich“, „naja, so richtig war das jetzt kein [...]“, Segment 5/NT) zeigen deutlich, dass Frau Hoffmann die Maßnahmen nicht als passgenaue Unterstützung, sondern als fremdbestimmte Vorgaben erlebt, denen sie sich strategisch unterordnet. Ein weiteres Beispiel dafür ist ihr Umgang mit dem drohenden Obsorgeentzug: Die Einschaltung eines Anwalts („Ich hab aber dann gleich auch einen Anwalt kontaktiert und alles“, Segment 4/NT) kann als Versuch gelesen werden, durch formale Ressourcen eine begrenzte Resouveränisierung innerhalb eines krisenhaft erlebten Machtverhältnisses herzustellen. Der Rückgriff auf juristische Beratung erscheint hier weniger als Ausdruck von Vertrauen in das Hilfesystem, sondern vielmehr als Instrument zur Kontrolle des Kontrollierenden – ein Zeichen aktiver Handlungsfähigkeit im Kontext erlebter Ohnmacht. Trotz dieser Anpassungsstrategien bleibt eine grundlegende Vertrauensdissonanz gegenüber den Institutionen bestehen. In der Bewertung des Prozesses als belastend („Ich bin froh, wenn ich sie nimmer hab“, Segment 12/NT) manifestiert sich eine Haltung, die institutionelle Kontrolle nicht als Hilfe, sondern als emotionale, organisatorische und strukturelle Zumutung interpretiert. Dies verstärkt das verlaufskurvenhafte Erleben von Machtlosigkeit und Kontrollverlust, wie es für das institutionelle Ablaufmuster in Verbindung mit biografischen Krisen typisch ist.

In der narrativen Struktur lassen sich zwei Eigentheorien erkennen, mit denen Frau Hoffmann ihre biografische Position stabilisiert:

- Selbstbild als resiliente Mutter: Frau Hoffmann inszeniert sich als fürsorgliche und handlungsfähige Mutter, die – trotz institutioneller Zumutungen – für das Wohn ihrer Kinder einsteht. Ihre Aussage „Ja, ich hätt gekämpft um meine Kinder“ (Segment 10/NT) ebenso wie ihre Reaktion auf die Gewalt in der Betreuungseinrichtung („Ich hab dann die Rettung eben angerufen und dann ist eh die Polizei gekommen“, Segment 5/NT) belegen den Versuch, sich aktiv als verantwortliche Akteurin zu positionieren – auch wenn sie institutionell entmachtet wird.
- Kritik an institutionellen Machtlogiken: Parallel dazu entwickelte sie eine kritische Deutung der institutionellen Prozesse, die als willkürlich, übergriffig oder taktisch motiviert erscheinen. Besonders deutlich wird dies in der Vermutung, der Obsorgeentzug sei „nur“ angedroht worden, um Druck aufzubauen („Dass sie uns wahrscheinlich nur drohen wollte, dass wir besser mitarbeiten“, Segment 6/NT). Auf diese Weise delegitimiert sie die institutionelle Handlungsmacht, indem sie ihr strategisches Kalkül und nicht fachliche Notwendigkeit unterstellt.

Insgesamt ist der Fall Gerda Hoffmann durch eine dominant verlaufskurvenhafte Struktur geprägt, die zum Zeitpunkt des Interviews nicht abgeschlossen ist. Institutionelle Macht, strategische Anpassung und punktuelle Resouveränisierungsversuche stehen in einem wechselseitigen Spannungsverhältnis. Die Überforderung der Fachkräfte, die Delegation von Verantwortung an die Mutter sowie das Ringen um Handlungsmacht innerhalb der strukturellen Asymmetrie führen zu einer krisendynamischen Entwicklung, die von der Erzählerin durch strategisches Erzählen, selektive Kooperation und narrative Selbstvergewisserung verarbeitet wird.

Diese Analyse verweist auf grundlegende Spannungsfelder in Hilfeprozessen der Kinder- und Jugendhilfe – insbesondere auf die fragile Balance zwischen Schutz und Kontrolle, Partizipation und Disziplinierung, sowie auf die bedeutsame Rolle subjektiver Deutungsmuster in der biografischen Verarbeitung institutioneller Eingriffe.

7.2.3 Fallbezogene Interaktionsmuster in der Beziehungsgestaltung

Die Beziehungsgestaltung zwischen Gerda Hoffmann und der Kinder- und Jugendhilfe ist durch ein Spannungsfeld zwischen institutioneller Kontrolle und individuellen Handlungsstrategien geprägt. Die Analyse zeigt, dass Frau Hoffmann die Interaktionen mit der Kinder- und Jugendhilfe in hohem Maße als fremdbestimmt erlebt. Dies spiegelt sich in ihrer distanzierten, zum Teil strategisch motivierten Kooperationsbereitschaft wider. Das Erleben von Fremdbestimmung resultiert dabei nicht allein aus den gesetzten Maßnahmen, sondern auch aus der Art und Weise, wie der professionelle Kontakt im Rahmen des Gefährdungsabklärungsprozesses gestaltet wurde.

Ein maßgebliches Muster ist das Spannungsverhältnis zwischen institutionellen Zwängen und biografischen Deutungsmustern. Frau Hoffmann beschreibt die Fachkraft als eine Person, die primär an formale Vorgaben gebunden scheint und nur bedingt auf ihre individuellen Anliegen eingeht. In der Folge sieht sie sich nicht als aktive Kooperationspartnerin innerhalb eines Hilfesystems, sondern als Adressatin eines Kontrollmechanismus. Besonders deutlich wird diese Wahrnehmung in der Schilderung der Kommunikation zur Gefährdungsmitteilung, die nicht als strukturierter oder transparenter Prozess erscheint, sondern als von außen aufoktroyierte Intervention.

Die beiläufige Art der Mitteilung („zwischendurch hat sie mir so gesagt […]“, Segment 2) verstärkt für die Erzählerin den Eindruck mangelnder Transparenz und institutioneller Willkür. Gleichzeitig klingt in ihren Aussagen eine resignative Haltung gegenüber der Entscheidungsmacht der Fachkräfte an: „Aber, ja, es ist dann halt eine Gefährdungsabklärung" (Segment 2). Diese Formulierung verweist auf eine Interaktionsdynamik, in der Entscheidungen nicht verhandelbar erscheinen, sondern als alternativlos hingenommen werden müssen. Obwohl Frau Hoffmann im Laufe der Jahre wiederholt institutionelle Unterstützung in Anspruch genommen hat, beschreibt sie diese häufig als wenig bedarfsgerecht oder unzureichend abgestimmt. Ihre kritische Haltung wird insbesondere im Kontext der Betreuungseinrichtungen deutlich. Die Unterstützungsleistungen erscheinen aus ihrer Sicht nicht als proaktive Hilfe, sondern als reaktive Maßnahmen, die aus institutioneller Überforderung heraus erfolgen. In der Darstellung der Herausforderungen mit der Betreuungseinrichtung ihres Kindes wird dies besonders greifbar: „Die [Betreuung] ist halt überhaupt nicht klargekommen" (Segment 3). Hier zeigt sich eine Verlagerung der Verantwortung: Während die Institutionen überfordert scheinen, wird die Mutter als alleinige Trägerin der Lösungserwartungen adressiert.

Diese strukturelle Zuschreibung von Verantwortung kumuliert in der Ankündigung eines möglichen Obsorgeentzugs. Der zentrale Auslöser dafür scheint aus Sicht der Erzählerin eine spontane Äußerung gewesen zu sein, die im institutionellen Prozess überinterpretiert und als Indikator für eine Kindeswohlgefährdung gewertet wurde: „Sie beantragt die Obsorge für die Kinder, weil sie eine Gefährdung sehen und [...] also wegen einer Aussage von uns [...]" (Segment 3). Dieser Moment stellt eine Zäsur in der Beziehungsgestaltung dar: Die Erzählerin erlebt eine Verdichtung institutioneller Macht und sieht sich in eine passive Verteidigungsposition gedrängt, aus der heraus nur noch strategische Reaktionen möglich erscheinen.

Förderliche und hinderliche Faktoren in der Beziehungsgestaltung mit der KJH

Die Beziehungsgestaltung zwischen Frau Hoffmann und der Kinder- und Jugendhilfe ist von einem komplexen Wechselspiel zwischen institutioneller Kontrolle, individuellen Deutungen und strategischen Handlungsmustern geprägt. Aus dem Fallmaterial lassen sich folgende förderliche und hinderliche Faktoren ableiten:

Hinderliche Faktoren:

- Funktionale, aber nicht vertrauensvolle Beziehung: Frau Hoffmann erlebt die Beziehung zur Fachkraft als sachlich korrekt, jedoch nicht als vertrauensvoll oder individuell zugewandt. Die Unterstützung erscheint ihr als standardisierte

Reaktion auf institutionelle Vorgaben, nicht als bedarfsgerechte Hilfe („Ganz normal halt.“, Segment 11/NT).

- Fehlendes Arbeitsbündnis: Die distanzierte Bewertung verweist auf das Nicht-Zustandekommen eines emotional tragfähigen Arbeitsbündnisses. Die Fachkraft wird als Vertreterin administrativer Abläufe wahrgenommen, nicht als empathische Bezugsperson („Sie haben Vorschriften. Das müssen sie machen.“, Segment 11/NT).
- Intransparente Kommunikation und unklare Entscheidungsprozesse: Die verspätete Information über die Gefährdungsmitteilung und das Fehlen einer frühzeitigen Einbindung der Familie fördern Misstrauen und das Gefühl fehlender Mitgestaltungsmöglichkeiten („Also, wie wenn sie das voll mit Absicht machen.“, Segment 6/NT).
- Institutionelles Misstrauen und strategische Deutungen: Die Kinder- und Jugendhilfe wird von Frau Hoffmann nicht als unterstützende Instanz, sondern als strategisch agierende Akteurin erlebt, der Druck erzeugt. Dies erklärt ihre Zurückhaltung gegenüber Unterstützungsmaßnahmen und ihre Konzentration auf symbolische Kooperation.
- Machtstrategische Eskalation durch Drohung mit Obsorgeentzug: Die Ankündigung der Obsorgeübertragung wird als Druckmittel zur Steuerung von Verhalten wahrgenommen. Die Fachkraft erscheint dabei nicht als um Unterstützung bemühte Person, sondern als Vertreterin institutioneller Kontrolle.
- Delegation von Verantwortung auf die Mutter: Die strukturelle Überforderung in Schule und Betreuung wird nicht institutionell bearbeitet, sondern auf die Familie übertragen. Frau Hoffmann sieht sich damit in der Rolle derjenigen, die Lösungen bereitstellen muss – ohne über entsprechende Ressourcen zu verfügen.
- Fehlende Passung der Hilfsangebote: Unterstützungsmaßnahmen werden als wenig individuell und nicht bedarfsgerecht erlebt („Wir waren erst zwei- oder dreimal da“, Segment 9/NT). Dies verweist auf ein strukturelles Defizit in der Ausrichtung von Hilfen an der Lebensrealität der Adressat:innen.

Förderliche Faktoren:

- Möglichkeit individueller Aushandlung: Trotz belastender Erfahrungen erkennt Frau Hoffmann an, dass Kooperationssignale auf institutioneller Seite zu einer Deeskalation geführt haben. („Jetzt ist es derweil vom Tisch.“, Segment 8/NT) Dies zeigt, dass Verhandlungsspielräume innerhalb institutioneller Abläufe als hilfreich wahrgenommen werden können.
- Langjährige Beziehung zur Fachkraft: Auch wenn das Vertrauen in die Institution begrenzt ist, wird die personelle Kontinuität als stabilisierend beschrieben. Die

Erzählerin verweist darauf, dass die Fachkraft sie und ihre Familie lange kennt – was aus ihrer Sicht zu einer differenzierteren Einschätzung hätte führen sollen.

- Juristische Selbstermächtigung als Ressource: Die Entscheidung, rechtlichen Beistand hinzuzuziehen, markiert einen biografischen Wendepunkt: Frau Hoffmann erlebt sich dadurch wieder partiell als handlungsfähig. Der Schritt dient sowohl der Selbstsicherung als auch der Neupositionierung gegenüber der Institution.
- Abschließende positive Neubewertung der Fachkraft: Trotz der vorangegangenen Konflikte erfolgt eine positive Rahmung der Fachkraft in der abschließenden Bewertung. („So sollte jeder sein.", Segment 12/NT) Dies kann als Zeichen einer nachträglichen Reinterpretation zur Stabilisierung der Beziehung gelesen werden oder als Ausdruck von Dankbarkeit für nachvollziehbare Kommunikation in einer späten Phase des Prozesses.

Zusammenfassend zeigt der Fall Gerda Hoffmann exemplarisch, wie Beziehungsgestaltung im Kontext von Gefährdungsabklärung nicht nur durch individuelle Haltungen oder Handlungsstrategien geprägt ist, sondern maßgeblich durch institutionelle Kommunikations- und Entscheidungsstrukturen beeinflusst wird. Die Interaktionsdynamik ist gekennzeichnet von strategischer Kooperation, Misstrauen und dem Versuch, innerhalb asymmetrischer Machtverhältnisse handlungsfähig zu bleiben. Diese Analyse unterstreicht die Notwendigkeit, Adressat:innen nicht nur als Reagierende, sondern als aktiv Beteiligte im professionellen Prozess ernst zu nehmen und institutionelle Rahmenbedingungen im Sinne gelingender Beziehungsgestaltung kritisch mitzudenken.

7.3 Maximaler kontrastiver Fallvergleich – Parallelen und Unterschiede

Die Fallgeschichten von Christina Dürr und Gerda Hoffmann werden im Rahmen eines maximal kontrastierenden Fallvergleichs analysiert. Im Zentrum steht die Herausarbeitung von Parallelen und Unterschieden hinsichtlich biografischer Voraussetzungen, subjektiver Deutungsmuster, Interaktionsstrategien sowie der Wahrnehmung und Bewertung der Beziehungsgestaltung mit der Kinder- und Jugendhilfe.

Frühe Elternschaft und institutionelle Erstkontakte

Eine biografische Gemeinsamkeit liegt in der frühen Elternschaft beider Frauen – teils noch vor oder kurz nach Erreichen der Volljährigkeit. In beiden Fällen erfolgte bereits früh ein Erstkontakt zur Kinder- und Jugendhilfe, was deren institutionelle Sozialisation maßgeblich beeinflusste. Diese frühen Erfahrungen wirken als Deutungsrahmen für spätere Interaktionen im Kontext des Gefährdungsabklärungsprozesses.

Institutionelle Auslöser und Fallverläufe

Die Ausgangslagen unterscheiden sich jedoch deutlich: Während Gerda Hoffmann im Zuge einer anonymen Gefährdungsmitteilung mit der Kinder- und Jugendhilfe konfrontiert wurde, suchte Christina Dürr bei einer als krisenhaft erlebten familiären Überforderungssituation selbst Unterstützung – bereits zum dritten Mal. Während Hoffmann den Gefährdungsabklärungsprozess als von außen initiierten Eingriff erlebt, markiert er für Dürr eine aktive Suchbewegung.

Institutionelle Prägungen und subjektive Einstellungen

Beide Frauen berichten von einem kritisch eingestellten sozialen Umfeld, das die Kinder- und Jugendhilfe negativ rahmt. Dürr verweist auf frühkindliche Prägungen, in denen die Institution als Drohkulisse („Wenn du nicht brav bist, kommt das Jugendamt“) fungierte. Auch in ihrem sozialen Milieu wurde die KJH abgewertet („schlecht über das Jugendamt geredet“). Diese früh verinnerlichten Bilder führten zu einem anhaltenden Misstrauen, das durch die Erfahrung einer autoritären Fachkraft im ersten Gefährdungsabklärungsprozess verstärkt wurde. Auch Hoffmann nimmt die Kinder- und Jugendhilfe als kontrollierend wahr. Die Androhung einer Obsorgeübertragung verstärkte ihre Deutung institutioneller Macht. Trotz punktueller Unterscheidung zwischen Fachkraft und System bleibt ihr Grundbild der KJH als Kontrollinstanz über den gesamten Prozess hinweg stabil.

Handlungsstrategien im Umgang mit der Institution

Ein deutlicher Kontrast zeigt sich in den Bewältigungsstrategien:

- Hoffmann reagiert defensiv und institutionenaversiv. Ihre Kooperation erfolgt strategisch und nicht aus Überzeugung. Mit der Beiziehung eines Anwalts versucht sie, sich symbolisch gegen die institutionelle Macht abzusichern. Die Unterstützungsangebote empfindet sie als wenig passgenau oder hilfreich. Ihre primäre Strategie ist die Minimierung institutioneller Einflussnahme bei gleichzeitiger formaler Kooperation zur Vermeidung weiterer Eskalationen.

- Dürr hingegen bewegt sich in einem Spannungsfeld zwischen anfänglicher Erwartungskonformität und einem späteren Prozess der Selbstermächtigung. Sie nähert sich der KJH zunächst mit dem Wunsch nach Hilfe, erlebt aber Kontrollmechanismen als belastend. Erst durch eine positive Interaktion mit einer zweiten Fachkraft gelingt eine Neuorientierung: Die Beziehung zur Fachkraft wird emotional aufgeladen (Assoziation mit der „ersten großen Liebe"), was Vertrauen ermöglicht und die KJH als Ressource neu bewertbar macht.

Beziehungsgestaltung zur Fachkraft

- Hoffmann beschreibt ihre Fachkraft abschließend als „nicht unfreundlich" und „pflichtbewusst". Diese Bewertung bleibt distanziert, der Aufbau eines tragfähigen Arbeitsbündnisses scheint nicht gelungen. Die ambivalente Haltung lässt sich sowohl als strategische Positionierung im laufenden Hilfeprozess als auch als Ausdruck anhaltender Unsicherheit deuten.
- Dürr hingegen erlebt einen echten Wandlungsprozess: Die zweite Fachkraft wird als vertrauenswürdig und engagiert beschrieben, was eine Reinterpretation des gesamten Hilfeprozesses ermöglicht. Sie übernimmt aktiv Verantwortung und gestaltet den Prozess mit. Dabei reflektiert sie ihre eigene Haltung kritisch und entwickelt eine deutlich positivere Sicht auf die Kinder- und Jugendhilfe – auch gegen das skeptische Urteil ihres Umfelds.

Subjektive Verarbeitungsmuster und biografische Strukturierung

- Hoffmanns Fall zeigt eine dominant verlaufsförmige Struktur im Sinne einer krisenhaften Biografiedynamik. Die Gefährdungsmitteilung wirkt als externer Einschnitt, auf den sie mit juristischer Selbstermächtigung und strategischer Anpassung reagiert. Eine aktive Gestaltung der Beziehung gelingt nicht; vielmehr dominiert das Gefühl von Ohnmacht.
- Dürrs Fall lässt sich als biografisches Handlungsschema im Sinne Schützes (1984) deuten: Die Protagonistin durchläuft einen Deutungswandel, entwickelt eigene Handlungsstrategien und übernimmt zunehmend Verantwortung. Ihr Umgang mit der KJH wird nicht von Kontrolle, sondern von partizipativer Zusammenarbeit geprägt – ermöglicht durch eine gelingende Beziehungserfahrung.

Der kontrastive Vergleich macht deutlich, dass institutionelle Interaktionsdynamiken stark von biografischen Vorerfahrungen, subjektiven Deutungsmustern und Beziehungserfahrungen zu Fachkräften geprägt sind. Während Hoffmann im

Modus der defensiven Selbstbehauptung verbleibt, gelingt Dürr durch eine positive Beziehungerfahrung ein Wandel hin zu einer kooperativen Haltung.

Die Analyse legt nahe, dass eine gelingende Beziehungsgestaltung mit Adressat:innen weniger an formale Prozesse als an die Qualität der interpersonellen Interaktion und das subjektive Erleben von Selbstwirksamkeit gebunden ist. Dies erfordert nicht nur professionelles Können seitens der Fachkräfte, sondern auch institutionelle Strukturen, die individuelle Aushandlung ermöglichen und nicht primär auf Kontrolle ausgerichtet sind.

Im nächsten Abschnitt werden die weiteren acht Fälle unter Berücksichtigung der biografischen Gesamtformung, der Interaktionsmuster sowie der strukturellen Herausforderungen in der Beziehungsgestaltung mit der Kinder- und Jugendhilfe dargestellt.

8 Kurzportraits: Biografische Gesamtformungen

In diesem Schritt geht es um die Analyse der biografischen Gesamtformung der weiteren Fälle –Anna Bauer, Emma Feuerstein, Ina Jachs, Katja Ludwig, Otto Pauk, Quentina Rauch, Sara Tot und Mira Noll. Ziel ist es, die jeweils dominante Prozessstruktur der Lebensläufe in ihrer spezifischen Ausprägung zu erfassen (Schütze, 1983; Kleemann et al., 2013, S. 88). Übertragen auf die Lebensläufe der genannten Adressat:innen bedeutet dies, die Gesamtform des Gefährdungsabklärungsprozesses zu rekonstruieren und darzustellen, wie sich dieser im biografischen Kontext abbildet. Dabei steht weniger der äußere Verlauf im Vordergrund, sondern vielmehr die innere Haltung sowie die Art und Weise, wie die Adressat:innen mit diesem lebensgeschichtlichen Ereignis – dem durch eine (anonyme) Gefährdungsmittelung initiierten Gefährdungsabklärungsprozess der Kinder- und Jugendhilfe – umgehen. Die Analyse orientiert sich an den von Schütze herausgearbeiteten Prozessstrukturen: Verlaufskurven, biografisches Handlungsschema, institutionelles Ablaufmuster der Lebensgeschichte und Wandlungsprozess.

8.1 Anna Bauers Bemühungen um Anerkennung und Selbstermächtigung

„Ich bin mehr als nur eine Akte.“

Anna Bauer ist zum Zeitpunkt des Interviews zwischen 31 und 40 Jahre alt und Mutter von zwei Kindern, die sich zu diesem Zeitpunkt in außerfamiliärer Betreuung durch die Kinder- und Jugendhilfe befinden. Sie ist vom Vater ihrer Kinder geschieden, beschreibt jedoch ein gutes Einvernehmen zwischen ihnen. Seit mehreren Jahren lebt sie in einer Partnerschaft mit ihrem neuen Lebensgefährten. Die

M. Linser, *"Beziehung unter Risiko"*,
https://doi.org/10.1007/978-3-658-51455-6_8

Initiative zur Teilnahme am Interview ging von Frau Bauer selbst aus, nachdem sie über einen Newsletter auf den Titel dieses Forschungsvorhabens aufmerksam geworden war. In der Folge nahm sie proaktiv Kontakt auf, um ihre Erfahrungen mit einem Gefährdungsabklärungsprozess der Kinder- und Jugendhilfe für wissenschaftliche Zwecke zur Verfügung zu stellen. Die Terminvereinbarung erfolgte telefonisch, und Frau Bauer entschied sich, das Interview in meinem Büro am Campus der Fachhochschule für Soziale Arbeit in Linz zu führen. Das Gespräch fand in den späten Abendstunden statt, zu einer Zeit, in der der Campus nur gering frequentiert war.

Zu Beginn des Interviews wirkte Frau Bauer deutlich aufgeregt. Um eine vertrauensvolle Gesprächsatmosphäre zu schaffen, bot ich ihr zunächst einen Kaffee an und führte ein kurzes Gespräch über den Campus und ihre Anreise. Ihre Erzählung nach der eröffnenden Frage gestaltete sich zunächst stockend. Sie atmete häufig tief ein und aus und sprach offen über ihre Schwierigkeiten, eine klare Struktur für ihre Darstellung zu finden. Dies brachte sie mit den Worten zum Ausdruck: „Ahm [atmet tief] das Ganze – eh mir, ich tu mir jetzt gerade ein bisserl schwer, das abzugrenzen, ahm weil es in Wahrheit bis heute rennt“ (S. 1, Z. 17–18)[1]. Diese Aussage verweist auf ihre subjektive Wahrnehmung eines noch andauernden Prozesses. Zum Zeitpunkt des Interviews hatte sie wiederholt Rückführungsanträge beim Gericht eingereicht, und das Verfahren über den Verbleib ihrer Kinder war noch nicht abgeschlossen.[2]

Im weiteren Verlauf des Gesprächs schildert Frau Bauer ihre Erfahrungen zunehmend flüssiger, wobei sie zunächst in einem distanzierten Tonfall spricht. Dies lässt vermuten, dass sie sich emotional von den Erinnerungen abgrenzen

---

[1] Im Sinne einer besseren Lesbarkeit und eines flüssigen Textverlaufs werden in den Kurzporträts (Abschnitt 8.1 bis 8.8) alle direkten Zitate mit Seiten- und Zeilenangabe des jeweiligen Interviewtranskripts belegt. Auf die Nennung des Namens der interviewten Person im unmittelbaren Zitat wird verzichtet, da die Aussagen jeweils eindeutig dem entsprechenden Fallporträt zugeordnet sind. Sämtliche Zitate stammen aus den Adressat:innen-Interviews, auf die sich die jeweilige Darstellung bezieht.

[2] Aus rechtlicher Sicht gilt der Gefährdungsabklärungsprozess als abgeschlossen, da die KJH infolge der Gefährdungsmitteilung des Krankenhauses eine akute Gefährdungseinschätzung vornahm. Diese ergab, dass ein Verbleib der Kinder im familiären Umfeld – unter Berücksichtigung des Subsidiaritätsprinzips – nicht als ausreichend sicher galt. Zunächst erfolgte eine außerfamiliäre Betreuung mit Zustimmung der obsorgeberechtigten Eltern. Nach deren Rückzug wurde eine Maßnahme nach § 211 ABGB („Gefahr im Verzug“) ergriffen und gerichtlich bestätigt. Die Abklärung mündete somit in eine Maßnahme der VE (siehe Abschnitt 2.2).

muss, um ihre Geschichte erzählen zu können. Eine Stabilisierung ihrer Erzählweise ist erkennbar, als sie über die Geburt ihres zweiten Kindes berichtet; ihre Darstellungen werden strukturierter und sachlicher.

Ein markanter emotionaler Bruch zeigt sich, als sie in ihrer narrativen Struktur zur Schilderung der Kindesabnahme übergeht. Ihre Stimme wird hörbar brüchig – ein Ausdruck tiefer emotionaler Betroffenheit. Trotz ihrer betont sachlichen und emotionsarmen Darstellung, die sie selbst als Ergebnis vielfacher Wiederholungen im Rahmen ihres psychotherapeutischen Prozesses beschreibt, bricht ihre Stimme schließlich völlig. Diese Reaktion lässt sich als Hinweis auf eine mögliche Traumatisierung deuten. Das Interview wurde an dieser Stelle kurz unterbrochen, um ihr Raum für eine emotionalen Selbstregulierung zu geben. Nachdem sie sich gefasst und ihre Tränen unterdrückt hatte, entschied sie sich, das Gespräch fortzusetzen.

Am Ende des Interviews äußert sie den Wunsch, dass dieser „Albtraum" (S 13, Z. 540) ein Ende finde und sie seitens der Kinder- und Jugendhilfe die Chance erhalte, ihre Eignung als Mutter unter Beweis zu stellen.

8.1.1 Gesamtformung

Die biografische Gesamtformung von Anna Bauer folgt einer komplexen Verlaufskurve, die stark durch institutionelle Interventionen geprägt ist und sich über einen längeren Zeitraum erstreckt. Ihr Fall zeichnet sich durch eine intensive Auseinandersetzung mit institutionellen Machtverhältnissen aus, die sich in wiederholten Konflikten mit der Kinder- und Jugendhilfe manifestieren. Zentrale Bedeutung kommt dabei der Interaktion mit Fachkräften, der emotionalen Verarbeitung der Fremdbestimmung sowie ihrem anhaltenden Kampf um die Rückführung ihrer Kinder zu.

Frau Bauers Erzählweise setzt sich aus narrativen Sequenzen, Belegerzählungen und argumentativen Passagen zusammen. Die Struktur ihrer Darstellung zeigt, dass sie bestrebt ist, ihre Erfahrungen nicht nur subjektiv zu schildern, sondern auch objektiv zu legitimieren. Dies verweist auf ein hohes Bewusstsein ihrer Rolle als Adressatin eines institutionellen Verfahrens sowie auf das Bedürfnis, ihre Position argumentativ abzusichern.

Dominante Prozessstruktur: Verlaufskurve und institutionelle Kontrolle
Den Gefährdungsabklärungsprozess erlebt Frau Bauer primär als krisenhafte Verlaufskurve, die durch eine Abfolge von Fremdbestimmungen geprägt ist.

Die Anonymität institutioneller Entscheidungen und die distanzierte Kommunikation mit den Fachkräften verstärken ihr Erleben von Machtlosigkeit. Ein zentraler Wendepunkt in ihrer Erzählung ist die Diagnose mehrerer unbemerkter Knochenbrüche bei ihrem Säugling, die eine Verdachtsmeldung wegen Kindesmisshandlung nach sich zieht. Die folgende polizeiliche Anzeige sowie die institutionelle Gefährdungsabklärung führen zur temporären Fremdbetreuung ihrer Kinder – ein Ereignis, das sie als tiefen biografischen Einschnitt beschreibt. Die Verlaufskurve setzt sich fort in der ständigen Unsicherheit über die Rückführungschancen ihrer Kinder. In dieser Phase nimmt Frau Bauer eine zunehmende Verschiebung institutionellen Verantwortung auf ihre Person wahr, während ihre tatsächlichen Handlungsmöglichkeiten begrenzt bleiben. Trotz ihrer ausgeprägten Kooperationsbereitschaft werden ihre Bemühungen nicht als Ausdruck elterlicher Kompetenz gewertet, sondern als strategische Anpassung an institutionelle Erwartungen interpretiert.

Charakteristisch für ihre Darstellung sind detaillierte Belegerzählungen, mit denen sie zentrale Wendepunkte im Gefährdungsabklärungsprozess veranschaulicht – etwa die polizeiliche Anzeige und die anschließende Gefährdungsabklärung. Durch präzise Schilderungen verleiht sie ihrer Erzählung Authentizität und macht ihre Perspektive nachvollziehbar. Auffällig ist zudem ihr Rückgriff auf direkte oder indirekte Zitate von Fachkräften, die sie verwendet, um institutionelle Entscheidungen zu hinterfragen oder als willkürlich darzustellen – ein Stilmittel, das die asymmetrische Machtdynamik zwischen ihr und den Fachkräften unterstreicht.

Neben narrativen Elementen verwendet Frau Bauer gezielt argumentierende Passagen, um ihre Handlungsfähigkeit und reflektierte Auseinandersetzung mit der Situation zu betonen. Ihre Ausführungen enthalten häufig analytische Einschätzungen institutioneller Abläufe, die sie mit Verweisen auf rechtliche Rahmenbedingungen oder erziehungswissenschaftliche Konzepte untermauert. Dieses Vorgehen deutet auf ein Selbstkonzept hin, das stark auf Wissensaneignung und rationale Begründung setzt. Sie grenzt sich dadurch bewusst von einer passiven Opferrolle ab und positioniert sich als aktive Akteurin im institutionellen Feld.

Selbstbild, Erwartungskonformität und Strategien der Anpassung

Anna Bauer beschreibt sich selbst als fürsorgliche und engagierte Mutter, die sich aktiv um das Wohl ihrer Kinder bemüht und die Anforderungen der Kinder- und Jugendhilfe zu erfüllen versucht. Sie hebt ihre kontinuierliche Reflexion und Weiterbildung hervor – sowohl durch ein Studium als auch durch die Auseinandersetzung mit erziehungswissenschaftlichen und juristischen Themen –, um ihre

Erziehungsfähigkeit zu belegen. Gleichwohl erfährt sie wiederholt Zurückweisung seitens der Fachkräfte, was ihre Frustration und ihr Gefühl von Ohnmacht verstärkt.

Die Struktur ihrer Erzählung verdeutlicht ein Spannungsverhältnis zwischen Selbstbild und Selbstideal. Während sie sich als handlungsfähige, reflektierte Mutter inszeniert, offenbart ihre Darstellung zugleich eine tiefe Enttäuschung über die erlebte Fremdbestimmung. Ihr Idealbild ist das einer kompetenten, informierten und verantwortungsbewussten Mutter, die ihre Erziehungsfähigkeit durch rationale Argumentation unter Beweis stellt. Dieses Ideal stützt sie mit Verweisen auf ihr Engagement, ihre Bildung und ihr juristisches Handeln. Gleichzeitig wird deutlich, dass ihr Idealbild durch institutionelle Rahmenbedingungen immer wieder in Frage gestellt wird, was zu einer narrativen Spannung zwischen Selbst- und Fremdwahrnehmung führt.

Erwartungskonformität zeigt sich in ihrer Narration ambivalent. Einerseits bemüht sie sich um die Erfüllung institutioneller Vorgaben, andererseits kritisiert sie die Stigmatisierung und standardisierte Vorgehensweise der Fachkräfte, die ihrer individuellen Lebenslage nicht gerecht werde. Diese Ambivalenz spiegelt sich auch in ihrer Darstellung der Fachkräfte wider: Während sie zu Beginn neutral oder wohlwollend beschrieben werden, zeichnet sich im weiteren Verlauf eine zunehmende Distanz und Skepsis ab.

Auffällig ist der Wandel in ihrer Wahrnehmung der Fachkräfte. Anfangs schildert sie diese als neutral und sachlich, später hingegen zunehmend als distanziert und kontrollierend. Besonders prägnant ist die Beschreibung der zweiten Fachkraft, die für die Langzeitbetreuung ihrer Kinder zuständig ist. Diese erscheint in der Darstellung nicht als individuelle Person, sondern als eine rein institutionelle Figur, die sich ausschließlich an Akten orientiert und keinen persönlichen Bezug zu Mutter oder Kindern aufbaut. Dieser Wahrnehmungswandel lässt sich im Sinne Schützes als wachsende Diskrepanz zwischen subjektiver Wahrnehmung und institutioneller Realität interpretieren. Frau Bauer erlebt die distanzierte Haltung der Fachkräfte als Einschränkung ihrer Autonomie. Ihre Anstrengungen – Bildung, Reflexion, juristische Schritte – werden weder wahrgenommen noch gewürdigt. Darin zeigt sich eine typische Dynamik institutioneller Interaktion, in der standardisierter Verfahren wenig Raum für die Anerkennung individueller Handlungskompetenz lassen.

Ein zentraler Aspekt ihrer Erzählung ist die emotionale Verarbeitung des Gefährdungsabklärungsprozesses sowie damit verbundene Übertragungsphänomene. Die Interaktion mit der zweiten Fachkraft schildert sie als emotional belastend, distanziert und kontrollierend. Besonders auffällig ist die von ihr erlebte Entpersonalisierung: Während sie selbst um Anerkennung als aktive, fürsorgliche Mutter ringt, erlebt sie sich durch die Fachkraft lediglich als Akte. Dieses Phänomen könnte im Zusammenhang mit unbewussten Übertragungen früherer Autoritätserfahrungen stehen. In ihrer Biografie berichtet Frau Bauer von Misshandlungserfahrungen in der Kindheit, die sich möglicherweise auf ihre Wahrnehmung professioneller Kontrolle durch ältere Fachkräfte auswirken. Ihre Erwartung, dass Bildung und juristische Auseinandersetzung zu einer veränderten Wahrnehmung ihrer Person durch die Fachkräfte führen müssten, bleibt unerfüllt – was ihr Frustration weiter vertieft.

Die biografische Gesamtformung von Frau Bauer offenbart eine vielschichtige Narration, die zwischen Fremdbestimmung, institutioneller Kontrolle und dem Versuch der Selbstermächtigung oszilliert. Die Analyse entlang der von Schütze beschriebenen Prozessstrukturen zeigt, dass ihre Verlaufskurve durch multiple Wendepunkte und strukturell bedingte Interaktionsmuster geprägt ist, die ihr Verhältnis zur Kinder- und Jugendhilfe nachhaltig beeinflussen. Trotz proaktiver Handlungsstrategien bleibt Frau Bauer letztlich in einem institutionellen Machtgefüge verhaftet, das ihre Bemühungen nicht als Ausdruck elterlicher Kompetenz anerkennt, sondern als strategische Anpassung interpretiert. Diese Spannung zwischen aktivem Handeln und institutioneller Kontrolle bleibt das zentrale Spannungsfeld ihrer Erzählung.

8.1.2 Fallbezogene Interaktionsmuster in der Beziehungsgestaltung

Die Analyse der Interaktionsmuster zwischen Anna Bauer und Kinder- und Jugendhilfe offenbart eine vielschichtige und dynamische Beziehungsgestaltung, die von einem Spannungsverhältnis zwischen institutioneller Kontrolle, dem Bedürfnis nach Anerkennung elterlicher Kompetenzen und dem Streben nach Autonomie geprägt ist. Die Beziehung wird sowohl durch strukturelle als auch interaktive Faktoren beeinflusst.

Hinderliche Faktoren für die Beziehungsgestaltung

Ein zentrales Hemmnis, liegt in der von Frau Bauer erlebten asymmetrischen Machtdynamik. Ihre Erzählung macht deutlich, dass sie sich durch die institutionellen Abläufe als Objekt von Entscheidungen wahrnimmt, auf die sie kaum Einfluss nehmen kann. Besonders augenfällig ist dies in ihrer Beschreibung der Gefährdungsabklärung, die sie als einseitig und wenig partizipativ erlebt. Die Entscheidungsfindung zur außerfamiliären Betreuung ihrer Kinder erfolgte aus ihrer Sicht ohne angemessene Berücksichtigung ihrer Perspektive, was ein tiefes Gefühl der Ohnmacht auslöste. Diese Form der Fremdbestimmung spiegelt sich in wiederkehrenden Beschreibungen von Intransparenz und mangelnder Nachvollziehbarkeit institutioneller Entscheidungen wider – Aspekte, die eng mit der Verlaufskurvenstruktur ihrer biografischen Gesamtformung korrespondieren.

Ein weiterer belastender Faktor ist die fehlende personelle Kontinuität. Frau Bauer berichtet von mehrfachen Wechseln der zuständigen Fachkräfte im Verlauf der Maßnahme, wodurch keine stabile professionelle Beziehung entstehen konnte. Diese Instabilität führte nicht nur zu Vertrauensverlust, sondern verstärkte auch ihre Wahrnehmung der Kinder- und Jugendhilfe als unpersönliche, bürokratische Instanz, die ihre individuelle Situation nicht hinreichend berücksichtigt. Die fehlende Kontinuität verhinderte somit den Aufbau eines auf Vertrauen basierenden Arbeitsbündnisses und verstärkte ihr Erleben einer auf abstrakten Logiken beruhenden, restriktiven Institution.

Auch die Gesprächsführung mit den Fachkräften erscheint als zentraler Aspekt der Interaktionsdynamik. Frau Bauer beschreibt die Kommunikation seitens der Kinder- und Jugendhilfe als autoritär und wenig dialogisch. Ihr Eindruck, nicht als gleichwertige Akteurin wahrgenommen zu werden, sondern lediglich als Adressatin institutioneller Anweisungen, vertieft ihre Distanzierung und Skepsis gegenüber der Fachkraft. Besonders belastend empfindet sie die fehlende Rückmeldung zu ihren Bemühungen: Ihre Anstrengungen und Veränderungen werden nicht als Fortschritte gewertet, sondern scheinen vor dem Hintergrund eines vorgefassten institutionellen Urteils interpretiert zu werden. Diese Form der Interaktion verstärkt ihr Gefühl, dass der von ihr vollzogene Wandlungsprozess von den Fachkräften nicht anerkannt wird.

Förderliche Faktoren für die Beziehungsgestaltung

Trotz der beschriebenen Schwierigkeiten identifiziert die Analyse auch förderliche Elemente, die einer gelingenden Beziehungsgestaltung zuträglich sind. Eine zentrale Ressource stellt Frau Bauers ausgeprägte Reflexionsfähigkeit dar. Sie beschreibt sich selbst als lösungsorientiert und intensiv mit den rechtlichen und sozialen Rahmenbedingungen der Maßnahme befasst. Diese Fähigkeit zur selbstkritischen Auseinandersetzung ermöglicht es ihr, die institutionelle Perspektive zumindest in Teilen nachzuvollziehen und ihre Position rational und argumentativ zu vertreten. In Situationen, in denen sie ihre Haltung durch externe Gutachten oder juristische Beratung untermauern kann, entstehen Momente wechselseitigen Verstehens. Ihre reflexive Selbstpositionierung fungiert dabei als resiliente Bewältigungsstrategie innerhalb des institutionellen Rahmens.

Ein weiterer förderlicher Aspekt liegt in ihrer strukturierten Herangehensweise. Frau Bauer schildert, dass sie bewusst versucht, alle Auflagen zu erfüllen und ihre Fortschritte systematisch zu dokumentieren. Diese strategische Anpassung verhindert eine passive Opferhaltung und zeigt, dass sie vorhandene Handlungsspielräume innerhalb des Systems zu nutzen weiß. Ihre Fähigkeit zur strukturierten Selbstpräsentation trägt dazu bei, in bestimmten Konstellationen als ernstzunehmende Gesprächspartnerin wahrgenommen zu werden – ein Muster, das sich auch in ihrer biografischen Gesamtformung durch den gezielten Einsatz von Wissen und rechtlichen Schritten widerspiegelt.

Zudem berichtet sie von einer zu Beginn unterstützenden Fachkraft, die durch eine dialogische und transparente Gesprächsführung positiv hervortritt. Auch wenn diese Fachkraft später nicht mehr für ihren Fall zuständig war, bleibt die Erinnerung an eine zeitweise wertschätzend erlebte Interaktion bestehen. Dieser Aspekt unterstreicht die Relevanz individueller Haltung und Kommunikation innerhalb institutioneller Prozesse.

Konsistenzen und Inkonsistenzen in der Interaktion und Darstellung

Ein zentrales Spannungsfeld in Frau Bauers Darstellung liegt in der Diskrepanz zwischen ihrer strategischen Anpassung an institutionelle Erwartungen und ihrer gleichzeitig geäußerten Skepsis gegenüber dem System der Kinder- und Jugendhilfe. Während sie betont, kooperationsbereit zu sein und alle Auflagen zu erfüllen, kritisiert sie zugleich die strukturelle Unveränderlichkeit des Systems, das ihre Bemühungen nicht anerkennt. Diese Ambivalenz verweist auf eine inkonsistente institutionelle Anerkennung: Obwohl sie formale Anforderungen erfüllt, bleibt die Deutungshoheit bei der Kinder- und Jugendhilfe, wodurch sie sich fortwährend in einer Verteidigungshaltung befindet.

Eine weitere Inkonsistenz zeigt sich in ihrer Bewertung der Fachkräfte. Einzelne beschreibt sie als empathisch und bemüht, während sie die Institution insgesamt als rigide und distanziert charakterisiert. Diese Differenz deutet auf ein strukturelles Problem hin: Positive Interaktionen mit einzelnen Fachkräften werden durch die institutionellen Rahmenbedingungen überlagert und verlieren dadurch ihre langfristige Wirksamkeit für den Vertrauensaufbau.

Die Fallanalyse macht deutlich, dass die professionelle Beziehungsgestaltung im Gefährdungsabklärungsprozess von Anna Bauer durch ein komplexes Zusammenspiel struktureller Zwänge und individueller Bewältigungsstrategien geprägt ist. Während ihre Reflexionsfähigkeit und strategische Anpassung Potenzial für eine gelingende Interaktion bieten, bleibt die tatsächliche Aushandlung ihrer Rolle als Mutter aufgrund institutioneller Machtstrukturen erschwert. Die

Analyse legt nahe, dass Transparenz, Partizipation und personelle Kontinuität zentrale Voraussetzungen für tragfähige professionelle Beziehungen sind, während standardisierte Deutungsmuster und hierarchische Strukturen diese nachhaltig behindern.

8.2 Emma Feuersteins Weg zur eigenständigen Mutter

„Das Gefühl, die nehmen dir die Kinder weg – derweil ist das ja überhaupt nicht so!"

Der Kontakt zu Emma Feuerstein wurde über die zuständige Fachkraft der Kinder- und Jugendhilfe hergestellt. Nach ihrer Zustimmung wurden ihre Kontaktdaten weitergegeben, woraufhin ein telefonischer Gesprächstermin vereinbart wurde. Das Interview fand an einem sommerlichen Nachmittag in ihrem Heimatort, auf ihren Wunsch, in einem nahegelegenen Café in der Nähe der zuständigen Behörde statt. Die Gesprächsatmosphäre war von Beginn an ungezwungen. Frau Feuerstein zeigte sich als offene und herzliche Person, was zur Entstehung eines vertrauensvollen Gesprächsklimas beitrug. Nach der Bestellung eines Kaffees begann sie ohne erkennbare Aufregung mit ihrer Erzählung. Im Vergleich zu den anderen Interviews fiel insbesondere die lange Erzählphase der Stegreiferzählung auf, was auf ein starkes Bedürfnis nach biografischer Einordnung ihrer aktuellen Situation hinweist.

Emma Feuerstein ist zum Zeitpunkt des Interviews zwischen 26 und 30 Jahre alt und alleinerziehende Mutter eines Kindes im Schulalter. Ihre Beziehung zum Vater des Kindes beschreibt sie als „ganz schwierig" (S. 3, Z. 108). Bereits zu Beginn ihrer Erzählung richtet sie den Fokus auf die Hintergründe der Gefährdungsabklärung und spricht offen über ihre Überforderung sowie die Konflikte mit ihrem Kind, das sich in einer vorpubertären Entwicklungsphase befindet. Sie verknüpft die aktuelle Problematik unmittelbar mit ihrer eigenen Biografie und thematisiert früh ihre psychische Erkrankung: „Eben ich mit meiner Psyche, mit meinen Ausrastern" (S. 4, Z. 134). Besorgt äußert sie, dass ihr Kind aufgrund der konflikthaften Interaktion ähnliche psychische Probleme entwickeln und möglicherweise auch zerbrechen könnte: „[…] vielleicht auch einmal so geht mit der Psyche […] auch zerbricht daran" (S. 4, Z. 135–136).

Frau Feuerstein wurde sehr jung Mutter, noch vor Erreichen der Volljährigkeit, was zu einer starken Abhängigkeit von ihrer eigenen Mutter führte. In den ersten Jahren der Mutterschaft überließ sie zentrale Erziehungsaufgaben sowie wesentliche Entscheidungen weitgehend ihrer Mutter. Mit zunehmendem Alter und wachsender Eigenständigkeit ihres Kindes verschärften sich die Spannungen sowohl in der Mutter-Kind-Beziehung als auch im Verhältnis zu ihrer eigenen Mutter. Diese familiäre Dynamik führte dazu, dass Emma in ihrer Mutterrolle weder von ihrem Kind noch von ihrer eigenen Mutter ernst genommen wurde, was zu tiefgreifenden inneren Konflikten und wiederkehrenden Spannungen im familiären Gesamtsystem führte.

Frau Feuerstein beschreibt ihre psychische Belastung und emotionale Instabilität als zentrale Ursachen für eskalierende Konflikte mit ihrem Kind. Diese Instabilität lässt sich unter anderem auf eine nicht abgeschlossene Autonomieentwicklung im Zuge der frühen Mutterschaft sowie auf ein ambivalentes Bindungsmuster zu ihrer Mutter zurückführen. Die grundlegende Spannung zwischen Selbstermächtigung und anhaltender Abhängigkeit durchzieht ihre gesamte biografische Darstellung und prägt auch ihre Erfahrungen in der Beziehungsgestaltung mit der Kinder- und Jugendhilfe. Diese Ambivalenz bringt sie selbst zum Ausdruck: „Ich hab ja ein eigenes Leben, ich bin ja kein kleines Kind mehr [...] ich bin ja trotzdem erwachsen." (S. 7, Z. 278–280). Ihre Wahrnehmung, nicht als Erwachsene anerkannt zu werden, führt sie auf ihre psychische Belastung zurück: „Und das ist aber nach wie vor immer, ich werde schon sehr oft als nicht richtig erwachsen anerkannt, sondern so wie ein Sozialfall, ein bissel, gell, mit der Psyche." (S. 7, Z. 281–282). Die Übertragungsmechanismen aus der Beziehung zu ihrer Mutter spiegeln sich somit auch in der Interaktion mit den Fachkräften der Kinder- und Jugendhilfe wider.

Ein zentraler Wendepunkt in der Interaktion mit der Kinder- und Jugendhilfe zeigt sich, als die Fachkraft die Abhängigkeitsdynamik zwischen Frau Feuerstein und ihrer Mutter erkennt. In der Folge entscheidet sie, ein weiteres Gespräch ohne die Anwesenheit der Mutter zu führen – eine Maßnahme, die als gezielte Intervention zur Förderung von Eigenverantwortung verstanden werden kann. Dieser Moment markiert eine erste positive Erfahrung in der Beziehungsgestaltung mit der Kinder- und Jugendhilfe und stellt einen möglichen Ausgangspunkt für ein sich entwickelndes Vertrauensverhältnis dar. Gleichzeitig bleibt dieses Verhältnis ambivalent, da sich Frau Feuerstein zwischen den Ermächtigungsversuchen einzelner Fachkräfte und den weiterhin bestehenden rigiden institutionellen Kontrollmechanismen bewegt.

8.2.1 Gesamtformung

Die Erzählweise von Emma Feuerstein ist durch eine Mischung aus narrativen Anteilen, Belegerzählungen und reflexiven Passagen geprägt. Detaillierte, erlebnisnahe Schilderungen wechseln mit Bewertungen institutioneller Abläufe und ihre eigene Rolle darin. Sie präsentiert sich sowohl als kritisch reflektierende Akteurin als auch als von institutionellen Prozessen überrollte Mutter.

Zur Veranschaulichung zentraler Wendepunkte im Gefährdungsabklärungsprozess nutzt Frau Feuerstein gezielt Belegerzählungen. Auffällig ist dabei die Auswahl von Episoden, die ihre Ohnmachtserfahrungen und ihre defensive Haltung gegenüber der Kinder- und Jugendhilfe betonen. Diese dienen nicht nur der Authentizität, sondern auch der argumentativen Stützung ihrer Skepsis gegenüber der Institution.

Ihre reflexiven Passagen offenbaren eine zunehmende Differenzierung ihrer Wahrnehmung. Während sie die Kinder- und Jugendhilfe zu Beginn primär als Kontrollinstanz beschreibt, entwickelt sich im späteren Verlauf eine kritisch-abwägende Haltung, in der sie institutionellen Maßnahmen auch als hilfreich anerkennt. Diese Spannung zwischen Ablehnung und Anerkennung verweist auf eine biografische Ambivalenz, die sich in ihrer Erzählstruktur niederschlägt.

In ihrer sprachlichen Gestaltung fällt ein gezieltes Distanzierungsverhalten auf. Durch Relativierungen und Einschränkungen bleibt ihre Darstellung flexibel und vermeidet Festlegungen. Dies lässt sich als Ausdruck eines noch nicht abgeschlossenen Verarbeitungsprozesses deuten, bei dem sie ihre Erfahrungen sowohl aus der Perspektive der Betroffenen als auch der kritisch-reflektierenden Beobachterin schildert.

Dominante Prozessstruktur: Verlaufskurve mit Ansätzen eines Wandlungsprozesses

Die biografische Struktur folgt dem von Schütze beschriebenen Muster, innerhalb dessen sich ein Wandlungsprozess andeutet. Frau Feuersteins Erzählung offenbart ein dynamisches Wechselspiel zwischen institutioneller Fremdsteuerung, innerer Ambivalenz in der Mutterrolle, Misstrauen gegenüber der Kinder- und Jugendhilfe sowie strategischer Anpassung und schrittweiser Annahme von Unterstützung. Die Verlaufskurve beginnt mit der durch ihre Mutter initiierten Kontaktaufnahme zur Schule, die letztlich die Involvierung der Kinder- und Jugendhilfe auslöst. Sie schildert diese Entwicklung als etwas, das sie überrollt habe („[…] und da ist das Ganze dann so ins Rollen gekommen", S. 1, Z. 18) – ein zentrales Motiv ihrer Erzählstruktur. Ihre anfängliche Ablehnung der professionellen Intervention ist geprägt von Misstrauen, das auf medialen Bildern, sozialen Erzählungen und biografischen Erfahrungen beruht. Die narrative Dynamik speist sich weniger aus einem individuellen biografischen Scheitern, sondern aus der Reaktion auf eine äußere Steuerung. Innerhalb dieser Struktur zeichnet sich ein Wandlungsprozess ab: Durch längerfristige Betreuung und ein tragfähiges Arbeitsbündnis entwickelt Frau Feuerstein eine neue Perspektive auf die erhaltene Unterstützung. Während sie diese zunächst als bedrohlich wahrnimmt, erkennt sie mit der Zeit deren Nutzen – insbesondere für ihr Kind. Diese Veränderung erfolgt nicht abrupt, sondern zeigt sich als schrittweise Anpassung und Reflexion über die positiven Effekte der Hilfen. Dennoch bleibt ein Spannungsverhältnis zwischen dem Wunsch nach Autonomie und institutioneller Unterstützung bestehen.

Institutionelles Ablaufmuster: Strategische Anpassung und emotionale Distanzierung

Frau Feuerstein folgt einem institutionellen Ablaufmuster, das durch strategische Anpassung und selektive Offenheit geprägt ist. Sie überlegt bewusst, welche Informationen sie teilt und welche sie zurückhält, um einer Stigmatisierung als „Sozialfall" zu entgehen (Seite 7, Z. 282). Ihr Misstrauen gegenüber der Institution lässt sie Fachkräfte zunächst primär als Kontrollinstanz wahrnehmen. Diese Haltung wird durch ihre Skepsis gegenüber des psychologischen Fachdienstes der Kinder- und Jugendhilfe[3] verstärkt, bei der sie befürchtet, dass ihr Kind falsch eingeschätzt oder ihre psychische Instabilität überbewertet wird.

Gleichzeitig nutzt Frau Feuerstein die institutionellen Ressourcen zu ihrem Vorteil: Sobald sie erkennt, dass die Hilfe auch persönliche Entlastung bringt, nimmt sie diese an. Besonders die sozialpädagogische Familienbetreuung beschreibt sie als hilfreich, da sie in Konfliktsituationen als vermittelnde Instanz zwischen ihr und ihrem Kind fungiert. Auch im Verhältnis zu ihrer Mutter zeigt sich diese Ambivalenz zwischen Abhängigkeit und Autonomie: Obwohl die Mutter eine stabilisierende Bezugsperson in Krisen war, erlebt Frau Feuerstein sie zugleich als kontrollierend und grenzüberschreitend. Diese Ambivalenz überträgt sich auf die Beziehung zur Kinder- und Jugendhilfe – die Fachkräfte beschreibt sie einerseits als „das passt, das war wirklich super" (S. 14, Z. 592), andererseits betont sie ihren Wunsch nach Selbstbestimmung.

---

[3] Im Rahmen des Gefährdungsabklärungsprozesses können Fachkräfte die Soziale Diagnose durch eine Befundung beim Psychologischen Fachdienst der KJH ergänzen. So werden z.B. konkrete Fragestellungen im Kontext der kindlichen Entwicklung und des elterlichen Erziehungsverhaltens durch die zuständigen Psycholog:innen befundet (meist 2 bis 3 Termine pro Familie in Einzelgesprächen und Interaktionsbeobachtungen). Die Ergebnisse und Empfehlungen werden im Anschluss von den Fachkräften mit der Familie besprochen.

Eigentheorien und biografische Reflexionen

Im Verlauf ihrer Erzählung entwickelt Frau Feuerstein zwei zentrale Eigentheorien, die ihre biografische Selbstverortung strukturieren:

- Selbstinszenierung als kämpfende Mutter: Frau Feuerstein versteht sich als Mutter, die trotz psychischer Instabilität für ihr Kind einsteht. Sie reflektiert ihre Herausforderungen, lehnt es aber ab, als Problemfall wahrgenommen zu werden. Ihrer Argumentation betont, dass emotionale Schwankungen nicht gleichbedeutend mit schlechter Mutterschaft seien.
- Kritische Bewertung der Kinder- und Jugendhilfe als Kontrollinstanz: Trotz späterer Anerkennung der Unterstützung bleibt eine grundlegende Skepsis bestehen. Die Institution wird primär als standardisiert handelnde Kontrollinstanz erlebt, die wenig auf individuelle Bedürfnisse eingeht.

Diese Eigentheorien stehen nicht spannungsfrei nebeneinander, sondern offenbaren eine deutliche Ambivalenz zwischen Abwehr und Annahme von Hilfe. Dies zeigt sich auch sprachlich: Einerseits beschreibt Frau Feuerstein die Betreuung als hilfreich, andererseits betont sie ihre Schwierigkeiten, sich auf die Fachkräfte einzulassen. Ein zentrales Spannungsfeld besteht im Gleichgewicht zwischen Autonomie und institutioneller Fremdbestimmung. Frau Feuerstein schildert wiederholt, dass sie sich überwältigt fühlte, als ihre Mutter die Kinder- und Jugendhilfe einschaltete, erkennt jedoch im Rückblick die Notwendigkeit dieses Schritts. Besonders deutlich wird diese Ambivalenz in der Reflexion über ihre Mutter: Ärger über deren Einmischung steht neben der Anerkennung einer Verbesserung der familiären Situation.

Ein weiteres Spannungsfeld ergibt sich aus ihrem Wunsch nach Eigenständigkeit und der fortbestehenden Abhängigkeit von Unterstützungssystemen. Frau Feuerstein beschreibt, dass sie sich durch die Betreuung von ihrer Mutter emanzipieren konnte, in Krisensituationen jedoch erneut auf sie zurückgreift. Diese Dynamik zwischen Loslösung und erneuter Abhängigkeit verweist auf eine noch nicht vollständig abgeschlossene Entwicklung hin zur eigenständigen Mutterrolle.

Der Fall von Emma Feuerstein ist durch eine dominante Verlaufskurvendynamik gekennzeichnet. Sie erlebt sich zunächst als fremdbestimmte Akteurin im Gefährdungsabklärungsprozess, reagiert mit Anpassung, Abwehr und selektiver Kooperation. Erst im weiteren Verlauf beginnt ein Wandlungsprozess, in welchem sie die Betreuung als hilfreich anerkennt und ihre Perspektive auf die Unterstützung differenziert.

8.2.2 Fallbezogene Interaktionsmuster in der Beziehungsgestaltung

Emma Feuerstein bewegt sich im Gefährdungsabklärungsprozesses in einem Spannungsfeld zwischen autonomer Selbstdefinition und institutioneller Steuerung. Ihre Erzählung verdeutlicht, dass sie die Involvierung der Kinder- und Jugendhilfe zunächst als Fremdbestimmung erlebt, da der Erstkontakt nicht von ihr selbst, sondern durch ihre Mutter initiiert wurde. In der Folge nimmt sie die Intervention als bedrohlich wahr und reagiert mit einer defensiven Haltung. Erst im weiteren Verlauf beginnt sie, die Unterstützung insbesondere im Hinblick auf die Betreuung ihres Kindes als entlastend zu bewerten. Ihre Haltung gegenüber der Institution bleibt jedoch durch strategische Anpassung und selektive Kooperation geprägt, um mögliche negative Konsequenzen zu vermeiden.

Hinderliche Faktoren in der Beziehungsgestaltung

Ein zentraler hinderlicher Faktor ist die von Frau Feuerstein wahrgenommene Machtasymmetrie im institutionellen Setting. Den Gefährdungsabklärungsprozess erlebt sie als wenig partizipativ und schildert, kaum Mitbestimmungsmöglichkeiten gehabt zu haben. Die durch ihre Mutter initiierte Kontaktaufnahme verstärkt das Gefühl fehlender Selbstbestimmung. Hinzu kommt eine anhaltende Unsicherheit über den Verlauf und die Konsequenzen der Abklärung, insbesondere in der Anfangsphase. Ihr Misstrauen gegenüber der Kinder- und Jugendhilfe speist sich aus persönlichen Erfahrungen, sozialen Erzählungen und medialen Bildern. Insbesondere die Sorge vor einer außerfamiliären Betreuung ihres Kindes verhindert eine offene Kommunikation. Sie gibt an, Informationen bewusst zurückzuhalten, was den Aufbau einer tragfähigen, vertrauensvollen Beziehung zu den Fachkräften erheblich erschwert.

Ein weiteres Hindernis stellt die empfundene Intransparenz institutioneller Entscheidungen dar. Frau Feuerstein berichtet, dass sie lange nicht wusste, ob und in welcher Form Unterstützung erfolgt, was ihre Unsicherheit zusätzlich verstärkte. Auch die standardisierten Verfahren des Psychologischen Fachdienstes erscheinen ihr als wenig individuell und nicht bedarfsgerecht.

Förderliche Faktoren in der Beziehungsgestaltung

Trotz dieser Herausforderungen zeigen sich auch förderliche Aspekte. Ein zentraler förderlicher Aspekt ist Frau Feuersteins reflexive Auseinandersetzung mit der professionellen Unterstützung. Sie erkennt im Verlauf des Prozesses an, dass die Betreuung für ihr Kind vorteilhaft ist und sie selbst entlastet wird. Diese veränderte Wahrnehmung markiert den Beginn eines Wandlungsprozesses.

Auch ihre selektive Kooperation wirkt sich positiv aus. Obwohl sie sich nicht vollständig auf die Institution einlässt, gelingt es ihr, die Unterstützungsangebote in einer für sie sinnvollen Weise zu nutzen. Besonders die Rolle der Betreuungsperson als vermittelnde Instanz zwischen ihr und ihrem Kind wird als hilfreich erlebt.

Ein weiterer förderlicher Faktor ist ihre differenzierte Wahrnehmung der Fachkräfte. Während sie der Kinder- und Jugendhilfe als Organisation weiterhin skeptisch gegenübersteht, hebt sie das Engagement und die Unterstützung einzelner Fachkräfte hervor. Dies zeigt, dass persönliche Beziehungen Vertrauen schaffen können, auch wenn institutionelles Misstrauen bestehen bleibt.

Konsistenzen und Inkonsistenzen in der Interaktion und Darstellung
Ein zentrales Spannungsfeld in Frau Feuersteins Erzählung liegt in der Ambivalenz zwischen dem Streben nach Autonomie und dem Erleben institutioneller Kontrolle. Sie betont einerseits ihre Fähigkeit, eigenständig für ihr Kind sorgen zu können, räumt andererseits ein, in bestimmten Situationen auf externe Unterstützung angewiesen zu sein. Diese Ambivalenz manifestiert sich in widersprüchlichen Aussagen, etwa wenn sie einerseits betont, „eigentlich keine Hilfe zu brauchen" (S. 18, Z. 737), andererseits aber die Betreuung als hilfreich beschreibt.

Eine weitere Inkonsistenz zeigt sich in ihrer Bewertung der Fachkräfte: Während sie die Kinder- und Jugendhilfe als kontrollierende Instanz charakterisiert, beschreibt sie einzelne Fachkräfte als verständnisvoll und engagiert. Diese Differenz legt nahe, dass ihre anfängliche Skepsis stark durch Ängste geprägt war, sich im Verlauf jedoch durch konkrete Erfahrungen differenzierte. Auch ihr Kommunikationsverhalten weist widersprüchliche Muster auf. In manchen Bereichen zeigt sie Offenheit, in anderen bleibt sie zurückhaltend und gibt Informationen nur selektiv weiter. Dies deutet auf eine ambivalente Positionierung hin: einerseits bemüht sie sich, kooperationsbereit zu erscheinen, andererseits wahrt sie bewusst ihre Autonomie.

Die Interaktionsmuster von Emma Feuerstein in der Beziehung zur Kinder- und Jugendhilfe sind durch eine dynamische Wechselwirkung zwischen strukturellen Zwängen und individuellen Anpassungsstrategien gekennzeichnet. Den Gefährdungsabklärungsprozess erlebt sie zunächst als fremdbestimmt, findet jedoch im Verlauf einen Weg, Unterstützung partiell zu akzeptieren, ohne ihre Autonomie vollständig aufzugeben. Ihre selektive Offenheit und strategische Kooperation ermöglichen es ihr, den institutionellen Anforderungen zu entsprechen, ohne sich gänzlich der Deutungshoheit der Fachkräfte zu unterwerfen. Die Analyse zeigt: Vertrauen, Transparenz und eine Partizipation sind zentrale Bedingungen für eine gelingende Beziehungsgestaltung. Zugleich wird deutlich, dass institutionelle Perspektiven die subjektive Erfahrung der Betroffenen nicht vollständig erfassen können. Der Fall Emma Feuerstein verdeutlicht exemplarisch die Herausforderungen professioneller Beziehungsgestaltung im Spannungsfeld zwischen institutioneller Kontrolle und individueller Handlungsautonomie.

8.3 Ina Jachs: Trauer im Fokus der Kinder- und Jugendhilfe

„Ich war halt auch nicht mehr Herr der Lage."

„Dann bin ich amtsbekannt, quasi."

Ina Jachs ist zum Zeitpunkt des Interviews zwischen 31 und 40 Jahre alt und wurde durch eine plötzliche, traumatische Wendung in ihrem Leben verwitwet. Der unerwartete Tod ihres Ehemannes stellte sie vor eine Vielzahl überwältigender Herausforderungen – sowohl emotional als auch ökonomisch. Ihr Kind, das sich zum Zeitpunkt des Verlustes noch im Kindergartenalter befand, reagierte mit intensiven Wut- und Trotzreaktionen, was die Erziehungssituation zusätzlich belastete. Neben dem persönlichen und familiären Verlust sah sich Frau Jachs mit erheblichen finanziellen Folgen konfrontiert. Der Wegfall des Einkommens ihres Partners machte den Verkauf des gemeinsamen Eigenheims notwendig und führte zu einem komplexen Verlassenschaftsverfahren. Dies bedeutete nicht nur eine wirtschaftliche Belastung, sondern zwang sie auch dazu, den vertrauten Lebensraum zu verlassen und mit ihrem Kind in eine neue Wohnung an einem anderen Wohnort zu übersiedeln. Als alleinerziehende Mutter trug sie plötzlich die alleinige Verantwortung für Betreuung und Unterhalt ihres Kindes. Diese Umstände führten zu einer spürbaren emotionalen wie körperlichen Erschöpfung.

Der Kontakt zur Ina Jachs kam über eine Fachkraft der Kinder- und Jugendhilfe zustande. Auf diesem Wege konnte ich selbstständig Verbindung zu ihr aufnehmen. Aufgrund des kürzlichen erfolgten Umzugs sowie der laufenden organisatorischen und emotionalen Bewältigung der Verlassenschaft erwies sich die Terminfindung zunächst als schwierig. Nach mehreren Wochen erklärte sich Frau Jachs jedoch bereit, am Interview teilzunehmen, da sie es als wichtig empfand, ihre Erfahrungen im Gefährdungsabklärungsprozess für wissenschaftliche Zwecke zu teilen. Diese Bereitschaft, trotz der zahlreichen Belastungen mitzuwirken, empfand ich als besonders beeindruckend.

Auf Wunsch von Frau Jachs fand das Interview in ihrer neuen Wohnung statt, wo sie mich freundlich empfing. Die Wohnsituation spiegelte die Übergangsphase wider: Einerseits war die emotionale Schwere des Verlustes im Raum spürbar, andererseits zeigte sich auch der entschlossene Versuch, eine neue Lebensrealität für sich und ihr Kind zu gestalten. Besonders berührend war aufkeimende Zuversicht, mit der Frau Jachs ihre neue Rolle als alleinerziehende Mutter annahm und nach Wegen suchte, Stabilität für ihr Kind zu schaffen. Während des Gesprächs war das Kind phasenweise anwesend, sodass es zu mehrfachen Unterbrechungen kam, um auf dessen Bedürfnisse einzugehen und geeignete Beschäftigungsmöglichkeiten zu finden. Diese flexiblen Pausen beeinträchtigten den Gesprächsfluss nicht, sondern trugen im Gegenteil zu einer entspannten und natürlichen Atmosphäre bei. Nach Abschluss des Interviews wurde die Geduld des Kindes mit einem gemeinsamen Spiel belohnt – ein bewegender Abschluss, der die Ambivalenz zwischen Verlust und Neuanfang nochmals unterstrich. Die Verbindung aus emotionaler Schwere und spürbarer Fürsorge verdeutlichte eindrucksvoll die komplexe Lebenssituation, in der sich Frau Jachs zum Zeitpunkt des Interviews befand.

8.3.1 Gesamtformung

Die Erzählweise von Ina Jachs ist durch eine Mischung aus narrativen Passagen, argumentativen Reflexionen und situativen Belegstellen gekennzeichnet. Sie wechselt zwischen biografischer Selbstverortung, in der sie ihre Erfahrungen mit der Kinder- und Jugendhilfe reflektiert, und erlebnisnahen Schilderungen relevanter Ereignisse. Auffällig ist dabei ihre Tendenz, eigene Handlungen aktiv darzustellen, während sie institutionelle Maßnahmen eher aus einer distanzierten Perspektive beschreibt. Zwei zentrale Strukturen prägen ihre Erzählung: Zum einen eine Verlaufskurve, die von anfänglicher Unsicherheit und Überforderung gekennzeichnet ist, zum anderen ein Wandlungsprozess, durch den sie die professionelle Unterstützung zunehmend als hilfreich anerkennt. Sie nutzt gezielt kontrastierende Erfahrungen – etwa mit verschiedenen Fachkräften – um den Wandel zu illustrieren.

Dominante Prozessstruktur: Zwischen Verlaufskurve und Wandlungsprozess
Inas Fall ist geprägt von einem Spannungsfeld zwischen Kontrolle und Selbstbestimmung. Zu Beginn des Gefährdungsabklärungsprozesses erlebt sie sich als fremdbestimmt, insbesondere durch standardisierte Verfahren, die sie als restriktiv empfindet. Ihre erste Reaktion darauf ist ambivalent: Resignation und Widerstand vermischen sich angesichts der Unsicherheit über mögliche Konsequenzen der Interventionen. Diese Dynamik folgt dem Muster einer Verlaufskurve, in der äußere Umstände als handlungsbestimmend erlebt werden: „Also, das weiß ich

jetzt nicht, ob ich es mir wirklich aussuchen… Wenn ich etwas gesagt hätte, wäre es vielleicht schon möglich gewesen“ (S. 11, Z. 343–343).

Der Kontakt zur Kinder- und Jugendhilfe entstand auf Empfehlung ihres Hausarztes, der aufgrund ihrer psychischen Erschöpfung nach dem frühen Tod des Vaters ihres Kindes eine Gefährdungsabklärung durch die Kinder- und Jugendhilfe anregte. Diese Einbindung über eine medizinische Instanz verweist sowohl auf ein klassisches institutionelles Ablaufmuster als auch auf Frau Jachs‘ hohe Erwartungskonformität: Sie folgt dem ärztlichen Rat, obwohl sie dem Prozess mit Skepsis begegnet.

Mit fortschreitender Dauer der Zusammenarbeit vollzieht sich jedoch ein Wandlungsprozess. Frau Jachs beginnt, bestimmte Angebote als hilfreich zu betrachten und nimmt die Unterstützung schrittweise an: „Das war recht super und auch recht flexibel habe ich das da empfunden halt […] und dass ich mir das selber so regeln hab können. Es war mir irgendwie wichtig, dass da nicht irgendwie was passiert, was ich eigentlich gar nicht will“ (S. 2, Z. 40–44). Diese Veränderung zeigt sich in ihrer Reflexion über die Entwicklung der Beziehung zu den Fachkräften: „Ja, also […] es war, die Zweite war nicht ganz so. Da hab ich mir gedacht, also, die war so ein wenig belehrend beratend“ (S. 4, Z. 110–111). Ihre Entwicklung lässt sich als Prozess der Annahme und Neubewertung professioneller Interventionen beschreiben („Es ist ein Überwachungsorgan, irgendwie“, S. 3, Z. 86), getragen von ihrer biografischen Reflexion.

Ein wesentlicher Aspekt dieses Wandels liegt in Frau Jachs‘ biografischem Kontext: Der frühe Tod ihres Partners und fehlende soziale Unterstützung machen externe Hilfe notwendig. Dies führt jedoch zu einem inneren Spannungsfeld: Einerseits erkennt sie die Notwendigkeit der Unterstützung an, andererseits erlebt sie die institutionelle Einbindung als Eingriff in ihre Autonomie: „Man muss sich rechtfertigen…“ (S. 7, Z. 224). Diese Ambivalenz wird besonders deutlich im Kontakt mit einer zweiten Fachkraft. Während Frau Jachs die erste Fachkraft als emphatisch wahrnimmt, empfindet sie die zweite als wenig verständnisvoll. Problematisch erscheint ihr insbesondere, dass die Fachkraft den Verlust des Vaters nicht als potenzielle Gefährdung für die kindliche Entwicklung anerkennt: „Die Zweite hat dann auch irgendwann einmal was gesagt zu mir. Da hab ich mir gedacht, komisch, irgendwie so quasi bei mir liegt ja keine Kindeswohlgefährdung vor. Ja eh nicht, aber, das ist schon klar, das ist […]. Aber trotzdem hab ich ein Recht darauf, dass ich mich hinwende“ (S. 9, Z. 293–295). Stattdessen rückt die Fachkraft ihre Erziehungskompetenz in den Fokus und fordert sie auf, mehr Regeln für ihr Kind zu etablieren.

Diese Interaktion führt zu einer emotionalen Distanzierung. Frau Jachs fühlt sich in ihrem Bedürfnis nach Unterstützung bei der Verarbeitung des Traumas nicht ernst genommen, sondern durch die Kritik an ihrer Erziehungskompetenz verunsichert. In der Folge lehnt sie die angebotene Familienbetreuung ab, aus Sorge vor weiterer Kontrolle. An diesem Punkt zeigt sich die Diskrepanz zwischen institutioneller Logik und tatsächlichem Unterstützungsbedarf der Adressatin.

Institutionelles Ablaufmuster und Interaktionsdynamik
Ein zentrales Muster in Frau Jachs' Erzählung ist das institutionelle Ablaufmuster der Kinder- und Jugendhilfe, das sie als von Entscheidungszwängen und strukturellen Routinen geprägt erlebt. Sie beschreibt den Prozess insbesondere im Hinblick auf die Gefährdungseinschätzung als rigide. Zugleich differenziert sie in ihrer Wahrnehmung zwischen der Institution als Ganzes und dem Verhalten einzelner Fachkräfte, dem sie große Bedeutung beimisst.

Ein entscheidender Wendepunkt liegt im Wechsel der Fachkraft. Während sie die erste Fachkraft als vertrauensvoll beschreibt, aktiviert die Begegnung mit der zweiten eine erneute Unsicherheit und Skepsis. Diese Erfahrung entspricht einer Art zweiter Verlaufskurve, in der früherer Ambivalenzen gegenüber der Institution erneut aufbrechen. Gleichzeitig markiert diese Erfahrung eine weitere Reflexionsstufe: Frau Jachs erkennt zunehmend, dass ihre Wahrnehmung weniger von der Institution an sich als vielmehr von den jeweiligen Fachkräften geprägt ist.

Die Gesamtformung des Falls Ina Jachs zeigt eine dynamische Entwicklung, die zwischen Verlaufskurve und Wandlungsprozess oszilliert. Der Gefährdungsabklärungsprozess wird zunächst als fremdbestimmt erlebt, mit der Zeit jedoch differenzierter bewertet. Frau Jachs bewegt sich zwischen strategischer Anpassung und tatsächlicher Annahme von Unterstützungsangeboten. Ihre grundsätzliche Skepsis gegenüber der Institution bleibt dabei bestehen, wird aber ergänzt durch eine zunehmend differenzierte Einschätzung der professionellen Akteur:innen.

8.3.2 Fallbezogene Interaktionsmuster in der Beziehungsgestaltung

Die Interaktion zwischen Ina Jachs und der Kinder- und Jugendhilfe ist von einer dynamischen Wechselwirkung zwischen Unsicherheit, Erwartungskonformität und selektiver Annahme der Unterstützung geprägt. Frau Jachs nimmt die Kinder- und Jugendhilfe zunächst als kontrollierende Instanz wahr, deren amtlicher Charakter für sie mit Fremdbestimmung verbunden ist: „Dann bin ich amtsbekannt, quasi" (S. 5. Z. 144) und „Ich will Normalität, ich will nicht so, dass da wer Fremder dann, oder so, genau“ (S. 4. Z. 129–130). Gleichzeitig erkennt sie – angesichts ihrer biografischen Belastungen – die Notwendigkeit von Unterstützung, was zu einem inneren Spannungsfeld zwischen Abwehr und Akzeptanz führt.

Während der Interaktion mit den Fachkräften differenziert sich ihre Wahrnehmung zunehmend. Während sie die erste Fachkraft als „verständnisvoll“, „einfühlsam“, „einfach voll nett“ (S. 8, Z. 266–267) wahrnimmt, empfindet sie die zweite als distanziert und wenig verständnisvoll für ihre persönliche Situation. Die Interaktionsweise ist dabei durch strategische Anpassung gekennzeichnet: Frau Jachs betont ihre Handlungsfähigkeit, lehnt jedoch gezielt Maßnahmen ab, die sie als potenziell kontrollierend empfindet.

Ein Thema in ihrer Wahrnehmung ist das Spannungsverhältnis zwischen Nähe und Distanz. Interessanterweise erlebt Frau Jachs die erste Fachkraft trotz sachlichen und zurückhaltender Gesprächsführung als empathisch und unterstützend. Diese erzeugte durch sensibles Zuhören und respektvolle Kommunikation eine feinfühliger Nähe, ohne sich emotional aufzudrängen. Diese Haltung ermöglichte Frau Jachs, sich als handlungsfähig und ernst genommen zu erleben. Im Gegensatz dazu versuchte die zweite Fachkraft, Nähe über biografische Selbstoffenbarung herzustellen, indem sie auf ihre eigene Erfahrung als alleinerziehende Mutter verwies. Diese Form der Vertrauensbildung empfand Frau Jachs jedoch als übergriffig und grenzüberschreitend: „Und sie hat einfach meine Grenzen komplett missachtet“ (S. 8, Z. 259). Problematisch war aus ihrer Sicht insbesondere, dass der Verlust des Kindsvaters nicht als relevanter Risikofaktor anerkannt wurde. Stattdessen stellte die Fachkraft ihre eigene Erfahrung in den Vordergrund, was Frau Jachs als Relativierung ihrer individuellen Belastung interpretierte und zu einer emotionalen Distanzierung führte.

Diese kontrastierenden Wahrnehmungen von Nähe und Distanz verdeutlichen, dass professionelle Beziehungsgestaltung nicht am Maß persönlicher Offenheit festzumachen ist, sondern stark von der subjektiven Bedeutung der Interaktion für die Adressatin abhängt. Während Frau Jachs die diskrete, aber feinfühlige Haltung der ersten Fachkraft als respektvoll und hilfreich erlebte, empfand sie das persönlichere Vorgehen der zweiten Fachkraft als unangenehm und bevormundend.

Hinderliche Faktoren in der Beziehungsgestaltung

Ein wesentlicher hinderlicher Faktor ist die von Frau Jachs empfundene institutionelle Kontrolle. Bereits beim Betreten der Behörde fühlt sie sich beobachtet und in ihrer Rolle als Mutter hinterfragt. Diese Wahrnehmung verstärkt ihr Gefühl von Fremdbestimmung und erschwert eine offene Beziehungsgestaltung. Ein weiterer belastender Aspekt ist die fehlende Berücksichtigung ihrer individuellen biografischen Belastungen. Besonders die zweite Fachkraft vermittelt ihr das Gefühl, sich der institutionellen Einschätzung der Gefährdungslage unterordnen zu müssen, anstatt ihre persönliche Situation als Ausgangspunkt für eine bedarfsgerechte Unterstützung zu nehmen. Die Nichtanerkennung des frühen Todes ihres Partners als Risiko wirkt auf sie entwertend und untergräbt ihr Vertrauen in die Institution. Zudem empfindet Frau Jachs die Infragestellung ihrer Erziehungskompetenz als belastend. Die Empfehlung einer Familienbegleitung wird nicht als unterstützendes Angebot wahrgenommen, sondern als Ausdruck latenter Kontrolle – weshalb sie dieses ablehnt. Hier zeigt sich ein klassisches Problem professioneller Beziehungsgestaltung: Maßnahmen werden nicht als ressourcenorientierte Hilfen, sondern als paternalistische Eingriffe wahrgenommen.

Förderliche Faktoren in der Beziehungsgestaltung

Trotz dieser Herausforderungen gibt es auch Faktoren, die die Beziehungsgestaltung positiv beeinflussen. Besonders bedeutsam ist die Interaktion mit der ersten Fachkraft, die Frau Jachs als unterstützend und sensibel erlebt. Diese erkennt die biografischen Belastungen an und bietet Hilfe an, ohne Druck auszuüben. Diese Erfahrung fördert die Bereitschaft von Frau Jachs, sich der institutionellen Unterstützung vorsichtig zu öffnen. Ein weiterer förderlicher Aspekt ist die Reflexion über die Unterscheidung zwischen einzelnen Fachkräften und der Institution als Ganzes. Während sie die Kinder- und Jugendhilfe zunächst als kontrollierende Behörde wahrnimmt, erkennt sie zunehmend Unterschiede in der Haltung und Arbeitsweise der Fachkräfte. Diese Differenzierung ermöglicht ihr eine selektive Kooperation: Sie ist bereit, mit bestimmten Fachkräften zusammenzuarbeiten, bleibt jedoch gegenüber strukturellen Vorgaben kritisch.

Konsistenzen und Inkonsistenzen in der Interaktion und Darstellung

In Frau Jachs‘ Erzählung finden sich sowohl konsistente als auch widersprüchliche Darstellungsmuster. Eine klare Konsistenz zeigt sich in ihrer wiederkehrenden Skepsis gegenüber institutionellen Eingriffen und ihrer gleichzeitigen Offenheit für individuelle Unterstützung. Während sie die erste Fachkraft als hilfreich beschreibt, zieht sich die Wahrnehmung institutioneller Kontrolle als belastendes Element durch ihre gesamte Darstellung. Eine zentrale Inkonsistenz liegt in ihrem Umgang mit Nähe und Distanz: Sie nimmt eine sachlich-zurückhaltende Fachkraft als unterstützend wahr, lehnt jedoch eine Fachkraft ab, die sich um persönliche Nähe bemüht. Dies verdeutlicht, dass Nähe nicht allein durch die Offenheit der Fachkräfte entsteht, sondern durch das subjektive Erleben der Interaktion bestimmt wird.

Auch ihre Haltung gegenüber Unterstützungsangeboten ist ambivalent: Obwohl sie sich als überfordert beschreibt, lehnt sie gezielt Maßnahmen ab, wenn sie darin eine Einschränkung ihrer Autonomie vermutet. Ihre Bereitschaft zur Kooperation ist somit stark davon abhängig, ob sie sich in ihrer Selbstbestimmung respektiert fühlt. Die Beziehungsgestaltung zwischen Ina Jachs und der Kinder- und Jugendhilfe ist geprägt durch ein komplexes Spannungsfeld zwischen institutioneller Kontrolle, biografischer Belastung und dem Bedürfnis nach passender Unterstützung. Ihre Interaktionsmuster bewegen sich zwischen strategischer Anpassung, emotionaler Distanzierung und selektiver Anerkennung institutioneller Hilfe. Dabei zeigt sich, dass der Aufbau tragfähiger Beziehungen nicht nur von fachlicher Kompetenz, sondern auch von einer sensiblen Gestaltung professioneller Nähe abhängt. Sie positioniert sich innerhalb dieses Spannungsfelds zwischen Autonomieanspruch und Hilfebedarf – und macht deutlich, dass gelingende Beziehungsgestaltung die subjektive Lebensrealität der Adressat:innen ernst nehmen muss.

8.4 Katja Ludwigs Kampf zwischen Hilfe, Voreingenommenheit und Kontrolle

„Ihre Mama hat es schon nicht zusammengebracht, also wieso sollen Sie das besser machen?"

Katja Ludwig ist zum Zeitpunkt des Interviews zwischen 26 und 30 Jahre alt und alleinerziehende Mutter von zwei Kindern im Kleinkind- und Schulalter. Nach der Geburt beider Kinder kam es jeweils zur Trennung vom Vater, wodurch sie mit der Doppelbelastung von Mutterschaft und Erwerbsarbeit konfrontiert wurde. Auch in diesem Fall wird deutlich, dass Frau Ludwig bereits in sehr jungen Jahren Mutter wurde – ihr erstes Kind bekam sie mit 18 Jahren. Daraus resultierte ein früher Erstkontakt mit der Kinder- und Jugendhilfe. Sowohl damals als auch in ihrer aktuellen Lebenssituation suchte sie proaktiv Unterstützung bei der Institution, obwohl sie ihr gegenüber ambivalente und zum Teil ängstliche Gefühle hegte. Diese Einstellung ist geprägt durch eigene biografische Erfahrungen aus der Kindheit sowie durch Einflüsse aus ihrem sozialen Umfeld.

Der Kontakt zu Frau Ludwig kam nicht über die Kinder- und Jugendhilfe selbst zustande, sondern wurde durch eine sozialpädagogische Einrichtung vermittelt. Im Anschluss konnte telefonisch ein Interviewtermin vereinbart werden. Aufgrund ihrer begrenzten zeitlichen Ressourcen und der alleinigen Verantwortung für ihre Kinder wurde das Gespräch am späten Abend online via Zoom durchgeführt – zu einem Zeitpunkt, zu dem ihre Kinder bereits schliefen und sie ungestört erzählen konnte. Trotz der digitalen Gesprächssituation entstand eine offene Atmosphäre, in der Frau Ludwig ohne Zögern begann, ihre Erfahrungen mit der Kinder- und Jugendhilfe im Rahmen des Gefährdungsabklärungsprozess zu schildern.

8.4.1 Gesamtformung

Die Erzählung von Katja Ludwig ist durch eine Mischung aus narrativen Passagen, reflexiven Einschätzungen und argumentativen Elementen geprägt. Sie nutzt Belegstellen, um zentrale Erfahrungen mit der Kinder- und Jugendhilfe zu veranschaulichen, und reflektiert diese im Nachgang analytisch. Auffällig ist der Wechsel zwischen Phasen des Erleidens und Momenten der Selbstermächtigung. Ihre Sprache ist strukturiert und schafft eine kohärente Darstellung ihrer Erfahrungen. In ihrer Erzählweise variiert Frau Ludwig zwischen der Wiedergabe persönlicher Erlebnisse und einer metareflexiven Auseinandersetzung mit den institutionellen Dynamiken. Dies deutet auf ein hohes Maß an biografischer Bewusstheit hin: Sie deutet ihre Erfahrungen gezielt und positioniert sich als kritisch-reflektierende Akteurin, etwa bei der Beschreibung der Interaktionen mit verschiedenen Fachkräften.

Dominante Prozessstruktur: Verlaufskurve mit ambivalenter Entwicklung
Die biografische Struktur ihrer Erzählung folgt einer Verlaufskurve, in der sich Phasen von Fremdbestimmung und eigenem Handeln abwechseln. Besonders prägnant ist die Wahrnehmung des Gefährdungsabklärungsprozesses als krisenhafte Erfahrung. Während sie die anfängliche Unterstützung als hilfreich erlebt, wandelt sich ihre Haltung, als sie das Gefühl bekommt, ihre Perspektive werde zunehmend ignoriert. Besonders belastend war für sie, dass Entscheidungen über ihren Kopf hinweg getroffen wurden: „Und das war eben für mich so voreingenommen und hat nicht geschaut, was mir eigentlich wichtig ist, was mir in der Seele liegt" (S. 4, Z. 120–131).

Ein zentrales Motiv ihrer Verlaufskurve ist die Erfahrung, dass externe – insbesondere institutionelle – Faktoren maßgeblich über ihre Biografie bestimmen: „Wo es immer geheißen hat: Ja Frau Ludwig, Sie sind die Böse. […] Sie müssen das akzeptieren" (S. 3 Z. 88–89). Der erste Kontakt zur Kinder- und Jugendhilfe war von großer Unsicherheit geprägt. Aus Angst, als überforderte Mutter oder Versagerin abgestempelt zu werden („Werden sie mir mein Kind nehmen, weil ich mit der Erziehung überfordert bin?", S. 11, Z. 437–438), fiel es ihr schwer, sich er Institution anzuvertrauen und ihre Ängste zu überwinden: „Weil ich auch nicht gewusst habe, mah, was wird jetzt auf mich zukommen“ (S. 11, Z. 436). Ihre Vorbehalte wurden auch durch negative Erzählungen aus ihrem sozialen Umfeld zusätzlich bestärkt, welche immer „so schiach[4] daherreden. [...] Das Jugendamt hat halt ein wenig einen Stempel, sag ich jetzt einmal“ (S. 12, Z. 442–443).

Verlauf der biografischen Wendepunkte

Katja Ludwig wurde im Alten von 18 Jahren Mutter. Diese frühe Elternschaft stellte eine erhebliche Herausforderung dar, insbesondere aufgrund der konflikthaften Beziehung zum Kindsvater. Nach der Trennung geriet sie in eine Situation der Überforderung, die sie dazu veranlasste, sich eigeninitiativ an die Kinder- und Jugendhilfe zu wenden: „Ich kenn das jetzt nicht so, dass das Jugendamt zu mir gekommen ist, sondern ich bin ja zu ihnen hingegangen“ (S. 10, Z. 388–389). Sie betont, dass der Kontakt nicht von außen initiiert wurde, sondern dass sie selbst aktiv den Schritt zur Institution suchte, da sie sich mit der Erziehung überfordert fühlte.

In der Anfangsphase ihrer Beziehung zur Kinder- und Jugendhilfe nahm sie die Unterstützung als hilfreich wahr. Sie schildert eine positive Erfahrung mit einer Fachkraft, die sie als offen, zugewandt und unterstützend erlebte. Ihre Bedürfnisse wurden wahrgenommen, was eine konstruktive Zusammenarbeit ermöglichte und ihr Vertrauen in die Institution zumindest vorübergehend stärkte: „Mit dem hab ich wirklich voll viel anfangen können“ (S. 2, Z. 35).

Mit der Zeit veränderte sich jedoch ihre Wahrnehmung. Maßnahmen wurden zunehmend als übergriffig erlebt, insbesondere weil sie sich aus Entscheidungsprozessen ausgeschlossen fühlte. Ein prägendes Beispiel ist die medizinische Abklärung ihres Kindes, die ohne ihre Zustimmung eingeleitet wurde: „Ich lass auch nicht zu, dass sie alles mit meinem Kind tun, was ihnen einfällt“ (S. 6, Z. 234). Diese Entwicklung führte dazu, dass sich ihre Haltung gegenüber der Kinder- und Jugendhilfe wandelte: Die Beziehung war nun von wachsendem Misstrauen geprägt. Frau Ludwig schildert, wie sie sich in einem Zustand der Machtlosigkeit befand („Also da war ich wirklich total machtlos“, S. 7, Z. 258) und sich juristisch zur Wehr setzen musste, um Einfluss auf Entscheidungen zu nehmen. Enttäuschung und Frustration bestimmten ihre Sicht auf das Geschehen – sie hatte Hilfe erwartet und empfand stattdessen eine zunehmende Diskreditierung ihrer elterlichen Kompetenz: „Das war für mich so ein richtiger Schuss. Ich hab mir gedacht, ich bin dran, dass ich Hilfe kriege und nicht, dass

[4] Oberösterreichischer Dialektausdruck für hässlich

da dann alles verdreht wird, dass ich noch schlechter dastehe als ich eh vorher schon dagestanden bin“ (S. 6, Z. 206–208).

Trotz dieser Erfahrungen wandte sie sich in einer späteren Lebensphase erneut an die Kinder- und Jugendhilfe, als sie mit ihrem zweiten Kind und den Herausforderungen der Pandemie konfrontiert war. Diese Entscheidung verweist auf die Ambivalenz, die ihr Verhältnis zur Institution prägt. Einerseits bestehen Vorbehalte gegenüber der Kontrollfunktion, andererseits erkennt sie die Notwendigkeit externer Unterstützung an, um ihre Lebenssituation bewältigen zu können.

Eine besonders belastende Erfahrung ergab sich für Frau Ludwig, als sie auf eine Fachkraft traf, die sie bereits aus ihrer Kindheit kannte: „Die ist natürlich voreingenommen von dem Ganzen, wie es uns als Kinder gegangen ist“ (S. 4, Z. 128). Diese Begegnung löste Gefühle der Voreingenommenheit aus, da die Fachkraft auf die familiäre Vorgeschichte Bezug nahm und sie in Kontinuität zu ihrer Mutter beurteilte: „Ihre Mama hat es schon nicht zusammengebracht, also wieso sollen Sie das besser machen!“ (S. 3, Z. 98–100). Frau Ludwig hatte das Empfinden, nicht als eigenständige, entwicklungsfähige Person wahrgenommen zu werden, sondern lediglich als Teil einer problematisierten Familiengeschichte. Die implizite Botschaft, dass sie – wie ihre Mutter – scheitern werde, verletzte sie zutiefst und führte zu einer weiteren Distanzierung von der Institution. Im weiteren Verlauf ihrer Erzählung berichtet sie jedoch auch von einer neuen Fachkraft, mit der sie eine deutlich andere Erfahrung machte. Diese Person nahm ihre Anliegen ernst („dass sie mir zugehorcht hat“; „und nicht, dass ich da so abgeschüttelt werd“, S. 7, Z. 274–276“), hörte aufmerksam zu und zeigte echtes Verständnis für ihre Lebensrealität. Erstmals erlebte Frau Ludwig Unterstützung, die nicht durch Kontrolle geprägt war, sondern durch Respekt, Verlässlichkeit und Wertschätzung. In dieser Beziehung fühlte sie sich gesehen und angenommen, was ihr ermöglichte, die institutionelle Hilfe als entlastend und tragfähig zu erleben: „Ich weiß, ich kann mich da auf wen verlassen“ (S. 8, 289–290).

Frau Ludwig beschreibt sich selbst als verantwortungsbewusste Mutter, die das Wohl ihrer Kinder stets im Blick hat. Gleichzeitig macht sie deutlich, wie häufig sie sich missverstanden und in institutionelle Kategorien eingeordnet fühlt, die ihrer individuellen Lebensrealität nicht gerecht werden. Ihre Vorstellung einer gelingenden Beziehung zu Fachkräften ist geprägt von dem Wunsch nach einer nicht-voreingenommenen, empathischen Haltung, die persönliche Erfahrungen ernst nimmt und die Vielfalt biografischer Entwicklungen anerkennt.

8.4.2 Fallbezogene Interaktionsmuster in der Beziehungsgestaltung

Die Beziehungsgestaltung zwischen Frau Ludwig und der Kinder- und Jugendhilfe ist geprägt von einer komplexen Dynamik zwischen Hilfesuche, erlebter Kontrolle und dem Gefühl institutioneller Fremdbestimmung. Im Verlauf ihrer Erzählung wird deutlich, dass sich ihre Haltung gegenüber der Institution im Laufe der Zeit stark veränderte. Anfangs suchte sie aktiv Unterstützung und nahm die angebotene Hilfe als entlastend wahr. Im weiteren Verlauf verschob sich diese Wahrnehmung jedoch zunehmend, da sie sich nicht mehr als Mitgestalterin des Prozesses, sondern als Objekt institutioneller Beurteilung empfand. Diese Entwicklung beeinflusste ihr Vertrauen in die Fachkräfte und führte zu einer ambivalenten Beziehung zur Institution.

Hinderliche Faktoren in der Beziehungsgestaltung
Frau Ludwig schildert mehrfach Situationen, in denen sie nicht in Entscheidungen einbezogen wurde und lediglich nachträglich von bereits getroffenen Maßnahmen erfuhr. Dies verstärkte bei ihr das Gefühl der Ohnmacht und mündete in einer wachsenden Distanzierung. Besonders deutlich wird dieser Bruch in ihrer Beschreibung einer Fachkraft, bei der sie den Eindruck hatte, dass ihre Anliegen nicht ernst genommen, sondern abgewertet wurden. Die Erfahrung mit dieser Fachkraft bezeichnete sie rückblickend als „verlorene Zeit“ (S. 3, Z. 176) und war erleichtert, als es zu einem Zuständigkeitswechsel kam.

Einen tiefgreifenden Einschnitt in ihrem Vertrauensverhältnis zur Kinder- und Jugendhilfe stellte die Begegnung mit einer Fachkraft dar, die sie bereits aus ihrer Kindheit kannte. Diese Fachkraft bezog sich offen auf die familiäre Vorgeschichte und stellte damit eine Verbindung zwischen Frau Ludwigs eigener Situation und dem Verhalten ihrer Mutter her. Die damit verbundene Voreingenommenheit wurde von ihr als schwerwiegender Vertrauensbruch erlebt, zumal sie sich nicht auf Grundlage ihrer aktuellen Lebenssituation, sondern durch die Brille ihrer Familienbiografie beurteilt fühlte. Bereits im ersten Gespräch entstand ein Gefühl des Unbehagens, das sie später als spürbare Ablehnung seitens der Fachkraft interpretierte: „Und da hat man sich eben von Anfang an unwohl gefühlt“ (S. 9, Z. 355).

Ein weiteres Problem stellte für sie die autoritäre Haltung mancher Fachkräfte dar. Immer wieder hatte sie den Eindruck, nicht als gleichwertige Gesprächspartnerin wahrgenommen zu werden, sondern als zu kontrollierende Adressatin. Sie berichtet von abwertenden Kommentaren und einem allgemeinen Ton, der wenig

Raum für eigene Perspektiven ließ. Der erste Eindruck, den sie von einer Fachkraft gewann, blieb ihr besonders in Erinnerung: Der Blick sei streng gewesen, die Wirkung erinnere an „eine Kinderheimtante“ (S. 9, Z. 333–336), was sofort das Gefühl ausgelöst habe, besonders vorsichtig sein zu müssen. Im späteren Verlauf der Zusammenarbeit fühlte sich Katja Ludwig zunehmend bevormundet. Sie empfand bestimmte Maßnahmen als übergriffig und entschloss sich schließlich, juristischen Beistand in Anspruch zu nehmen, um sich gegen institutionelle Eingriffe zu wehren: „Und ich bin dann zu einem Rechtsanwalt gegangen, hab mich da noch einmal erkundigt […]. Und da ist es dann eh auch zu einer Gerichtsverhandlung gekommen, dass wir uns alles ausmachen“ (S. 6, Z. 222–224). Obwohl sie die Hilfe ursprünglich als sinnvoll wahrgenommen hatte, kippte diese Einschätzung in dem Moment, als sie den Eindruck gewann, dass ihr in einer ohnehin schwierigen Situation zusätzlich Misstrauen entgegengebracht wurde. Besonders schockiert war sie darüber, dass sich die Institution aus ihrer Sicht gegen sie stellte, obwohl sie selbst aktiv um Hilfe gebeten hatte: „Da war ich dann schon ziemlich schockiert von ihnen, weil's mir eigentlich total in den Rücken gefallen sind“ (S. 5, Z. 183–184).

Förderliche Faktoren in der Beziehungsgestaltung

Trotz dieser kritischen Erfahrungen schildert Frau Ludwig auch positive Begegnungen mit der Kinder- und Jugendhilfe. In einer frühen Phase nahm sie die Unterstützung als entlastend und hilfreich wahr. Sie suchte selbst den Kontakt zur Institution, da sie sich mit der Erziehung überfordert fühlte. In dieser Zeit empfand sie das Verhalten der Fachkräfte als respektvoll und unterstützend.

Besonders eindrücklich ist die Beschreibung einer späteren Begegnung mit einer neuen Fachkraft, die sich durch eine ruhige, wertschätzende und neutrale Haltung auszeichnete. Diese nahm Frau Ludwigs Geschichte ernst, hörte ihr zu und vermittelte das Gefühl, als Person im Mittelpunkt zu stehen – nicht bloß als Fall: „Ja, das hab ich auch noch nicht erlebt“ (S. 8, Z. 311). Frau Ludwig zeigte sich über diese Erfahrung sichtlich überrascht, insbesondere da die Fachkraft noch sehr jung war. Trotz des geringen Alters habe diese ihre Aufgabe „gut gemacht“ (S. 8, Z. 294–296), was in ihrer Wahrnehmung nicht selbstverständlich war. Sie hebt hervor, dass es eine neue Erfahrung für sie war, diese Fachkraft auch anrufen zu können, wenn es nicht um ein konkretes Problem ging. Die Möglichkeit, sich mitzuteilen, ohne sich rechtfertigen zu müssen, war für sie ein Ausdruck von echter Zuwendung.

Ein weiterer Aspekt, der zur Verbesserung der Beziehung beitrug, war die transparente Kommunikation der Aufgaben und Rolle der Kinder- und Jugendhilfe. Anfangs hatte Frau Ludwig große Angst, als überforderte Mutter abgestempelt zu werden. Durch offene Gespräche konnte sie jedoch diese Ängste teilweise abbauen und begann, die Hilfsangebote differenzierter zu betrachten: „Sie haben mich dann gut aufgeklärt. Und somit hat das dann eigentlich auch gut gepasst." (S. 11, Z. 437–440). Besonders hilfreich war für sie eine Fachkraft, die sie in einer Konfliktsituation unterstützte und ein vermittelndes Gespräch mit dem Kindsvater initiierte. Trotz einer zunächst strengen Haltung wurde diese Fachkraft von Frau Ludwig als hilfreich und korrekt wahrgenommen – eine Haltung, die ihr wichtig war, da sie sich selbst als kritikfähige Person sieht, die bereit ist, an ihrer Situation zu arbeiten: „Und es ist klar, dass wir alleinerziehende Mütter oft überfordert sind – mit dem privaten Leben, mit dem sozialen Leben und mit dem Berufsleben" (S. 10 Z. 397–398).

Konsistenzen und Inkonsistenzen in der Interaktion und Darstellung

Im Verlauf ihrer Erzählung wird deutlich, dass Frau Ludwig über ein hohes Maß an Differenzierungsfähigkeit verfügt. Sie reflektiert die Beziehungsgestaltung mit der Kinder- und Jugendhilfe nicht pauschal negativ, sondern erkennt an, dass die Qualität der Beziehung stark von der Haltung und dem Verhalten einzelner Fachkräfte abhängt. Ihre Einschätzung ist geprägt von der Erfahrung, dass es „solche und solche" (S. 3, Z. 93) gebe und dass vieles davon abhänge, wie neutral und empathisch die Fachkräfte agieren. Während sie sich mit der ersten Fachkraft gut verstanden habe – trotz einer gewissen Strenge –, erlebte sie die zweite als voreingenommen und distanziert: „Drum sag ich ja, es kommt immer drauf an, mit welchen Leuten vom Jugendamt man es zu tun hat, sag ich jetzt einmal, ja, ob sie neutral sein können" (S. 6, Z. 229–230).

Frau Ludwigs Erwartungen an professionelle Unterstützung beinhalten eine klare Haltung der Fachkräfte, die ihr aktiv begegnen und ihr helfen, die anfängliche Unsicherheit abzubauen. Sie beschreibt, wie nervös und orientierungslos man in der ersten Begegnung mit der Kinder- und Jugendhilfe sei, und formuliert den Wunsch, dass die Fachkräfte „das Eis brechen" sollten (S. 11, Z. 427–430). Darüber hinaus wünscht sie sich ein echtes Interesse an ihrer Perspektive. Die Fähigkeit, sich in ihre Lage hineinzuversetzen, wird von ihr als wesentliche Voraussetzung dafür benannt, um Betroffene nicht vorschnell zu kategorisieren, sondern ihre Bemühungen anzuerkennen. Sie macht deutlich, dass ein einfaches Zuhören häufig ausreiche, um zu erkennen, ob jemand unter der Situation leidet oder bemüht ist, das Beste daraus zu machen: „Weil ich find, so kann man die Menschen ein wenig besser verstehen. Ich mein, es ist natürlich schwer, dass man sich in die Menschen hineinversetzt, aber wenn man ihnen ein bissl zuhorcht, und man merkt es bei manchen eh, find ich, ob die darunter leidet oder ob die jetzt versucht, da das Beste herauszuholen" (S. 10, Z. 382–385).

Die Interaktionsmuster zwischen Frau Ludwig und der Kinder- und Jugendhilfe zeigen ein Spannungsverhältnis zwischen Unterstützung und Kontrolle. Während sie in der Anfangsphase positive Erfahrungen mit der Institution machte, führten autoritäre Haltungen, Voreingenommenheit und mangelnde Partizipation zu einem schrittweisen Vertrauensverlust. Besonders schmerzhaft war für sie die Begegnung mit einer Fachkraft, die sie aus ihrer Kindheit kannte und deren Bewertung sie als stigmatisierend erlebte. Zugleich zeigen ihre Erfahrungen, dass Beziehungsgestaltung gelingen kann – nämlich dann, wenn Fachkräfte mit einer zugewandten, neutralen Haltung agieren, auf Augenhöhe kommunizieren und partizipative Prozesse ermöglichen. Vertrauen in professionelle Unterstützung entsteht für sie dort, wo sie als Person ernst genommen wird und nicht auf ihre familiäre Herkunft oder eine institutionelle Zuschreibung reduziert wird.

8.5 Mia Noll: Zwischen fachlicher Kompetenz und Ohnmacht

„Mit dem System Jugendamt kenn ich mich aus […], ahm ist das Thema Macht ein großes Thema. Macht, Bindestrich Machtmissbrauch, trau ich mich sagen."

Mia Noll stellt einen signifikanten Sonderfall dar, da sie in eine doppelte Rolle einnimmt: Zum einen ist sie als Mutter und Adressatin der Kinder- und Jugendhilfe direkt von einem Gefährdungsabklärungsprozess betroffen; zum anderen verfügt sie durch ihre berufliche Tätigkeit im psychosozialen Feld und ehemalige Mitarbeiterin der Kinder- und Jugendhilfe über eine besondere fachliche Expertise und Wissenskompetenz. Diese doppelte Perspektive ermöglicht ihr eine kritische Reflexion sowohl der systemischen Abläufe innerhalb der Jugendhilfe als auch der Adressatinnenperspektive.

Zum Zeitpunkt des Interviews ist Frau Noll ist zwischen 41 und 50 Jahre alt und alleinerziehende Mutter eines Teenagers. Der Kontakt kam über eine Fachkraft der Kinder- und Jugendhilfe zustande. Frau Noll legte großen Wert auf Anonymität; weder ihr Name noch ihre Telefonnummer wurden an die Interviewerin weitergegeben. Die Terminvereinbarung und Auswahl des Treffpunkts erfolgten ausschließlich über die vermittelnde Fachkraft. Das Interview fand in einem öffentlichen Gebäude statt, in dem ein ungestörter Raum zur Verfügung stand. Die Gesprächsatmosphäre war zu Beginn angespannt. Frau Noll begegnete mir mit spürbarem Misstrauen und einer forsch-distanzierten Haltung. Meine einleitenden Erläuterungen zu den Hintergründen und Zielen der Forschung sowie zum methodischen Kontext wurden zunächst kaum aufgenommen. Es wirkte, als wolle sie lediglich pflichtbewusst einige Fragen beantworten, ohne sich vertieft auf das Gespräch einzulassen. Es bedurfte einiger Zeit, bis es gelang, ihr Vertrauen zu gewinnen und eine Atmosphäre der Sicherheit herzustellen, in der sie bereit war, ihre Geschichte zu teilen. Diese anfängliche Zurückhaltung zeigte sich in einer vergleichsweisen langen Verhandlungsphase, bevor die eigentliche Stegreiferzählung einsetzte. Nach und nach öffnete sich Frau Noll und rekonstruierte in ihrer Erzählung ihr subjektives Erleben des Gefährdungsabklärungsprozesses, bei dem sie kognitive Figuren reaktivierte. Im Verlauf des Gesprächs wandelte sich die anfängliche Anspannung in eine zunehmend emotionale und vertrauensvolle Atmosphäre. Am Ende bedankte sich Frau Noll ausdrücklich und reflektierte, dass ihr das Erzählen ihrer Geschichte emotional gutgetan habe. Diese Rückmeldung berührte mich auch und verdeutlichte die Bedeutung der narrativen Verarbeitung ihres Erlebens im Rahmen des Forschungsinterviews.

8.5.1 Gesamtformung

Die Narration des Falls Mia Noll entfaltet sich entlang eines deutlich erkennbaren Spannungsbogens, der sich über mehrere narrative Sequenzen hinweg entwickelt. Zu Beginn schildert die Adressatin ihre problematische Lebenssituation schildert und hebt die Herausforderungen im Kontakt mit der Kinder- und Jugendhilfe hervor. Besonders markant ist die Stegreiferzählung, die eine Verbindung aus persönlichen Erfahrungen, systemkritischen Reflexionen und emotionaler Aufladung darstellt. Vor Einsetzen der eigentlichen Erzählung lässt sich eine ausgeprägte Aushandlungsphase beobachten, die sich über einen längeren Zeitraum erstreckt. In dieser Phase übernimmt die Interviewerin eine steuernde Funktion, da Frau Noll zunächst skeptisch und misstrauisch auftritt. Sie thematisiert ihre Sorge um die Wahrung der Anonymität und besteht darauf, dass keine Rückschlüsse auf sie oder ihr Kind möglich sind. Zudem stellt sie klar, dass ihr Kind keinesfalls in das Gespräch einbezogen werden soll. Erst nachdem die Interviewerin diese Punkte eindeutig versichert und verdeutlicht, dass ausschließlich Frau Nolls Erleben im Kontext des Gefährdungsabklärungsprozesses und der Kontakt zur Kinder- und Jugendhilfe von Interesse sei, beginnt die eigentliche Erzählung.

Ihr Einstieg in die Stegreiferzählung offenbart ein Spannungsfeld zwischen ihrer beruflichen Identität als psychosoziale Fachkraft und ihrer persönlichen Rolle als Mutter eines pubertierenden Kindes mit traumatischer Vorgeschichte. Ihre fachliche Perspektive prägt von Beginn an die Darstellung der Situation. Sie reflektiert, dass sie sich bewusst aus einer professionellen Haltung heraus an die Kinder- und Jugendhilfe gewandt habe, da sie ihr Kind gefährdet wahrnimmt und auf Grundlage fachlicher Überlegungen Unterstützung einfordert. Zur Veranschaulichung schildert sie eine Belegsepisode, in der sie ihr Kind als „traumatisiert" (S. 1, Z. 18) beschreibt und damit implizit deutlich macht, dass die Ursache für bestehende Interaktionsprobleme nicht bei ihr als Mutter, sondern in der Vergangenheit des Kindes zu verorten ist. Diese Positionierung verdeutlicht ihre Argumentationsweise als psychosoziale Fachkraft, die die Entwicklungsgefährdung des Kindes fachlich begründet und professionelle Unterstützung als erforderlich darstellt. Dieses Spannungsfeld zwischen beruflicher Expertise und privater Betroffenheit zieht sich als zentrales Motiv durch die gesamte Narration. Während Frau Noll sich selbst als kompetente Fachkraft begreift, erlebt sie die Reaktionen der Kinder- und Jugendhilfe als bürokratisch und unzureichend. Ihre Erwartung einer sofortigen Intervention bleibt unerfüllt, was zu wachsender Frustration führt: „Sie sind eh informiert, aber passieren tut de facto nichts" (S. 2, Z. 67). Sie verweist mehrfach auf ihre fachliche Kompetenz, die sie gezielt einsetzt, um Druck auf das System auszuüben. Ihre Konfrontationen mit der Behörde sind von offensiver Kommunikation und Eskalationsstrategien geprägt: „Muss vorher jemand umgebracht werden […] und was weiß ich […], bevor ihr aktiv werdet?" (S. 2, Z. 83–83); „Und aus jetzt. Ihr tut jetzt was oder ich bin sonst wo!" (S. 2, Z. 90).

Dominante Prozessstruktur: Verlaufskurve mit erzwungener strategischer Anpassung

Die Prozessstruktur ihrer Narration lässt sich als krisenhafte Eskalation mit erzwungener strategischer Anpassung beschreiben. Frau Noll durchläuft dabei verschiedene Phasen, die sowohl von einem biografischen Handlungsschema als auch einem institutionellen Ablaufmuster folgen; beginnend mit einem Gefühl des Kontrollverlusts („Es war nichts möglich […] fassungslos!", S. 4, Z. 117), über eskalierende Auseinandersetzungen mit der Behörde („bin in den Medien und reiß euch […] den Arsch auf!", S. 4. Z. 119), hin zu einem Wendepunkt durch strategische Anpassung („Ich muss ein wenig runter vom Gas, wenn ich zu etwas kommen will", S. 5, 170–171) und einer abschließenden Reflexion des Gesamtprozesses. In ihrer Erzählung lassen sich Schützes Handlungstypen sichtbar: das Durchkämpfen, das resignative Sich-Fügen sowie die versuchte Steuerung des Prozesses durch taktisches Verhalten („Ich kann gut schauspielern", S. 11, Z. 517).

Die Verlaufskurve beginnt mit einer Phase des Kontrollverlusts, in der Frau Noll ihre Ohnmacht angesichts der institutionellen Untätigkeit beschreibt („so ein Kraftakt", S. 7, Z. 252). Obwohl sie sich als Fachkraft bewusst um Hilfe bemüht, gerät sie in die Position einer Bittstellerin. Diese Phase ist geprägt von einer Diskrepanz zwischen ihrer professionellen Identität und der erlebten Abhängigkeit vom System: „Bis man den Schritt da her macht […] da wartet man eh zu bis zum geht nicht mehr, also ich auf jeden Fall […] jede Mutter wahrscheinlich, wenn sie freiwillig kommt“ (S. 7, Z. 262–263). Ihr Versuch, mittels fachlicher Argumentation auf „Systemfehler“ (S. 8, Z. 318) aufmerksam zu machen, wird nicht nur ignoriert, sondern sogar sanktioniert: Anträge werden verzögert – „dann muss man ein bissl warten“ (S. 7, Z. 323) und Termine verweigert: „Dann hab ich echt so das Gefühl gehabt, naja jetzt wirst noch ein wenig bestraft“ (S. 8, Z. 318–319). Hier zeigt sich eine doppelte Eskalation: einerseits die steigende Frustration und Erschöpfung von Mia Noll („Sind Sie irre? Da komm ich mir ja vor wie eine Bittstellerin. […] das ist euer Job!“, S. 7, 269–271), andererseits die verstärkten Machtsignale der Fachkräfte, die ihre Handlungsmacht begrenzen.

In der darauffolgenden Phase des Durchkämpfens intensiviert sie ihre Konfrontation mit der Behörde, etwa durch öffentliche Drohungen: „Ich drohe Ihnen nicht, ich sag Ihnen de facto was ich tu als Mama, ja!“ (S. 10, Z. 388–389) und: „Weil ihr auf einer Behörde sitzt, seid ihr nicht untouchy“ (S. 10, Z. 391). Zwar wird dadurch eine Reaktion erzwungen („[Name der Fachperson] war dann sehr gnädig – und ich soll [ihm/ihr] nicht seinen/ihren Job erklären“, S. 4. Z. 125), doch erfolgt diese nicht als kooperative Unterstützung, sondern in Form einer distanzierten, machtorientieren Begegnung. Die Atmosphäre ist geprägt von Hierarchisierung und Dominanzgesten: „Frau Noll, Sie können eine psychosoziale Fachkraft sein, das ist mir relativ egal, da war sie ganz empfindlich […] ein bissl in die Richtung Machtgeschichte, ja“ (S. 10, Z. 367–370). Diese Phase mündet in eine erneute Enttäuschung, da die erwartete Hilfestellung ausbleibt und stattdessen ihre Erziehungsfähigkeit infrage gestellt wird.

Wandlungsprozess durch strategische Anpassung und Fügen

Die darauffolgende Phase markiert einen Bruch: Frau Noll erkennt, dass direkter Widerstand nicht zielführend ist. Sie beginnt, ihre Strategie bewusst anzupassen und sich den institutionellen Erwartungen unterzuordnen, „weil mir eh nichts anderes übrig bleibt“ (S. Z. 354–355). Diese Anpassung ist jedoch kein Ausdruck tatsächlicher Akzeptanz, sondern ein taktisches Verhalten, ein Schauspiel, das ihr die gewünschte Unterstützung sichern soll. Sie inszeniert sich als empathische Mutter und nutzt ihr Fachwissen nun, um die Fachkräfte zu bestätigen, statt sie herauszufordern. Dadurch gelingt es ihr, Kontrolle über die Interaktion zurückzugewinnen: „Es war ein bisserl unklug insofern – weil das ist die Tragik, zu wissen wer am längeren Ast sitzt. Und das heißt: Nimm dich zurück, sei auch emphatisch, tu sie loben, in dem, was sie leisten. Die sind überfordert, ahm, geh zurück, sei du der Therapeut" (S. 11, Z. 409–411).

Ihre gezielte Anpassung zeigt sich auch in der Reflexion darüber, dass Fachkräfte auf Anerkennung angewiesen seien und ihr Statusgefühl eine zentrale Rolle spiele. Indem Mia Noll ihre fachliche Kompetenz nicht mehr konfrontativ, sondern ergänzend einbringt, gelingt ihr eine Steuerung des Prozesses. Diese veränderte Interaktionsdynamik führt schließlich zur Einleitung von Hilfsmaßnahmen für ihr Kind. Zugleich erkennt sie die Unsicherheit der Fachkräfte, die durch Statusüberhöhung und Machtdemonstrationen kompensiert werde: „Weil ich Klartext geredet habe, zu fordernd" (S. 12, Z. 475) und: „Man muss ein bissl unterwürfig sein" (S. 12, Z. 483).

In der abschließenden Reflexion bleibt eine ambivalente Bewertung bestehen: Zwar erwies sich ihre Strategie kurzfristig als wirksam, doch geht sie mit einem Gefühl der Selbstverleugnung einher: „Die Authentizität geht verloren" (S. 13, Z. 521). Die Interaktion bleibt durch asymmetrische Machtverhältnisse geprägt: „Da kommt man trotzdem in eine Bittsteller-Situation. Da muss man die Goschen halten […] sollte man schon sehr kooperieren" (S. 12, Z. 465–467). Frau Noll kritisiert strukturelle Defizite, die sich in willkürlichen Entscheidungen und fehlender Kontrolle über individuelle Fachkräfte manifestieren: „Ist alles eine Auslegungssache, wenn ein Kindeswohl gefährdet ist […] da spielt das subjektive Empfinden von einer Bearbeiterin eine Rolle" (S. 11, Z. 442–443). Anhand von Belegepisoden aus ihrer Berufspraxis zeigt sie, dass insbesondere junge Mütter und Migrant:innen den institutionellen Anforderungen ausgeliefert seien, da ihnen häufig das nötige Systemwissen und strategische Ressourcen fehlen.

Die Verlaufskurve verdeutlicht einen Übergang von Hoffnung über Frustration und Eskalation hin zu resignativer Anpassung und taktischer Steuerung. Frau Nolls Erzählung macht sichtbar, wie sie zwischen verschiedenen Handlungsmustern nach Schütze oszilliert und ihre Haltung gegenüber der Institution im Verlauf transformiert. Besonders zentral ist die Erkenntnis, dass Widerstand ohne strategische Anpassung nicht wirksam ist – diese Anpassung jedoch mit Identitätsverlust und Ohnmachtserleben verbunden bleibt: „Das Jugendamt – wie gesagt, da weiß ich, wovon ich rede – sehr willkürlich […] jeder hat eine unterschiedliche Wahrnehmung, wann ein Kind gefährdet ist und wann nicht. […]. Diese alten Fürsorgerinnen, ich mein, das ist schon länger aus. Diese Bandbreite haben wir, ja. Die hat man am Jugendamt" (S. 9, Z. 329–336).

Diese individuelle Erfahrung wird von Mia Noll auf struktureller Ebene verallgemeinert. In einer abschließenden Passage äußert sie scharfe Kritik am System der Kinder- und Jugendhilfe, das sie als machtzentriert und in Teilen missbräuchlich beschreibt: „Mit dem System da drinnen […] System Jugendamt […], ahm ist das Thema Macht ein großes Thema. Macht, Bindestrich Machtmissbrauch, trau ich mich sagen. Also, dass es da kein Regulativ gibt, […], wie zu arbeiten ist, das ist gefährlich“ (S. 11, Z. 435–439). Ihre abschließende emotionale Reaktion, insbesondere der Tränenausbruch bei der Schilderung der Interaktion mit einer Fachkraft, unterstreicht die Tiefe ihrer Enttäuschung darüber, als Mensch in einer Krisensituation nicht wahrgenommen worden zu sein. Ihre Narration verweist eindrücklich auf den Bedarf struktureller Reformen und offenbart die problematischen Dynamiken, die sich durch den gesamten Prozess ziehen.

8.5.2 Fallbezogene Interaktionsmuster in der Beziehungsgestaltung

Die Interaktionsmuster zwischen Mia Noll und der Kinder- und Jugendhilfe sind durch ein Spannungsverhältnis zwischen professioneller Kompetenz und institutioneller Machtausübung gekennzeichnet. Die Beziehung ist geprägt von asymmetrischen Machtverhältnissen, die sowohl durch systemische Barrieren als auch durch individuelle Anpassungsstrategien beeinflusst werden. Diese Dynamik lässt sich insbesondere mit den Überlegungen von Kraus und Krieger (2021) zu Macht in der Sozialen Arbeit – als Interaktionsverhältnis zwischen Kontrolle, Partizipation und Freisetzung – sowie den Analysen von Huxoll und Kotthaus (2012) zu Macht und Zwang in der Kinder- und Jugendhilfe in Verbindung gebracht werden. Diese Ansätze betonen, dass Macht in sozialen Dienstleistungen nicht nur strukturell, sondern auch relational und situativ wirksam ist.

Hinderliche Faktoren in der Beziehungsgestaltung

Ein zentrales Hindernis stellt die fehlende Anerkennung von Mia Nolls fachlicher Expertise dar. Trotz ihres umfassenden Wissens zur Arbeitsweise der Kinder- und Jugendhilfe, wird sie nicht als gleichberechtigte Akteurin wahrgenommen. Ihrem Anliegen wird mit Skepsis begegnet, ihre fachlichen Einschätzungen werden nicht ernst genommen. Dies führt zu einer Eskalation, in der sich Frau Noll zunehmend genötigt sieht, drastische Maßnahmen zu ergreifen, etwa durch die Androhung medialer Öffentlichkeit. Diese Dynamik kann mit Kraus und Kriegers (2021) Konzept der institutionellen Macht erklärt werden: Die Fachkräfte üben Macht aus, indem sie entscheiden, wer als legitime Adressatin von Hilfsmaßnahmen anerkannt wird.

Ein weiteres Hindernis liegt in der institutionellen Trägheit, die sich in Verzögerungen und strukturellen Hürden äußert: „Dann muss man ein bissl warten" (S. 7, Z. 323). Diese systemische Nicht-Reaktion verstärkt bei Frau Noll das Gefühl der Ohnmacht und trägt zur Eskalation der Interaktion bei. Huxoll und Kotthaus (2012) betonen, dass sich institutionelle Macht besonders durch das Nicht-Handeln manifestiert – die Macht des Nicht-Eingreifens kann ebenso wirksam sein wie direkte Kontrolle.

Hinzu kommen kommunikative Barrieren: Während Frau Noll eine analytisch-fachliche Sprache verwendet, um ihr Anliegen zu begründen, agiert die Kinder- und Jugendhilfe auf Grundlage bürokratischer, standardisierter Logik. Die unterschiedlichen Diskurslogiken führen dazu, dass ihre Argumente nicht als legitim anerkannt werden. Kraus und Krieger (2021) heben hervor, dass Sprache in der Sozialen Arbeit eine zentrale Ressource von Macht darstellt, da sie bestimmt, wessen Wirklichkeitsdeutung Geltung erhält.

Förderliche Faktoren in der Beziehungsgestaltung

Erst in späteren Phasen der Interaktion treten förderliche Aspekte auf, insbesondere, nachdem Fau Noll ihre Strategie modifiziert hat. Durch eine bewusste Inszenierung als verständnisvolle und kooperationsbereite Mutter gelingt es ihr, den Widerstand der Fachkräfte zu reduzieren. Ihre strategische Selbstpräsentation sensibilisiert die Fachkräfte für ihr Anliegen und initiiert einen Wandel in der Beziehungsgestaltung. Erst dadurch werden konkrete Unterstützungsmaßnahmen für ihr Kind eingeleitet – ein Indiz für die Bedeutung erwartungskonformen Verhaltens im institutionellen Kontext. Zudem erkennt Frau Noll, dass die Anerkennung durch Klient:innen für Fachkräfte eine entscheidende Rolle spielt. Durch die gezielte Bestätigung ihres professionellen Status gelingt es ihr, ein kooperatives Verhältnis aufzubauen. Diese Dynamik verweist auf einen zentralen Mechanismus in professionellen Beziehungen: Je stärker sich Adressat:innen an institutionelle Normen anpassen, desto eher wird eine konstruktive Zusammenarbeit ermöglicht. Huxoll und Kotthaus (2012) beschreiben dies als eine Form des erzwungenen Einverständnisses – Klient:innen sind gezwungen, sich den Machtstrukturen unterzuordnen, um Unterstützung zu erhalten.

Konsistenzen und Inkonsistenzen in der Interaktion

In der Analyse der Interaktionsverläufe wird deutlich, dass Frau Noll zwischen verschiedenen Rollen oszilliert, um ihre Anliegen durchzusetzen. Einerseits tritt sie als selbstbewusste Fachkraft mit klaren Forderungen auf, andererseits sieht sie sich gezwungen, sich an institutionelle Erwartungen anpassen, um als legitime Adressatin anerkannt zu werden. Diese strategische Inkonsistenz reflektiert sie selbst mit der Aussage: „Ich kann gut schauspielern" (S. 11, Z. 517). Huxoll und Kotthaus (2012) interpretieren dies Form der Anpassung als eine Strategie des subjektiven Überlebens im System, mit der Klient:innen versuchen, sich innerhalb asymmetrischer Machtstruktur zu behaupten. Gleichzeitig lässt sich eine institutionelle Inkonsistenz in der Reaktion der Fachkräfte feststellen. Während sie anfangs distanziert und ablehnend agieren, zeigen sie sich später kooperationsbereit, sobald sich Frau Noll den normativen Erwartungen unterordnet. Dies verweist auf strukturelle Willkür innerhalb der Kinder- und Jugendhilfe, in der Fachkräfte über weitreichende Ermessensspielräume verfügen. Frau Noll berichtet zudem, dass sie in ihrer beruflichen Praxis beobachtet hat, wie unterwürfig auftretende Klient:innen, schneller Unterstützung erhielten als solche, die ihre Anliegen offensiv formulierten. Kraus und Krieger (2021) warnen vor einer Reproduktion struktureller Machtgefälle durch solche Mechanismen, da sie Adressat:innen zur passiven und unterwürfigen Haltung zwingen.

Die analysierten Interaktionsmuster verdeutlichen die strukturellen Machtasymmetrien innerhalb der Kinder- und Jugendhilfe, die Adressat:innen häufig zu strategischer Anpassung nötigen. Mia Nolls Fall zeigt, dass konsistentes Verhalten allein nicht ausreicht, um institutionelle Unterstützung zu erhalten – vielmehr ist eine performative Selbstinszenierung erforderlich, um überhaupt gehört zu werden. Diese Dynamik weist auf eine grundlegende Problematik hin, die eine kritische Reflexion institutioneller Handlungspraxen erfordert. Die Analyse macht deutlich, dass Fachkräfte in ihrer Rolle als Gatekeeper einerseits über Entscheidungsgewalt verfügen, andererseits jedoch eigene Unsicherheiten durch Statusüberhöhung und Distanzierung kompensieren. Frau Nolls Erfahrungen unterstreichen die Notwendigkeit institutioneller Reformen, die mehr Transparenz und partizipative Entscheidungsprozesse fördern. Ein von ihr vorgeschlagener konkreter Reformansatz ist die Einführung von Vier-Augen-Gesprächen[5], um subjektive Einschätzungen zu relativieren und institutionelle Willkür zu minimieren. Eine solche Maßnahme könnte dazu beitragen, bestehende Machtstrukturen innerhalb der Kinder- und Jugendhilfe zu reflektieren und langfristig eine gleichberechtigtere Beziehungsgestaltung zwischen Fachkräften und Adressat:innen zu ermöglichen.

[5] Seit Inkrafttreten des Oö. KJHG 2014 ist die Gefährdungsabklärung erforderlichenfalls im Vier-Augen-Prinzip durch zwei Fachkräfte vorgesehen (Abschnitt 2.1 und 2.2). Ziel ist die Vermeidung subjektiver Fehleinschätzungen und eine höhere Entscheidungsqualität. In der Praxis wird das Prinzip jedoch nicht durchgängig umgesetzt, teils aufgrund personeller Engpässe, wie sie auch von Mia Noll kritisiert wurden.

8.6 Otto Pauk: Zwischen Misstrauen und Strategie

„Man muss genau überlegen, was man sagt, sonst kann es gegen einen verwendet werden."

Otto Pauk ist zum Zeitpunkt des Interviews zwischen 51 und 55 Jahre alt und Vater von drei Kindern im Jugendalter. Seine Biografie ist stark geprägt von der Trennung von der Mutter seiner Kinder sowie dem langwierigen Kampf um das Kontakt- und Sorgerecht. Er erlebt sich selbst als Mann und Vater im Spannungsfeld von Rechtssystem, institutionellen Behörden sowie Justiz und Gesetzgebung als benachteiligt.

Zum Zeitpunkt des Interviews leben zwei der drei Kinder wieder bei Herrn Pauk; der Kontakt zur Mutter besteht weiterhin regelmäßig. Die Kontaktaufnahme zu ihm erfolgt über die Vermittlung durch die Kinder- und Jugendhilfe. In der Folge trat ich selbstständig mit ihm in Verbindung, um Termin und Ort der Interviews zu vereinbaren. Das Gespräch fand auf seinen ausdrücklichen Wunsch an einem heißen Sommertag auf einem Pendlerparkplatz sowie anschließend in einem angrenzenden Café statt. Ursprünglich hatte Herr Pauk den Termin vergessen, sodass ich über eine Stunde auf ihn warten musste. Die Gesprächsatmosphäre war letztlich locker und ungezwungen. Allerdings wurde das Interview mehrfach durch vorbeigehende Bekannte Herrn Pauks unterbrochen, was zu Irritationen meinerseits führte. Dies Irritation zeigten sich nicht nur in der Gesprächssituation selbst, sondern prägten auch die nachfolgende Transkription und Analyse des Interviews. Um eine möglichst objektive Auswertung sicherzustellen, habe ich meine Eindrücke sowohl rückgekoppelt als auch im Rahmen einer Supervision reflektiert. Dabei wurde deutlich, dass sich eine von Herrn Pauk im Gespräch immer wieder thematisierte geschlechtsspezifische Benachteiligung im Kontext von Obsorge- und Kontaktregelungen in einer Form reinszenierte. Erst durch den supervisorischen Prozess gelang es mir, alternative Deutungen zu entwickeln und eine distanziertere, neutralere Analyse vorzunehmen.

Die von Herrn Pauk artikulierte Wahrnehmung geschlechtsspezifischer Diskriminierung im Zusammenhang mit dem Obsorge- und Kontaktrecht lässt sich theoretisch in den Rahmen der aktuellen rechtlichen Entwicklungen in Österreich verorten[6]. Eine vertiefte juristische Auseinandersetzung mit diesem Wandel

[6] Seit der Familienrechtsreform 1975–1978 und dem KindRÄG 1989 wurden Ehepartner und Kinder rechtlich weitgehend gleichgestellt. Das KindNamRÄG 2013 brachte eine umfassende Reform der Obsorge. Seither haben verheiratete Eltern ab Geburt gemeinsame Obsorge, unverheiratete können diese erklären. Eine Doppelresidenz ist möglich, aber oft mit Nachteilen verbunden. In der Praxis bestehen strukturelle Benachteiligungen von Vätern

würde jedoch den Rahmen dieser Arbeit sprengen und ist daher an anderer Stelle weiterzuführen.

8.6.1 Gesamtformung

Otto Pauk erlebte den Kontakt mit der Kinder- und Jugendhilfe im Rahmen eines von externen Institutionen initiierten Gefährdungsabklärungsprozesses als eine dynamische und langfristige Interaktion mit offenen Verlaufsoptionen. Seine Haltung gegenüber der Behörde war dabei ambivalent: Einerseits hegte er die Hoffnung auf Unterstützung, andererseits begegnete er der Institution mit Skepsis und Unsicherheit: „Da hat uns der/die offenbart, dass er/sie uns nicht hilft [lacht zynisch]" (S. 9, Z. 352–353). Diese Ambivalenz speiste sich wesentlich aus seinen früheren negativen biografischen Erfahrungen mit staatlicher Kontrolle und institutionellen Akteuren.

Ein zentraler Einschnitt in seiner Biografie war die Trennung von der Mutter seiner drei Kinder, die in einen langjährigen Konflikt um Kontakt- und Aufenthaltsrechte mündete. Herr Pauk erlebte diesen Prozess als tief belastend: „Diese Hilflosigkeit in dieser Phase, die hat mich eigentlich schon ziemlich fertig gemacht" (S. 4, Z. 135). Besonders problematisch empfand er die aus seiner Sicht einseitige, weiblich dominierte Zuständigkeit von Gericht und Kinder- und Jugendhilfe. Anstelle einer neutralen, an den Bedürfnissen der Kinder orientierte Haltung, nahm er eine parteiische Position der Behörde wahr: „Eine Behörde ist auch, sehe ich jetzt eher auch so als Begleitung […], dass diese Spannungen […] fürs Kind am besten verkraftbar ist" (S. 1, Z. 11–12).

Eine positive Ausnahme bildete die Begegnung mit einem Sozialpädagogen, der während der Zeit, in der die Kinder noch bei der Mutter lebten, zur Unterstützung der Familie eingesetzt wurde. Dieser setzte sich aktiv für den Kontakt zwischen Herrn Pauk und seinen Kindern ein und fungierte als Vermittler sowohl gegenüber der Mutter als auch der Kinder- und Jugendhilfe. Er trug maßgeblich dazu bei, dass Herrn Pauks Rolle als Vater nicht länger ausschließlich im Kontext von Konflikt und Trennung gesehen wurde, sondern als wichtige Ressource für die Entwicklung seiner Kinder. Diese Unterstützung ermöglichte letztlich nach Jahren der Kontaktverweigerung seitens der Mutter und der Institutionen eine Wiederherstellung der Beziehung zwischen Herrn Pauk und seinen Kindern. Herr Pauk beschrieb den Sozialpädagogen als verlässliche Bezugsperson und konstante

fort, u. a. durch automatische Obsorge der Mutter und Unterhaltsregelungen, was elterliche Gleichberechtigung erschwert.

Stütze – bedauerlicherweise wurde diese Betreuung jedoch mit dem Umzug der Kinder zu ihm beendet, obwohl er diese Unterstützung weiterhin als hilfreich für die familiäre Anpassung empfunden hätte.

Seine sprachliche Darstellung im Interview lässt eine Entwicklung erkennen: Während er zu Beginn eine sachlich-distanziert formulierte Sprache verwendet, zeigen sich im weiteren Gesprächsverlauf zunehmend Emotionalität, direkte Rede und ironische Kommentare: „Und dann heißt es wieder: Ja, das müssen wir noch besprechen. Aber mit wem? Das wissen sie selbst nicht so genau" (S. 3, Z. 112–114). Diese sprachlichen Verschiebungen spiegeln eine wachsende Reflexion sowie eine nuancierte Wahrnehmung der Fachkräfte wider.

Dominante Prozessstruktur und Verlaufskurvendynamik

Die Interaktion Otto Pauks mit der Kinder- und Jugendhilfe lässt sich als mehrphasiger Prozess beschreiben. In der ersten Phase dominieren Unsicherheit und Misstrauen. Otto schildert seine Versuche, Orientierung zu gewinnen, jedoch begegnet er wechselnden Ansprechpartner:innen und unklaren Zuständigkeiten: „Ich hab nicht gewusst, mit wem ich da jetzt eigentlich sprechen soll" (S. 2, Z. 78–80).

Im weiteren Verlauf nehmen Frustration und Enttäuschung über die fehlende Verbindlichkeit der Institution zu. Diese äußert sich in ironischen oder zynischen Kommentaren, in denen sich eine tiefergehende Kritik am System manifestiert: „Wenn du auf eine Behörde gehst, du musst wissen, was will der, was willst du und wie manipuliere ich den, dass der das mir ermöglicht" (S. 13, Z. 536–538). Das Misstrauen verschiebt sich damit von der individuellen Ebene hin zu einer strukturellen Kritik, die insbesondere die institutionelle Benachteiligung von Vätern fokussiert.

Trotz punktueller positiver Erfahrungen – etwa mit dem oben genannten Sozialpädagogen – verändert sich Herrn Pauks Grundhaltung gegenüber der Kinder- und Jugendhilfe im Verlauf nicht grundlegend. Die Institution bleibt für ihn ein Ort, an dem er sich nicht als partizipativer Akteur, sondern als potenziell Verdächtiger und Abzuwehrender versteht. Dies zeigt sich auch in seiner kommunikativen Strategie, Informationen gezielt zu filtern und seine Aussagen bewusst zu kontrollieren: „Man muss genau überlegen, was man sagt, sonst kann es gegen einen verwendet werden" (S. 6, Z. 212–214). Herr Pauk positioniert sich damit nicht als Nutzer eines Unterstützungsangebots, sondern als jemand, der sich gegen eine vermutete Voreingenommenheit zur Wehr setzen muss.

Besonders prägnant ist seine Wahrnehmung, dass die Kinder- und Jugendhilfe seiner Erziehungsfähigkeit grundsätzlich mit Skepsis begegnet und institutionelle Strukturen implizit davon ausgehen, dass Kinder primär zur Mutter gehören. Er kritisiert, dass die individuelle Perspektive seiner Kinder wenig berücksichtigt werde, und fühlt sich gemeinsam mit ihnen als Opfer eines Systems, das Väter strukturell benachteiligt: „Und du, du bist der Vater und damit bist du vorm Jugendamt der Schuldige, du bist der Schlechte, du bist der Arsch und nix zählt" (S. 4, Z. 131–135).

8.6.2 Fallbezogene Interaktionsmuster in der Beziehungsgestaltung

Die Interaktion zwischen Otto Pauk und der Kinder- und Jugendhilfe ist geprägt von einem stark formalisierten institutionellen Ablaufmuster, innerhalb dessen Herr Pauk versucht, sich durch zynische Kommentare, juristische Auseinandersetzung und resignative Strategien Handlungsspielräume zu verschaffen. Er erlebt die Beziehung zur Kinder- und Jugendhilfe nicht als partnerschaftlich oder dialogisch, sondern als durch stereotype Annahmen und eine mangelnde Berücksichtigung seiner individuellen Lebenslage bestimmt. Statt authentischem Interesse an seinen biografischen Erfahrungen nehme er eine primär an rechtlichen Vorgaben orientierte Haltung wahr: „Also, was wirklich dahinter ist, interessiert – vielleicht noch sekundär höchstens – sondern es läuft da sehr klischeehaft ab, ja. Ah, wir sind eine moderne Gesellschaft, unter Anführungszeichen, aber trotzdem geht man immer davon aus, und das glaub ich, steht im Gesetz auch so drin, dass die Kinder zusammen sein müssen und bei der Mama bleiben müssen" (S. 6, Z. 226–228).

Obwohl eine externe Institution seinen Unterstützungsbedarf angemeldet hatte, erhielt Herr Pauk nach eigener Darstellung keine adäquate Hilfe durch die Kinder- und Jugendhilfe. Seine Enttäuschung spiegelt sich in einer emotionalen Reaktion: „Und ihr sagt dann, das interessiert uns nicht. Eigentlich, was machst du da? Was hast du für eine Ausbildung, dass du das sagen kannst, ja? Ich hab es ganz komisch gefunden eigentlich. Aber das ist so, wie es eigentlich generell war, dass du wirkliche Hilfe oder wirkliche Unterstützung – da nehm ich jetzt den [Name des Sozialpädagogen] aus, ja, weil der war wirklich super – ahm, haben wir eigentlich nicht gekriegt" (S. 8, Z. 419–423).

Hinderliche Faktoren in der Beziehungsgestaltung

Ein besonders prägendes Erlebnis für Herrn Pauk war die unterlassene Begrüßung durch einen Sozialarbeiter, der ihm nicht die Hand reichte. Diese scheinbar banale Geste wurde von Herrn Pauk als symbolische Zurückweisung interpretiert und verstärkte sein Gefühl, nicht willkommen und nicht ernst genommen zu werden:

„Der mit Maske hat dir nicht einmal die Hand gegeben oder irgendwas“ (S. 10, Z. 403–404) und: „Der hat offensichtlich Probleme mit Leuten und will möglichst keinen Kontakt […] dann muss ich meinen Job wechseln“ S. 11, Z. 469–474). Für ihn wurde dadurch deutlich, dass sich diese Fachkraft weniger für seine Situation interessiert als vielmehr Distanz wahren wollte – was sein generelles Misstrauen gegenüber dem Hilfssystem verstärkte: „Aber helfen tut er uns nicht [lacht]" (S. 8, Z. 410).

Förderliche Faktoren in der Beziehungsgestaltung

Positive Erfahrungen in der Beziehungsgestaltung traten dann auf, wenn eine kontinuierliche Betreuung gewährleistet war und Fachkräfte ihm auf Augenhöhe begegneten. Besonders hebt Herr Pauk den Sozialpädagogen hervor, den er als „persönlich so engagiert“ (S. 10, Z. 429) und unterstützend wahrnahm. Dieser Sozialpädagoge spielte während der Zeit, als die Kinder noch bei der Mutter lebten, eine zentrale Rolle in der Vermittlung und unterstützte aktiv den Kontakt zwischen Vater und Kindern. Herr Pauk empfand diese Begleitung als stabilisierend – sowohl für ihn selbst als auch für seine Kinder. Die Beendigung der Zusammenarbeit mit dieser Fachkraft nach dem Umzug der Kinder zu ihm interpretierte er jedoch als weiteren Beleg für eine strukturelle Parteilichkeit zugunsten der Mutter.

Ein weiteres Beispiel für die Ambivalenz der Beziehung zur Kinder- und Jugendhilfe zeigte sich bei einem Hausbesuch, bei dem zwei Fachkräfte anwesend waren. Herr Pauk empfand die Situation als übergriffig, „sehr schlimm empfunden“ (S. 12, Z. 492) und unangemessen, insbesondere im privaten Kontext seiner Wohnung: „Grüß Gott, aber ich geb Ihnen nicht die Hand und bleiben Sie mir fern und, und […[ich setz mich jetzt da hin und Sie setzen sich bitte da drüben hin und sprechen Sie mich nicht direkt an und können Sie nicht eine Maske aufsetzen – in Zeiten, in denen die Maskenpflicht schon längst weg war“ (S. 11, Z. 476–477). Auf der Behörde konnte er solche Anweisungen eher akzeptieren und hatte sich darauf vorbereitet: „Da hab ich mich auch abgeschottet und ich hab schon gewusst, was kommt“ (S. 11, Z. 491). Während er eine Fachkraft – die sich distanziert und reserviert verhielt – klar ablehnt, bewertet er die andere deutlich positiver: „War sehr okay eigentlich“ (S. 11, Z. 459). Später reflektiert Herr Pauk über die Interaktion und merkt an: „Eigentlich schon eher neutral. Ja, der war sogar sehr nett, muss ich sagen“ (S. 11, Z. 511–512). Über die andere Fachkraft urteilte er hingegen kritisch: „[…] und will nichts mit Menschen zu tun haben“ (S. 11, Z. 514).

Konsistenzen und Inkonsistenzen in der Interaktion und Darstellung

In Otto Pauks Erzählung lassen sich sowohl konsistente als auch widersprüchliche Muster erkennen. Auffällig konstant ist sein tief verwurzeltes Misstrauen gegenüber der Kinder- und Jugendhilfe, das er trotz einzelner positiver Erfahrungen nicht grundsätzlich revidiert. Er vertritt die Überzeugung, dass Väter institutionell benachteiligt und von vornherein als weniger geeignet wahrgenommen werden.

Gleichzeitig zeigen sich Inkonsistenzen in der Bewertung der Fachkräfte. So berichtet er einerseits von ablehnenden, distanzierten Interaktionen, beschreibt aber andererseits sehr positive Erlebnisse mit Einzelpersonen wie dem Sozialpädagogen. Diese positive Ausnahme wertet er jedoch nicht als Zeichen für strukturellen Wandel, sondern als individuelle Besonderheit – was auch daran liegen mag, dass der Sozialpädagoge einer sozialpädagogischen Einrichtung zugehörte und nicht direkt zur behördlichen Kinder- und Jugendhilfe zählte. Diese institutionelle Unterscheidung spielt offenbar eine Rolle in Herrn Pauks Bewertung.

Ein weiteres ambivalentes Moment zeigt sich in seiner strategischen Kommunikation. Obwohl er wiederholt betont, dass er nichts von den Behörden erwarte und keine Unterstützung annehmen wolle, reflektiert er gleichzeitig, wie er seine Aussagen taktisch anpassen müsse, um sich zu schützen: „Man muss genau überlegen, was man sagt, sonst kann es gegen einen verwendet werden" (S. 6, Z. 212–214). Diese Kommunikationsstrategie verweist auf ein widersprüchliches Verhältnis zur Institution: Einerseits lehnt er sie ab, andererseits erkennt er ihre Machtposition und reagiert mit kontrollierter Selbstdarstellung.

Otto Pauks Interaktionsmuster mit der Kinder- und Jugendhilfe sind von einem stabilen Grundmisstrauen gegenüber der Institution geprägt, das sich durch einzelne positive Erfahrungen nicht grundsätzlich verändert. Während er punktuell vertrauensvolle Beziehungen zu einzelnen Fachkräften aufbauen konnte, bleibt seine Grundhaltung kritisch bis ablehnend. Seine Erzählung ist durchzogen von Ambivalenz: Zwischen strategischer Anpassung und fundamentaler Ablehnung schwankt sein Verhalten, wodurch sich eine komplexe Mischung aus Widerstand, Enttäuschung und selektiver Kooperation ergibt. Die Analyse legt nahe, dass für eine gelingende Beziehungsgestaltung mit Adressat:innen wie Otto Pauk insbesondere Kontinuität, persönliche Ansprache und partizipative Haltung zentrale Gelingensbedingungen darstellen.

8.7 Quentina Rauchs Weg zwischen Krise, Angst und Neuanfang

"Ich stand unter Beobachtung und natürlich mach ich nicht alles richtig."

Quentina Rauch ist zum Zeitpunkt des Interviews zwischen 31 und 40 Jahre alt und Mutter eines Kindergartenkindes. Während des Gefährdungsabklärungsprozesses befindet sie sich in einer tiefgreifenden persönlichen Krise – ausgelöst durch eine langjährige toxische Beziehung, eine plötzliche Trennung sowie psychische und physische Erschöpfung. Während eines stationären psychiatrischen Aufenthalts wurde ihr Kind über mehrere Wochen von Familienangehörigen betreut. Die Rückkehr in den Alltag nach dieser existenziellen Ausnahmesituation erweist sich für sie als besonders herausfordernd: Ein unterstützendes soziales Netzwerk fehlt weitgehend, und die Belastung als alleinerziehende Mutter ist hoch.

Der Kontakt zu Frau Rauch wurde durch die Behörde hergestellt. Ich nahm anschließend telefonisch Kontakt mit ihr auf, um einen Gesprächstermin zu vereinbaren. Aufgrund der schwierigen Betreuungssituation wurde das Interview am späten Abend via Zoom geführt – zu einem Zeitpunkt, als ihr Kind bereits schlief. Die Gesprächsatmosphäre war entspannt, und Frau Rauch fasste rasch Vertrauen. Sie begann ihre Erzählung in bemerkenswert strukturierter Weise.

8.7.1 Gesamtformung

Der Kontakt zur Kinder- und Jugendhilfe wurde von Quentina Rauchs Familie initiiert, die eine Klärung möglicher Unterstützungsangebote anregte. Verwandte organisierten den Ersttermin mit der Behörde und begleiteten sie dorthin. Frau Rauchs Haltung gegenüber der Behörde war zunächst von Misstrauen, Angst und dem Gefühl der Bedrohung geprägt – insbesondere aus Sorge, ihr Kind könnte ihr entzogen werden. Diese anfängliche Unsicherheit bestimmte die erste Phase der Interaktion. Die sprachliche Gestaltung ihrer Erzählung spiegelt diese emotionale Dynamik wider. In der ersten Phase dominiert eine stark emotionale Sprache, geprägt von Metaphern und Wiederholungen. Ihre Ängste kommen deutlich zum Ausdruck, etwa in der Aussage: „Ich war total in dem Film: Oh mein Gott, ich werde jetzt mein Kind verlieren“ (S. 2, Z. 152–153). Auch ihre Beschreibung: „Ich war sehr gestresst und defensiv“ (S. 2, Z. 63) unterstreicht ihren inneren Ausnahmezustand.

Mit dem Fortschreiten des Interviews verändert sich ihr sprachlicher Stil hin zu einer reflektierteren und analytischeren Darstellung. In der mittleren Phase beginnt sie, ihre Wahrnehmung der Fachkräfte differenzierter zu beschreiben. Sie erkennt deren unterstützende Rolle an und setzt ihre Ängste zunehmend in einen rationaleren Kontext: „Die haben das schon wirklich gut gemacht, die Zuständigen [...] aber es war halt schwer bei mir anzudocken“ (S. 3, Z. 74–75). Diese Aussage verweist auf einen beginnenden Wandlungsprozess: von Ohnmacht hin zu einer bewussteren Auseinandersetzung mit ihrer Situation. Ihr wachsendes Vertrauen zeigt sich auch in der Rückschau: „Ich kann jetzt im Nachhinein schon sehen, dass sie sich wirklich sehr bemüht haben, mich da zu stärken und mir Anhaltspunkte zu geben“ (S. 4, Z. 156–157).

Im Gespräch wird deutlich, dass Frau Rauch die beiden Fachkräfte[7] unterschiedlich wahrnahm. Die jüngere Fachkraft erlebte sie als fachlich sehr kompetent und sachlich distanziert. Diese Distanz bewertete sie positiv, da die Fachkraft wenig Persönliches preisgab, aber durch gezieltes Fragen und eine fokussierte Gesprächsführung half, Schritt für Schritt wieder Handlungsspielräume zu eröffnen. Im Gegensatz dazu zeigte sich die ältere Fachkraft in ihrer Gesprächsführung persönlicher, teilte eigene Erfahrungen als Mutter und ermutigte Frau Rauch durch biografische Bezüge. diese Form der Nähe empfand sie jedoch ambivalent. Einerseits fühlte sie sich verstanden, andererseits aktivierte dies Übertragungen aus ihrer „Familiengeschichte“ (S. 11, Z. 438) durch Vergleiche ihrer Mutter wie: „Ich hab auch drei Kinder gehabt und hab das auch geschafft und bin nicht in der Psychiatrie gelandet“ (S. 6, Z. 205–206). Zusätzliche Relativierungen durch die Mutter schwächten das Gefühl bei Frau Rauch, ernst genommen zu werden: „Uns geht’s doch eh so gut, und in Afrika verhungern die Kinder“ (S. 11, Z. 451–452). Diese Parallelen im Verhalten der Fachkräfte empfand sie als entwertend. Sie brachte dies auf den Punkt mit: „Shit together, ja also die arbeiten mit Frauen wie mir. Also da bin ich am kürzeren Ast“ (S. 11, Z. 442). Die Vergleiche führten bei ihr zu dem Gefühl, in eine Schublade gesteckt zu werden und mit ihrem Schmerz nicht ernst genommen zu sein: „Dieses Relativieren von meinem Schmerz“ (S. 11, Z. 458).

Dominante Prozessstruktur und institutionelles Ablaufschema

Das Interview zeigt eine dynamische Prozessstruktur, die von anfänglicher Angst und Unsicherheit zu zunehmender Stabilität und Reflexion führt. Zu Beginn überwiegt die Sorge, das eigene Kind zu verlieren. Dies zeigt sich in Aussagen wie: „Und deshalb, das hat sicher auch mitgespielt bei dem, ja, wie viel ich

[7] Vier-Augen-Prinzip bei der Gefährdungsabklärung

zeige und wie werd ich dann wieder beurteilt und vielleicht verurteilt und in eine Schublade gesteckt“ (S. 10, Z. 390–391). Im weiteren Verlauf gelingt es ihr zunehmend, die Fachkräfte nicht mehr nur als kontrollierende Instanz, sondern auch als potenzielle Unterstützer wahrzunehmen. „Das hat es dann leichter gemacht, wirklich zu erzählen und mehr zu erzählen“ (S. 10, Z. 404), so ihre Einschätzung rückblickend.

Ein Wendepunkt zeigt sich, als sie die Beratungsbeziehung als kooperativ erlebt: „Das hat das Gefühl auch wirklich verstärkt, gemeinsam daran zu arbeiten [. . .] Nicht so dieses: Da ist jemand gegenüber eine Front, und jetzt sagen Sie mal – und wir sagen Ihnen, das und das muss passieren und dann schauen wir nächstes Mal, ob das erledigt ist“ (S. 10–11, Z. 419–423). Diese Wahrnehmung eines partizipativen Prozesses half ihr, sich gestärkt zu fühlen.

Wandlungsprozesse und Eigentheorien von Quentina Rauch

Ein wichtiges Merkmal in ihrer Erzählung ist die Entwicklung eigener Theorien über die Kinder- und Jugendhilfe. Zu Beginn unsicher, ob sie als Mutter den Anforderungen genügt, beginnt sie im Verlauf, die Rolle der Fachkräfte differenzierter zu betrachten. Dies zeigt sich in ihrer selektiven Annahme von Unterstützungsangeboten: Sie lehnt etwa den psychologischen Fachdienst der Behörde ab, organisiert jedoch selbst therapeutische Angebote für ihr Kind. Diese Selektion verweist auf ihr Bedürfnis nach Kontrolle: „Also so dieses Gefühl, ich stehe unter Beobachtung und natürlich mach ich nicht alles richtig“ (S. 9, Z. 375). Mit der Zeit wächst ihr Gefühl von Selbstbestimmung: „Am Anfang war ich sehr defensiv […] also, sehr vorsichtig“ (S. 6, Z. 230). Dennoch bleibt eine gewisse Ambivalenz bestehen. Einerseits erkennt sie die Unterstützung durch die Behörde an – „Ich hab nie das Gefühl gehabt ich bin schlecht, ich bin eine Versagerin“ (S. 6, Z. 232) – andererseits empfindet sie institutionelle Strukturen als bevormundend. Diese Ambivalenz artikuliert sie sprachlich deutlich: „Ich weiß gar nicht, was ich mir wirklich gewünscht hätte. Aber es ist dieses Ding in mir aktiviert worden, dass man dann widerborstig wird und sagt, ja okay, du hast deine Dinge erlebt, […] aber das ist mein Scheiß gerade“ (S. 12, Z. 468–469).

Insgesamt zeigt sich in ihrer Erzählung ein Wandlungsprozess – von anfänglichem Misstrauen, geprägt durch institutionelle Abläufe, hin zu zunehmender Selbstermächtigung. Ihre Geschichte verweist auf ein individuelles Handlungsschema, das in der Auseinandersetzung mit der Kinder- und Jugendhilfe neu verhandelt wird.

8.7.2 Fallbezogene Interaktionsmuster in der Beziehungsgestaltung

Die Beziehung zwischen Quentina Rauch und der Kinder- und Jugendhilfe ist durch eine komplexe Dynamik geprägt, die sowohl förderliche als auch hinderliche Faktoren umfasst. Während der Kontakt zunächst von Misstrauen und Angst bestimmt ist, entwickelt sich im weiteren Verlauf eine differenzierte Wahrnehmung der Fachkräfte und ihrer Rolle.

Zu Beginn ist Frau Rauch stark verunsichert. Die Angst, als ungeeignet für die Betreuung ihres Kindes bewertet zu werden, führt zu einer distanzierten, defensiven Haltung. Sie beschreibt die Sorge, dass ihr Kind ihr entzogen werden könnte: „Wo mein Vater zu mir gesagt hat, wenn das nicht funktioniert, dann ist [Name des Kindes] weg“ (S. 8, Z. 337–338). Ihre Zurückhaltung zeigt sich auch in der vorsichtigen Kommunikation: „Ich war sehr gestresst und defensiv“ (S. 2, Z. 63). Das Gespräch mit den Fachkräften empfindet sie als „wahnsinnig anstrengend“ (S. 4, Z. 148).

Hinderliche Faktoren in der Beziehungsgestaltung

Ein hinderlicher Faktor ist Frau Rauchs Wahrnehmung von Hierarchien und Bewertungen. Besonders herausfordernd erlebt sie die Interaktion mit der älteren Fachkraft, die eigene Erfahrungen einbringt und Vergleiche zieht. Diese verwies etwa auf den eigenen Umgang mit Kindern und den Aufbau eines neuen sozialen Umfelds – eine Situation, die auch Frau Rauch durchleben musste. Diese Parallele nimmt sie ambivalent wahr: Einerseits signalisiert sie Verständnis, andererseits empfindet Frau Rausch sie als Relativierung ihrer eigenen Belastung.

Besonders prägend ist die Erfahrung mit familiären Vergleichsmustern. Solche Vergleiche verknüpft Frau Rauch mit einer Herabsetzung ihrer Empfindungen: „Dieses Relativieren von meinem Schmerz“ (S. 11, Z. 458). Diese familiäre Prägung beeinflusst ihre Wahrnehmung der Fachkräfte insofern, als Vergleiche generelle das Gefühl erzeugen, nicht ernst genommen zu werden. „Ich fühl mich so, als wär ich am kürzeren Ast“ (S. 11, Z. 442).

Hinzu kommt das Gefühl, unter ständiger Beobachtung zu stehen: „Ich stehe unter Beobachtung und natürlich mach ich nicht alles richtig“ (S. 9, Z. 375). Dieses Empfinden führt zu einer abwartenden, angepassten Haltung, die Offenheit in der Beziehungsgestaltung erschwert.

Förderliche Faktoren in der Beziehungsgestaltung

Förderlich wirkt sich insbesondere die Beziehung zur jüngeren Fachkraft aus. Frau Rauch beschreibt sie als professionell, strukturiert und emotional zurückhaltend – Eigenschaften, die ihr Orientierung und Sicherheit geben. Die Fachkraft unterstützte sie Schritt für Schritt dabei, wieder Handlungsspielräume zu entwickeln und eigenständige Entscheidungen zu treffen. „Die haben das schon wirklich gut gemacht, die Zuständigen […] aber es war halt schwer bei mir anzudocken" (S. 3, Z. 74–75).

Es lässt sich ein Bezug zur in der oberösterreichischen Kinder- und Jugendhilfe etablierten sicherheitsorientierten und lösungsfokussierten Praxis (vgl. Abschnitt 2.2; Praxishandbuch KJH, 2022, S. 10) feststellen, insbesondere zur Strategie der Problemdistanzierung und zur Orientierung am Gelingenden. Frau Rauch beschreibt die Kommunikation mit der Fachkraft als „nährend, unterstützend, in die Zukunft schauend, alles wird gut" (S. 6, Z. 234). Dieses Erleben der Fachkraft als empathisch, authentisch und kongruent verweist auf Elemente der personzentrierten Gesprächsführung nach Carl Rogers (1987)[8]. Auch wenn sie wenig Persönliches über die Fachkraft wusste, nahm sie eine positive Grundhaltung wahr: „Das war gar nicht so problematisch, weil ich einfach trotzdem gespürt habe, sie ist mir wohlgesonnen" (S. 6, Z. 234).

Konsistenzen und Inkonsistenzen in der Interaktion und Darstellung

Im Interviewverlauf zeigen sich sowohl konsistente als auch widersprüchliche Muster in Frau Rauchs Beziehung zur Kinder- und Jugendhilfe. Eine konstante Linie ist ihre ambivalente Haltung: Sie schätzt Struktur und Unterstützung, empfindet aber zugleich die institutionellen Strukturen als hierarchisch und bewertend. Diese Ambivalenz spiegelt sich in ihrer Sprache wider, etwa wenn sie sagt: „Ich weiß gar nicht, was ich mir wirklich gewünscht hätte. Aber es ist dieses Ding in mir aktiviert worden, dass man dann widerborstig wird" (S. 12, Z. 468–469).

Widersprüchlich erscheint ihre Reflexion auf den Umgang mit dem Vater ihres Kindes. Während die Fachkräfte sich stark auf ihre Erziehungsfähigkeit konzentrierten, empfand sie, dass der problematische Kontakt zum Kindsvater zu wenig thematisiert wurde. „Natürlich mit dem Fokus auf das Kind, das ist klar" (S. 14, Z. 575). Die Einstellung des Gefährdungsabklärungsverfahrens erlebt sie ambivalent: „Irgendwie zweischneidig. Einerseits ok, ja super, alles gut (S. 7, Z. 294–295), aber gleichzeitig fehlte ihr Raum für persönliche Anliegen: „Also ich

[8] Der personzentrierte Ansatz nach Carl Rogers basiert auf den Prinzipien von Empathie, Kongruenz und bedingungsloser Wertschätzung. In der Gesprächsführung bedeutet dies, dass die Fachkraft aktiv zuhört, das Gegenüber ohne Bewertung annimmt und eine authentische Beziehungsgestaltung ermöglicht (3.4).

hatte nicht das Gefühl, dass da Platz war, über solche Dinge zu sprechen" (S. 13, Z. 532–533).

Die Interaktionsmuster in der Beziehung zu den Fachkräften sind geprägt von anfänglicher Unsicherheit und Distanz, die sich im Verlauf der Gespräche in eine differenziertere Auseinandersetzung wandeln. Hinderliche Aspekte wie Hierarchieempfinden, Vergleichserfahrungen und das Gefühl der Bewertung stehen förderlichen Faktoren wie professioneller Unterstützung, Struktur und positiver Gesprächsatmosphäre gegenüber. Quentina Rauch entwickelt im Verlauf eine zunehmend reflektierte Sicht auf die Fachkräfte und den institutionellen Rahmen – zwischen Ambivalenz und Anerkennung, zwischen Widerstand und Kooperation.

8.8 Sara Tot: Zwischen Ohnmacht und Autonomie

„Die haben uns alles negativ geredet und mir immer das Gefühl gegeben, dass ich eine schlechte Mutter bin und dass ich nichts auf die Reihe krieg."

Sara Tot ist Mutter von drei Kindern und lebt getrennt vom Vater ihrer Kinder. Zum Zeitpunkt des Interviews ist sie zwischen 31 und 40 Jahre alt und in einer neuen Partnerschaft. Der Vater ihrer Kinder wird in ihrer Erzählung nur einmal erwähnt – in negativem Zusammenhang: „Da hab ich mich sehr viel auf meinen Partner verlassen müssen [...] und viel beim Papa abgehängt und so naja [tiefes Seufzen und kurze Pause]" (S. 3, Z. 93–94). Eine erhebliche biografische Belastung stellt für sie die intensive Betreuung ihres schwerkranken Kindes dar. Diese Aufgabe musste sie unter erheblichem institutionellen Druck nahezu allein bewältigen – während sie zugleich für ihre beiden anderen Kinder verantwortlich war. Die damit verbundene Mehrfachbelastung wurde aus ihrer Sicht von den Fachkräften kaum berücksichtigt.

Der Kontakt zur Erzählerin wurde durch die Kinder- und Jugendhilfe vermittelt. Da Frau Tot großen Wert auf Anonymität legte, übernahm die zuständige Fachkraft die Organisation des Gesprächs sowie die Wahl des Treffpunkts. Das Interview fand in einem öffentlichen Gebäude statt; für das Gespräch stand ein separater Raum zur Verfügung, der eine vertrauliche Atmosphäre ermöglichte.

8.8.1 Gesamtformung

Die sprachliche Gestaltung von Sara Tots Erzählung ist von einer starken emotionalen Dynamik geprägt und spiegelt ihre ambivalente Haltung gegenüber der Kinder- und Jugendhilfe wider. Ihre Erzählweise beginnt mit einer neutralen bis zurückhaltenden Beschreibung der ersten Begegnungen, entwickelt sich jedoch rasch zu einer konflikthaften Darstellung, die stark von Ohnmachtsgefühlen geprägt ist. Narrative, argumentierende und reflektierende Passagen wechseln einander ab und zeigen ihren Versuch, das Erlebte sowohl emotional als auch rational zu verarbeiten.

Dominante Prozessstruktur und institutionelles Ablaufmuster
Frau Tots Erzählung folgt einer klaren Prozesslogik: von anfänglicher Verunsicherung über eine Eskalation der Konflikte bis hin zu einer relativen Stabilisierung. Zu Beginn dominieren Unsicherheit und Ohnmacht, verstärkt durch den häufigen Wechsel von Fachkräften und das Fehlen stabiler Unterstützung. Negative Rückmeldungen verstärken ihre Angst, als ungeeignete Mutter gesehen zu werden. Dies führt zu einem zunehmenden Gefühl von Kontrolle durch die Institution und zur Eskalation von Konflikten.

Der Tiefpunkt ist für sie die Phase im Krankenhaus, in der sie gezwungen ist, fast ganztägig anwesend zu sein, obwohl sie auch für ihre anderen Kinder sorgen muss. Erst mit dem Auftreten einer konstanten und wertschätzenden Fachkraft erfährt sie Stabilisierung und beschreibt erstmals eine Zusammenarbeit auf Augenhöhe. Die Struktur ihrer Erzählung bildet damit eine Bewegung von institutioneller Kontrolle hin zu einer vorsichtigen Wiedergewinnung von Autonomie – bei gleichzeitig fortbestehendem Misstrauen gegenüber der Institution.

In den ersten Interviewminuten gibt sie eine eher neutrale Rückmeldung: „Am Anfang war es eigentlich schon in Ordnung" (S. 1, Z. 7–14). Diese Formulierung lässt sich als strategische Anpassung an die Interviewsituation lesen – möglicherweise, um sich als kooperative Erzählerin darzustellen. Im weiteren Verlauf zeigt sich jedoch deutlich ihre Enttäuschung: „Nein, unterstützt habe ich mich nicht richtig gefühlt vom Jugendamt. So teilweise am Anfang" (S. 3, Z. 74). Besonders belastend ist für sie der ständige Wechsel von Zuständigkeiten „Dann hab ich zwischendurch gar nicht gewusst, welcher Betreuer für uns zuständig ist, weil alle paar Monate irgendwer anderer war" (S. 3, Z. 80–83). Diese fehlende Kontinuität verhindert aus ihrer Sicht den Aufbau einer vertrauensvollen Beziehung.

Ein wiederkehrendes Thema ist die negative Bewertung durch Fachkräfte: „Die haben uns alles negativ geredet und mir immer das Gefühl gegeben, dass ich eine schlechte Mutter bin und dass ich nichts auf die Reihe krieg" (S. 2,

Z. 26–27). Sie berichtet von Gesprächen, in denen sie sich missverstanden und ungerecht behandelt fühlte: „Wenn ich alleine war, teilweise bei einem Gespräch oder so, da haben sie mich wirklich [Pause] runtergemacht und negativ behandelt und so.“ (S. 2, Z. 54–56). Besonders eindrücklich schildert sie die Erfahrung beim „runden Tisch“ im Krankenhaus: „Da hast du schon gewusst, okay, du hast keine Chance, weil keiner hinter dir sitzt und keiner neben dir sitzt und dich unterstützt [...] Dann ist klar, dass du keine Chance hast als Elternteil“ (S. 3, Z. 100–103). Hier wird das Machtgefälle zwischen Fachkräften und der Adressatin deutlich – Frau Tots Sprache ist geprägt von Ohnmacht und Wut, was sich auch in Wiederholungen, Satzabbrüchen und Seufzern zeigt: „Ich hab´s dann einfach bleiben lassen, die Diskussionen, weil ich glaub, mir wär´s noch schlimmer [Pause] gegangen. Wie heißt es so schön: Der Klügere gibt nach“ (S. 4, Z. 121–122).

Ein Wendepunkt zeigt sich mit dem Wechsel der zuständigen Fachkraft. Frau Tot beschreibt diese als präsent, unterstützend und verständnisvoll: „So richtig da. So unterstützend, quasi. Sie hat es gut gemacht“ (S. 8, Z. 302–306). Ihre Sprache wird ruhiger und reflektierter, sie fühlt sich ernst genommen: „Sie weiß ungefähr, wo die Bedürfnisse sind und sie redet vernünftig mit einem, geht Kompromisse ein“ (S. 4, Z. 131). Im Rückblick vergleicht sie diese Erfahrung mit früheren Situationen, in denen sie sich nicht auf Augenhöhe wahrgenommen fühlte: „Die haben dir jedes Wort im Mund teilweise umgedreht“, auch über die Vorgesetzten äußert sie sich kritisch und benennt die Angst vor Konsequenzen deutlich: „Kommst ja sowieso nicht gegen die an, also muss ich das machen, was die quasi wollen, weil sonst passiert irgendwas Gröberes und die Kinder werden mir wahrscheinlich weggenommen“ (S. 5, Z. 163–167).

Ein besonders irritierendes Verhalten beschreibt sie bei einer Fachkraft, die ihr Auto weit entfernt parkte, um keine persönlichen Hinweise preiszugeben: „Beim ersten Mal hab ich mir gedacht, okay, es kann passieren [...] Beim dritten Mal dann denk ich mir schon, okay, [...], mit dir stimmt was nicht“ (S. 10, Z. 401–405). Sie deutet dieses Verhalten als Ausdruck von Desinteresse: „So, ein Stück Distanz, die man spürt [...] so, okay, du willst eigentlich nichts mit uns zu tun haben“ (S. 7, Z. 245–250). Dieses Verhalten kann als institutionelle Distanzierung verstanden werden, die bei der Adressatin Gefühle von Ablehnung und Misstrauen auslöst.

Ein weiteres Thema ist ihre Erfahrung als alleinerziehende Frau, die sich nicht ernst genommen fühlt: „Man ist dann auch lautstark geworden“ (S. 1, Z. 52), sagt sie. Besonders deutlich wird dies in ihrer Einschätzung, nur in Anwesenheit ihres Partners ernst genommen worden zu sein: „Wenn ich alleine gewesen bin, dann haben sie mich voll runtergemacht. Wenn dann der Lebensgefährte dabei war, waren sie dann auf einmal mundtot [...] da haben sie dann eine Ruhe gegeben“

(S. 1, Z. 53–54). Dieses Muster lässt sich als Ausdruck geschlechtsspezifischer Machtasymmetrie deuten, wie sie insbesondere in vulnerablen Lebenslagen von Frauen gegenüber Institutionen erlebt wird.

Hoch emotional schildert Frau Tot schließlich die Situation im Krankenhaus, in der sie nahezu durchgehend anwesend sein musste – trotz der Verantwortung für ihre anderen Kinder: „Ja, schlecht ist es mir gegangen. Sie müssen verstehen, ich hab meine Kinder [kämpft mit den Tränen] so gut wie gar nicht gesehen in der Zeit“ (S. 3, Z. 90–91). Die daraus resultierende Überforderung wurde von den Fachkräften aus ihrer Sicht kaum wahrgenommen.

Sara Tots Erzählung dokumentiert eine Bewegung von tiefem Misstrauen und Ohnmacht hin zu einer vorsichtigen Stabilisierung durch kontinuierliche und wertschätzende Unterstützung. Gleichzeitig bleiben institutionelle Distanzierung, geschlechtsspezifische Ungleichbehandlung und mangelnde Berücksichtigung individueller Belastungen als Spannungsfelder bestehen.

8.8.2 Fallbezogene Interaktionsmuster in der Beziehungsgestaltung

In ihrer Erzählung beschreibt Sara Tot eine Beziehungsgestaltung zur Kinder- und Jugendhilfe, die von Unsicherheit, Misstrauen und institutioneller Kontrolle und Fremdbestimmung geprägt ist. Während sie zu Beginn noch eine abwartende Haltung einnimmt, verschärfen sich die Spannungen durch wiederkehrende negative Erfahrungen mit wechselnden Fachkräften und eine als hierarchisch empfundene Interaktionsdynamik. Insbesondere die Bewertung durch die Institution wird als entwertend erlebt, etwa in ihrer Aussage: „Die haben uns alles negativ geredet und mir immer das Gefühl gegeben, dass ich eine schlechte Mutter bin“ (S. 2, Z. 26–27). Sie berichtet, dass ihre Worte verdreht wurden, was bei ihr das Gefühl verstärkte, nicht verstanden und respektlos behandelt zu werden: „Und wenn ich alleine war, teilweise bei einem Gespräch oder so, da haben sie mich wirklich runtergemacht und negativ behandelt“ (S. 2, Z. 54–56).

Hinderliche Faktoren in der Beziehungsgestaltung

Ein bedeutsamer hinderlicher Faktor ist der fehlende Vertrauensaufbau durch häufig wechselnde Fachkräfte. Frau Tot beschreibt, dass sie über Monate hinweg nie wusste, wer aktuell für sie zuständig war: „Dann hab ich zwischendurch gar nicht gewusst, welcher Betreuer für uns zuständig ist, weil alle paar Monate irgendwer anderer war“ (S. 3, Z. 78–79). Eine konstante Bezugsperson, die Sicherheit und Kontinuität hätte geben können, fehlte.

Hinzu kommt das Erleben institutioneller Kontrolle, die sie als entwürdigend empfand. Besonders belastend war für sie die Krankenhausphase, in der sie sich verpflichtet fühlte, ganztägig bei ihrem schwerkranken Kind zu sein, während sie gleichzeitig für ihre anderen Kinder sorgen musste: „Ja, schlecht ist es mir gegangen. Sie müssen verstehen, ich hab meine Kinder so gut wie gar nicht gesehen in der Zeit“ (S. 3, Z. 90–91). Ihre Überlastung wurde aus ihrer Sicht von den Fachkräften kaum wahrgenommen oder berücksichtigt, was ihr Gefühl von Isolation und Fremdbestimmung verstärkte.

Als besonders verletzend schildert sie das Verhalten einer Fachkraft, die sich auffällig distanziert zeigte. Diese parkte ihr Auto bewusst nicht in der Nähe des Hauses, offenbar um keine persönliche Verbindung sichtbar werden zu lassen: „[Name der Fachkraft] wollte, dass wir das Nummernschild quasi oder das Auto nicht kennen. Keine Ahnung, was diese Person sich dabei gedacht hat“ (S. 7, Z. 236–237). Dieses Verhalten lässt sich als Form institutioneller Abgrenzung deuten – möglicherweise im Sinne professioneller Neutralität –, wurde von Frau Tot jedoch als Ablehnung und mangelnde Wertschätzung erlebt.

Förderliche Faktoren in der Beziehungsgestaltung

Trotz der geschilderten Belastungen beschreibt Frau Tot auch positive Erfahrungen mit der Kinder- und Jugendhilfe – insbesondere durch den Kontakt zu einer neuen Fachkraft, die sie als wertschätzend, präsent und unterstützend wahrnimmt: „Sie weiß ungefähr, wo die Bedürfnisse sind und sie redet vernünftig mit einem“ (S. 4, Z. 132–133). Durch diese verlässliche Unterstützung gewinnt Frau Tot wieder Vertrauen in den Prozess. Die Begegnung der Fachkraft auf Augenhöhe vermittelt ihr erstmals das Gefühl, ernst genommen und verstanden zu werden: „So richtig da. So unterstützend, quasi“ (S. 8, Z. 302–306). Im Gegensatz zu früheren Fachkräften, die sie als unnahbar empfand, beschreibt sie diese neue Bezugsperson als greifbar und menschlich: „Ich mag sie als Mensch“ (S. 8, Z. 306). Diese persönliche Haltung schafft eine Atmosphäre der Zugewandtheit und Erreichbarkeit.

Ein weiterer förderlicher Faktor ist die wachsende Transparenz in der Kommunikation. Während sie zuvor das Gefühl hatte, lediglich mit Vorgaben konfrontiert zu sein, erlebt sie nun eine Form gemeinsamer Entscheidungsfindung: „Jetzt sind wir auf Augenhöhe“ (S. 5, Z. 183). Erstmals beschreibt sie Aushandlungsprozesse, in denen gegenseitiges Verständnis und Freiwilligkeit im Vordergrund stehen: „Das sind halt Kompromisse, wo sich beide einig sind. Und nicht so, dass sich die eine Partei runtergedrückt fühlt und halt nachgibt, weil sie erdrückt wird mit gewissen Sachen“ (S. 5, Z. 183.). Diese Veränderung stärkt ihr Gefühl von Selbstwirksamkeit und ermöglicht ihr, aktiv an der Gestaltung von Unterstützungsmaßnahmen mitzuwirken.

Sara Tots Interaktion mit der Kinder- und Jugendhilfe ist geprägt von Instabilität, institutioneller Kontrolle und Ohnmacht – aber auch von einem späten Wendepunkt, an dem sie durch eine kontinuierliche, wertschätzende Fachkraft erstmals eine tragfähige Beziehungserfahrung machen kann. Ihre Erzählung verdeutlicht eindrücklich, wie stark das Erleben der Beziehungsgestaltung durch persönliche Haltung, Kontinuität und Kommunikation der Fachkräfte beeinflusst wird – und welchen Unterschied diese Faktoren für das subjektive Erleben von Handlungsspielräumen und Vertrauen machen können.

Konsistenzen und Inkonsistenzen in der Interaktion und Darstellung
Die Erzählung von Sara Tot weist sowohl konsistente als auch inkonsistente Elemente in der Darstellung der Interaktion mit der Kinder- und Jugendhilfe auf. Im Zentrum steht ein durchgängiges Erleben institutioneller Kontrolle, Ohnmacht und Entwertung, das sich als roter Faden durch den gesamten Fall zieht. Von Beginn an beschreibt Frau Tot, wie sie sich durch Fachkräfte negativ bewertet und als Mutter infrage gestellt fühlt. Diese Wahrnehmung wird durch häufige Wechsel von Zuständigkeiten, mangelnde Transparenz und das Ausbleiben individueller Unterstützung verstärkt. Der Eindruck, keine Chance auf Mitgestaltung oder Unterstützung zu haben, kumuliert in ihrer Beschreibung des „runden Tisches“ im Krankenhaus – ein Moment, in dem sie sich besonders allein und ausgeliefert fühlt. Konsistent ist auch ihre Darstellung der eigenen Überforderung durch die gleichzeitige Verantwortung für ein schwerkrankes Kind und zwei weitere Kinder. Sie beschreibt eindrücklich, wie wenig diese Belastung von Fachkräften anerkannt wurde. Erst mit dem Auftreten einer konstanten und wertschätzenden Fachkraft erfährt sie eine Wende in der Beziehungsgestaltung. Dieser Kontakt ermöglicht ihr erstmals, Vertrauen zu fassen und sich als gleichwertige Gesprächspartnerin wahrzunehmen. Die Beziehung wird nun nicht mehr als hierarchisch, sondern als partnerschaftlich erlebt. Damit vollzieht sich innerhalb der Erzählung eine nachvollziehbare Bewegung von Ohnmacht hin zu vorsichtiger Autonomie und Handlungsfähigkeit.

Dennoch zeigen sich auch Spannungen und Inkonsistenzen in der Darstellung. So steht die zunächst zurückhaltend-positive Beschreibung des Kontakts im Widerspruch zur späteren, sehr klaren Kritik an der Institution. Diese ambivalente Haltung lässt sich als strategische Anpassung an die Interviewsituation deuten, möglicherweise aus dem Wunsch heraus, sich als kooperativ zu zeigen oder eine Eskalation im Gespräch zu vermeiden. Auch die Unterscheidung zwischen einzelnen Fachkräften und der Institution als Ganzes bleibt in ihrer

Erzählung ambivalent. Während sie manche Fachkräfte scharf kritisiert, äußert sie sich über andere positiv – ohne diesen Unterschied explizit zu thematisieren oder zu reflektieren. Diese Spannung verweist auf ein komplexes Verhältnis zur Institution, in dem persönliche Beziehungserfahrungen nicht immer mit dem institutionellen Gesamterleben übereinstimmen.

Ein weiteres Beispiel für inkonsistente Wahrnehmungen ist die Episode mit der Fachkraft, die ihr Auto weit entfernt parkt. Frau Tot interpretiert dieses Verhalten – wie in Abschnitt 3.5 beschrieben – als Ausdruck von Desinteresse und Ablehnung. Ihre Enttäuschung über diese Form der Distanz verweist auf eine unausgesprochene Erwartung nach persönlicher Zugewandtheit, die mit institutionellen Rollenerwartungen in Konflikt geraten kann.

Insgesamt bleibt die Darstellung von Sara Tot in ihrer emotionalen Grundstruktur stimmig. Die beschriebenen Inkonsistenzen sind weniger als Widersprüche zu verstehen, sondern vielmehr als Ausdruck der ambivalenten Beziehungserfahrungen, wie sie im Kontext institutioneller Machtverhältnisse und biografischer Belastung häufig auftreten. Die Erzählung macht deutlich, wie sehr sich das subjektive Erleben von Unterstützung an Kontinuität, Transparenz und der Haltung einzelner Fachkräfte entscheidet – und wie eng daran das Gefühl von Selbstwirksamkeit und Vertrauen geknüpft ist.

Die biografischen Kurzportraits im vorangegangenen Kapitel haben zentrale Erfahrungen und strukturbildende Deutungsmuster der interviewten Elternteile bezogen auf den Gefährdungsabklärungsprozess herausgearbeitet. Sie zeigen, wie sich individuelle Lebenslagen, Beziehungserfahrungen und institutionelle Rahmungen in den jeweiligen Fallgeschichten verschränken. Aufbauend auf diesen Verdichtungen folgt im nächsten Kapitel ein kontrastiver Fallvergleich, der fallübergreifende Muster, wiederkehrende Dynamiken und divergierende Beziehungserfahrungen im Gefährdungsabklärungsprozess systematisch gegenüberstellt. Dadurch sollen sowohl typische als auch besondere Konstellationen professioneller Beziehungsgestaltung identifiziert und theoriegeleitet eingeordnet werden.

9 Kontrastiver Fallvergleich

Gemäß dem methodischen Vorgehen nach Schütze sind die chronologisch aufeinander folgenden Auswertungsschritte durch eine zunehmende Abstraktion und Distanz zu den Einzelfällen gekennzeichnet. Der fünfte und letzte Schritt der Narrationsanalyse besteht im kontrastierenden Vergleich der Einzelfälle. Grundlage hierfür sind die umfassenden Fallanalysen der einzelnen Interviews, die gemäß den zuvor durchlaufenen Auswertungsschritte (1–4) systematisch ausgearbeitet wurden.

Ziel dieses Schrittes ist es, nach den von Glaser und Strauss (1967) im Rahmen der Grounded Theory Methodology entwickelten Prinzipien des minimalen und maximalen Kontrasts theoretisch relevante, typische Gemeinsamkeiten und Unterschiede zwischen den Fällen zu identifizieren. Im Zentrum des Vergleichs steht die Analyse der Unterschiede und Gemeinsamkeiten in den Erzählstrukturen sowie in den inhaltlichen Dimensionen der einzelnen Fälle. Dabei liegt der Fokus insbesondere auf der Rekonstruktion und dem Verständnis der Interaktionsprozesse.

Die theoretischen Dimensionen und begrifflichen Kategorien, nach denen sich diese Gemeinsamkeiten und Unterschiede bestimmen lassen, sind zu Beginn des Fallvergleichs nicht zwingend vorgegeben. Vielmehr kristallisieren sie sich erst im Verlauf der vergleichenden Analyse heraus. Ein strenges methodisches Rezept gibt es nicht wie man die Unterschiede identifiziert, sondern man muss diese in der Falldarstellung entdecken. Der kontrastive Fallvergleich verfolgt das Ziel, Gemeinsamkeiten und Unterschiede in den Erfahrungen der Adressat:innen mit der Kinder- und Jugendhilfe zu identifizieren. Dabei stehen die subjektiven Wahrnehmungen, die Interaktionsmuster mit den Fachkräften sowie die strukturellen Rahmenbedingungen im Zentrum der Analyse. Die theoretischen Bezugspunkte dieser Analyse liegen in Konzepten sozialer Beziehungen, Bindungsmustern,

M. Linser, *“Beziehung unter Risiko”*,
https://doi.org/10.1007/978-3-658-51455-6_9

Macht und Fremdbestimmung, Hilfe und Kontrolle sowie Nähe und Distanz im Kontext der Kinder- und Jugendhilfe (Kleemann et al., 2013, S. 95–98).

Um die Unterschiede und Gemeinsamkeiten in den zehn Einzelfällen zu entdecken, habe ich die Gesamtgestalt und die die Interaktionsmuster der Beziehungsgestaltung mit der Kinder- und Jugendhilfe auf Pinnwände auf gepinnt und in mehreren Durchgängen Muster auf Moderationskarten geschrieben und zum Einzelfall gepinnt. So entstand eine Matrix und die zehn Einzelfälle wurden anhand von sieben Hauptkategorien verglichen, die sich im Verlauf der qualitativen Analyse als wesentliche Dimensionen herauskristallisierten. Diese Kategorien werden in den Abschnitten 9.1 bis 9.7 dargestellt und im Ergebnisteil noch einmal zusammengefasst.

9.1 Soziale und biografische Prägungen in der Institutionserfahrung

Die professionellen Beziehungserfahrungen, die Adressat:innen im Rahmen des Gefährdungsabklärungsprozesses mit der Kinder- und Jugendhilfe machen, entstehen nicht im luftleeren Raum. Vielmehr sind sie eng verknüpft mit individuellen Biografien, sozialen Kontexten, institutionellen Vorerfahrungen sowie gesellschaftlich vermittelten Deutungsmustern. Diese Konstellationen bilden den Hintergrund, auf dem Beziehungsgestaltung stattfindet – und sie bestimmen wesentlich mit, wie institutionelle Begegnungen wahrgenommen, bewertet und verarbeitet werden. In den Fallnarrationen zeigt sich, dass frühere Erfahrungen mit Institutionen – ob direkt erlebt oder über soziale Nahbeziehungen vermittelt – einen Deutungsrahmen schaffen, der die aktuelle Wahrnehmung der Fachkräfte ebenso prägt wie die emotionale Erreichbarkeit, das Vertrauen in Unterstützungsangebote und die Kooperationsbereitschaft. Die Beziehungsgestaltung in der Gefährdungsabklärung vollzieht sich somit auf einem biografisch strukturierten Resonanzboden, der durch Bindungserfahrungen, gesellschaftliche Zuschreibungen und machtstrukturierte Interaktionen geprägt ist. Wie in Abschnitt 4.1 dieser Arbeit ausgeführt, ermöglicht ein bindungstheoretisch fundiertes Verständnis professioneller Beziehungen (Best, 2020; Brisch, 2011; Gahleitner, 2017) die Einordnung biografischer Beziehungsmuster, die im institutionellen Kontakt reaktiviert werden können. Kapitel 5 betont darüber hinaus, dass Macht ein konstitutives und strukturell wirksames Element sozialarbeiterischen Handelns ist (Kraus, 2013, 2021; Misamer et al., 2017; Staub-Bernasconi, 2011). Die Auseinandersetzung mit Beziehung und Macht ist daher untrennbar miteinander verbunden – insbesondere in Spannungsfeldern zwischen Hilfe und Kontrolle, wie sie in der Kinder- und Jugendhilfe virulent sind.

In den nachfolgenden Abschnitten werden falltypische Muster institutioneller Erfahrung aufgearbeitet, wie sie sich aus den narrativen Rekonstruktionen der Interviewten ergeben. Dabei wird – wie in Abschnitt 6.4.3 beschrieben – auf eine systematische Typenbildung bewusst verzichtet. Stattdessen werden wiederkehrende Bedeutungsdimensionen analysiert, die exemplarisch mit Bezug auf einzelne Fallverläufe entwickelt und mit theoretischen Perspektiven verknüpft werden.

9.1.1 Institutionelle Vorerfahrungen

Die institutionellen Erfahrungen, mit denen Adressat:innen in den Gefährdungsabklärungsprozess eintreten, sind wesentlich durch biografische, soziale und relationale Prägungen strukturiert. Diese Vorerfahrungen – ob persönlich erlebt oder sozial vermittelt – beeinflussen die Art und Weise, wie Fachkräfte, institutionelle Kommunikation und Machtverhältnisse wahrgenommen und gedeutet werden. Dabei lassen sich zwei falltypische Muster identifizieren, die als Rahmen für die Beziehungsgestaltung dienen:

(1) Institutioneller Erstkontakt unter Unsicherheitsbedingungen;
(2) Generalisiertes Misstrauen durch wiederholte negative Institutionserfahrungen.

Beim ersten Fallmuster wird der Erstkontakt mit der Kinder- und Jugendhilfe in mehreren Fallverläufen von den Betroffenen als ambivalent erlebt: einerseits als Möglichkeit zur Unterstützung, andererseits als potenziell kontrollierend oder bedrohlich. Diese Unsicherheit entsteht insbesondere dann, wenn der Kontakt nicht auf Eigeninitiative, sondern auf Empfehlung oder durch Intervention Dritter zustande kam. So berichtet Ina Jachs, dass sie auf Anraten ihres Hausarztes erstmals mit der Behörde in Kontakt kam. Obwohl sie grundsätzlich offen für Hilfe war, beschreibt sie die Begegnung nicht als freiwillige Inanspruchnahme, sondern als behördlich induzierte Maßnahme. Ihre ambivalente Haltung lässt sich mit dem Konzept der subjektiven Sicherheitswahrheit nach Scherr (2000) verstehen, wonach Vertrauen nicht allein durch das Verhalten der Fachkraft, sondern durch bestehende Deutungsmuster und Bindungserfahrungen beeinflusst wird. Auch die theoretischen Überlegungen von Brisch (2013) zur Aktivierung innerer Beziehungsskripte in Belastungssituationen helfen hier weiter: Der institutionelle

Erstkontakt wird nicht neutral, sondern als potenzielles Risiko für emotionale Verletzlichkeit erlebt. Wie in Abschnitt 4.1 ausgeführt, kann die Fachkraft in diesen Situationen eine sekundäre Bindungsperson darstellen, deren Auftreten über Vertrauen oder Rückzug entscheidet. Die daraus resultierende Beziehungsgestaltung ist anfällig für Irritationen, da sie auf einem unsicheren Grund steht.

Ein zweites falltypisches Muster zeigt sich bei Adressat:innen, die wiederholt negative Erfahrungen mit Institutionen gemacht haben – etwa in Form autoritärer Interventionen, institutioneller Intransparenz oder ausbleibender Unterstützung. Diese biografischen Prägungen führen zu einem generalisierten Misstrauen, das sich auch auf aktuelle Fachkräfte überträgt, selbst wenn diese um eine respektvolle Beziehung bemüht sind. Otto Pauk schildert eindrücklich, wie frühere Erfahrungen mit dem Pflegschaftsgericht und der Kinder- und Jugendhilfe zu einer Haltung geführt haben, in der institutionelle Akteur:innen pauschal als bevormundend wahrgenommen werden. Die aktuelle Fachkraft erlebt er nicht als eigenständige Person, sondern als Repräsentant:in eines Systems, das ihn entwertet. Diese Projektion lässt sich – wie bereits in Abschnitt 5.1 ausgeführt – mit dem relationstheoretischen Machtverständnis nach Kraus (2013, 2021) erklären: Macht ist hier nicht als einseitige Einflussnahme, sondern als wechselseitig konstruierte Wirklichkeit zu verstehen, die durch biografische Vorerfahrungen maßgeblich ist. Auch die bindungstheoretischen Konzepte von Gahleitner (2017) legen nahe, dass wiederholte Erfahrungen von Unverfügbarkeit oder Missachtung durch Institutionen bestehende Bindungsunsicherheiten reaktivieren. So kann es zur Reinszenierung früherer Ohnmachtserfahrungen kommen – mit unmittelbaren Auswirkungen auf Vertrauen, Kooperation und Deutungsrahmen.

9.1.2 Sozial vermittelte Skepsis

Institutionelle Erfahrungen entstehen nicht nur durch eigene Begegnungen mit Behörden, sondern auch durch soziales Lernen in familiären, medialen oder kulturellen Kontexten. In mehreren Fallverläufen zeigt sich, dass Adressat:innen bereits vor dem ersten persönlichen Kontakt mit der Kinder- und Jugendhilfe über Deutungsmuster verfügten, die durch elterliche Aussagen, gesellschaftliche Narrative oder mediale Darstellungen geprägt waren. Diese Formen der indirekten Institutionserfahrung wirken als Deutungsrahmen, der den Zugang zur Hilfe strukturiert – häufig im Sinne einer vorweggenommenen Skepsis oder Ablehnung.

Christina Dürr berichtet, dass die Kinder- und Jugendhilfe in ihrer Kindheit wiederholt als Drohkulisse eingesetzt wurde: „Wenn du nicht brav bist, kommt das Jugendamt." Obwohl sie selbst damals nicht direkt betroffen war, verknüpfte sich mit der Institution früh ein Bild von Strafe, Kontrolle und Bedrohung. Dieses internalisierte Bild wirkte nach, als sie im Erwachsenenalter mit der Kinder- und Jugendhilfe in Kontakt kam. Die erste Begegnung mit einer Fachkraft schildert sie als autoritär und beziehungsstörend – eine Zuschreibung, die sich auf das tradierte Misstrauen stützte. Auch Quentina Rauch beschreibt, dass sich in ihrer Herkunftsfamilie ambivalente Bilder der Kinder- und Jugendhilfe etabliert hatten: Während manche Angehörige Unterstützungserfahrungen schilderten, warnten andere vor einer Einmischung „des Amts". Besonders prägend war für sie die Haltung ihrer Eltern, die institutionellen Eingriffen skeptisch gegenüberstanden. Trotz positiver Impulse aus ihrem weiteren sozialen Umfeld – etwa durch eine Sozialarbeiterin oder Psychiaterin – dominierte die Befürchtung, nicht ernst genommen oder kontrolliert zu werden. Im Fall von Emma Feuerstein wird der Einfluss medialer Narrative besonders deutlich. Sie beschreibt ihre anfängliche Haltung zur Kinder- und Jugendhilfe als geprägt von einem „Horrorfilm"-Narrativ – einem inneren Bild, das auf Berichte aus Fernsehen, sozialen Netzwerken und informellen Erzählungen zurückgeht. Obwohl sie selbst zunächst keine negativen Erfahrungen gemacht hatte, empfand sie den Kontakt zur Behörde als potenziell übergriffig. Erst im Laufe des Hilfeprozesses gelang es ihr, dieses Bild zu relativieren und eigene Erfahrungen mit professionellen Angeboten zu machen. Dennoch blieb die Interaktion ambivalent.

Diese Beispiele verdeutlichen, dass Beziehungsgestaltung nicht nur durch das konkrete Verhalten von Fachkräften beeinflusst wird, sondern auch durch historisch gewachsene und gesellschaftlich geteilte Bedeutungszuschreibungen, wie sie in Kapitel 5 dieser Arbeit thematisiert werden. Machtverhältnisse zeigen sich hier nicht in Form direkter Einflussnahme, sondern als vorstrukturierte Erwartung, die aufseiten der Adressat:innen bereits vor der ersten Begegnung präsent ist. Kraus (2013, 2021) sowie Sagebiel & Pankofer (2015) betonen, dass institutionelle Macht nicht nur strukturell, sondern auch relational und interaktiv wirksam wird – etwa in Zuschreibungsprozessen, die zwischen den Beteiligten entstehen. In der Folge entsteht eine durch Erwartungen vorstrukturierte Beziehungskonstellation, in der Fachkräfte mit Bildern und Haltungen konfrontiert sind, die nicht durch eigenes Verhalten entstanden sind, sondern durch soziale Rahmungen vorab wirksam geworden sind. Diese Ausgangslage stellt besondere Anforderungen an die professionelle Beziehungsgestaltung. Beziehung muss nicht nur aufgebaut, sondern auch gegen bereits bestehende Vorannahmen und Misstrauensmuster behauptet werden.

9.1.3 Institutionelle Zuschreibungen bei jungen Eltern

Die Fallnarrationen junger Mütter wie Katja Ludwig, Emma Feuerstein, Gerda Hoffmann und Christina Dürr machen deutlich, dass frühe Elternschaft in institutionellen Kontexten häufig mit spezifischen Fremdzuschreibungen und Infragestellungen elterlicher Kompetenz einhergeht. Diese Zuschreibungen sind keine rein individuellen Wahrnehmungen, sondern strukturieren professionelles Handeln – teils subtil, teils explizit – und spiegeln gesellschaftlich vermittelte Vorstellungen von Reife, Verantwortungsfähigkeit und familialer Normalität wider. In ihrer Wirkung sind sie eng mit Machtverhältnissen verknüpft, wie sie in Kapitel 5 dieser Arbeit differenziert analysiert werden.

Katja Ludwig nahm aus einer Überforderungssituation heraus selbst Kontakt zur Kinder- und Jugendhilfe auf, erlebte aber bald, dass ihr Offenheitsangebot nicht als Kompetenz, sondern als Anlass für Kontrolle gedeutet wurde. Der Wunsch nach Unterstützung wich dem Eindruck, als unzureichende Mutter beurteilt zu werden – ein Wechsel, der sie zu Rückzug und strategischer Anpassung veranlasste. Die Zuschreibung mangelnder Reife wurde zur Interaktionsgrundlage, die ihre Wahrnehmung der Fachkraft und des gesamten Hilfeprozesses prägte. Emma Feuerstein, die noch minderjährig war, als sie Mutter wurde, befand sich in einer doppelten Abhängigkeit – von ihrer eigenen Mutter sowie von institutionellen Kontrollinstanzen. Ihr Zugang zum Muttersein war von Beginn an fremdbestimmt. Diese Erfahrungen lassen sich vor dem Hintergrund der in Abschnitt 4.2 ausgeführten bindungstheoretischen Perspektive deuten: Bindungsunsicherheiten aufseiten der jungen Mütter treffen auf institutionelle Arrangements, die kaum Raum für eigene Deutungshoheit lassen.

Auch Gerda Hoffmann, die kurz nach ihrem 18. Geburtstag Mutter wurde, schildert, wie sich institutionelle Zuschreibungen auf ihre Wahrnehmung der Beziehung zur Fachkraft auswirkten, welche Kraus (2021) als Ausdruck „leiser" Machtwirkungen beschreibt: Wirksam ist nicht, was gesagt wird, sondern was im institutionellen Kontext vorausgesetzt wird. Gerda Hoffmann reagierte auf diese Zuschreibungsdynamik mit einer strategischen Distanzierung. Diese Distanz war weniger Ausdruck eines grundsätzlichen Misstrauens gegenüber den Fachkräften, sondern vielmehr eine Schutzstrategie, um sich vor der vermuteten Entwertung zu bewahren. Diese vorwegnehmende Anpassung verweist auf ein aus biografischen Erfahrungen gespeistes Spannungsverhältnis zwischen Selbstbehauptung und Anpassung – ein Motiv, das sich durch mehrere Erzählungen junger Mütter zieht. Aus bindungstheoretischer Perspektive (Abschnitt 4.2) lässt sich diese Haltung als Ausdruck eines unsicheren Beziehungsmusters interpretieren, das institutionelle Nähe zugleich wünscht und abwehrt. Christina Dürr, ebenfalls sehr jung Mutter geworden, wurde durch eine anonyme Gefährdungsmitteilung mit der Kinder- und Jugendhilfe konfrontiert. Die erste Begegnung mit der Fachkraft beschrieb sie als autoritär, unhöflich und belehrend – ein Einstieg, der eine tragfähige Beziehung verhinderte. Diese Form institutionell autorisierter Einmischung ließ kaum Raum für Vertrauen, obwohl sie grundsätzlich zur Kooperation bereit gewesen wäre.

Die geschilderten Fallverläufe zeigen exemplarisch, dass institutionelle Beziehungserfahrungen junger Eltern nicht in einem neutralen Setting entstehen, sondern durch gesellschaftliche Stereotype über Jugend, Geschlecht und Erziehung geprägt sind. Wie in Abschnitt 5.1 dargestellt, wirken diese Zuschreibungen über Rollenerwartungen, Definitionsmacht und institutionelle Wissensvorsprünge auf die Gestaltung der Beziehung ein. Professionelle Beziehungsgestaltung bedeutet in solchen Konstellationen, nicht nur methodisch kompetent zu handeln, sondern vor allem eine reflexive Haltung einzunehmen, wie sie in Abschnitt 4.2 ausgeführt wird. Nur wenn Fachkräfte bereit sind, eigene Vorannahmen kritisch zu hinterfragen und institutionelle Machtverhältnisse transparent zu machen, kann Beziehungsgestaltung gelingen. Das von Brisch (2011) und Gahleitner (2017) beschriebene Konzept der „sicheren Insel" bietet hier eine wertvolle Orientierung: Junge Eltern benötigen nicht nur praktische Unterstützung, sondern auch einen haltgebenden Beziehungsraum, in dem sie als kompetente Subjekte in ihrer Elternrolle ernst genommen werden.

9.1.4 Soziale Herkunft und milieuspezifische Deutungsmuster

Die institutionellen Erfahrungen der Adressat:innen im Rahmen der Gefährdungsabklärung sind wesentlich durch ihre soziale Herkunft, familiäre Prägung und milieuspezifische Deutungsmuster bestimmt. Diese wirken performativ auf die Wahrnehmung institutioneller Autoritäten und beeinflussen, ob Fachkräfte als unterstützend, kontrollierend oder bedrohlich erlebt werden. Die Fallnarrationen zeigen dabei eindrucksvoll, dass Beziehungserfahrungen im institutionellen Kontext nicht losgelöst von biografischen und sozialen Kontexten verstanden werden können, sondern als subjektiv gerahmte Erlebnisse entstehen – eine Perspektive, die in Kapitel 5 dieser Arbeit im Anschluss an Kraus (2021) und Staub-Bernasconi (2015) differenziert entfaltet wird.

Katja Ludwig wuchs in einem sozial prekären Umfeld auf, in dem die Kinder- und Jugendhilfe bereits während ihrer Kindheit regelmäßig präsent war – zunächst ohne direkte Betroffenheit, dann in zunehmend begleitender Funktion.

Diese frühe und langjährige institutionelle Prägung führte dazu, dass sie die Kinder- und Jugendhilfe nicht als neutrale Unterstützungsstruktur, sondern als beobachtende und wertende Instanz erlebte. Als sie später selbst Mutter wurde und erneut Kontakt zur Behörde aufnahm, empfand sie dies nicht als neue Hilfeerfahrung, sondern als Fortsetzung einer „Stigmatisierungsgeschichte". Diese Kontinuität in der institutionellen Erfahrung führte zu einer doppelten Belastung: zum einen durch das Gefühl, bereits vorgeprägt beurteilt zu werden, zum anderen durch die Schwierigkeit, eine vertrauensvolle Beziehung zur Fachkraft aufzubauen. Ihre Haltung gegenüber der Kinder- und Jugendhilfe war dementsprechend ambivalent: einerseits suchte sie Unterstützung, andererseits hielt sie institutionelle Nähe auf Abstand. Auch Anna Bauer berichtet von frühen Gewalterfahrungen im familiären Kontext, die von behördlicher Seite zwar registriert, aber aus ihrer Sicht unzureichend begleitet wurden. Für sie war die Kinder- und Jugendhilfe von Beginn an nicht mit Hilfe, sondern mit Eingriff und Kontrolle verbunden. Ihre institutionellen Erfahrungen blieben geprägt von einem Gefühl mangelnder Verlässlichkeit und asymmetrischer Kommunikation – sie beschreibt, dass sie nicht als gleichwertige Gesprächspartnerin wahrgenommen wurde, trotz juristischer Eigenaktivität wie Rückführungsanträgen. Die Folge war ein generalisiertes Misstrauen gegenüber professionellen Akteur:innen.

Im Kontrast dazu stehen Quentina Rauch und Ina Jachs, die vor ihrer aktuellen Befassung kaum direkte Berührungspunkte mit der Kinder- und Jugendhilfe hatten. Dennoch speisten sich ihre Vorstellungen stark aus familiären Narrativen und sozialen Zuschreibungen. Bei Quentina Rauch führte die ambivalente Haltung ihres sozialen Umfelds zu einer widersprüchlichen Positionierung: Während einzelne Angehörige die Institution befürworteten, war sie selbst durch vergangene familiäre Erzählungen geprägt, die Kinder- und Jugendhilfe als übergriffige Instanz darstellten. Ina Jachs schildert, dass ihre Unsicherheit insbesondere durch geteilte Deutungen im Umfeld genährt wurde – etwa durch warnende Hinweise auf die Konsequenzen von amtlicher Intervention. Die Angst vor Stigmatisierung und öffentlicher Sichtbarkeit verweist hier auf diskursive Zuschreibungen, wie sie in Abschnitt 5.1 dieser Arbeit mit Bezug auf Sagebiel & Pankofer (2015) und Staub-Bernasconi (2021) diskutiert werden.

Emma Feuerstein wiederum beschreibt, dass ihr Bild der Kinder- und Jugendhilfe zunächst medial geprägt war – von stereotypen Darstellungen, in denen die Behörde als bedrohlicher Eingriffsakteur erscheint. Ihre Erzählung macht deutlich, dass solche medialen Narrative nicht nur Meinungen formen, sondern auch emotionale Grundhaltungen gegenüber Hilfeprozessen beeinflussen. In ihrem Fall führte dies zu einer ambivalenten Haltung: Sie konnte die Unterstützung als potenziell hilfreich anerkennen, fühlte sich jedoch in ihrer Rolle als Mutter nie vollständig ernst genommen. Christina Dürr und Gerda Hoffmann berichten, dass das Bild der Kinder- und Jugendhilfe bereits in der Kindheit durch abschreckende elterliche Aussagen oder Drohkulissen geformt wurde. In ihren Fallverläufen wird deutlich, dass die Soziale Arbeit hier weniger als Hilfepraxis, denn als potenzielle Gefahr erlebt wurde. In beiden Fällen entwickelte sich daraus eine Strategie der vorsorglichen Distanzierung – ein Versuch, das Machtungleichgewicht durch vorsichtige, aber kontrollierte Interaktion zu regulieren.

Einen Sonderfall stellt Mia Noll dar: Ihre berufliche Sozialisation vermittelte ihr zunächst ein professionelles Ideal von Kooperation und Unterstützung. Als sie jedoch selbst in die Rolle der Betroffenen geriet und autoritäre Verfahren sowie inadäquate Kommunikation erlebte, zerbrach dieses Bild. Ihr Fall zeigt, dass selbst ein hoher Professionalisierungsgrad keinen Schutz vor negativen Zuschreibungen oder struktureller Entwertung bietet – im Gegenteil: Die Diskrepanz zwischen erhoffter Gleichbehandlung und tatsächlicher Entmächtigung wurde besonders stark erlebt.

Diese Fallmuster unterstreichen die in Kapitel 5 ausgeführten theoretischen Annahmen, dass institutionelle Machtverhältnisse nie neutral wirken, sondern über kulturelle, ökonomische und symbolische Machtressourcen (Staub-Bernasconi, 2021) vermittelt werden. Die soziale Herkunft und milieuspezifische Normen sind dabei nicht nur Hintergrundfaktoren, sondern aktive Deutungsrahmen, die den Hilfeprozess strukturieren. Wie Dallmann (2021) und Misamer et al. (2017) herausarbeiten, ist die Definitionsmacht der Fachkräfte eng mit einem institutionellen Wissensvorsprung verknüpft, der ungleiche Lebenslagen strukturell reproduzieren kann. Professionelle Beziehungsgestaltung muss sich daher an einem machtsensiblen und reflexiven Horizont orientieren, wie er in Abschnitt 5.2 dieser Arbeit formuliert wurde. Dies bedeutet, soziale Herkunft nicht als Defizit, sondern als Ressource zu begreifen und institutionelle Normalitätsannahmen kritisch zu hinterfragen. Nur durch diese Haltung können Zuschreibungen erkannt, dekonstruiert und transformiert werden – zugunsten einer Praxis, die soziale Gerechtigkeit nicht nur behauptet, sondern auch aktiv einlöst.

9.1.5 Bindungsmuster und Übertragungsphänomene

Die Fallanalysen verdeutlichen eindrücklich, dass Beziehungserfahrungen im Gefährdungsabklärungsprozess durch die individuellen Bindungsmuster der Adressat:innen strukturiert sind. Frühere Bindungserfahrungen – ob sicher, ambivalent oder unsicher-vermeidend – wirken als innere Beziehungsskripte weiter und beeinflussen, wie professionelle Beziehungen erlebt, gedeutet und gestaltet werden. In belastenden Situationen wie einem Abklärungsverfahren werden diese inneren Arbeitsmodelle besonders stark aktiviert und prägen nicht nur die Kooperationsbereitschaft, sondern auch die emotionale Zugänglichkeit im Kontakt mit Fachkräften. Die Bindungstheorie, wie in Kapitel 4 dieser Arbeit ausführlich dargestellt, liefert hierfür ein tragfähiges theoretisches Fundament. Brisch (2011) und Gahleitner (2017) betonen, dass Bindung nicht nur ein Phänomen früher Kindheit ist, sondern als lebenslang wirksames inneres Orientierungssystem auch die Dynamik professioneller Beziehungen bestimmt. Unsicher gebundene Personen können dabei auf autoritäre Kommunikation, mangelnde Feinfühligkeit oder institutionelle Instabilität besonders empfindlich reagieren. In solchen Kontexten kann das Bindungssystem in Form von Rückzug, Ambivalenz oder Überanpassung aktiviert werden.

Otto Pauk und Anna Bauer zeigen typische Muster einer unsicher-vermeidenden Bindungsgestaltung. Beide nehmen Fachkräfte als kontrollierend und wenig unterstützend wahr. Otto Pauk äußert wiederholt, dass er sich in seiner Rolle als Vater strukturell benachteiligt fühlt – eine Erfahrung, die in einem zynisch-distanzierten Kommunikationsstil mündet. Anna Bauer beschreibt, dass sie sich von der Jugendhilfe nicht als Subjekt anerkannt fühlte, sondern als „Fall" verwaltet wurde. Beide Fälle deuten auf eine Reaktivierung früher autoritärer Beziehungserfahrungen hin, die in der aktuellen Situation erneut wirksam werden. Brisch (2011) verweist in diesem Zusammenhang auf das Risiko negativer Übertragungsphänomene, die aus früheren Verletzungserfahrungen gespeist sind und in professionellen Kontexten reaktiviert werden.

Mia Noll zeigt demgegenüber Merkmale eines sicheren Bindungsmusters. Ihre anfängliche Kooperationsbereitschaft basiert auf beruflicher Erfahrung in der Kinder- und Jugendhilfe und war von Offenheit und Vertrauen geprägt. Als sie jedoch mit autoritären Verfahrenslogiken und inadäquater Resonanz konfrontiert wurde, entwickelte sie eine strategische, bewusst kontrollierte Interaktion. Ihre Fallnarration macht deutlich, dass selbst sicher gebundene Personen bei negativen institutionellen Erfahrungen Schutzmechanismen aktivieren – etwa durch professionelles Auftreten zur Wahrung innerer Stabilität. Kapitel 4 hebt hervor, dass Fachkräfte in solchen Fällen durch reflektierte Haltung und Beziehungsklarheit korrigierende Erfahrungen ermöglichen können.

Katja Ludwig und Quentina Rauch zeigen ambivalente Bindungstendenzen. Beide suchten zu Beginn aktiv den Kontakt zur Kinder- und Jugendhilfe, distanzierten sich jedoch im Verlauf, als sie sich durch Fachkräfte missverstanden oder abgewertet fühlten. Ihre Beziehungsgestaltung war durch ein Wechselspiel von Hoffnung und Enttäuschung geprägt – ein typisches Muster ambivalenter Bindungserfahrungen, wie es Gloger-Tippelt (2001) im Rahmen des Adult

Attachment Interview beschreibt. Suess (2020) hebt hervor, dass gerade in solchen Konstellationen ein feinfühliges, stabilisierendes Gegenüber notwendig ist, um Reinszenierungen zu vermeiden und eine tragfähige Beziehung aufzubauen.

Emma Feuerstein wurde als minderjährige Jugendliche Mutter und befand sich zu Beginn ihrer Mutterschaft in einer doppelten Abhängigkeit: Einerseits war sie auf die Unterstützung ihrer eigenen Mutter angewiesen, die zunächst die Verantwortung für das Kind übernahm. Andererseits war sie institutionell durch die Kinder- und Jugendhilfe eingebunden. Diese Konstellation erschwerte ihr die Etablierung einer eigenständigen Mutterrolle und prägte ihre Haltung zur Institution. Obwohl sie keine explizit negativen Erfahrungen schildert, war ihr Vertrauen in die Kinder- und Jugendhilfe nicht selbstverständlich gegeben. Es war vielmehr durch indirekte Erfahrungen, normative Erwartungen und familiäre Einflussnahmen geprägt. Ihre Haltung gegenüber Fachkräften war geprägt von vorsichtiger Offenheit und gleichzeitiger Distanz. In der Interaktion mit der Institution zeigte sie sich zwar kooperationsbereit, doch blieb ihre Beziehung zur Kinder- und Jugendhilfe durch ein latentes Misstrauen und das Gefühl der Fremdbestimmung belastet.

Christina Dürr schildert ein ambivalentes Übertragungsgeschehen: Die erste Fachkraft erlebte sie zugleich als autoritär und freundlich – eine Mischung, die sie als widersprüchlich und grenzverletzend empfand. Später entwickelte sie mit einer anderen Fachkraft eine positive Beziehung, die sie in ihrer Erzählung mit ihrer „ersten großen Liebe" vergleicht. Diese narrative Gleichsetzung verdeutlicht, wie bedeutungsvoll korrigierende Beziehungserfahrungen für Adressat:innen sein können. Best (2020) betont die Relevanz emotionaler Passung und kontinuierlicher Beziehungserfahrung für die Entwicklung von Vertrauen.

Gerda Hoffmann, die in ihrer Geschichte von mehrfachen anonymen Gefährdungsmitteilungen berichtet, entwickelte eine Haltung der strategischen Distanzierung. Diese diente weniger dem Abbruch von Kontakt als vielmehr der Selbstregulation. Ihre Erzählung lässt auf ein Muster des Selbstschutzes schließen, das durch frühere institutionelle Entwertungen geprägt ist. Wie Best (2020) zeigt, sind solche Schutzstrategien Ausdruck aktivierter Bindungssysteme, auf die Fachkräfte mit transparentem, haltgebendem Beziehungsangebot reagieren müssen.

Sara Tot schließlich beginnt mit einer grundsätzlich offenen Haltung gegenüber der Institution. Diese verändert sich im Verlauf zunehmend in Misstrauen und Rückzug – ausgelöst durch häufige Fachkräftewechsel und problemzentrierte Interaktionen. Die mangelnde Kontinuität und die Unmöglichkeit, eine tragfähige Beziehung aufzubauen, führten zur Reaktivierung früherer Unsicherheit. Ihr Fall verdeutlicht exemplarisch die von Klug et al. (2020) formulierte These, dass institutionelle Rahmenbedingungen – wie Personalwechsel, Zeitdruck oder mangelnde Partizipation – die Qualität der Beziehungsgestaltung maßgeblich beeinflussen.

Diese Fallmuster machen deutlich: Professionelle Beziehungsgestaltung ist keine methodische Option, sondern eine wesentliche Kompetenz im Kinderschutzkontext. Die Fähigkeit zur bindungstheoretischen Sensibilität (vgl. Kapitel 4) muss mit einem machtkritischen Reflexionsvermögen (vgl. Kapitel 5) verbunden werden, um institutionelle Beziehungserfahrungen korrigierend zu gestalten.

9.2 Selbst- und Fremdwahrnehmung im Gefährdungsabklärungsprozess

Die Selbst- und Fremdwahrnehmung im Gefährdungsabklärungsprozess stellt einen wesentlichen Aspekt der Beziehungsgestaltung dar. Die kontrastierende Fallanalyse verdeutlicht, dass erhebliche Diskrepanzen zwischen der elterlichen Selbstsicht und der institutionellen Fremdwahrnehmung bestehen können. Diese Differenzen wirken sich maßgeblich auf Vertrauen, Kooperation und subjektives Erleben von Hilfe und Kontrolle aus. Die Reaktionen reichen von strategischer Anpassung bis hin zu offenem Widerstand. Die folgenden falltypischen Muster verdeutlichen, wie sich diese Dynamiken in unterschiedlichen biografischen und institutionellen Konstellationen manifestieren.

9.2.1 Zwischen elterlicher Kompetenz und institutioneller Zuschreibung

Die Fallbeispiele von Mia Noll und Otto Pauk verdeutlichen exemplarisch ein Spannungsmuster, das sich aus der Kollision von subjektiv erlebter elterlicher Kompetenz und institutioneller Defizitzuschreibung ergibt – ein Spannungsfeld, das die Beziehungsgestaltung im Gefährdungsabklärungsprozess tiefgreifend prägt. Beide Adressat:innen treten dem Hilfeprozess mit einem starken Selbstverständnis als reflektierte, verantwortungsvolle Elternteile gegenüber, werde jedoch durch die Kinder- und Jugendhilfe primär als hilfebedürftig, defizitär oder problembehaftet adressiert. Der daraus resultierende Widerspruch zwischen Selbst- und Fremdbild stellt einen Störfaktor im professionellen Beziehungsgeschehen dar.

Mia Noll bringt aufgrund ihrer beruflichen Sozialisation im psychosozialen Feld ein differenziertes Verständnis professioneller Unterstützung mit. Sie versteht sich als gleichwertige Gesprächspartnerin und verfügt über klare Vorstellungen einer gelingenden, dialogischen Zusammenarbeit. Im Hilfeprozess wird sie jedoch nicht als Fachperson anerkannt, sondern durch die hierarchisch strukturierte Interaktion in die Rolle einer hilfesuchenden Mutter gedrängt. Diese symbolische Abwertung – wie auch in Abschnitt 5.1 ausgeführt – führt bei ihr zu einem zunehmenden Rückzug aus der aktiven Auseinandersetzung und einer strategisch angepassten Kommunikationsweise – ein Versuch, ihr Selbstbild zu bewahren, ohne die Interaktion gänzlich abzubrechen.

Auch Otto Pauk erlebt eine vergleichbare Dynamik. Als engagierter Vater mit klaren Vorstellungen elterlicher Verantwortung betont er seine Fürsorgepflicht und sein Interesse am Wohlergehen seines Kindes. Gleichzeitig berichtet er von institutioneller Ungleichbehandlung im Kontext von Trennung und Kontaktrecht, die er als geschlechterbezogene Benachteiligung empfindet. Die Deutung seiner elterlichen Bemühungen als unzulänglich oder gar verdächtig untergräbt sein Vertrauen in die Kinder- und Jugendhilfe und führt zu einer distanzierten, defensiven Haltung, die eine tragfähige Beziehungsgestaltung erheblich erschwert.

Diese Fallverläufe lassen sich theoretisch im Lichte der Macht- und Zuschreibungstheorien – siehe auch Kapitel 5 – analysieren. Die normative Kraft institutioneller Zuschreibungen wirkt als machtvolle Form symbolischer Kontrolle, die nicht nur das professionelle Selbstverständnis der Fachkräfte prägt, sondern auch das Selbstbild der Adressat:innen tiefgreifend beeinflusst. Die Tripelmandatslogik (Staub-Bernasconi, 2018), wie auch in Abschnitt 5.2 beschrieben, zeigt, dass Beziehungsgestaltung nicht gelingen kann, wenn Hilfe primär als Kontrolle oder Intervention erlebt wird.

Darüber hinaus betont Kapitel 4, dass Vertrauen in professionelle Beziehungen an die Anerkennung des Gegenübers als kompetentes Subjekt gebunden ist. Wenn Adressat:innen – wie in den beschriebenen Fällen – erfahren, dass ihre elterliche Kompetenz relativiert oder delegitimiert wird, kann dies Verunsicherung, Rückzug, strategische Anpassung oder offenen Widerstand auslösen. Solche Reaktionsmuster sind nicht Ausdruck mangelnder Kooperationsbereitschaft, sondern vielmehr eine Antwort auf verletzte Anerkennungsbedürfnisse und symbolische Entwertung. Im Zusammenspiel von professionellem Habitus und struktureller Zuschreibungsmacht entsteht so eine Interaktionsdynamik, die von den Betroffenen als entwertend und kontrollierend erlebt wird. Die Fälle Mia Noll und Otto Pauk machen deutlich, dass Beziehungsgestaltung besonders dort scheitert, wo fachliches Handeln weniger auf Dialog und Augenhöhe als auf implizite Hierarchien und Deutungshoheit setzt. Diese Befunde stützen entscheidende Annahmen zum Verhältnis von Hilfe und Kontrolle in der Sozialen Arbeit (Böhnisch, 2018; Staub-Bernasconi, 2018) und unterstreichen die Notwendigkeit einer reflexiven, anerkennungsbasierten Praxis, die biografisch gewachsene elterliche Kompetenz ernst nimmt, anstatt sie institutionell zu relativieren.

Diese Spannungen zwischen subjektivem Kompetenzanspruch und institutioneller Zuschreibung bilden jedoch nur einen Teilaspekt der erlebten Interaktionsdynamiken im Gefährdungsabklärungsprozess. In engem Zusammenhang damit stehen Erfahrungen der Fremdbestimmung und der Entwertung individueller Entwicklungsleistungen, wie sie in weiteren Fallverläufen zum Ausdruck kommen und im folgenden Unterkapitel näher analysiert werden.

9.2.2 Erlebte Fremdbestimmung und entwertete Entwicklungsleistungen

Die Fallverläufe von Katja Ludwig, Anna Bauer, Christina Dürr und Sara Tot zeigen eindrücklich, wie tiefgreifend Erfahrungen von Fremdbestimmung und fehlender Anerkennung die professionelle Beziehungsgestaltung im Gefährdungsabklärungsprozess beeinträchtigen können. Gemeinsam ist diesen Fällen das Gefühl, in ihrer elterlichen Entwicklung und ihren biografisch gewachsenen Bemühungen nicht gesehen und gewürdigt zu werden. Daraus resultieren Rückzug, Widerstand oder strategische Anpassung – häufig nicht aus Vertrauen, sondern als Schutz vor weiterer Entwertung.

Katja Ludwig erlebte die Kinder- und Jugendhilfe zunächst als unterstützend. Mit der Zeit jedoch verstärkte sich das Gefühl, bevormundet und in eine defizitorientierte Rolle gedrängt zu werden. Ihr Wunsch nach aktiver Mitgestaltung wurde institutionell überlagert von Kontrolllogiken, was zu wachsender Distanz und Resignation führte. Auch Anna Bauer beschreibt institutionelle Missachtung: Ihre juristischen Schritte – etwa Rückführungsanträge – verstand sie als reflektierte Schutzmaßnahmen. Von Fachkräften wurden sie jedoch als Ausdruck von Widerstand interpretiert. Die fehlende dialogische Auseinandersetzung führte dazu, dass sie sich in ihrer Elternrolle nicht ernst genommen fühlte. Ihre ablehnende Haltung war somit Ausdruck erfahrener Missachtung, nicht irrationaler Opposition.

Christina Dürr reagierte mit strategischer Anpassung. Ihre Kooperation beruhte nicht auf Vertrauen, sondern auf dem Versuch, Konflikte zu vermeiden. Die Erfahrung anonymer Gefährdungsmitteilungen verstärkte ihr Gefühl der Fremdbestimmung. Erst ein Fachkraftwechsel eröffnete ihr einen Raum für neue

Beziehungserfahrungen – ein Hinweis auf die Bedeutung von Haltung, Resonanz und Kontinuität.

Sara Tot schildert eine zunehmende Entfremdung vom Hilfeprozess, ausgelöst durch häufige Fachkraftwechsel und widersprüchliche Entscheidungen. Besonders belastend war für sie die wiederholte Infragestellung ihrer mütterlichen Kompetenz – eine Erfahrung, die ihr Selbstbild erschütterte und nachhaltiges Misstrauen gegenüber der Institution hervorrief.

Diese Fallverläufe verdeutlichen, wie eng Fremdbestimmung, Zuschreibungen und Beziehungserfahrungen miteinander verwoben sind. Theoretisch lassen sie sich im Spannungsfeld zwischen Beziehungsgestaltung (Kapitel 3) und institutioneller Macht (Kapitel 5) verorten. Staub-Bernasconi (2021) hebt hervor, dass scheinbare Kooperation auch Ausdruck strategischer Anpassung sein kann – eine Form adaptiven Verhaltens, das dem Selbstschutz dient (Gahleitner, 2017). Wie Brisch (2011) und Rosenbauer & Stremmer (2017) zeigen, kann fehlende Anerkennung Beschämungserfahrungen auslösen, die das Selbstbild untergraben und das Vertrauen in professionelle Beziehungen beschädigen. Insbesondere die Differenzierung zwischen echter Kooperation und strategisch motivierter Anpassung ist für das professionelle Verständnis ausschlaggebend: Während Christina Dürr äußerlich kooperiert, setzt Anna Bauer auf konfrontative Selbstbehauptung – beide Verhaltensweisen spiegeln Versuche wider, im Kontext asymmetrischer Machtverhältnisse Kontrolle zurückzugewinnen.

Die Fallmuster zeigen, dass Beziehungsgestaltung in der Kinder- und Jugendhilfe mehr erfordert als methodisches Know-how. Notwendig ist ein reflexives Verständnis für die Wirkung institutioneller Zuschreibungen, für die emotionalen Reaktionen darauf sowie für partizipative, anerkennende Kommunikationsweisen. Nur wenn Fachkräfte auch widerständiges oder angepasstes Verhalten als Beziehungsaussage begreifen, kann ein Raum für Vertrauen, Entwicklung und echte Zusammenarbeit entstehen.

9.3 Macht und Fremdbestimmung

Professionelle Beziehungsgestaltung in der Kinder- und Jugendhilfe ist untrennbar mit institutionellen Machtverhältnissen verbunden. Die Analyse der Fallverläufe zeigt, dass Adressat:innen den Gefährdungsabklärungsprozess häufig ambivalent erleben: Einerseits besteht ein Wunsch nach Unterstützung, andererseits dominiert das Erleben von Kontrolle, Unsicherheit und Fremdbestimmung.

Wie in Abschnitt 5.2 theoretisch ausgeführt, entstehen Spannungen im Verhältnis zwischen Hilfe und Kontrolle, zwischen Transparenz und Intransparenz sowie zwischen Anerkennung und Entwertung.

9.3.1 Strukturierte Machtverhältnisse und institutionelle Deutungsmacht

Machtasymmetrien zeigen sich nicht nur in rechtlichen Rahmenbedingungen, sondern auch in alltäglichen Interaktionsformen.

Otto Pauk erlebte wiederholt, dass seine elterliche Kompetenz infrage gestellt und seine Anliegen übergangen wurden – ein Beispiel für institutionelle Deutungsmacht, bei der die Perspektive der Adressat:innen systematisch marginalisiert wird (Kraus, 2013). Gerda Hoffmann beschreibt, dass wesentliche Informationen – etwa zum Obsorgeentzug – nur selektiv und situationsabhängig weitergegeben wurden. Sie empfand dies als strategisches Steuerungsverhalten, das Unsicherheit erzeugte. Kraus spricht in diesem Zusammenhang vom „Spiel mit Wissen", einer subtilen Form der Macht, die über Informationsverteilung wirkt. Katja Ludwig wurde von einer Fachkraft begleitet, die sie bereits aus ihrer Kindheit kannte. Diese biografische Vertrautheit führte zu einer „Rollenfestschreibung", bei der alte Zuschreibungen das gegenwärtige Beziehungsgeschehen dominierten und Katjas Autonomie begrenzten.

Mia Noll reflektiert die institutionelle Praxis besonders differenziert. Sie benennt die Widersprüchlichkeit fachlicher Bewertungen durch verschiedene Fachkräfte und beschreibt ein ständiges Antizipieren institutionellen Verhaltens – ein Hinweis auf inkongruente Machtpraxis, die Verlässlichkeit untergräbt und Kontrolle durch Unklarheit ausübt.

9.3.2 Strategien und Muster im Umgang mit institutioneller Macht

Adressat:innen begegnen den strukturellen Machtverhältnissen im Gefährdungsabklärungsprozess nicht passiv, sondern entwickeln vielfältige Umgangsformen, um ihre Integrität und Handlungsfähigkeit zu wahren. Diese Strategien sind als reflexive Auseinandersetzungen mit dem Spannungsfeld zwischen Unterstützung und Kontrolle zu verstehen. Die kontrastive Analyse der Fallverläufe erlaubt es, individuelle Reaktionen als Teil übergreifender Muster zu identifizieren.

Strategische Anpassung stellt eine häufige Reaktion auf die Erfahrung von Fremdbestimmung dar. So zeigt sich Mia Noll betont kooperativ zu sein, beschreibt dieses Verhalten jedoch selbst als bewusst eingesetzte Strategie zur Schadensbegrenzung. Auch Emma Feuerstein inszeniert sich als verantwortungsvolle Mutter, um negativen Zuschreibungen aktiv entgegenzuwirken. Gerda Hoffmann wiederum kommuniziert nur das Notwendige – ein Akt des Selbstschutzes, verstärkt durch implizite Drohungen seitens der Fachkräfte, etwa im Hinblick auf einen möglichen Obsorgeentzug. Diese Verhaltensweisen lassen sich als Ausdruck eines „vorauseilenden Gehorsams" (Kraus, 2013) interpretieren – einer Strategie, die Anpassung simuliert, ohne innere Zustimmung vorauszusetzen.

Widerständige Strategien finden sich ebenfalls: Anna Bauer nutzt juristische Mittel, um ihre elterliche Position zu behaupten – nicht aus prinzipieller Ablehnung, sondern als Schutzmaßnahme. Otto Pauk begegnet Fachkräften mit Zynismus und passiver Resistenz. Quentina Rauch reduziert gezielt ihre Offenheit, um sich gegen entwertende Zuschreibungen zu schützen. Diese Haltungen lassen sich als Formen der Scheinkooperation (Staub-Bernasconi, 2018) deuten – sie wahren die äußere Form der Zusammenarbeit, dienen jedoch der Wahrung persönlicher Integrität unter restriktiven Bedingungen.

Aus diesen individuellen Strategien lassen sich vier falltypische Muster des Umgangs mit institutioneller Macht abstrahieren:

- Resignativer Rückzug (Ina Jachs, Gerda Hoffmann): Die Beziehungsgestaltung bleibt auf ein formales Minimum beschränkt, emotionale Beteiligung ist kaum vorhanden. Die Fachkräfte werden nicht mehr als dialogbereite Partner:innen wahrgenommen.
- Strategische Performanz (Emma Feuerstein, Mia Noll): Das Verhalten wird bewusst angepasst, um Sanktionen zu vermeiden oder sich eine positivere Bewertung zu sichern – ohne dabei mit den institutionellen Erwartungen übereinzustimmen.
- Subtiler Widerstand (Otto Pauk, Quentina Rauch): Offenheit wird reduziert, institutionelle Zuschreibungen werden hinterfragt oder gezielt unterlaufen. Diese Haltung erlaubt es, die eigene Position zumindest teilweise zu behaupten.
- Beziehungsöffnung durch instruktive Macht (Christina Dürr): Vertrauen entsteht dort, wo Fachkräfte machtsensibel agieren, transparent kommunizieren und partizipative Beziehungsgestaltung ermöglichen.

Diese Muster machen deutlich, dass institutionelle Macht nicht nur strukturell wirkt, sondern das Beziehungsgeschehen auf der Mikroebene entscheidend prägt. Die Qualität professioneller Beziehungsgestaltung hängt maßgeblich davon ab, ob Fachkräfte institutionelle Machtreflexion als integralen Bestandteil ihres Handelns begreifen – nicht als Störung, sondern als Voraussetzung gelingender Praxis.

9.3.3 Macht als Beziehungsgestaltung – destruktiv oder instruktiv?

Einige Fallverläufe verweisen auf die Möglichkeit, Macht auch konstruktiv – im Sinne instruktiver Macht – zu gestalten (Kraus, 2013, 2021). Christina Dürr schildert eindrücklich, wie sich nach einem Fachkraftwechsel der Charakter der Beziehung veränderte: Transparente Kommunikation, respektvolle Haltung und Dialog ermöglichten ihr, Vertrauen aufzubauen und ihre Rolle als Mutter neu zu definieren. Auch Mia Noll hebt hervor, dass einzelne Fachkräfte bemüht waren, sie einzubeziehen. Diese punktuelle Anerkennung wurde trotz bestehender Skepsis als bestärkend erlebt.

Die Unterscheidung zwischen destruktiver (kontrollierender, intransparenter) und instruktiver (partizipativer, orientierender) Machtpraxis ist zentral für die Beziehungsqualität (vgl. Abschnitt 5.1, 5.2). Legitimer Machteinsatz erfordert Transparenz, Anerkennung und die Bereitschaft zur Perspektivübernahme (Staub-Bernasconi, 2018).

9.4 Selbstermächtigung und Partizipation versus Antizipation und Passivität

Die Interviewanalysen zeigen, dass Partizipation im Gefährdungsabklärungsprozess kein selbstverständliches Element institutionellen Handelns darstellt. Vielmehr entfaltet sie sich im Spannungsfeld zwischen professioneller Beziehungsgestaltung, strukturellen Bedingungen und der subjektiven Handlungsmächtigkeit der Adressat:innen. Sie wird sowohl durch das Verhalten und die Haltung der Fachkräfte als auch durch biografische Erfahrungen, institutionelle Machtverhältnisse und individuelle Schutzstrategien begrenzt oder ermöglicht (vgl. Abschnitt 3.3, 4.2 und 5.1).

9.4.1 Formen gelingender Partizipation und Selbstermächtigung

In mehreren Fallverläufen wurden Momente aktiver Mitgestaltung und subjektiver Selbstermächtigung sichtbar. Voraussetzung dafür war eine respektvolle, dialogisch orientierte Beziehungsgestaltung seitens der Fachkräfte, die Vertrauen aufbaute und Entscheidungsspielräume eröffnete, wie auch in Abschnitt 3.4 erörtert wurde (Rätz, 2017; Rätz-Heinisch, 2005; Winkler, 2022).

Quentina Rauch beschreibt, wie sie durch die Unterstützung einer lösungsorientierten, jüngeren Fachkraft erstmals das Gefühl hatte, ernst genommen und in Entscheidungen eingebunden zu sein. Ihre zuvor zurückhaltende Haltung wandelte sich zu aktiver Beteiligung. Christina Dürr erlebte nach einem Fachkräftewechsel eine transparente, zugewandte Kommunikation, die Vertrauen und Kooperation förderte. Sie übernahm mehr Verantwortung und entwickelte ein gestärktes Selbstbild als Mutter. Emma Feuerstein und Ina Jachs berichten von ähnlichen Erfahrungen: Insbesondere Ina Jachs hob hervor, dass ihre Perspektive von der Fachkraft als relevantes Wissen anerkannt wurde. Emma Feuerstein fühlte sich durch die neue Beziehung in ihrer elterlichen Kompetenz gestärkt und handlungsfähiger. Sara Tot konnte nach einem weiteren Fachkraftwechsel erneut Einfluss auf den Prozess nehmen. Sie beschrieb diese Phase als kooperativ und aushandlungsorientiert, in der sie als gleichwertige Partnerin behandelt wurde.

Diese Fallverläufe zeigen: Selbstermächtigung ist auch in Machtkontexten möglich, wenn Fachkräfte bereit sind, ihre eigene Position zu reflektieren und Hilfeprozesse partizipativ zu gestalten. Theoretisch anschlussfähig sind hier Konzepte der Co-Produktion (Rätz-Heinisch, 2005; Rätz, 2011, 2017) und verstehensorientierten Praxis in Zwangskontexten (Thiersch, 2021). Entscheidend ist, dass Beteiligung nicht bloß formal angeboten, sondern als gemeinsame Gestaltung im Sinne subjektiver Wirksamkeit erfahren wird.

9.4.2 Begrenzte Mitwirkung und symbolische Partizipation

Demgegenüber verdeutlichen andere Fallverläufe, dass Partizipation häufig nur eingeschränkt oder symbolisch blieb. Die Beteiligung erfolgte hier nicht aus Vertrauen, sondern als Reaktion auf institutionellen Druck oder um Kontrolle zu wahren.

Gerda Hoffmann wurde mit einem drohenden Obsorgeentzug konfrontiert. Ihre Beteiligung beruhte auf Angst, nicht auf Freiwilligkeit – ein klassisches Beispiel für scheinpartizipative Arrangements unter Zwang. Otto Pauk beschreibt, wie seine Mitwirkung auf passive Zustimmung zu bereits getroffenen Entscheidungen reduziert wurde. Seine Skepsis mündete in zynische Distanz zum Verfahren. Anna Bauer versuchte, sich aktiv einzubringen, etwa durch juristische Schritte. Diese wurden jedoch als Widerstand gedeutet, was zu ihrer Stigmatisierung als „schwierige Klientin" beitrug. Ihre Mitgestaltung wurde somit delegitimiert. Auch Mia Noll und Emma Feuerstein zeigten Formen antizipierender Anpassung. Sie passten sich institutionellen Erwartungen strategisch an, um Zuschreibungen zu vermeiden oder Einfluss zu behalten. Diese Scheinkooperation (Staub-Bernasconi, 2007), wie auch in Abschnitt 5.2 beschrieben, war weniger Ausdruck von Vertrauen als von Schutzverhalten unter restriktiven Bedingungen.

Diese Beispiele machen deutlich, dass Partizipation nur innerhalb institutionell definierter und oft enger Spielräume stattfinden kann (Kraus & Krieger, 2021). Wird Beteiligung lediglich formal eingefordert, ohne tatsächliche Handlungsmacht einzuräumen, bleibt sie wirkungslos und kann sogar zu neuen Formen der Entwertung führen.

9.4.3 Selbstermächtigung versus Passivität

Die kontrastive Analyse zeigt: Partizipation ist kein stabiler Zustand, sondern ein fragiles, kontextabhängiges Geschehen. Ob sich Adressat:innen als mitgestaltende Subjekte oder als Objekte institutioneller Kontrolle erleben, hängt maßgeblich von der professionellen Beziehungsgestaltung ab. Fachkräfte, die ihre Machtposition reflektieren, Entscheidungen transparent kommunizieren und Beziehung als Resonanzraum verstehen – wie in Abschnitt 5.3 ausgeführt – schaffen Bedingungen für Selbstwirksamkeitserfahrungen. Gleichzeitig wirken auch biografische Belastungen, aktuelle Lebenslagen und individuelle Schutzstrategien auf das Partizipationsverhalten zurück. Damit bestätigt sich auch in diesem Kapitel: Beziehungsgestaltung ist der Schlüssel für partizipative Kinderschutzpraxis – vorausgesetzt, sie wird nicht nur als Methode, sondern als Haltung praktiziert.

9.5 Nähe und Distanz

Das Spannungsfeld von Nähe und Distanz beschreibt eine maßgebliche Dimension professioneller Beziehungsgestaltung im Gefährdungsabklärungsprozess (vgl. Abschnitt 3.5). Es umfasst sowohl emotionale als auch strukturelle Aspekte und beeinflusst maßgeblich Vertrauen, Kooperation und subjektive Sicherheit der Adressat:innen. Nähe verweist in diesem Kontext auf emotionale Verbundenheit, persönliche Zuwendung und unterstützende Haltung, während Distanz professionelle Rollenklarheit, Selbstschutz und Objektivität markiert. Die Balance dieser Pole ist besonders relevant im Kinderschutzkontext, wo Hilfe und Kontrolle untrennbar miteinander verflochten sind (Thiersch, 2019; Dörr, 2019b; Kraus, 2021).

9.5.1 Nähe als Ermöglichung von Vertrauen und Sicherheit

Ein ausgewogenes Verhältnis von Nähe und Distanz kann die Beziehung stabilisieren, Selbstwirksamkeit fördern und Vertrauen ermöglichen. Besonders wirksam erscheint ein Handeln, das emotionale Zugänglichkeit mit professioneller Rollendistanz kombiniert (Dörr, 2019a; Gahleitner, 2020b).

Emma Feuerstein erlebte eine Fachkraft, die sie als empathisch, präsent und zugleich fördernd in ihrer Eigenverantwortung wahrnahm. Die Fachkraft fungierte als sichere Bezugsperson im Sinne der Bindungstheorie (Ainsworth et al., 1974) und ermöglichte eine korrigierende Beziehungserfahrung (Gahleitner, 2017; 2020a). Christina Dürr beschrieb ihre zweite Fachkraft als konstant, wertschätzend und dialogisch. Diese Beziehung auf Augenhöhe bot Sicherheit, ohne bevormundend zu wirken. Zugleich wurde auch die erste – distanziert agierende – Fachkraft als hilfreich erlebt, da sie klare Rollengrenzen einhielt (Dörr, 2019a). Katja Ludwig berichtete, dass sich durch transparente Kommunikation und zunehmende emotionale Zugänglichkeit das Verhältnis zur Kinder- und Jugendhilfe wandelte – von Skepsis zu wachsendem Vertrauen (Gahleitner, 2020b; Huxoll & Kotthaus, 2012).

9.5.2 Distanz als Schutz oder Bruch

Distanz kann auch schützend wirken – etwa zur Wahrung persönlicher Grenzen – wird aber dann problematisch, wenn sie als Gleichgültigkeit, Kontrollmechanismus oder Abwertung erlebt wird. Ebenso kann übermäßige Nähe destabilisierend wirken, wenn sie als übergriffig empfunden wird oder biografisch negativ aufgeladen ist (Brisch, 2011; Best, 2020).

Ina Jachs empfand eine übergriffige Fachkraft als bedrohlich und zog sich zurück. Erst durch eine distanziertere, aber respektvolle Haltung einer anderen Fachkraft konnte sie sich wieder öffnen. Quentina Rauch reagierte ablehnend auf eine Fachkraft, die persönliche Ratschläge mit biografischen Bezügen kombinierte – eine als entwertend empfundene Nähe. Erst eine spätere, zurückhaltendere Fachkraft wurde als entlastend erlebt (Schleiffer & Gahleitner, 2010). Mia Noll nutzte Nähe strategisch, um Ressourcen zu sichern, blieb innerlich jedoch distanziert. Sie interpretierte das Verhalten der Fachkräfte als Ausdruck institutioneller Macht und reagierte mit Rollenförmigkeit zur Wahrung eigener Handlungsspielräume (Böhle et al., 2012; Kraus, 2021).

Sara Tot schilderte die Haltung der Fachkräfte als gleichgültig und unnahbar. Erst als sie eine Fachkraft als menschlich zugänglich erlebte, konnte sie sich auf Unterstützung einlassen. Dies unterstreicht die Bedeutung emotionaler Responsivität bei bindungssensiblen Adressat:innen (Gahleitner, 2005; Grawe, 2004). Gerda Hoffmann hielt bewusst emotionale Distanz aufrecht. Jede Annäherung wurde von ihr als potenziell gefährlich wahrgenommen. Ihre Haltung verweist auf desorganisierte Beziehungsmuster, die durch institutionelle Machtverhältnisse reaktiviert werden können (Main & Solomon, 1990; Rosenbauer & Stremmer, 2017). Otto Pauk erlebte die Fachkraftbeziehung als konstant distanziert, nicht dialogisch und als Ausdruck sozialer Abwertung. Nonverbale Kommunikation wurde vermieden, Informationen nur mitgeteilt, nicht gemeinsam verhandelt – ein Bruch im ko-konstruktiven Aushandlungsprozess (Rätz, 2017; Winkler, 2022). Anna Bauer beschrieb eine Fachkraft zunächst als strategisch kontrollierend, später als so distanziert, dass sie sich entpersonalisiert fühlte. Ihre Erfahrung verweist auf die destruktive Wirkung nicht-reflektierter Nähe-Distanz-Verhältnisse in asymmetrischen Beziehungskonstellationen (Staub-Bernasconi, 2019).

9.5.3 Falltypische Nähe-Distanz-Muster

Die Analyse der Fallverläufe zeigt drei Muster im Erleben von Nähe und Distanz:

- Balancierte Nähe-Distanz-Gestaltung: Die Beziehung wird als tragfähig, strukturiert und zugewandt erlebt. Fachkräfte agieren als sichere Bezugspersonen, die Vertrauen ermöglichen, ohne Grenzverletzungen zu riskieren (Christina Dürr, Emma Feuerstein, Katja Ludwig).
- Überfordernde oder kontrollierende Nähe: Nähe wird als entwertend, übergriffig oder vereinnahmend erlebt. Die biografische Prägung der Adressat:innen spielt hierbei eine bedeutende Rolle (Ina Jachs, Quentina Rauch).
- Emotionale oder kommunikative Distanz: Die Beziehung wird als unnahbar oder institutionell verfestigt empfunden. In diesen Konstellationen dominieren Misstrauen, Rückzug oder strategische Anpassung (Anna Bauer, Gerda Hoffmann, Mia Noll, Otto Pauk, Sara Tot).

Diese subjektiven Beziehungserfahrungen entstehen im Wechselspiel mit institutionellen Anforderungen und biografischen Dispositionen – sie sind relational konstruiert und durch Machtasymmetrien in der Kinder- und Jugendhilfe mitbedingt (Kraus, 2021). Die Fähigkeit, Nähe und Distanz kontextsensibel zu gestalten, stellt ein zentrales Merkmal professioneller Beziehungskompetenz dar. Sie erfordert: Selbstreflexion und Mentalisierungsfähigkeit (vgl. Abschnitt 3.4), Wissen über bindungstheoretische Hintergründe (vgl. Abschnitt 4.2) und ein machtsensibles Verständnis institutioneller Dynamiken (vgl. Kapitel 5). Professionelles Handeln bedeutet nicht, Nähe oder Distanz zu vermeiden, sondern diese im Sinne der Beziehungsgestaltung intentional und individuell angepasst zu regulieren. Eine gelingende Balance kann Vertrauen und Selbstwirksamkeit stärken; eine dysfunktionale Gestaltung hingegen führt zu Ohnmachtsgefühlen, Rückzug und Misstrauen – mit erheblichen Folgen für die Kooperation im Gefährdungsabklärungsprozess.

9.6 Strukturelle Rahmenbedingungen

Die institutionellen Bedingungen der Kinder- und Jugendhilfe strukturieren nicht nur formale Abläufe, sondern beeinflussen wesentlich, wie Beziehung im Gefährdungsabklärungsprozess entstehen und gestaltet werden kann. Die Analyse der zehn Einzelfälle zeigt: Strukturelle Faktoren wie Transparenz, personelle Kontinuität, Verfahrenslogik und Beteiligungsmöglichkeiten wirken tief in das subjektive Erleben der Adressat:innen hinein und prägen deren Deutung, Handlungsspielräume und Kooperationsbereitschaft.

9.6.1 Strukturelle Spannungsfelder der Beziehungsgestaltung

Die Fallanalysen lassen sich entlang von vier strukturellen Spannungsfeldern verdichten, die in unterschiedlichen Konstellationen Beziehungserfahrungen prägen:

- Bürokratische Intransparenz und Verfahrenskomplexität: Adressat:innen wie Emma Feuerstein, Mia Noll, Quentina Rauch und Otto Pauk schildern den Abklärungsprozess als langwierig, wenig nachvollziehbar und administrativ dominiert. Die Verfahren erscheinen als kontrollierende Abfolge formaler Schritte, in denen eigene Anliegen kaum adressiert werden. Mia Noll drohte aus Frustration mit öffentlicher Kritik, Otto Pauk erlebte die strukturelle Verzögerung als persönliche Abwertung. Quentina Rauch empfand die Abfolge von Terminen als bloße Beobachtungssituation ohne konkrete Unterstützung. Sie hatte das Gefühl, sich wiederholt präsentieren zu müssen, ohne dass auf ihre Lage eingegangen wurde. Die formalen Routinen wurden dabei als Kontrolle erlebt, nicht als Hilfe.
- Personelle Instabilität durch Fachkräftewechsel: Insbesondere Sara Tot und Katja Ludwig thematisieren die wiederholten Wechsel von Bezugspersonen als gravierenden Bruch in der Beziehungskontinuität. Vertrauen musste mehrfach neu aufgebaut werden, während biografisch relevante Informationen immer wieder neu geschildert werden mussten. Katja Ludwig empfand dies als emotional belastend und institutionell entwertend. Diese Struktur wirkt destabilisierend und verhindert langfristige Beziehungsgestaltung. Rätz (2017) sowie Gahleitner (2020b) heben hervor, dass Beziehungskontinuität für Bindungssicherheit und die Verarbeitung biografischer Belastungen – wie in Abschnitt 4.2 erläutert wird – essenziell ist.
- Standardisierung und Aktenlogik: Anna Bauer und Gerda Hoffmann berichteten, dass ihre individuellen Bedarfe in den Verfahren kaum zur Geltung kamen. Entscheidungen wurden als vorgefertigt erlebt, der biografische Wandel fand in der offiziellen Deutung kaum Raum. Anna Bauer beschreibt, wie frühere Akteneinträge ihre aktuelle Entwicklung überlagerten, Gerda Hoffmann reagierte mit formaler Anpassung, ohne sich innerlich einzubringen. Theoretisch lässt sich diese Dynamik mit Rätz-Heinisch (2005) und Bobbert (2002) fassen, die die „Verdinglichung von Biografie“ durch Aktenlogik problematisieren. Staub-Bernasconi (2018) warnt in diesem Zusammenhang vor der „systematischen Entsubjektivierung“ durch standardisierte Verfahren (vgl. Abschnitt 5.2).

- Hierarchie und eingeschränkte Partizipation: Mehrere Adressat:innen (z. B. Christina Dürr, Ina Jachs, Mia Noll und Quentina Rauch) schildern, dass sie sich in Entscheidungsprozesse kaum eingebunden fühlten. Anliegen wurden wiederholt vorgetragen, ohne Resonanz zu finden. Mia Noll und Quentina Rauch erlebten sich als Bittstellerin, ihre Perspektive wurde in institutionelle Raster übersetzt. Diese Erfahrungen verweisen auf ein strukturelles Machtgefälle, in dem Partizipation formal versprochen, aber praktisch erschwert ist. Kraus & Krieger (2021) differenzieren hier zwischen destruktiver Macht, die Partizipation verhindert, und instruktiver Macht, die Beteiligung ermöglicht (Abschnitt 5.1). Rätz (2017) kritisiert die Diskrepanz zwischen partizipativer Rhetorik und real eingeschränkten Handlungsmöglichkeiten, während Winkler (2022) auf die Bedeutung von Co-Produktion als demokratisches Prinzip in Hilfeprozessen verweist (Abschnitt 3.4).

9.6.2 Bedeutung struktureller Bedingungen für Beziehungsgestaltung

Die kontrastive Analyse macht deutlich: Strukturelle Rahmenbedingungen sind keine neutralen Hintergrundfaktoren, sondern Ko-Architekten der Beziehungsgestaltung. Sie beeinflussen nicht nur den organisatorischen Ablauf, sondern setzen kommunikative und interaktive Grenzen, die das professionelle Handeln wie auch das Erleben der Adressat:innen maßgeblich prägen. Schruth (2015) weist darauf hin, dass strukturelle Bedingungen in stationären Hilfen wesentliche Voraussetzungen für Partizipation darstellen und zugleich deren Begrenzung markieren. Schonhoff (2023) betont in seiner Analyse die Spannung zwischen einem normativen Anspruch auf Beteiligung und den realen institutionellen Handlungsspielräumen – ein Spannungsverhältnis, das sich auch in der Gefährdungsabklärung zeigt. Löwenstein (2021) hebt hervor, dass Beteiligung strukturell verankert und nicht auf das Verhalten einzelner Fachkräfte reduziert werden darf. Wo Verfahren unübersichtlich, instabil oder unflexibel sind, verlieren Adressat:innen Orientierung und Einfluss. Dies begünstigt Formen strategischer Anpassung, emotionaler Abwehr oder Rückzug. Wo hingegen Transparenz, Kontinuität und Mitgestaltungsmöglichkeiten strukturell gesichert sind, entsteht ein stabilerer Rahmen für Kooperation, Vertrauen und Selbstermächtigung. Beziehungsgestaltung wird so nicht nur als interaktive, sondern als strukturell ermöglichte soziale Praxis verständlich. Für eine gelingende Beziehungsgestaltung ist daher eine reflektierte und kritisch-praktische Auseinandersetzung mit den institutionellen Bedingungen unverzichtbar.

9.7 Verlaufskurven und Wandlungsprozesse

Die biografischen Gesamtformungen der Adressat:innen im Gefährdungsabklärungsprozess spiegeln vielfältige individuelle Wandlungsprozesse wider. Diese sind geprägt durch die Interaktion mit der Kinder- und Jugendhilfe, den institutionellen Rahmenbedingungen sowie die persönlichen Bewältigungsstrategien der Betroffenen. Während einige sich von anfänglichem Misstrauen zu einer differenzierten Wahrnehmung der Kinder- und Jugendhilfe durchliefen, hielten andere an einer kritischen Haltung fest oder verstärkten ihr Widerstandsnarrativ. In den individuellen Verläufen lassen sich falltypische Verlaufskurven erkennen, die unterschiedliche emotionale Dynamiken und Wendepunkte abbilden.

9.7.1 Emotionale Dynamiken und Wendepunkte

Die emotionale Verarbeitung des Gefährdungsabklärungsprozesses verlief bei den Adressat:innen unterschiedlich, war jedoch maßgeblich von der Qualität der Interaktion mit den Fachkräften geprägt. Häufig wiederkehrende emotionale Phasen waren:

- Angst und Misstrauen: Viele Betroffene empfanden zu Beginn große Unsicherheit hinsichtlich der Rolle der Kinder- und Jugendhilfe und fürchteten negative Konsequenzen für ihre Familie. So berichtete Emma Feuerstein, sie habe – beeinflusst durch ihr soziales Umfeld und mediale Berichterstattung – von Anfang an Angst gehabt, ihr Kind zu verlieren.
- Wut und Widerstand: In Situationen, in denen sich Adressat:innen nicht ernst genommen oder fremdbestimmt fühlten, entwickelten sich Frustration und Abwehrhaltungen. Otto Pauk reagierte etwa zunehmend zynisch, da er sich als Vater systematisch benachteiligt sah.
- Erleichterung und Vertrauen: Dort, wo Fachkräfte eine wertschätzende und partizipative Haltung einnahmen, konnte sich ein kooperativer Prozess entwickeln. Ina Jachs etwa fühlte sich zunächst unsicher, gewann aber Vertrauen, als sie merkte, dass ihre Perspektive ernst genommen wurde.
- Resignation und Ohnmacht: Wiederholte Erfahrungen von Machtlosigkeit führten bei einigen Betroffenen zum Rückzug aus dem Interaktionsprozess. Gerda Hoffmann etwa erlebte die Kinder- und Jugendhilfe als übermächtige Kontrollinstanz und entzog sich zunehmend dem Dialog.

Jede Verlaufskurve war durch Wendepunkte gekennzeichnet, die einen Richtungswechsel in der Wahrnehmung oder im Verhalten der Adressat:innen auslösten:

- Erstkontakt mit der Kinder- und Jugendhilfe: Der erste Eindruck war häufig prägend für den weiteren Verlauf. Eine respektvolle und transparente Kommunikation – wie im Fall von Quentina Rauch – konnte Vertrauen fördern. Wurde der Erstkontakt hingegen als kontrollierend erlebt, wie bei Anna Bauer, verstärkte sich bestehendes Misstrauen.
- Fachkräftewechsel: Ein Wechsel der zuständigen Fachkraft bedeutete oft einen Bruch im Vertrauensaufbau – oder eine neue Chance für konstruktive Zusammenarbeit. Katja Ludwig erlebte Fachkräftewechsel ambivalent: Während sie teils erneut Vertrauen fassen konnte, führten andere Wechsel zu verstärkter Verunsicherung.
- Institutionelle Entscheidungen: Besonders gravierende Maßnahmen, etwa eine außerfamiliäre Betreuung, stellten tiefgreifende Einschnitte dar und prägten die Haltung gegenüber der Kinder- und Jugendhilfe nachhaltig. Sara Tot, anfangs kooperativ, entwickelte eine kritische Haltung, nachdem sie sich während des Krankenhausaufenthalts ihres jüngsten Kindes zur ständigen Anwesenheit im Krankenhaus verpflichtet fühlte, und gleichzeitig die Betreuung für die anderen beiden Kinder organisieren musste.
- Juristische Schritte: Einige Betroffene sahen sich gezwungen, rechtliche Unterstützung in Anspruch zu nehmen – häufig als Reaktion auf als übergriffig empfundene Maßnahmen oder mangelnde Mitbestimmung. Dieser Schritt markierte oft eine Eskalation im Interaktionsverlauf und hatte weitreichende Auswirkungen auf die Beziehungsgestaltung zwischen Fachkräften und Adressat:innen. Die Einschaltung juristischer Instanzen bedeutete nicht nur eine formale Aufwertung des Konflikts, sondern veränderte auch die kommunikativen Spielregeln: Gespräche wurden formalisiert, Vertrauen schwand, und Handlungsspielräume verengten sich auf beiden Seiten. Für die Adressat:innen ging mit der rechtlichen Absicherung oftmals ein Rückzug aus dem direkten Dialog mit den Fachkräften einher, da sie sich in ihrer Rolle als kooperationsbereite Gesprächspartner:innen nicht mehr gesehen oder gehört fühlten. Gleichzeitig empfanden Fachkräfte die juristische Einbindung teils als Vertrauensbruch oder als Zeichen grundsätzlicher Ablehnung, was die Bereitschaft zu Offenheit und Flexibilität weiter reduzierte. Im Fall von Anna Bauer beispielsweise stellte der Gang zur Anwältin für sie eine letzte Möglichkeit dar, sich gegen institutionelle Eingriffe zu behaupten. Sie beschrieb dies nicht als aggressiven Akt, sondern als Ausdruck eines empfundenen Machtungleichgewichts und fehlender Resonanz im professionellen Kontakt. Der Schritt in den

juristischen Raum war für sie damit auch ein Symptom für das Scheitern einer tragfähigen Arbeitsbeziehung.

9.7.2 Falltypische Verläufe

Die individuellen Wandlungsprozesse der zehn Einzelfälle lassen sich drei falltypischen Verlaufsformen zuordnen, die jeweils spezifische Beziehungserfahrungen, Interaktionsdynamiken und strukturelle Bedingungen widerspiegeln.

Verlauf A: Positiver Wandel und Stabilisierung
Dieser Verlauf ist geprägt von einem Vertrauensaufbau, der auf empathischer, transparenter und partizipativer Beziehungsgestaltung basiert – grundlegende Merkmale professioneller Beziehung in der Sozialen Arbeit (Thiersch, 2022; Staub-Bernasconi, 2011). Fachkräfte werden hier als „sekundäre Bindungspersonen" (Schröder, 2020) erlebt, die durch Verlässlichkeit und Anerkennung korrigierende Beziehungserfahrungen ermöglichen (Gahleitner, 2017; 2020a; 2020b).

- Emma Feuerstein konnte durch eine Fachkraft, die ihre elterliche Kompetenz stärkte, Vertrauen fassen. Entscheidend war das Erleben von Selbstwirksamkeit und der Aufbau eines „sicheren Raums" im Sinne des Safe-Place-Konzepts (Gahleitner, 2005).
- Ina Jachs reagierte sensibel auf Fachkräftewechsel, was die Bedeutung konsistenter Beziehungen in institutionellen Kontexten unterstreicht. Ihre positive Entwicklung verweist auf gelingende Bindungsarbeit trotz struktureller Belastungen.
- Christina Dürr konnte durch offene Kommunikation eigene Grenzen thematisieren – ein Ausdruck professioneller Beziehungsgestaltung, die Nähe und Distanz ausbalanciert (Best, 2020; Gahleitner, 2020a).

Verlauf B: Konflikthafte und ambivalente Beziehungen
Hier stehen Spannungen zwischen Anpassung und innerem Widerstand im Vordergrund – häufig ausgelöst durch die Wahrnehmung struktureller Machtverhältnisse (Kraus, 2021) und das gleichzeitige Streben nach Selbstschutz und Ressourcen. Es handelt sich um Beziehungserfahrungen im Zwangskontext, die auf das Doppel- bzw. Tripelmandat Sozialer Arbeit verweisen (Staub-Bernasconi, 2019).

- Mia Noll zeigt ein „rollenförmiges Verhalten" (Böhle et al., 2012), indem sie sich äußerlich konform verhält, um Ressourcen zu sichern. Ihre kritische Grundhaltung bleibt jedoch bestehen – ein Ausdruck von Selbstschutz angesichts als kontrollierend erlebter Macht.
- Quentina Rauch macht deutlich, wie durch partizipative Praxis Vertrauen entstehen kann. Ihre positive Wendung verweist auf das Potenzial von Co-Produktion und dialogischer Aushandlung (Rätz, 2017; Rätz-Heinisch, 2005; Winkler, 2022) trotz institutioneller Asymmetrie.
- Katja Ludwig erlebt eine ambivalente Beziehung: Stigmatisierende Vorgeschichte und frühe Etikettierung prägten die Zusammenarbeit. Eigene Ressourcen und Hilfemotivation blieben weitgehend unanerkannt, Machtasymmetrien führten zu Verunsicherung und schwankender Kooperation (Rosenbauer & Stremmer, 2017; Winkler, 2022). Erst eine wertschätzende Fachkraft ermöglichte Vertrauen und Stabilisierung.

Verlauf C: Defensive bis abwehrende Handlungslogik – anhaltender Widerstand

Diese Fälle sind durch tiefes Misstrauen, Rückzug oder Eskalation gekennzeichnet. Die Adressat:innen erleben ihre Beziehung zur Institution als fremdbestimmt, entwertend oder beschämend – Ausdruck destruktiver Machtverhältnisse und fehlender partizipativer Beziehungsangebote (Rosenbauer & Stremmer, 2017).

- Sara Tot erlebt aufgrund häufiger Fachkräftewechsel und unklarer Kommunikation ein brüchiges Vertrauensverhältnis – ein typisches Phänomen bindungsunsicherer Beziehungserfahrungen (Brisch, 2009), das institutionelle Kontinuität besonders bedeutsam macht.
- Gerda Hoffmann zeigt eine Strategie äußerlicher Anpassung bei innerem Rückzug – ein Schutzmechanismus gegen als übergriffig erlebte Kontrolle, der auf unsichere oder desorganisierte Bindungsmuster hinweisen kann (Ainsworth et al., 1978; Main & Solomon, 1990).
- Otto Pauk erfährt eine Verstärkung seines Misstrauens durch Nicht-Anerkennung seiner Rolle als Vater – hier wird deutlich, wie fehlende Resonanz Beziehungserfahrungen reproduzieren kann, die von Machtasymmetrie und Nicht-Würdigung geprägt sind (Böhnisch, 2018).
- Anna Bauer reagiert auf institutionelle Entpersonalisierung mit rechtlichen Schritten – ein Versuch der Selbstermächtigung (Löwenstein, 2021), der aber gleichzeitig als Bruch der Beziehungsebene erlebt wird. Ihre Erfahrungen zeigen, wie juristische Eskalation oft Ausdruck eines vorangegangenen Scheiterns

im Beziehungsaufbau ist – und wie sehr fehlende Machtreflexion professionelle Interaktionen blockieren kann (Kraus, 2021; Misamer et al., 2017).

Die Analyse verdeutlicht: Positive Wendepunkte entstehen dort, wo Fachkräfte empathisch, transparent und partizipativ agieren und die Adressat:innen als autonome Subjekte anerkennen. So können sichere, korrigierende Beziehungserfahrungen entstehen (Gahleitner, 2017; Rogers, 1957). Negative Wendepunkte resultieren aus Erfahrungen von Bevormundung, unklarer Kommunikation oder struktureller Macht, die nicht reflektiert wird. In solchen Fällen gewinnen Bindungsunsicherheit, Ohnmachtsgefühle und Widerstand an Bedeutung – und stellen eine Herausforderung für machtsensible und bindungsorientierte Beziehungsarbeit dar (Gahleitner, 2009; Kraus, 2021; Staub-Bernasconi, 2021).

Fazit: Kritische Einordnung der Ergebnisse im Kontext der Kinder- und Jugendhilfe

10

Dieses Werk untersucht, wie sich professionelle Beziehungsgestaltung im behördlichen Gefährdungsabklärungsverfahren unter Bedingungen struktureller Macht, rechtlicher Vorgaben und potenziell zwangsweiser Interventionen vollzieht. Dabei versteht sie Beziehungsgestaltung nicht als rein individuelles oder methodisches Handeln, sondern als ein durch institutionelle, professionelle und diskursive Spannungsverhältnisse geprägtes Geschehen. Ziel der Arbeit ist es, einen empirisch fundierten Beitrag zur Auseinandersetzung mit einem entscheidenden Feld behördlich-sozialarbeiterischer Praxis zu leisten – einem Feld, das angesichts wachsender Anforderungen an Partizipation, bestehender Norm-Praxis-Diskrepanzen und institutioneller Machtstrukturen besondere Relevanz aufweist (Forstner et al., 2021). Im Mittelpunkt steht die Perspektive von Eltern, die im Rahmen eines Gefährdungsabklärungsverfahrens mit der Kinder- und Jugendhilfe in Kontakt stehen. Analysiert wird, wie sie die Beziehung zu den Fachkräften unter diesen strukturellen Bedingungen erleben und welche Aspekte sie als unterstützend oder belastend wahrnehmen.

Die Kinder- und Jugendhilfe ist – wie Böllert (2018, S. 5) formuliert – „in der Mitte der Gesellschaft angekommen". Immer mehr Familien nehmen sie als alltägliche Unterstützungsstruktur in Anspruch, sei es präventiv, zur Bewältigung familiärer Belastungen oder im Kontext des Kinderschutzes. Diese erweiterte Reichweite geht jedoch mit neuen Herausforderungen einher – insbesondere hinsichtlich ungleicher Zugangschancen, einer tendenziell defizitorientierten Falllogik und der Frage, wie unter institutionellen Rahmenbedingungen tragfähige Beziehungen aufgebaut werden können.

Zugleich befindet sich die Kinder- und Jugendhilfe im Wandel. Gesellschaftliche Entwicklungen wie Individualisierung, Wertepluralisierung und neoliberale Steuerungslogiken führen dazu, dass sie zunehmend im Kontext eines sozialen Dienstleistungsmarkts verortet wird (Rätz, 2018; S. 65–69). In der Praxis bedeutet

M. Linser, *"Beziehung unter Risiko"*,
https://doi.org/10.1007/978-3-658-51455-6_10

dies, dass Hilfeleistungen standardisiert, dokumentiert und nach Effizienzkriterien vergeben werden. Auch die Beziehung zwischen Fachkräften und Adressat:innen ist davon betroffen: Hilfe orientiert sich nicht allein an fachlichen Indikationen, sondern auch an administrativen und finanziellen Vorgaben (Forstner et al., 2021, S. 5–6; Graf, 2019, S. 80).

Besonders deutlich treten diese Spannungsfelder im Gefährdungsabklärungsprozess zutage. Hier überlagern sich gesetzliche Kontrollaufträge, institutionelle Vorgaben und asymmetrische Machtverhältnisse – bei gleichzeitig hohen Erwartungen an partizipative, ressourcenorientierte und beziehungsgeleitete Praxisformen (Gmeiner, 2021, S. 128–132). Die zunehmende Standardisierung administrativer Abläufe engt jedoch häufig den Handlungsspielraum für individuell angepasste, dialogische Beziehungsgestaltung ein. Damit tragfähige Beziehungen überhaupt entstehen können, braucht es eine bewusst gestaltete, machtreflexive und haltungsbasierte Beziehungspraxis. Die in dieser Arbeit rekonstruierten elterlichen Perspektiven zeigen deutlich, dass sich in der Qualität der Beziehungsgestaltung nicht nur mikrosoziale Prozesse spiegeln, sondern auch strukturelle Bedingungen, institutionelle Kulturen und normative Widersprüche (Winkler, 2022).

Das B-KJHG 2013 sowie dessen länderspezifische Umsetzungen – etwa das Oö. KJHG 2014 – tragen dieser Entwicklung Rechnung, wie bereits in Abschnitt 2.2 erläutert, indem sie Mindeststandards, Beteiligungsrechte und präzisierte Verfahren zur Gefährdungsabklärung gesetzlich verankern. Besonders der Ausbau präventiver Angebote – wie etwa die in Oberösterreich ab 2016 eingeführten „Hilfen in belastenden Familiensituationen" – und der zunehmende Einsatz ambulanter Leistungen zeigen, dass sich die Kinder- und Jugendhilfe heute in einem Spannungsfeld zwischen gesetzlich geregeltem Kinderschutz und niedrigschwelliger Unterstützung bewegt. Damit einher geht ein Paradigmenwechsel: weg von einer reaktiven Jugendwohlfahrt hin zu einer aktiv gestaltenden, präventiven Kinder- und Jugendhilfe (Graf, 2019).

Diese Entwicklung stellt neue Anforderungen an die Fachpraxis. Im Rahmen eines Interviews zur 100-Jahr-Feier der Kinder- und Jugendhilfe Oberösterreich im Jahr 2019 betont Cornelia Leibetseder, die im Jubiläumsjahr leitende Sozialarbeiterin der Abteilung Kinder- und Jugendhilfe in Oberösterreich war, dass Fachkräfte nicht nur methodisches Wissen und Handlungssicherheit benötigen, sondern vor allem die Fähigkeit, Hoffnung und Zuversicht zu vermitteln. Gerade in Situationen massiver Belastung oder institutionellen Misstrauens sei dies nicht wegzudenken. Menschen in schwierigen Lebenslagen brauchen den Glauben, dass Veränderung möglich ist – aus eigener Kraft oder mit Unterstützung. Diese Hoffnung zu nähren, ist eine wesentliche Aufgabe der Fachkräfte. Gleichzeitig ist es nachvollziehbar, wenn Familien mit Widerstand reagieren, da sie sich häufig ausgeliefert und ohnmächtig fühlen. Daraus ergibt sich die Verpflichtung, sich der eigenen Machtposition bewusst zu sein und verantwortungsvoll damit umzugehen. Leibetseders Vision einer Kinder- und Jugendhilfe, an die sich Familien vertrauensvoll wenden können, deren Abläufe transparent sind und deren Wirkung rückblickend als hilfreich erlebt wird, markiert ein Leitbild gelungener Praxis (Graf, 2019, S. 84–87). Die für 2026 geplante zehnjährige Jubiläumsveranstaltung 10 Jahre lösungsfokussiertes Arbeiten in der Kinder- und Jugendhilfe OÖ unter dem Motto „Mit Herz und Haltung handeln!“ bietet eine Gelegenheit, solche Entwicklungen sichtbar zu machen – insbesondere im Sinne beteiligender, transparenter und vertrauensvoller Zusammenarbeit.

Gleichzeitig zeigen aktuelle Studien, dass der gesetzlich verankerte Beteiligungsanspruch – etwa in § 9 B-KJHG 2013 – in der Praxis noch nicht konsequent eingelöst wird. Schonhoff (2023, S. 354–356) weist in seiner Untersuchung zu Partizipation in stationären Einrichtungen der Kinder- und Jugendhilfe nach, dass Beteiligung häufig auf symbolische Formen reduziert bleibt. Trotz rechtlicher Vorgaben und konzeptioneller Standards besteht ein Spannungsfeld zwischen normativem Anspruch und institutioneller Realität. Strukturelle Machtasymmetrien, die aus organisatorischen, professionellen und institutionellen Bedingungen resultieren, erschweren eine tatsächliche Mitgestaltung. Auch wenn sich die Studie auf den stationären Bereich bezieht, lassen sich diese Befunde auf den behördlichen Kinderschutz übertragen: Partizipative Arbeitsbündnisse entstehen auch hier nicht automatisch, sondern erfordern gezielte Anstrengungen sowie eine professionelle Haltung und Beziehungsgestaltung.

Die Kinder- und Jugendhilfe zählt zu den komplexesten und zugleich größten Handlungsfeldern Sozialer Arbeit in Österreich. Wie Forstner et al. (2021) betonen, beeinflussen zahlreiche Akteur:innen – darunter Kinder, Jugendliche, deren Familien, Fachkräfte öffentlicher und freier Träger, politische Entscheidungsträger:innen sowie angrenzende Systeme wie Bildung, Gesundheit und Justiz – das Gelingen oder Scheitern von Unterstützungsprozessen. Trotz gesetzlicher Zielsetzungen und verbindlicher Kinderrechte besteht eine anhaltende Diskrepanz zwischen normativen Vorgaben und gelebter Praxis. Der gegenwärtige Diskurs über die Wirkung Sozialer Arbeit zielt zwar auf die Überwindung dieser Kluft, bleibt jedoch oft abstrakt und reduziert komplexe Hilfeprozesse auf verkürzte Wirksamkeitsbehauptungen (Feist-Ortmann & Macsenaere, 2023, S. 353; Forstner et al., 2021; Macsenaere & Esser, 2015). Gleichzeitig weisen Forstner et al. (2021) darauf hin, dass Soziale Arbeit mit Familien nur begrenzt standardisierbar ist. Dennoch braucht es verbindliche Qualitätsstandards – insbesondere zur Herstellung von Nachvollziehbarkeit und Handlungssicherheit. Die zunehmende

Verländerung und damit verbundene Auflösung bundeseinheitlicher Standards erschweren diese Entwicklung laut Forstner et al. erheblich. Die folgende Zusammenfassung und Diskussion der Ergebnisse nimmt diese Spannungsfelder auf und ordnet die empirischen Befunde entlang entscheidender Analyseperspektiven systematisch ein.

10.1 Zusammenfassung und Diskussion der Ergebnisse

Aufbauend auf der theoretischen Fundierung und den fallbasierten Analysen bündelt das folgende Kapitel die empirischen Ergebnisse und diskutiert sie im Lichte der Forschungsfragen und theoretischen Bezugspunkte.

Damit leistet sie einen Beitrag zur empirisch fundierten Auseinandersetzung mit einem Kernbereich sozialarbeiterischer Praxis, der angesichts institutioneller Machtverhältnisse, bestehender Norm-Praxis-Diskrepanzen und wachsender Anforderungen an partizipative Standards besondere Relevanz besitzt (Forstner et al., 2021). Im Mittelpunkt stand die Frage, wie Eltern als Adressat:innen diese Beziehung unter Bedingungen institutioneller Macht, rechtlicher Vorgaben und potenziell zwangsweiser Interventionen subjektiv erleben und bewerten – und welche Faktoren sie dabei als unterstützend oder belastend wahrnehmen. Ziel der Studie war es, empirische Erkenntnisse zur Beantwortung folgender Forschungsfragen zu gewinnen. Zur Beantwortung dieser Frage wurden die Erzählungen der Adressat:innen systematisch ausgewertet und in thematisch verdichtete Kategorien überführt. Diese ermöglichen differenzierte Einblicke in jene Bedingungen, die aus Sicht der Befragten zur Qualität der professionellen Beziehung beitragen – sowohl im Sinne ihrer Förderung als auch ihrer Beeinträchtigung. Gleichzeitig markieren sie maßgebliche Schnittstellen, an denen sich für die Fachpraxis wesentliche Herausforderungen und Handlungsspielräume abzeichnen.

(1) **Wie wird die professionelle Beziehung zwischen Sozialarbeiter:innen und Adressat:innen im Gefährdungsabklärungsprozess erlebt?**

Die Auswertung der zehn Einzelfälle verdeutlicht eindrücklich, dass professionelle Beziehungsgestaltung im Kontext von Gefährdungsabklärungen ein hochkomplexer, kontextsensitiver und von strukturellen als auch biografischen Faktoren geprägter Prozess ist. Aus der systematischen Fallauswertung ließen sich folgende analytische Kategorien ableiten, die wesentliche Erkenntnisse zum subjektiven Erleben der Elternteile sowie der professionellen Interaktion im Abklärungsprozess strukturieren:

1. Soziale und biografische Prägungen in der Institutionserfahrung;
2. Selbst- und Fremdwahrnehmung im Gefährdungsabklärungsprozess;
3. Macht- und Fremdbestimmung;
4. Selbstermächtigung und Partizipation versus Antizipation und Passivität;
5. Nähe und Distanz;
6. Strukturelle Rahmenbedingungen.

Die kontrastierende Fallanalyse zeigt, dass professionelle Beziehungsgestaltung in diesem Kontext ein hochkomplexes und vielschichtiges Geschehen ist, das sich in einem Spannungsfeld von biografischen Erfahrungen, institutionellen Strukturen und professioneller Interaktion entfaltet. Die aus der Analyse abgeleiteten sechs Hauptdimensionen strukturieren grundlegende Erkenntnisse zum subjektiven Erleben der Elternteile.

- Soziale und biografische Prägungen in der Institutionserfahrung: Frühere Beziehungs- und Bindungserfahrungen, institutionelle Exklusion, frühe Elternschaft sowie milieuspezifische Erfahrungen mit Systemen wie Bildung, Gesundheit oder Strafvollzug prägen die Wahrnehmung und das Vertrauen gegenüber der Kinder- und Jugendhilfe. Insbesondere bei mehrdimensionalen Belastungen und unsicheren Bindungserfahrungen entsteht häufig ein tiefgreifendes institutionelles Misstrauen. Fachkräfte, die in der Lage sind, diese Prägungen zu erkennen, wertschätzend zu thematisieren und dialogisch darauf einzugehen, konnten eher Vertrauen aufbauen und tragfähige Beziehungen gestalten. Diese Ergebnisse stehen im Einklang mit Gahleitner (2017), die betont, dass bindungstheoretisches Wissen, Selbstreflexion und Mentalisierungsfähigkeit Grundlagen für professionelles Handeln in asymmetrischen Beziehungskontexten bilden (vgl. Kapitel 4).
- Selbst- und Fremdwahrnehmung im Gefährdungsabklärungsprozess: Viele Eltern berichten, dass sie sich durch institutionelle Zuschreibungen in ihrer Elternrolle entwertet oder nicht ernst genommen fühlten. Die Konfrontation mit defizitorientierten Einschätzungen und impliziten Vergleichsmaßstäben wirkt beschämend und verstärkt Rückzugstendenzen wie auch bei Rosenbauer & Stremmer (2017) beschrieben wird. Gleichzeitig zeigen einige Eltern die Bereitschaft zur Selbstreflexion und zur Auseinandersetzung mit eigener Verantwortung, sofern sie sich respektvoll eingebunden und gehört fühlen.

Entscheidend ist, ob Fachkräfte eine Wahrnehmung auf Augenhöhe ermöglichen und elterliche Perspektiven als Teil der Wirklichkeitsdeutung anerkennen (Staub-Bernasconi, 2018).

- Macht und Fremdbestimmung: Der behördlich-institutionelle Kontext erzeugt asymmetrische Machtverhältnisse, die im Alltagshandeln der Fachkräfte konkret erfahrbar werden – etwa durch intransparente Verfahren, abrupte Entscheidungen oder defizitorientierte Deutungen. Eltern erleben dies häufig als Kontrollverlust. Fachkräfte, die durch transparente Kommunikation, partizipative Deutungsangebote und dialogische Haltung Vertrauen schaffen, ermöglichen demgegenüber konstruktive Beziehungserfahrungen. Strategien wie performative Kooperation oder Rückzug sind Ausdruck der Auseinandersetzung mit institutioneller Macht (Kraus, 2013; Kraus, 2021; Rosenbauer & Stremmer, 2017).
- Selbstermächtigung und Partizipation versus Antizipation und Passivität: Während einige Eltern unter belastenden Rahmenbedingungen aktive Beteiligung entwickeln – etwa durch das Einfordern von Informationen oder das Formulieren eigener Perspektiven –, reagieren andere mit Rückzug, Abwarten oder antizipativer Anpassung. Die Form der Reaktion ist dabei nicht nur individuell zu deuten, sondern Ausdruck erfahrener Anerkennung, transparenter Kommunikation und partizipativer Ermöglichungsstrukturen. Wo Beteiligung als symbolisch oder bedingt erlebt wird, fehlen oft die Bedingungen für echte Selbstermächtigung (Rätz-Heinisch, 2005; Schonhoff, 2023; Winkler, 2022).
- Nähe und Distanz: Professionelle Beziehungsgestaltung basiert auf der balancierten Gestaltung emotionaler Nähe und notwendiger Distanz. Fachkräfte, die sich empathisch, konsistent und zugleich strukturbewusst zeigen, ermöglichen ein Sicherheitsgefühl, das Vertrauen wachsen lässt. Übermäßige Distanziertheit ebenso wie zu große persönliche Nähe können hingegen als Grenzverletzung oder Gleichgültigkeit erlebt werden. Die Fähigkeit, Nähe situativ herzustellen und reflektiert zu regulieren, gilt als grundlegendes Merkmal professioneller Beziehungskompetenz (Best, 2020; Gahleitner, 2020a).
- Strukturelle Rahmenbedingungen: Die institutionelle Einbettung – etwa durch personelle Stabilität, zeitliche Ressourcen, methodische Klarheit oder Entscheidungslogiken – beeinflusst maßgeblich die Qualität der Beziehungsgestaltung. In Fällen struktureller Instabilität oder Intransparenz erlebten Eltern den Prozess als kontrollierend, ausgrenzend oder unberechenbar. Fachkräfte, die über Handlungsspielraum verfügen und strukturelle Hindernisse adressieren, konnten hingegen eher zu gelingender Beziehung beitragen (Klug, 2020; Rätz, 2017; Staub-Bernasconi, 2018).

Diese sechs Dimensionen zeigen, dass professionelle Beziehungsgestaltung im Gefährdungsabklärungsprozess kein linear steuerbarer Ablauf ist, sondern ein relationales, kontextsensitives Geschehen. Fachkräfte, die ihre institutionelle Rolle reflektieren, biografische Deutungen anerkennen und partizipative Praktiken umsetzen, schaffen Bedingungen für tragfähige Arbeitsbündnisse. Die folgende Forschungsfrage rückt nun die förderlichen und hinderlichen Bedingungen für gelingende Beziehungsgestaltung weiter in den Fokus.

(2) Welche Faktoren erleben Eltern im Gefährdungsabklärungsprozess als förderlich bzw. hinderlich für die Beziehungsgestaltung?

Die Analyse der förderlichen Faktoren verweist auf drei ineinandergreifende Dimensionen. Erstens zeigt sich die kommunikative Qualität der Interaktion als bedeutend. Eltern erlebten es als hilfreich, wenn Fachkräfte verständlich, transparent und dialogisch kommunizierten, ihre Einschätzungen nachvollziehbar begründeten und Raum für die Perspektiven der Eltern ließen. Eine solche Gesprächsführung vermittelte Sicherheit, Orientierung und das Gefühl, mit den eigenen Anliegen ernst genommen zu werden. Auch nonverbale Signale – etwa ein zugewandter Blick, eine ruhige Stimme oder eine offene Körpersprache – wurden als Ausdruck professioneller Präsenz und emotionaler Zugänglichkeit positiv hervorgehoben.

Zweitens erwies sich die beziehungsbezogene Haltung der Fachkräfte als bedeutsam. Wertschätzung, Empathie, Authentizität sowie die Bereitschaft, Verantwortung für das Gelingen der Beziehung zu übernehmen, schufen eine Atmosphäre von Respekt und Vertrauen. Eltern beschrieben Fachkräfte, die sich aufrichtig für ihr Erleben interessierten, als besonders unterstützend. Die Möglichkeit, eigene Themen einzubringen und gemeinsam Lösungen zu entwickeln, stärkte das Gefühl von Selbstwirksamkeit und eröffnete Wege zu einem partnerschaftlichen Arbeitsbündnis.

Drittens beeinflussten strukturelle und organisatorische Rahmenbedingungen maßgeblich, ob Beziehungsgestaltung gelingen konnte. Positive Erfahrungen wurden dort geschildert, wo eine verlässliche personelle Kontinuität, angemessene Zeitressourcen und transparente Abläufe gegeben waren. In diesen Konstellationen konnten sich stabile Beziehungsmuster entwickeln, die auch in schwierigen Gesprächssituationen tragfähig blieben.

Demgegenüber wurden eine Reihe hinderlicher Faktoren benannt: Intransparenz, standardisierte oder formalisierte Kommunikation, abrupte Entscheidungen ohne erkennbare Einbindung sowie eine defizitorientierte Haltung der Fachkräfte führten häufig zu Irritationen, Rückzug oder Ablehnung. Besonders belastend war es für Elternteile, wenn Einschätzungen ihrer elterlichen Kompetenz getroffen wurden, ohne dass sie ihre Sichtweise einbringen konnten. Der Eindruck, lediglich als "Fall" behandelt zu werden, erzeugte Scham und das Gefühl von Ausgeliefertsein. Rosenbauer und Stremmer (2017) weisen in diesem Zusammenhang auf die tiefgreifende Wirkung institutioneller Beschämung hin, wie sie auch im Theorieteil dieser Arbeit in Kapitel 5 thematisiert wurde.

Auch strukturelle Bedingungen wurden als kritisch erlebt. Mehrere Elternteile beschrieben Unsicherheiten darüber, wie Entscheidungen über Hilfegewährung zustande kamen. Der Zugang zu Leistungen erschien nicht immer nachvollziehbar und wurde teilweise als willkürlich oder abhängig von der persönlichen Einschätzung einzelner Fachkräfte erlebt. Besonders problematisch war für manche Eltern die verpflichtende Teilnahme an diagnostischen Verfahren, etwa durch den psychologischen Fachdienst. Diese wurden teilweise als stigmatisierend, kontrollierend oder entwürdigend empfunden. In solchen Situationen beschrieben einige Elternteile Schamgefühle und einen Rückzug aus dem Kontakt – ein Verhalten, das angesichts bestehender Machtasymmetrien auf einen tiefgreifenden Vertrauensverlust verweist.

Insgesamt verdeutlicht die Analyse, dass gelingende Beziehungsgestaltung nicht allein von kommunikativen oder persönlichen Kompetenzen der Fachkräfte abhängt, sondern wesentlich von der institutionellen Rahmung mitgeprägt wird. Transparenz, Verlässlichkeit und partizipative Handlungsspielräume bilden dabei wichtige Voraussetzungen für eine unterstützende, respektvolle und tragfähige Beziehung zwischen Elternteilen und Fachkräften im Gefährdungsabklärungsprozess. Diese Ergebnisse decken sich beispielsweise auch mit den Studien von Abeld (2017), Gahleitner (2020a), Klug (2020), Rätz (2017), Riegler (2016), Winkler (2020).

Die Untersuchung zeigt jedoch zugleich, dass diese qualitätssichernden Kriterien – wie etwa transparente Kommunikation, partizipative Einbindung und strukturelle Verlässlichkeit – trotz ihrer gesetzlichen Verankerung nicht durchgängig im subjektiven Erleben der Eltern sichtbar wurden. Obwohl im Oö. KJHG 2014 Standards wie das Vier-Augen-Prinzip gesetzlich vorgesehen sind (vgl. Abschnitt 2.2), finden sich Hinweise darauf, dass diese in der Praxis nicht flächendeckend umgesetzt werden. Dieses Prinzip soll nicht nur die professionelle Verantwortungsübernahme absichern, sondern auch subjektive Verzerrungen und potenziellen Machtmissbrauch minimieren – und dient somit dem Schutz sowohl der Fachkräfte als auch der Adressat:innen. Diese Diskrepanz zwischen normativer Vorgabe und praktischer Umsetzung deckt sich mit den kritischen Ausführungen von Forstner et al. (2021) sowie Schonhoff (2023), die auf die bestehende Lücke zwischen Anspruch und institutioneller Realität im

Feld der Kinder- und Jugendhilfe hinweisen. Vor diesem Hintergrund richtet sich der Fokus nun auf die dritte Forschungsfrage, die sich mit der Relevanz professioneller Beziehung beschäftigt.

(3) Welche Relevanz hat die professionelle Beziehung für den Gefährdungsabklärungsprozess?

Die Analyse der empirischen Daten verdeutlicht, dass die Qualität professioneller Beziehungsgestaltung den Verlauf, die Prozessqualität und das Ergebnis des Gefährdungsabklärungsverfahrens beeinflusst. Sie prägt entscheidend, wie Adressat:innen die Kontaktaufnahme durch die Kinder- und Jugendhilfe erleben, ob Vertrauen aufgebaut werden kann und in welchem Maß eine aktive Mitgestaltung des Prozesses möglich wird. Im Zuge der Analyse konnten drei falltypische Beziehungsmuster identifiziert werden: (1) positiv stabilisierende, (2) konflikthafte ambivalente und (3) defensive bis abwehrende Verläufe. Diese entwickelten sich nicht unabhängig von der Beziehungsgestaltung, sondern spiegelten sich direkt in den kommunikativen Interaktionen, der emotionalen Dynamik und dem Ausmaß erlebter Partizipation wider.

Es sind insbesondere emotionale Dynamiken und kritische Wendepunkte, die die Entwicklung und Qualität professioneller Beziehungen im Abklärungsprozess wesentlich beeinflussen. Emotionen, wie Angst, Wut, Misstrauen, aber auch Erleichterung und Vertrauen, markieren Schlüsselmomente im Verlauf und haben Einfluss darauf, ob sich Adressat:innen öffnen oder zurückziehen. Besonders bedeutsam sind dabei der Erstkontakt, Fachkräftewechsel, institutionelle Entscheidungen oder juristische Interventionen. Diese Situationen fungieren als neuralgische Punkte, an denen sich sowohl Machtverhältnisse wie auch die Kooperationsbereitschaft der Adressat:innen neu justieren. Entscheidend ist in diesen Momenten die professionelle Haltung der Fachkräfte, ihre Sensibilität für affektive Signale sowie die Fähigkeit, emotionale Resonanzräume zu eröffnen. Gelingt dies, entstehen tragfähige Arbeitsbündnisse – misslingt es, dominieren Rückzug oder Konfrontation.

Die Analyse der Prozessstrukturen und biografischen Verlaufskurven (Dominante Prozessstruktur und institutionelles Ablaufmuster) zeigt zudem, dass sich Beziehungsgestaltung häufig entlang institutioneller Ablauflogiken entwickelt. Wendepunkte wie Fachkräftewechsel, juristische Einschaltungen oder kritische Lebensereignisse wirkten sich teils disruptiv, teils stabilisierend auf die Beziehungsdynamik aus. In diesen Situationen werden Machtverhältnisse und gegenseitige Positionierungen zwischen Fachkräften und Adressat:innen neu ausgehandelt. Besonders dort, wo Macht nicht reflektiert, sondern administrativ durchgesetzt wurde, kam es zur Reproduktion asymmetrischer Beziehungsmuster. Umgekehrt konnten partizipative Ansätze und transparente Kommunikation selbst in belastenden Interaktionsverläufen eine Transformation begünstigen.

1. In Fällen eines positiven Wandels erwies sich eine respektvolle, empathische und konsistente Beziehungsgestaltung als Schlüsseldimensionen. Fachkräfte traten als verlässliche Bezugspersonen auf, deren Kommunikation durch Transparenz, Anerkennung elterlicher Kompetenzen und konsequente Einbindung der Betroffenen geprägt war. Dadurch wurden korrigierende Beziehungserfahrungen ermöglicht, die das Erleben von Selbstwirksamkeit stärkten und ein kooperatives, partizipatives Handeln im Abklärungsprozess förderten.
2. Ambivalente Verläufe waren durch ein Spannungsfeld zwischen äußerlicher Anpassung und innerem Widerstand geprägt. Strategien der Konformität dienten häufig dem Ressourcenerhalt von Ressourcen oder der Vermeidung negativer Sanktionen. Gleichzeitig bestand Misstrauen gegenüber den institutionellen Strukturen – insbesondere dann, wenn Kommunikation intransparent blieb oder Fachkräfte nicht als kontinuierlich verlässlich erlebt wurden. Dennoch zeigte sich in diesen Fällen Entwicklungspotenzial, insbesondere wenn partizipative Gesprächsangebote, Perspektivübernahme und Beziehungskontinuität gegeben waren.
3. In defensiven bis abwehrenden Verläufen dominierten tiefe Vertrauensverluste und ein Rückzug aus der Interaktion mit den Fachkräften. Die Beziehung wurde als fremdbestimmt, kontrollierend und entpersonalisierend erlebt. Juristische Eskalationen oder formale Kommunikation ersetzten den kooperativen Austausch, wodurch sich auch die Chancen auf eine passgenaue Hilfeleistung reduzierten. Diese Muster lassen sich auf fehlende machtreflexive Haltungen, mangelnde emotionale Resonanz sowie strukturelle Engführungen zurückführen, die Handlungsspielräume auf beiden Seiten massiv einschränkten.

Zusammenfassend lässt sich festhalten, dass die Qualität der professionellen Beziehungsgestaltung im Gefährdungsabklärungsprozess maßgeblich über das Gelingen oder Scheitern einer konstruktiven Zusammenarbeit entscheidet. Sie fungiert als Brücke zwischen dem institutionellen Auftrag zum Kinderschutz und dem subjektiven Erleben der betroffenen Familien. Nur wenn Fachkräfte diese Brücke bindungsorientiert, machtsensibel und partizipativ gestalten, kann Abklärung als kooperativer Prozess erlebt werden – einer, der sowohl dem Schutz des Kindes als auch der Stärkung elterlicher Ressourcen gerecht wird. Die professionelle Beziehung ist somit nicht bloß methodisches Mittel, sondern konstitutives Element einer ethisch reflektierten, wirksamen Praxis in der Kinder- und Jugendhilfe.

In der Darstellung und Interpretation der zehn Einzelfälle in den Kapiteln 7 und 8 wurde bereits eine reflexive Auseinandersetzung mit methodischen Begrenzungen und Deutungsgrenzen vorgenommen. An diese Überlegungen werden anschließend im folgenden Kapitel weitere Limitationen der Studie systematisch aufgearbeitet und hinsichtlich ihres Einflusses auf die Aussagekraft und Reichweite der Ergebnisse kritisch eingeordnet.

10.2 Limitationen

Eine fundierte Einordnung der empirischen Befunde erfordert eine sorgfältige Reflexion forschungspraktischer, methodologischer und kontextueller Begrenzungen. Die nachfolgende Analyse benennt Limitationen, diskutiert diese systematisch und ordnet sie hinsichtlich ihrer Bedeutung für Interpretation und Reichweite der gewonnenen Erkenntnisse ein. Diese Reflexion versteht sich nicht als Relativierung der Ergebnisse, sondern als integraler Bestandteil eines wissenschaftlich verantwortungsvollen Analyseprozesses, der sich seiner methodischen Grundlagen und forschungsstrategischen Entscheidungen bewusst ist.

Die empirische Basis dieser Studie bilden zehn kontrastierende Einzelfallanalysen, basierend auf narrativen Interviews mit Müttern und Vätern, die im Bundesland Oberösterreich im Rahmen einer Gefährdungsabklärung mit der Kinder- und Jugendhilfe in Kontakt standen. Aufgrund der begrenzten Fallzahl, der regionalen Fokussierung sowie des qualitativen Forschungsdesigns kann keine Generalisierbarkeit der Ergebnisse beansprucht werden. Ziel war vielmehr eine kontextgebundene, dichte Beschreibung und Interpretation subjektiver Erfahrungen professioneller Beziehungsgestaltung. Die daraus resultierenden Erkenntnisse bieten theorie- und praxisleitende Impulse, die in weiterführender Forschung überprüft, ergänzt und kontextualisiert werden sollten.

Eine methodische Begrenzung liegt in der ausschließlichen Fokussierung auf das Bundesland Oberösterreich. Die österreichische Kinder- und Jugendhilfe ist föderal organisiert und durch unterschiedliche Ausführungsgesetze, institutionelle Strukturen, Handlungskulturen und methodische Schwerpunktsetzungen geprägt. Die hier erhobenen Daten und rekonstruierten Erfahrungen sind somit spezifisch kontextualisiert und nicht ohne Weiteres auf andere Bundesländer oder nationale Kontexte übertragbar. In diesem Zusammenhang weist auch die OGSA-Arbeitsgemeinschaft Kindheit und Jugend (Forstner et al., 2021) auf den

Bedarf nach bundesweit einheitlichen Qualitätsstandards hin, da derzeit erhebliche Unterschiede in rechtlicher und praktischer Umsetzung bestehen, die eine systematische Vergleichbarkeit und fachliche Weiterentwicklung erschweren.

Auch wenn die Fallauswahl theoretisch geleiteten war und sich an Prinzipien der maximalen Kontrastierung sowie theoretischen Sättigung orientierte, konnten bestimmte relevante Perspektiven nicht berücksichtigt werden. Insbesondere fehlen die Stimmen von Kindern, weiteren Bezugspersonen (z. B. Großeltern, anderen Sorgeberechtigten) sowie von involvierten Fachkräften. Ebenso wurden Fälle ausgeschlossen, in denen der Kontakt zur Behörde nicht zustande kam oder frühzeitig abgebrochen wurde – obwohl gerade solche Verläufe auf relevante Spannungsfelder und Zugangshürden hinweisen könnten. Darüber hinaus konnten Differenzmerkmale wie Migrationshintergrund, Mehrsprachigkeit, sozioökonomische Lage oder familiäre Konstellationen – trotz bewusster Bemühungen – nur eingeschränkt berücksichtigt werden. Zwar wurde ein Interview mit einem Elternteil mit Migrationsbiografie geführt (Interview Umberto Vesla), dieses konnte jedoch aufgrund geringer narrativer Dichte nicht in die vertiefte Analyse einfließen. Diese Leerstellen begrenzen die Heterogenität und Tiefenschärfe des Sample und verweisen auf weiterführende Samplingstrategien zukünftiger Forschung.

Herausforderungen zeigten sich auch beim Zugang zum Feld. Ursprünglich war geplant, über die Bezirksverwaltungsbehörden gezielt komplexe, konfliktbelastete oder auch als misslingend wahrgenommen Fälle zu identifizieren. Die Umsetzung erwies sich jedoch als schwierig, da die Mitwirkungsbereitschaft auf behördlicher Seite begrenzt war. Ein ergänzender Vorschlag, systematisch ausgewählte Abklärungsverfahren der letzten sechs Monate zu prüfen und potenzielle Forschungspartner:innen zur Teilnahme einzuladen, wurde von der Abteilung Kinder- und Jugendhilfe beim Amt der Oö. Landesregierung trotz technischer Umsetzbarkeit vermutlich aufgrund des Datenschutzes und Vertraulichkeit abgelehnt. Infolgedessen war das Sampling stark von der Kooperationsbereitschaft einzelner Bezirksverwaltungsbehörden abhängig und konnte nicht vollständig gesteuert werden. Einige Interviews kamen über alternative Kanäle zustande – etwa durch persönliche Empfehlungen, sozialpädagogische Einrichtungen oder Kontakte im erweiterten beruflichen Netzwerk. Dadurch konnte die Fallauswahl partiell erweitert und ein gewisser Ausgleich zur behördlich geprägten Selektion hergestellt werden. Dennoch bleibt festzuhalten, dass die institutionellen Zugangswege selektive Effekte erzeugen können, die sich auf die Zusammensetzung des Samples und damit auf die Reichweite der Ergebnisse auswirken. Rosenthal (2005, S. 92) weist in diesem Zusammenhang darauf hin, dass die angestrebte „theoretische Sättigung“ ein idealtypisches Ziel bleibt, das in der qualitativen Forschung häufig nicht vollständig erreicht wird. Ressourcenbeschränkungen sowie die faktische Unmöglichkeit, sämtliche relevante theoretische Einsichten zu identifizieren, führen dazu, dass jedes Forschungsprojekt auch durch blinde Flecken gekennzeichnet ist. Dieser Umstand betrifft nicht nur die Auswahl der Fälle, sondern auch die Perspektivenvielfalt und theoretische Breite der Analyse – und ist somit als strukturelle Limitation qualitativer Forschung grundsätzlich mitzudenken.

Auch auf der Ebene der Datenerhebung und -interpretation sind Limitationen zu berücksichtigen. Die Interviews erfassen retrospektive Deutungen, die durch subjektive Verarbeitung, emotionale Einfärbung und soziale Erwünschtheit beeinflusst sein können. Das erinnerte und erzählte Erleben ist kein rein kognitiver, sondern auch ein relationaler und affektiver Prozess. Die Erzählungen bilden daher keine „objektive" Verläufe ab, sondern konstruieren soziale Wirklichkeit aus einer spezifischen Perspektive und in einem bestimmten Kontext. Zudem können situative Faktoren – wie die Beziehung zur Interviewerin, das Vertrauen in den Forschungsprozess oder die psychische Verfassung zum Interviewzeitpunkt – die Offenheit und Tiefe der Erzählungen beeinflussen. Diese Kontexteinflüsse wurden durch eine methodisch kontrollierte Analyse narrativer Strukturen sowie durch reflexive Sequenzen im Interpretationsprozess berücksichtigt.

Ein weiterer Aspekt betrifft die Rolle der Interviewerin. Als Forscherin mit langjähriger beruflicher Erfahrung in der KJH bestand die Möglichkeit, dass Interviewpartner:innen eine institutionelle Nähe zur Behörde annahmen, und ihre Aussagen entsprechend anpassten. In mindestens zwei Fällen wurde eine implizite Sorge geäußert, die Teilnahme könne institutionelle Konsequenzen nach sich ziehen. Auch typische Effekte sozialer Erwünschtheit – etwa in Form moralischer Selbstvergewisserung oder Rechtfertigung von Handlungen – lassen sich in narrativen Interviews nicht vollständig ausschließen. Um diesen potenziellen Verzerrungen methodisch zu begegnen, wurde der gesamte Forschungsprozess kontinuierlich supervisorisch begleitet. Die Fallanalysen wurden in einer multiprofessionellen Intervisionsgruppe (Sozialarbeit, Psychologie, Psychotherapie) diskutiert, was zur kollegialen Validierung und zur methodisch-inhaltlichen Reflexion beitrug. Die eigene forschende Position wurde im Sinne einer reflexiven Methodologie systematisch hinterfragt und im Analyseprozess immer wieder kritisch thematisiert.

Nicht zuletzt weist auch die Zusammensetzung des Samples eine gewissen Selektivität auf: Die Teilnahme an der Studie setzte ein gewisses Maß an Offenheit, Vertrauen und Reflexionsbereitschaft voraus. Es ist anzunehmen, dass vor allem jene Personen bereit waren, ihre Erfahrungen mit der Kinder- und Jugendhilfe zu teilen, die zumindest teilweise eine Verarbeitung dieser Erlebnisse vorgenommen hatten oder den Kontakt nicht ausschließlich negativ bewerteten. Personen mit stark enttäuschenden, traumatisierenden oder institutionell desillusionierenden Erfahrungen konnten unter Umständen nicht erreicht werden. Gerade diese Perspektiven wären jedoch für ein vertieftes Verständnis brüchiger oder gescheiterter Beziehungsgestaltung besonders aufschlussreich. Künftige Studien sollten daher gezielt nach Wegen suchen, um auch solche Stimmen sichtbar zu machen – etwa durch anonyme Formate, aktivierende Methoden oder Kooperation mit unterstützenden Einrichtungen.

Die hier benannten Limitationen mindern nicht den Wert der empirischen Ergebnisse, sondern markieren die erkenntnistheoretischen, kontextuellen und methodischen Rahmenbedingungen, innerhalb derer diese zu interpretieren sind.

10.3 Ausblick

Die vorliegende Studie hat wesentliche Dimensionen professioneller Beziehungsgestaltung im behördlichen Gefährdungsabklärungsprozess beleuchtet und auf Basis der elterlichen Perspektive differenzierte Einblicke in gelingende und herausfordernde Beziehungserfahrungen ermöglicht. Daraus ergeben sich nicht nur praxisbezogene Empfehlungen, sondern auch weiterführende Fragestellungen für die disziplinäre Entwicklung und empirische Forschung in der Sozialen Arbeit. Der folgende Abschnitt konkretisiert benennt weiterführende Forschungsimpulse und skizziert disziplinäre Anschlussmöglichkeiten für Theorie, Empirie und Praxisentwicklung.

10.3.1 Forschungsbedarfe und disziplinäre Perspektiven Sozialer Arbeit

Die vorliegende Studie eröffnet vielfältige Perspektiven für weiterführende Forschung im Feld der Kinder- und Jugendhilfe. Potenziale bestehen in der triangulativen Erweiterung der Perspektiven – etwa durch die zusätzliche Einbeziehung von Fachkräften, Kindern und weiteren Bezugspersonen – sowie in der methodischen Kombination qualitativer und quantitativer Zugänge. Vergleichende Untersuchungen auf regionaler und nationaler Ebene könnten zur Kontextualisierung und Validierung der hier gewonnenen Erkenntnisse wesentlich beitragen. Die Einbindung der Fachperspektive erscheint insbesondere deshalb vielversprechend, weil professionelle Beziehungsgestaltung ein wechselseitiger Prozess ist, der nur durch die Betrachtung beider Seiten adäquat erfasst werden kann. Entsprechende Daten wurden bereits erhoben und werden im Rahmen einer Folgeanalyse gesondert ausgewertet. Ebenso erfordert eine vertiefte Auseinandersetzung mit institutionellen Rahmenbedingungen – etwa hinsichtlich Fallzahlen, personeller Ressourcen und struktureller Vorgaben – eine differenzierte empirische Analyse, um die Handlungsspielräume und Beziehungsgestaltungsmöglichkeiten von Fachkräften angemessen abzubilden.

Eine Erweiterung der empirischen Basis durch eine größere Zahl an Interviews sowie durch die gezielte Berücksichtigung weiterer Differenzmerkmale der Adressat:innen (z. B. Alter, Herkunft, Bildungsstatus, familiäre Konstellationen) könnte zusätzliche Erkenntnisse ermöglichen. Besonders relevant erscheint die bislang nicht berücksichtigte Perspektive von Kindern und Jugendlichen.

Ein weiterer vielversprechender Zugang liegt in der Beobachtung konkreter Interaktionen, etwa durch teilnehmende Beobachtung bei Erst- und Abschlussgesprächen im Rahmen von Abklärungsprozessen. So könnten nonverbale und kontextuelle Aspekte der Beziehungsgestaltung sichtbar gemacht und in Bezug zu den identifizierten Gelingensbedingungen interpretiert werden.

Neben diesen qualitativen Vertiefungen bieten auch standardisierte, quantitative Erhebungsinstrumente die Möglichkeit, die Qualität professioneller Beziehung systematisch zu erfassen. Besonders hervorzuheben ist hier der Einsatz validierter klient:innengesteuerter Feedbackverfahren wie der Session Rating Scale (SRS) und der Outcome Rating Scale (ORS). Mit der ORS kann zu Beginn eines Hilfeprozesses die subjektive Einschätzung der Ausgangssituation durch die Adressat:innen erhoben werden; ab dem zweiten Gesprächstermin erlaubt das Verfahren eine Verlaufsmessung. Die SRS erfasst am Ende jeder Sitzung die Qualität des Arbeitsbündnisses entlang vier Dimensionen: Beziehungsqualität, Ziel- und Themenpassung, Angemessenheit des methodischen Zugangs sowie Gesamteindruck der Sitzung. Diese Instrumente eignen sich besonders, um Qualität und Wirkung professioneller Beziehungsgestaltung über den gesamten Prozessverlauf (Abklärungs- bzw. Hilfeprozess) hinweg systematisch zu dokumentieren. Erst durch die Kombination qualitativer und quantitativer Verfahren lassen sich belastbare, auch generalisierbare Aussagen über die Wirksamkeit professioneller Beziehung im Kontext von Gefährdungsabklärung und Hilfeplanung treffen (Duncan & Sparks, 2016; Sparks & Duncan, 2018).

Eine solche Wirksamkeitsforschung sollte auch die Frage nach möglichen Entwicklungswirkungen für die Adressat:innen in den Blick nehmen – etwa im Hinblick auf verbesserte Beziehungs- und Bindungserfahrungen, gestärkte Selbstwirksamkeit, affektive Entlastung oder erweiterte Erziehungs- und Beziehungskompetenzen. Von besonderem Interesse ist dabei das leitende Phänomen dieser Studie: Inwiefern kann professionelle Beziehungserfahrung als korrigierende Beziehungserfahrung wirken – auch wenn sie in einem strukturell begrenzten, zeitlich limitierten behördlichen Setting stattfindet? Der in Abschnitt 4.2 herangezogene Begriff der korrigierenden Beziehungserfahrung – gestützt auf Konzepte u. a. von Brisch (2011), Gahleitner (2017; 2020a; 2020b) und Thiersch (2019) – bildet hierfür einen geeigneten konzeptionellen Rahmen. Er geht davon aus, dass unter bestimmten Bedingungen neue, als verlässlich, respektvoll und haltgebend erlebte Beziehungserfahrungen möglich sind, die früheren verletzenden Erfahrungen entgegenwirken können. Dabei sind Authentizität, Einfühlung und Konsistenz im professionellen Handeln grundlegende Bedingungen.

Gleichzeitig stellt sich die Frage, ob es sich bei den professionellen Beziehungen im Kontext der Kinder- und Jugendhilfe tatsächlich um eine korrigierende Erfahrung handelt – oder vielmehr um das Angebot einer erstmalig erlebten Form verlässlicher Beziehung. Diese kann als sozialpädagogisch-sozialarbeiterisches Arbeitsbündnis verstanden werden, das auf Kooperation, Reflexion und Transparenz beruht. In diesem Zusammenhang ist auch der reflektierte Umgang mit Nähe und Distanz – wie ihn Gahleitner (2017; 2020a; 2020b) und Thiersch (2019) und theoretisch gefasst haben – von besonderer Bedeutung. Der bewusste Aufbau professioneller Nähe unter Wahrung fachlicher Grenzen sowie die kontinuierliche Reflexion der eigenen Rolle und Haltung können wesentlich zur Beziehungsqualität beitragen. Ebenso relevant ist der sensible Umgang mit Machtasymmetrien – nicht im Sinne ihrer Auflösung, sondern im Sinne einer transparenten und respektvollen Auseinandersetzung mit strukturellen Ungleichheiten. Eine zukünftige Wirksamkeitsstudie zur professionellen Beziehungsgestaltung sollte diese Aspekte systematisch berücksichtigen. Sie müsste untersuchen, unter welchen Bedingungen günstige Entwicklungsverläufe für Familien ermöglicht werden können – ohne dabei die professionelle Rollengrenze zu unterlaufen oder institutionelle Strukturen zu entgrenzen. Sollte sich zeigen, was Soziale Arbeit als Beziehungsprofession beansprucht, wären strukturelle und konzeptionelle Reformen zu diskutieren.

Die hier gewonnenen Erkenntnisse zur professionellen Beziehungsgestaltung haben auch über das Feld der behördlichen Kinder- und Jugendhilfe hinaus Bedeutung. Sie liefern Impulse für weitere Arbeitsfelder der Sozialen Arbeit – etwa die Straffälligenhilfe, Wohnungslosenhilfe oder aufsuchende Familienarbeit. In all diesen Kontexten bildet Beziehung die Grundlage professionellen Handelns – begleitet von vergleichbaren Spannungsfeldern zwischen Nähe und Distanz, Hilfe und Kontrolle sowie asymmetrischen Machtstrukturen. Um zu untersuchen, inwiefern sich die hier identifizierten Gelingensbedingungen übertragen lassen, wären vergleichende qualitative Studien in weiteren sozialarbeiterischen Praxisfeldern erforderlich. Die gewählte methodische Herangehensweise – insbesondere die Kombination aus narrativer Interviewführung, fallbezogener Analyse und reflexiver Interpretation – erscheint hierfür besonders geeignet.

Professionelle Beziehungsgestaltung in der Sozialen Arbeit erfordert eine kontinuierliche, reflektierte und sensible Auseinandersetzung mit Macht, Emotion und Verantwortung. Gerade im behördlichen Kontext, wo Hilfe stets mit Kontrolle verbunden ist, darf der professionell-helfende Charakter der Beziehung nicht verloren gehen – andernfalls droht ein Verlust an Handlungsfähigkeit und Legitimation. Eine gelingende Beziehungsgestaltung ist daher nicht nur Voraussetzung für wirksame Abklärungs- und Hilfeprozesse, sondern auch Ausdruck professioneller Ethik sowie empirischer Forschung.

10.3.2 Praxisnahe Weiterentwicklungen in der Arbeit mit Adressat:innen

Den Teilnehmer:innen dieser Studie, mit denen ich im Vorfeld mein Forschungsinteresse abgestimmt habe, war es ein großes Anliegen, auf ihre spezifische Situation im behördlichen Gefährdungsabklärungsprozess aufmerksam zu machen. Daher dient der folgende Ausblick nicht nur der Zusammenfassung praxisrelevanter Implikationen, sondern auch der Ableitung von Desideraten für die Interaktion zwischen Fachkräften und Adressat:innen im behördlichen Kontext. Ziel ist es, Denkanstöße für Praktiker:innen, Betroffene und Forscher:innen in der Kinder- und Jugendhilfe zu formulieren, um Bedingungen für eine machtsensible, partizipative und beziehungsorientierte Praxis weiterzuentwickeln. Die in diesem Kapitel skizzierten Erkenntnisse implizieren weitreichende Überlegungen für die Praxis Sozialer Arbeit, insbesondere im behördlichen Kontext. Die Qualität der professionellen Beziehungsgestaltung ist nicht nur ein zentraler Wirkfaktor für gelingende Unterstützungsprozesse, sondern bildet eine grundlegende Dimension professionellen Handelns im Spannungsfeld von Hilfe, Kontrolle und institutioneller Macht.

Vor diesem Hintergrund sind sowohl individuelle Kompetenzen als auch strukturelle und organisationale Rahmenbedingungen weiterzuentwickeln. Fachkräfte benötigen institutionell verankerte Reflexionsräume, in denen sie biografisch geprägte Beziehungsmuster, Rollenkonflikte und professionelle Herausforderungen kritisch bearbeiten können. Supervision, kollegiale Beratung und Selbsterfahrung sollten nicht als optionale Angebote verstanden, sondern als konstitutive Bestandteile professioneller Praxis etabliert werden. Für Berufseinsteiger:innen empfiehlt sich zudem die Etablierung strukturierter Onboarding-Prozesse, die mehr umfassen als administrative Einarbeitung. Diese Übergangsphasen sollten pädagogisch-didaktisch gestaltet sein und eine vertiefte Auseinandersetzung mit Konzepten der Beziehungsgestaltung ermöglichen – etwa Nähe und Distanz, Arbeitsbündnisse oder beteiligungsorientierte Hilfeplanung. Begleitete Praxisanleitungen, Mentoringprogramme und fallunabhängige Rollentrainings können zusätzlich dazu beitragen, sich in einem geschützten Rahmen mit den relationalen Herausforderungen sozialarbeiterischer Praxis vertraut zu machen und den bewussten und verantwortungsvollen Einsatz der eigenen Person als professionelles Werkzeug zu fördern und langfristig zu professionalisieren.

Diese Anforderungen finden Resonanz im Positionspapier der OGSA-Arbeitsgemeinschaft Kindheit und Jugend (Forstner et al., 2021), das die Notwendigkeit einer reflexiven Fehler- und Lernkultur in der Kinder- und Jugendhilfe betont. Die darin formulierten Forderungen sind in hohem Maße anschlussfähig an die in dieser Studie abgeleiteten Empfehlungen. Sie unterstreichen insbesondere die Bedeutung machtsensibler Interaktion, professioneller Reflexion sowie einer verlässlichen strukturellen Rahmung professionellen Handelns. Fehler werden hier nicht als individuelles Versagen, sondern als Ausgangspunkt organisationaler Entwicklung verstanden. Neben verbindlicher Supervision und kollegialer Beratung werden Verfahren wie die Advocata-Diaboli-Rolle und ein institutionalisiertes Beschwerdemanagement empfohlen. Das Vier-Augen-Prinzip wird kritisch diskutiert und als alleinige Maßnahme nicht als ausreichend für eine nachhaltige Qualitätsentwicklung bewertet.

Eine Schlüsselrolle kommt auch der Entwicklung einer professionsethisch fundierten Haltung zu, die sich auf biografische Reflexion, bindungstheoretische Konzepte und angeleitete Selbsterfahrung stützt – Aspekte, die in vielen Ausbildungs- und Fortbildungsformaten bislang unterrepräsentiert sind. Verfahren wie das Adult Attachment Interview, das in Einrichtungen wie Lebensraum Heidlmair erprobt wurde, bieten hier innovative Zugänge. Auch die psychotherapeutische Ausbildung, in der die systematische Auseinandersetzung mit eigenen Beziehungsmustern – etwa im Rahmen von Screeningverfahren – etabliert ist, könnte Impulse für die Soziale Arbeit liefern.

Gleichzeitig müssen die strukturellen Bedingungen berücksichtigt werden, unter denen professionelle Beziehungsgestaltung stattfindet. Der anhaltende Fachkräftemangel, hohe Fallzahlen und begrenzte Zeitressourcen erschweren eine zugewandte und reflektierte Beziehungspraxis erheblich. Strukturelle Investitionen sind notwendig, um die Qualität professioneller Interaktionen langfristig zu sichern. Forstner et al. (2021) fordern beispielsweise die Schaffung von 500 zusätzlichen Sozialarbeiter:innen, um fachlich vertretbare Fallzahlen von

25 bis 35 Fällen pro Fachkraft zu ermöglichen – flankiert von verlässlichen Personalressourcen und multiprofessionellen Teams.

Auch die Forderung nach bundeseinheitlicher Qualitätssicherung gewinnt angesichts bestehender Unterschiede in rechtlicher Umsetzung und fachlicher Praxis zwischen den Bundesländern an Bedeutung. Die Einrichtung unabhängiger Ombudsstellen wird dabei als bedeutsames Element einer demokratischen Beteiligungskultur betrachtet – insbesondere für Menschen in Zwangskontexten wie der Gefährdungsabklärung. Verbindliche Umsetzung sozialer Diagnostik sowie die Einführung von Familienräten als Regelbestandteil der Hilfeplanung gelten dabei als wichtige Instrumente partizipativer Praxis. Partizipation wird hier als Ausdruck sozialer Gerechtigkeit und demokratischer Teilhabe verstanden.

Standardisierte Feedbackverfahren wie die Session Rating Scale (SRS) und die Outcome Rating Scale (ORS) bieten wertvolle Möglichkeiten zur Qualitätssicherung sowohl im Forschungs- als auch im Praxisfeld. Neben ihrer Evaluationsfunktion ermöglichen sie eine dialogische Rückmeldung durch die Adressat:innen, wodurch Brüche in der Beziehungsgestaltung frühzeitig erkannt und bearbeitet werden können. Sie fördern somit eine institutionalisierte Feedback- und Fehlerkultur und stärken die partizipative Prozessgestaltung (Duncan & Sparks, 2016; Sparks & Duncan, 2018).

In diesem Zusammenhang gewinnt auch die Rolle unabhängiger Beschwerde- und Ombudsstellen weiter an Bedeutung. Diese können ein niederschwelliges Korrektiv institutioneller Macht darstellen und bieten insbesondere jungen Menschen eine unabhängige Anlaufstelle zur Beratung und Konfliktbearbeitung (Forstner et al, 2021). Studien von Lutz & Richter (2018) und Richter & Lutz (2021) zeigen jedoch, dass diese Angebote bislang nur begrenzt genutzt werden – insbesondere von Jugendlichen selbst. Hürden wie geringe Bekanntheit, fehlende Diversität und mangelnde lebensweltliche Orientierung schränken ihre Wirksamkeit ein. Eine stärkere Wirkung ließe sich durch barrierefreie Zugänge, mehrsprachige Informationsangebote, diversitätssensible Ombudspersonen und jugendgerechter Settings erzielen. Peer-to-Peer-Ansätze könnten zusätzlich helfen, Hemmschwellen abzubauen. Das Positionspapier der OGSA (Forstner et al., 2021) betont in diesem Zusammenhang, dass Beschwerdeverfahren nicht als Ausnahme, sondern als regulärer Bestandteil professionellen Handelns begriffen werden müssen. Gerade in Zwangskontexten tragen sie zu Transparenz, Vertrauensbildung und Relationalität bei, ermöglichen Rechenschaft und fördern die kritische Auseinandersetzung mit Machtpositionen.

Nicht zuletzt sind gesetzlich vorgesehene qualitätssichernde Standards – wie das Vier-Augen-Prinzip gemäß §§ 40 Abs. 6 und 41 Abs. 3 Oö. KJHG 2014 konsequent umzusetzen. Die vorliegende Studie zeigt, dass solche Standards in der

Praxis nicht durchgängig angewendet werden. Die Diskrepanz zwischen normativen Vorgaben und gelebter Praxis verweist auf einen Reformbedarf struktureller wie auch kultureller Natur (Forstner et al., 2021).

Professionelle Beziehungsgestaltung in der Kinder- und Jugendhilfe ist nicht allein eine Frage individueller Kompetenz, sondern Ausdruck einer professionsethisch fundierten, strukturell abgesicherten und institutionell getragenen Praxis. Sie erfordert Reflexivität, Ressourcen, partizipative Strukturen und eine gelebte Fehler- und Rückmeldekultur. Nur unter diesen Bedingungen kann Beziehung in der Sozialen Arbeit ihre volle Wirksamkeit entfalten – als stabilisierendes Moment in Krisen, als Ermöglichungsraum für Entwicklung und als Grundlage eines würdevollen Umgangs mit Menschen im Kontext behördlicher Interventionen.

Literaturverzeichnis

Abeld, R. (2017). *Professionelle Beziehungen in der Sozialen Arbeit: Eine integrale Exploration im Spiegel der Perspektiven von Klienten und Klientinnen.* Springer VS.

Ainsworth, M. D. S., & Wittig, B. A. (1969). Attachment and the exploratory behavior of one-year-olds in a strange situation. In B. M. Foss (Ed.), *Determinants of infant behavior* (Vol. 4, pp. 113–136). Methuen.

Ainsworth, M. D. S., Bell S. M., & Stayton D. J. (1974). Infant-mother attachment and social development: Socialization as a product of reciprocal responsiveness to signals. In M. P. M. Richards (Ed.), *The integration of a child into a social world* (pp. 99–135). Cambridge University Press.

Ainsworth, M. D. S., Blehar, M. C., Waters, E., & Wall, S. (1978). *Patterns of attachment: A psychological study of the strange situation.* Lawrence Erlbaum Associates.

Amt der Oö. Landesregierung, Direktion Soziales und Gesundheit, Abteilung Kinder- und Jugendhilfe. (2022). *Sicherheitsorientierte und lösungsfokussierte Praxis in der Kinder- und Jugendhilfe OÖ: Praxishandbuch.* https://www.kinder-jugendhilfe-ooe.at/Mediendateien/dl_fachinfos_praxishandbuch.pdf

Bachelor, A., & Horvath, A. O. (1999). The therapeutic relationship. In Mark A. Hubble, B. L. Duncan & S. D. Miller (Eds.), *The heart and soul of change: What works in therapy* (pp. 133–178). American Psychological Association.

Baecker, D. (2003). *Organisation und Management.* Suhrkamp.

Bang, R. (1964). *Die helfende Beziehung als Grundlage der persönlichen Hilfe: Ein Wegweiser der Hilfe von Mensch zu Mensch.* Reinhardt.

Bastine, R. (2008). Vorwort. In M. Hermer & B. Röhrle (Hrsg.), *Handbuch der therapeutischen Beziehung: Band I. Allgemeiner Teil* (S. 11–12). dgvt.

Bauer, J. (2008). *Warum ich fühle, was du fühlst: Intuitive Kommunikation und das Geheimnis der Spiegelneurone* (9. Aufl.). Hoffmann und Campe.

Bauer, J. (2019). Einfühlung, Zuwendung und pädagogische Führung: Die Bedeutung der Beziehung für Lehren und Lernen. Eine neurobiologisch fundierte Perspektive. In U. Hermann (Hrsg.), *Pädagogische Beziehungen: Grundlagen – Praxisformen – Wirkungen* (S. 35–41). Beltz Juventa.

Bauer, P., Wlassow, N., & Zipperle, M. (2021). Partizipation von Adressat:innen in der Qualitätsentwicklung von Hilfen zur Erziehung. Clients´ Participation in improving the quality of child and youth care. In *Österreichisches Jahrbuch für Soziale Arbeit: Annual Review*

M. Linser, *"Beziehung unter Risiko"*,
https://doi.org/10.1007/978-3-658-51455-6

of Social Work and Social Pedagogy in Austria – Schwerpunkt Partizipation und Soziale Arbeit (Bd. 3, S. 24–46). Beltz Juventa.

Beldowitsch, R. (2012). Familie und Bindung: Erträge der Forschung. *Engagement, 37*(2), 72–79.

Ben-Arieh, A., Casas, F., Frønes, I., & Korbin, J. E. (Hrsg.). (2014). Facettenreiches Konzept des Kindeswohls. In Ben-Arieh, A., Casas, F., Frønes, I., & Korbin, J. E. (Hrsg.), *Handbuch des Wohlergehens von Kindern: Theorien, Methoden und Politiken in globaler Perspektive. 2. Auflage (S. 1–28).* Dordrecht: Springer Science Business Media.

Best, L. (2020). *Nähe und Distanz in der Beratung: Das Erleben der Beziehungsgestaltung aus der Perspektive der Adressaten.* Springer Fachmedien.

Bierhoff, H. W., & Rohmann, E. (2010). Psychologie des Vertrauens. In M. Maring (Hrsg.), *Vertrauen – zwischen sozialem Kitt und der Senkung von Transaktionskosten* (Schriftenreihe des Zentrums für Technik- und Wirtschaftsethik am Karlsruher Institut für Technologie, Bd. 3, S. 71–90). KIT Scientific Publishing.

Biermann-Ratjen, E. M. (2003). Wertschätzung, unbedingte. In G. Stumm, J. Wiltschko, & W. W. Keil (Hrsg.), *Grundbegriffe der personzentrierten und focusing-orientierten Psychotherapie und Beratung* (Leben Lernen, Bd. 155, S. 333–335). Pfeiffer bei Klett-Cotta.

Bigos, S. I. (2014). *Kinder und Jugendliche in heilpädagogischen Heimen: Biografische Erfahrungen und Spuren der Heimerziehung aus Adressatensicht.* Beltz Juventa.

Bilgili, S., & Statistik Austria. (2024). *Kinder- und Jugendhilfestatistik 2023: Leistungen und Hilfen der Kinder- und Jugendhilfe.* Statistik Austria. https://www.statistik.at/fileadmin/user_upload/Kinder-und-Jugendhilfestatistik-2023.pdf

Bitzan, M., Bolay, E., & Thiersch, H. (Hrsg.). (2006). *Die Stimme der Adressaten: Empirische Forschung über Erfahrungen von Mädchen und Jungen mit der Jugendhilfe.* Beltz Juventa.

Bobbert, M. (2002). *Patientenautonomie und Pflege: Begründung und Anwendung eines moralischen Rechts.* Campus Verlag.

Böhle, A., Grosse, M., Schrödter, M., & Van den Berg, W. (2012). Beziehungsarbeit unter den Bedingungen von Freiwilligkeit und Zwang: Relationship building between freedom and enforcement – Successful setup of pedagogical working-alliance in different areas of youth-service. *Im Blickpunkt, 4*, 183–202.

Böhnisch, L. (2016). *Lebensbewältigung: Ein Konzept für die Soziale Arbeit.* Beltz Juventa.

Böhnisch, L. (2018). *Sozialpädagogik der Lebensalter: Eine Einführung* (8. Aufl.). Juventa.

Böhnisch, L., Lenz, K., & Schröer, W. (2009). *Sozialisation und Bewältigung: Eine Einführung in die Sozialisationstheorie der zweiten Moderne.* Juventa.

Böhnisch, L., & Lösch, H. (1973). Das Handlungsverständnis des Sozialarbeiters und seine institutionelle Determination. In H.-U. Ott & S. Schneider (Hrsg.), *Gesellschaftliche Perspektiven der Sozialarbeit* (Bd. 2, S. 21–40). Luchterhand.

Bohnsack, R.; Nentwig-Gesemann, I., & Nohl, A.-M. (Hrsg.). (2013). *Die dokumentarische Methode und ihre Forschungspraxis. Grundlagen qualitativer Sozialforschung* (3. Aufl.). VS Verlag für Sozialwissenschaften.

Bohnsack, R. (2021). *Rekonstruktive Sozialforschung. Einführung qualitative Methoden.* (10. Aufl.). Barbara Budrich Verlag.

Bolay, E. (1998). Scham und Beschämung in helfenden Beziehungen. In H. Metzler & E. Wacker (Hrsg.), *Soziale Dienstleistungen: Zur Qualität helfender Beziehungen* (S. 29–52). Attempto.

Böllert, K. (2018). Einleitung: Kinder- und Jugendhilfe – Entwicklungen und Herausforderungen einer unübersichtlichen sozialen Infrastruktur. In K. Böllert (Hrsg.), *Kompendium Kinder- und Jugendhilfe* (S. 3–62). Forschungsreihe der FH Münster. Springer Spektrum.

Bommes, M., & Scherr, A. (2012). *Soziologie der Sozialen Arbeit: Eine Einführung in die Formen und Funktionen organisierter Hilfe* (2. Aufl.). Beltz Juventa.

Borg-Laufs, M. (2002). Die Rolle der Bindungstheorie in der Verhaltenstherapie: Ein Werkstattbericht. *Verhaltenstherapie & psychosoziale Praxis, 4*(3), 583–596.

Borg-Laufs, M., & Dittrich, K. (2010). Die Befriedigung psychischer Grundbedürfnisse als Ziel psychosozialer Arbeit. In M. Borg-Laufs & K. Dittrich (Hrsg.), *Psychische Grundbedürfnisse in Kindheit und Jugend: Perspektiven für Soziale Arbeit und Psychotherapie* (KiJu – Psychologie und Psychotherapie im Kindes- und Jugendalter, Bd. 15, S. 7–22). DGVT.

Bortz, J., & Döring, N. (2006). *Forschungsmethoden und Evaluation: Für Human- und Sozialwissenschaftler* (4. überarb. Aufl.). Springer.

Bowlby, J. (1944). Forty-four juvenile thieves: Their characters and home-life. *The International Journal of Psycho-Analysis, 25*, 19–51, 107–128.

Bowlby, J. (1951). *Frühe Bindung und kindliche Entwicklung* (6. Aufl.). Reinhardt.

Bowlby, J. (1960). Grief and mourning in infancy and early childhood. *Psychoanalytic Study of the Child, 15*, 9–52.

Bowlby, J. (1969). *Attachment and loss. Vol. 1: Attachment*. Basic Books.

Bowlby, J. (1973). *Attachment and loss. Vol. 2: Separation, anxiety and anger*. Basic Books.

Bowlby, J. (1980). *Attachment and loss. Vol. 3: Loss, sadness and depression*. Hogarth Press.

Breuer, F. (2010). *Reflexive Grounded Theory: Eine Einführung für die Forschungspraxis*. Springer VS.

Brisch, K. H. (2003). Bindungsstörungen und Trauma: Grundlagen für eine gesunde Bindungsentwicklung. In K. H. Brisch & Th. Hellbrügge (Hrsg.), *Bindung und Trauma* (S. 105–135). Klett-Cotta.

Brisch, K. H. (2011). Die Bedeutung von Bindung in der Sozialen Arbeit. In V. Begemann & S. Rietmann (Hrsg.), *Soziale Praxis gestalten: Orientierung für ein gelingendes Handeln* (S. 19–41). Kohlhammer.

Brisch, K. H. (2018). *Bindungsstörungen: Von der Bindungstheorie zur Therapie* (15. Aufl.). Klett-Cotta.

Brisch, K. H., & Hellbrügge, Th. (Hrsg.). (2003). *Bindung und Trauma*. Klett-Cotta.

Brückner, M. (2018). Gefühle im Wechselbad: Soziale Arbeit als beziehungsorientierte Care-Tätigkeit. In Kommission Sozialpädagogik (Hrsg.), *Wa(h)re Gefühle? Sozialpädagogische Emotionsarbeit im wohlfahrtsstaatlichen Kontext* (S. 65–79). Beltz Juventa.

Buber, M. (2004). *Ich und Du*. Reclam.

Buchebner-Ferstl, S., Dörfler-Bolt, S., & Geserick, Ch. (2021). Zum Wohl des Kindes: Konzeptualisierung des „Kindeswohls" aus unterschiedlichen Perspektiven. *Österreichisches Institut für Familienforschung der Universität Wien (ÖIF)*, Forschungsbericht Nr. 39/2021.

Buchheim, A. (2016a). 1. Vorlesung Bindung und Exploration aus historischer Sicht. In M. Ermann (Hrsg.), *Bindung und Exploration: Ihre Bedeutung im klinischen und psychotherapeutischen Kontext.* (1. Aufl., S. 9–23). Kohlhammer.

Buchheim, A. (2016b). 2. Bindung und Exploration bei Kindern. In M. Ermann (Hrsg.), Bindung und Exploration: Ihre Bedeutung im klinischen und psychotherapeutischen Kontext. (1. Aufl., S. 24–44). Kohlhammer.

Buchheim, A. (2016c). 3. Bindung und Exploration bei Erwachsenen. In M. Ermann (Hrsg.), Bindung und Exploration: Ihre Bedeutung im klinischen und psychotherapeutischen Kontext. (1. Aufl., S. 45–75). Kohlhammer.

Bundeskinder- und Jugendhilfegesetz 2013 – B-KJHG 2013, BGBl. I Nr. 69/ 2013 idgF. https://www.ris.bka.gv.at/geltendefassung.wxe?abfrage=bundesnormen&gesetzesnummer=20008375&fassungvom=2021-11-29&ShowPrintPreview=True

Caspar, F. (2008). Motivorientierte Beziehungsgestaltung – Konzept, Voraussetzungen bei Patienten und Auswirkungen auf Prozess und Ergebnisse. In M. Hermer & B. Röhrle (Hrsg.), *Handbuch der therapeutischen Beziehung: Band I. Allgemeiner Teil* (S. 527–558). DGVT.

Conen, M. L., & Cecchin, G. (2007). *Wie kann ich Ihnen helfen, mich wieder loszuwerden? Therapie und Beratung in Zwangskontexten.* Carl-Auer Verlag.

Cornel, H., Gahleitner, S. B., Köhler-Saretzki, T., Nowacki, K., Sarto-Jackson, I., Schleiffer, R., Schröder, M., & Suess, G. J. (2020). Bindung und Beziehung in der Sozialen Arbeit. *Zeitschrift für soziale und sozialverwandte Gebiete, 69*(9/10), 324–325.

Crits-Christoph, P., Gibbons, M. B. C., & Mukherjee, D. (2013). Psychotherapy process-outcome research. In M. J. Lambert (Ed.), *Bergin and Garfield's handbook of psychotherapy and behavior change* (6th ed., pp. 298–340). Wiley.

Dahm, R., & Kunstreich, T. (2013). Ungewissheit und Ohnmacht: Professionelle Beziehungskompetenz in der Sozialen Arbeit. In P. Gromann (Hrsg.), *Schlüsselkompetenzen für die psychiatrische Arbeit. Fuldaer Schriften zur Gemeindepsychiatrie* (Bd. 3, S. *15–42).* Psychiatrie Verlag.

Dahme, H.-J., & Wohlfahrt, N. (2012). Organisierte Interessen im Sozialsektor: Good Governance und die Macht der Sozialverbände. In M. Huxol & J. Kotthaus (Hrsg.), *Macht und Zwang in der Kinder- und Jugendhilfe* (S. 218–232). Beltz Juventa.

Dallmann, H. U. (2021). Macht und Soziale Arbeit: Eine systemtheoretische Perspektive. In B. Kraus & W. Krieger (Hrsg.), *Macht in der Sozialen Arbeit: Interaktionsverhältnisse zwischen Kontrolle, Partizipation und Freisetzung* (5., überarb. u. erw. Aufl., S. 117–136). Jacobs.

de Shazer, S., & Berg, I. K. (1997). *Constructing solutions.* Norton.

Diener, E., & Crandall, R. (1978). *Ethics in social and behavioral research.* University of Chicago Press.

Döring, E. (2004). Personzentrierte Psychotherapie mit Kindern und Jugendlichen: Was hilft Spielen mit traumatisierten Kindern und Jugendlichen? *Gesprächspsychotherapie und Personzentrierte Beratung, 35*(3), 193–198.

Dörr, M. (2007). Analogien und Differenzen von Heilen und Erziehen in therapeutischen und pädagogischen Beziehungen. In H. Hierdeis & H.-J. Walter (Hrsg.), *Bildung, Psychoanalyse: Beiträge zu einem psychoanalytischen Bildungsverständnis* (S. 135–151). Klinkhardt.

Dörr, M. (2018a). Psychoanalytische Pädagogik. In H.-U. Otto, H. Thiersch, R. Treptow, & H. Ziegler (Hrsg.), *Handbuch Soziale Arbeit* (6., überarb. Aufl., S. 1223–1235). Reinhardt.

Dörr, M. (2018b). Psychoanalytische Soziale Arbeit. In M. May & A. Schäfter (Hrsg.), *Theorien für die Soziale Arbeit* (S. 171–197). Nomos.

Dörr, M. (2019a). Professioneller Umgang mit Sexualität als Gestaltung von Nähe und Distanz. In. Dörr, M. (Hrsg.), *Nähe und Distanz: Ein Spannungsfeld pädagogischer Professionalität* (4., aktualisierte u. erw. Aufl., S. 130–143). Beltz Juventa.

Dörr, M. (2019b). Vorwort zur erweiterten und aktualisierten 4. Auflage. Dörr, M. (Hrsg.), *Nähe und Distanz: Ein Spannungsfeld pädagogischer Professionalität* (4., aktualisierte u. erw. Aufl., S. 9–11). Beltz Juventa.

Dörr, M., & Müller, B. (Hrsg.). (2012). *Nähe und Distanz: Ein Spannungsfeld pädagogischer Professionalität* (3. Aufl.). Beltz Juventa.

Dörr, M., & Müller, B. (2019). Einleitung: Nähe und Distanz als Strukturen der Professionalität pädagogischer Dörr, M., & Müller, B. (2019). Einleitung: Nähe und Distanz als Strukturen der Professionalität pädagogischer Arbeitsfelder. In M. Dörr (Hrsg.), *Nähe und Distanz: Ein Spannungsfeld pädagogischer Professionalität* (4., aktualisierte u. erw. Aufl., S. 14–41). Beltz Juventa.

Drieschner, E. (2011a). Bindung in familialer und öffentlicher Erziehung: Zum Zusammenhang von psychischer Sicherheit, Explorationssicherheit und früher Bindung im geteilten Betreuungsfeld. In E. Drieschner & D. Gaus (Hrsg.), *Liebe in Zeiten pädagogischer Professionalisierung* (S. 105–156). VS Verlag.

Drieschner, E. (2011b). Bindung und kognitive Entwicklung – Zusammenspiel: Ergebnisse der Bindungsforschung für eine frühpädagogische Beziehungsdidaktik. *WiFF-Expertisen* (Bd. 13). Weiterbildungsinitiative Frühpädagogische Fachkräfte (WiFF).

Duncan, B. L., & Sparks, J. A. (2016). Systematic feedback through the Partners for Change Outcome Management System (PCOMS). In M. Cooper & W. Dryden (Eds.), *The handbook of pluralistic counselling and psychotherapy* (pp. 55–68). Sage.

Fagerhaugh, S., & Strauss, A. (1977). Trajectory dynamics in chronic illness. In A. Strauss, L. Schatzman, D. R. Ehrlich, R. Bucher, & M. Sabshin (Eds.), *Chronic illness and the quality of life* (pp. 268–283). Mosby.

Feist-Ortmann; M; Macsenaere, M. (2023). Editorial. In *Unsere Jugend*: Die Zeitschrift für Studium und Praxis der Sozialpädagogik. 75 (9), 353. Reinhardt.

FICE Austria (Hrsg.). (2019). *Qualitätsstandards für die stationäre Kinder- und Jugendhilfe.* Verlag Plöchl

Finke, J. (1994). *Empathie und Interaktion: Methodik und Praxis der Gesprächspsychotherapie.* Thieme.

Finke, J. (2010). *Gesprächspsychotherapie: Grundlagen und spezifische Anwendungen* (4. Aufl.). Thieme.

Flick, U. (2022). Gütekriterien qualitativer Sozialforschung. In N. Baur & J. Blasius (Hrsg.), *Handbuch Methoden der empirischen Sozialforschung (S. 533–548).* Springer VS.

Forstner, M., Höllmüller, H., & Radauer, H. P. (2021). *Kinder- und Jugendhilfe in Österreich: Positionspapier der Arbeitsgemeinschaft „Kindheit und Jugend" der Österreichischen Gesellschaft für Soziale Arbeit (ogsa).* https://www.ogsa.at/wp-content/uploads/2021/11/ogsa_AG-Kindheit_Jugend_Positionspapier2021.pdf

Foucault, M. (1977). *Überwachen und Strafen: Die Geburt des Gefängnisses.* Suhrkamp.

Foucault, M. (1994). *Analytik der Macht.* Suhrkamp.

Friedrichs, L., & Waluga, A. (2021). *Die gedrosselte Beziehung: Eine empirische Studie zur Bedeutung von Nähe und Distanz in der Heimerziehung* (Forschungsreihe der FH Münster). Springer Spektrum. https://doi.org/10.1007/978-3-658-36024-5

Fröhlich-Gildhoff, K. (2006). Die Kraft des Spiel(en)s – Personzentrierte Psychotherapie mit Kindern. *Psychotherapie im Dialog, 7*(1), 42–47.

Gahleitner, S. B. (2005). *Neue Bindungen wagen: Beziehungsorientierte Therapie bei sexueller Traumatisierung* (Personzentrierte Beratung & Therapie, Bd. 2). Reinhardt.

Gahleitner, S. B. (2007). Überlegungen zur Bindungstheorie als Ausgangspunkt für eine professionelle Beziehungsgestaltung in der Sozialen Arbeit. *Klinische Sozialarbeit. Zeitschrift für psychosoziale Praxis und Forschung, 3*(4), 4–5.

Gahleitner, S. B. (2009). Persönliche Beziehung aus bindungstheoretischer Sicht. In K. Lenz & F. Nestmann (Hrsg.), *Handbuch persönliche Beziehungen* (S. 145–170). Juventa.

Gahleitner, S. B. (2011). *Das therapeutische Milieu in der Arbeit mit Kindern und Jugendlichen: Trauma- und Beziehungsarbeit in stationären Einrichtungen.* Psychiatrie-Verlag.

Gahleitner, S. B. (2014). Bindung biopsychosozial: Professionelle Beziehungsgestaltung in der Klinischen Sozialarbeit. In A. Trost (Hrsg.), *Bindungsorientierung in der Sozialen Arbeit: Grundlagen – Forschungsergebnisse – Anwendungsbereiche* (S. 55–72). Beltz Juventa.

Gahleitner, S. B. (2017). *Professionelle Beziehungsgestaltung in der psychosozialen Arbeit und Beratung.* dgvt.

Gahleitner, S. B. (2020a). *Professionelle Beziehungsgestaltung in der psychosozialen Arbeit und Beratung* (2., überarb. u. erw. Aufl.). dgvt.

Gahleitner, S. B. (2020b). Soziale Arbeit als Bindungs- und Beziehungsprofession – Ein Überblick. *Bindung und Beziehung in der Sozialen Arbeit.* Zeitschrift für soziale und sozialverwandte Gebiete, 69(9/10), 326–332.

Galuske, M. (2001). *Methoden der Sozialen Arbeit: Eine Einführung* (3., überarb. u. erw. Aufl.). Beltz Juventa.

Gandt, St. (2016). Außerschulisches Lernen erforschen. Ein Zugang mit narrativen Interviews und der Narrationsanalyse. In J. Wintzer (Hrsg.). *Qualitative Methoden in der Sozialforschung: Forschungsbeispiele von Studierenden für Studierende* (S. 29–37). Springer.

Gandt, St. (2023). *Spuren im Leben. Wirkungen individueller Arbeitsstile in Jugendhilfeeinrichtungen.* Springer VS.

Gaus, D., & Uhle, R. (2009). Liebe oder Nähe als Erziehungsmittel: Mehr als ein semantisches Problem! In Ch. Meyer, M. Tetzer, & K. Rensch (Hrsg.), *Liebe und Freundschaft in der Sozialpädagogik: Personale Dimension professionellen Handelns* (S. 23–43). VS Verlag für Sozialwissenschaften.

Gaus, D., & Drieschner, E. (2011). Pädagogische Liebe: Anspruch oder Widerspruch von professioneller Erziehung? In E. Drieschner & D. Gaus (Hrsg.), *Liebe in Zeiten pädagogischer Professionalisierung* (S. 7–26). VS Verlag für Sozialwissenschaften.

George, C., Kaplan, N., & Main, M. (1985). *The Adult Attachment Interview* [Unveröffentlichtes Manuskript]. University of California, Berkeley.

Gergen, K. J., McNamee, S., & Barrett, F. J. (2001). Toward transformative dialogue. *International Journal of Public Administration, 24*(7–8), 679–707.

Giesecke, H. (1997). *Die pädagogische Beziehung: Pädagogische Professionalität und die Emanzipation des Kindes* (2. Aufl.). Beltz Juventa.

Giesecke, H. (2015). *Pädagogik als Beruf: Grundformen pädagogischen Handelns* (12. Aufl.). Beltz Juventa.
Glaser, B. G., & Strauss, A. L. (1967). *The discovery of grounded theory: Strategies for qualitative research.* De Gruyter.
Glaser, B. G., & Strauss, A. L. (2008). *Grounded theory. Strategien qualitativer Forschung.* Huber.
Gloger-Tippelt, G. (2001). Das Adult Attachment Interview: Durchführung und Auswertung. In G. Gloger-Tippelt (Hrsg.), *Bindung im Erwachsenenalter* (Psychologie Handbuch, S. 102–120). Huber.
Goffman, E. (1967). *Stigma: Über Techniken der Bewältigung beschädigter Identität.* Suhrkamp.
Goffman, E. (1986). *Interaktionsrituale: Über Verhalten in direkter Kommunikation* (Taschenbuchausg.). Suhrkamp.
Goffman, E. (1989). *Rahmen-Analyse: Ein Versuch über die Organisation von Alltagserfahrungen.* Suhrkamp.
Goffman, E. (2003). *Wir alle spielen Theater. Die Selbstdarstellung im Alltag.* Piper.
Goldfried, M. R., & Davila, J. (2005). The role of relationship and technique in therapeutic change. *Psychotherapy: Theory, Research, Practice, Training, 42*(4), 421–430.
Gordon, T. (1977). *Lehrer-Schüler-Konferenz.* Hoffmann und Campe.
Greiner, M. (2021). Lösungsfokussierte Praxis in der Kinder- und Jugendhilfe mit dem SEN-Modell. In J. M. Hefel & I. Hiebinger (Hrsg.). *Einblicke in die Praxis der Sozialen Arbeit. Erfahrungsberichte aus der Fallarbeit von Sozialarbeiter*innen in Österreich* (S. 128–144). Beltz Juventa.
Graf, H. (2019). *Unser Kindl! 100 Jahre Kinder- und Jugendhilfe OÖ: Soziale Fürsorge und Kinderschutz im Wandel der Zeit.* Kinder- und Jugendhilfe Oberösterreich, Abteilung Kinder- und Jugendhilfe, Amt der OÖ Landesregierung (Hrsg.). Gutenberg-Werbering. https://www.kjh-ooe.at/uploads/Downloads/Buch-100-Jahre-KJH-OOE.pdf
Graßhoff, G. (2012). AdressatInnenforschung im Feld der Jugendhilfe – Empirische Herausforderungen und Forschungspraxis. In G. Graßhoff (Hrsg.), *Adressaten, Nutzer, Agency* (S. 69–82). Springer VS.
Graßhoff, G. (2015). Adressat:innen erforschen – Ansprüche und Konzepte sozialpädagogischer Forschung. In *Adressatinnen und Adressaten der Sozialen Arbeit* (Basiswissen Soziale Arbeit, Bd. 3, S. 97–105). Springer VS.
Grawe, K., Donati, R., & Bernauer, F. (1995). *Psychotherapie im Wandel: Von der Konfession zur Profession* (4. Aufl.). Hogrefe.
Grawe, K. (1998). *Psychologische Therapie.* Hogrefe.
Grawe, K. (2004). *Neuropsychotherapie.* Hogrefe.
Grossmann, K. E., & Grossmann, K. (2012). *Bindungen – Das Gefüge psychischer Sicherheit* (5. Aufl.). Klett-Cotta.
Grossmann, K. (2002). Praktische Anwendungen der Bindungstheorie. In M. Endres & S. Hauser (Hrsg.), *Bindungstheorie in der Psychotherapie* (S. 54–80). Reinhardt.
Grunwald, K., & Thiersch, H. (2016). Lebensweltorientierung. In H. Thiersch & K. Grunwald (Hrsg.), *Praxishandbuch Lebensweltorientierte Soziale Arbeit: Handlungszugänge und Methoden in unterschiedlichen Arbeitsfeldern* (3. Aufl., S. 24–64). Beltz Juventa.
Gukenbiehl, H. L. (2000). Beziehung soziale. In. Schäfers, B. (Hrsg). *Grundbegriffe der Soziologie.* (6. Aufl., S. 40–41). VS Verlag.

Hammersley, M., & Atkinson, P. (2007). *Ethnography: Principles in practice* (3rd ed.). Routledge.

Hartl, A. M. (2014). *Gefährdungsabklärung in der (neuen) Jugendwohlfahrt.* pro mente edition.

Heiner, M. (2004). *Professionalität in der Sozialen Arbeit: Theoretische Konzepte, Modelle und empirische Perspektiven.* Kohlhammer.

Heiner, M. (2007). *Soziale Arbeit als Beruf: Fälle – Felder – Fähigkeiten.* Ernst Reinhardt.

Heiner, M. (2010). *Kompetent handeln in der Sozialen Arbeit* (Bd. 1). Ernst Reinhardt.

Heinze, R. G. (2001). *Qualitative Sozialforschung* (4. Aufl.). Rowohlt.

Heiser, P. (2024). Kommunale Machtstrukturen – oder: Narrative Verfahren. In Heiser, P. (Hrsg.). *Meilensteine der qualitativen Sozialforschung: Eine Einführung entlang klassischer Studien* (2. Aufl., S. 153–204). Springer VS.

Hellbrügge, T. (2003). Risiko- und Schutzfaktoren in der kindlichen Entwicklung: Mit einer Hommage an den Kinderforscher René Spitz. In K. H. Brisch & T. Hellbrügge (Hrsg.), *Bindung und Trauma: Risiken und Schutzfaktoren für die Entwicklung von Kindern* (S. 34–52). Klett-Cotta.

Hennink, M., Hutter, I., & Bailey, A. (2020). *Qualitative research methods* (2nd ed.). Sage.

Hermer, M., & Röhrle, B. (2008). Therapeutische Beziehungen: Geschichte, Entwicklung und Befunde. In M. Hermer & B. Röhrle (Hrsg.), *Handbuch der therapeutischen Beziehung: Band 1 – Allgemeiner Teil* (S. 15–105). dgvt.

Herringer, N. (1997). *Empowerment in der Sozialen Arbeit: Eine Einführung.* Kohlhammer.

Hinde, R. A. (1993). Auf dem Weg zu einer Wissenschaft zwischenmenschlicher Beziehungen. In A. E. Aushagen & M. v. Salisch (Hrsg.), *Zwischenmenschliche Beziehungen* (S. 7–36). Hogrefe.

Hinte, W. (2010). Sozialraumorientierung: Die Praxis der Sozialen Arbeit auf dem Weg zu den Menschen (6. Aufl.). Beltz Juventa.

Höger, D. (1993). Organismus, Aktualisierungstendenz, Beziehung — die zentralen Grundbegriffe der Klientenzentrierten Gesprächspsychotherapie. In Eckert, J., Höger, D., & Linster, H. (Hrsg.), *Die Entwicklung der Person und ihre Störung.* Bd. 1: *Entwurf einer ätiologisch orientierten Krankheitslehre im Rahmen des klientenzentrierten Konzepts* (S 17–41). GwG.

Höger, D. (2006a). Klientenzentrierte Persönlichkeitstheorie. In J. Eckert, E. M. Biermann-Ratjen & D. Höger (Hrsg.), *Gesprächspsychotherapie: Lehrbuch für die Praxis* (S. 37–72). Springer.

Höger, D. (2006b). Hat die Bindungstheorie die Psychotherapie verändert? In B. Strauß & M. Geyer (Hrsg.), *Grenzen psychotherapeutischen Handelns* (S. 15–24). Hubert & Co.

Hornung, B., & Kapella, O. (2022). *Zur Gefährdungsabklärung aus der Perspektive von Jugendlichen* (Forschungsbericht Nr. 46/2022). Österreichisches Institut für Familienforschung an der Universität Wien. https://www.oif.ac.at

Hubert, C.C. (2022). Soziale Beziehungen in den verschiedenen soziologischen Theorien. In: *Dialogkultur. Dialog sein – Dialog führen – dialogische Beziehungen* (S. xx–xx). Springer VS.

Huxoll, M., & Kotthaus, J. (2012). Der Blick in den Spiegel: Eine einführende Reflexion des sozialarbeiterischen Umgangs mit Macht und Zwang. In M. Huxoll & J. Kotthaus (Hrsg.), *Macht und Zwang in der Kinder- und Jugendhilfe* (S. 9–19). Beltz Juventa.

Jugendwohlfahrtsgesetz 1989 – BGBl. Nr. 161/1989, aufgehoben durch BGBl. I Nr. 69/2013. https://www.ris.bka.gv.at/eli/bgbl/1989/161/P37/NOR40088547.

Kallmeyer, W.; Schütze, F. (1976). Zur Konstitution von Kommunikationsschemata der Sachverhaltsdarstellung. In Wegner, D. (Hrsg.), *Gesprächsanalysen* (S. 159–275). Buske.

Kapella, O., Rille-Pfeiffer, C., & Schmidt, E.-M. (2018). *Evaluierung des Bundes-Kinder- und Jugendhilfegesetzes (B-KJHG) 2013: Zusammenfassender Bericht aller Module und Beurteilung* (Forschungsbericht Nr. 29/2018). Österreichisches Institut für Familienforschung an der Universität Wien. www.oif.ac.at

Kappeler, M. (2015). Machtprozesse und Ermächtigung in der öffentlichen Erziehung. *Forum Erziehungshilfen, 5*, 260–264.

Kindschafts- und Namensrechts-Änderungsgesetzes 2013 (KindNamRÄG 2013), BGBl. I Nr. 15/2013- https://www.ris.bka.gv.at/eli/bgbl/I/2013/15/20130111

Kleemann, F., Krähnke, U., & Matuschek, I. (2013). *Interpretative Sozialforschung: Eine praxisorientierte Einführung* (2. Aufl.). Springer VS.

Klika, D. (2013). Herman Nohls Pädagogischer Bezug: Analyse und Rekonstruktion. In G. Strobel-Eisele & G. Roth (Hrsg.), *Grenzen beim Erziehen: Nähe und Distanz in pädagogischen Beziehungen* (S. 37–49). Kohlhammer.

Klug, W., Niebauer, D., Eichstätt, G. M., Dittelbach, R., & Huber, F. (2020). Beziehungsgestaltung aus Sicht sozialarbeiterischer Fachkräfte. *Zeitschrift für soziale und sozialverwandte Gebiete*, 69 (9/10), 378–385.

Krappmann, L. (2005). *Soziologische Dimensionen der Identität. Strukturelle Bedingungen für die Teilnahme an Interaktionsprozessen* (10. Aufl.). Klett-Cotta.

Kraus, B. (2013). *Erkennen und Entscheiden: Grundlagen und Konsequenzen eines erkenntnistheoretischen Konstruktivismus für die Soziale Arbeit.* Beltz Juventa.

Kraus, B. (2015). Beobachter/-innenabhängigkeit und Relationalität: Zur systemischen Definition des Konfliktbegriffs und zur Revision des Konzeptes „instruktiver vs. destruktiver Macht" als Analysewerkzeuge sozialer Relationen. In S. Stoevesand & D. Röh (Hrsg.), *Konflikte – theoretische und praktische Herausforderungen für die Soziale Arbeit* (S. 47–58). Barbara Budrich.

Kraus, B. (2019). *Relationaler Konstruktivismus – Relationale Soziale Arbeit: Von der systemisch-konstruktivistischen Lebensweltorientierung zu einer relationalen Theorie der Sozialen Arbeit.* Beltz Juventa.

Kraus, B. (2021). Macht – Hilfe – Kontrolle: Relationale Grundlagen und Erweiterungen eines systemisch-konstruktivistischen Machtmodells. In B. Kraus & W. Krieger (Hrsg.), *Macht in der Sozialen Arbeit: Interaktionsverhältnisse zwischen Kontrolle, Partizipation und Freisetzung* (5., überarb. u. erw. Aufl., S. 91–116). Jacobs.

Kraus, B., & Krieger, W. (2021). Zur Einführung: Die Reflexion Sozialer Arbeit im Lichte von Theorien zur Macht. In B. Kraus & W. Krieger (Hrsg.), *Macht in der Sozialen Arbeit: Interaktionsverhältnisse zwischen Kontrolle, Partizipation und Freisetzung* (5., überarb. u. erw. Aufl., S. 7–24). Jacobs.

Krieger, W. (2021). Konstruktivistische Perspektiven zur Mikrophysiologie der personalisierten Interaktionsmacht in der Sozialen Arbeit. In B. Kraus & W. Krieger (Hrsg.), *Macht in der Sozialen Arbeit: Interaktionsverhältnisse zwischen Kontrolle, Partizipation und Freisetzung* (5., überarb. u. erw. Aufl., S. 41–90). Jacobs.

Kuckartz, U. (2018). *Qualitative Inhaltsanalyse: Methoden, Praxis, Computerunterstützung* (4. Aufl.). Beltz Juventa.

Küsters, I. (2009). *Narrative Interviews: Grundlagen und Anwendungen* (2. Aufl.). Springer VS.

Labov, W. (1971). Das Studium der Sprache im sozialen Kontext. In W. Klein & D. Wunderlich (Hrsg.), *Aspekte der Soziolinguistik* (S. 123–206). Fischer Athenäum.

Lambers, H. (2013). *Theorien der Sozialen Arbeit.* UTB.

Lamnek, S. (1995). *Qualitative Sozialforschung: Lehrbuch.* Beltz.

Leck, M. (2018). Besonderheiten des Spannungsverhältnisses von Nähe und Distanz in der offenen Kinder- und Jugendarbeit. *Deutsche Jugend, 66*(9), 367–374.

Lenz, K., & Nestmann, F. (Hrsg.). (2009). *Handbuch persönliche Beziehungen.* Juventa.

Linser, M., & Wetzelhütter, D. (2022). Erfolgsfaktoren und Wirkung von „Moverz" auf Kinder, Jugendliche und junge Erwachsene im Kontext von sozialpädagogischen Wohngruppen. In C. Stark (Hrsg.), *Sozialarbeitsforschung Projekte 2022* (S. 83–178). *Schriften zur Sozialen Arbeit* (Bd. 55). Studien Verlag.

Löwenstein, H. (2021). Agency: Handlungs- und Gestaltungsmacht. In B. Kraus & W. Krieger (Hrsg.), *Macht in der Sozialen Arbeit: Interaktionsverhältnisse zwischen Kontrolle, Partizipation und Freisetzung* (5., überarb. u. erw. Aufl., S. 137–152). Jacobs.

Luborsky, L. (1994). Therapeutic alliances as predictors of psychotherapy outcomes: Factors explaining the predictive success. In A. O. Horvath & L. S. Greenberg (Eds.), *The working alliance: Theory, research, and practice* (pp. 38–50). Wiley.

Lutz, T., Richter, J., Bruns, A., Franke, A., Hahm, F., Krug, E., Kühlmorgen, R., Niewerth, N., Seiler, C., Schleu, F., Sijakov, I., Troll, J., Uderstadt. J., Wolf, H. (2018). *Abschlussbericht: Wissenschaftliche Begleitung der Implementierung einer Ombudsstelle im Bezirksamt Hamburg-Mitte.* [Evangelische Hochschule für Soziale Arbeit & Diakonie Hamburg]. https://ev-hochschule-hh.de/fileadmin/hochschule/Downloads/Forschung/Abgeschlossene_Forschungsprojekte/Abschlussbericht_Ombudsstelle.pdf

Macsenaere, M., & Essner, K. (2015). *Was wirkt in der Erziehungshilfe? Wirkfaktoren in Heimerziehung und anderen Hilfearten* (2., aktualisierte Aufl.). Ernst Reinhardt.

Macsenaere, M., & Knab, E. (Hrsg.). (2004). *Evaluationsstudie erzieherischer Hilfen (EVAS): Eine Einführung.* Lambertus.

Maier, R. E. (1992). *Pädagogik des Dialogs: Ein historisch-systematischer Beitrag zur Klärung des pädagogischen Verhältnisses bei Nohl, Buber, Rosenzweig und Griesbach.* Peter Lang.

Main, M., & Solomon, J. (1990). Procedures for identifying infants as disorganized/disoriented during the Ainsworth strange situation. In M. Greenberg, D. Cicchetti, & E. M. Cummings (Eds.), *Attachment in the preschool years: Theory, research, and intervention* (pp. 121–160). University of Chicago Press.

Mayring, P. (2016). *Einführung in die qualitative Sozialforschung.* Eine Anleitung zu qualitativem Denken. Beltz Juventa.

McLaughlin, H. (2011). *Forschung zur Sozialen Arbeit verstehen* (2. Aufl.). Sage.

Mead, G. H. (1991). *Geist, Identität und Gesellschaft aus der Sicht des Sozialbehaviorismus* (8. Aufl.). Suhrkamp.

Meyer, C. (2009). „Freunde sind Fremde, die sich finden" – Liebe und Freundschaft im Generationsverhältnis in der Sozialen Arbeit. In C. Meyer, M. Tetzer & K. Rensch (Hrsg.), *Liebe und Freundschaft in der Sozialpädagogik: Personale Dimension professionellen Handelns* (S. 53–74). VS Verlag für Sozialwissenschaften.

Meyer-Drawe, K. (2012). „Liebe ist ein schönes Wort" – Missbrauch und Traumatisierung. In W. Thole, M. Bader, W. Helsper, M. Kapeller, B. Leuzinger-Bohleber, S. Reh, U. Sielert, & C. Thompson (Hrsg.), *Sexualisierte Gewalt, Macht und Pädagogik* (S. 129–137). Budrich.

Misamer, M., Hackbart, M., & Thies, B. (2017). Der Umgang mit Macht in der Sozialen Arbeit: Einschätzungen in der Kinder- und Jugendhilfe. *Soziale Arbeit: Zeitschrift für soziale und sozialverwandte Gebiete, 66*(12), 450–456. Nomos.

Mruck, K., & Mey, G. (2000). Kommunikative Validierung in der qualitativen Forschung. In U. Flick, E. von Kardorff, & I. Steinke (Hrsg.), *Qualitative Forschung: Ein Handbuch* (S. 346–356). Rowohlt.

Müller, B. (2019). Nähe, Distanz, Professionalität: Zur Handlungslogik von Heimerziehung als Arbeitsfeld. In M. Dörr (Hrsg.), *Nähe und Distanz: Ein Spannungsfeld pädagogischer Professionalität* (4. Aufl., S. 171–188). Beltz Juventa.

Müller, J. (2006). *Sozialpädagogische Fachkräfte in der Heimerziehung – Job oder Profession? Eine qualitativ-empirische Studie zum Professionswissen.* Julius Klinkhardt.

Nagel, U. (2000). Professionalität als biographisches Projekt. In K. Kraimer (Hrsg.), *Die Fallrekonstruktion* (S. 361–378). Suhrkamp.

Noack, N. (2012). Macht und Zwang als konstitutive Bestandteile Sozialer Arbeit. In M. Huxoll & J. Kotthaus (Hrsg.), *Macht und Zwang in der Kinder- und Jugendhilfe* (S. 33–47). Beltz Juventa.

Nohl, AM. (2012). Die Narrationsstrukturanalyse und ihre Kritik. In *Interview und dokumentarische Methode.* Qualitative Sozialforschung. (S. 27–38). Springer VS.

Nohl, H. (1988). *Die pädagogische Bewegung in Deutschland und ihre Theorie* (10., unveränd. Aufl. d. Neuausg.). Klostermann (Original erschienen 1933).

Nürnberger, H., & Schlottmann, H. (2006). *Grundlagen der empirischen Sozialforschung.* VS Verlag für Sozialwissenschaften.

Oevermann, U. (1996). Theoretische Skizze einer revidierten Theorie professionalisierten Handelns. In A. Combe & W. Helsper (Hrsg.), *Pädagogische Professionalität* (S. 70–182). Suhrkamp.

Oö. Kinder- und Jugendhilfegesetz (Oö. KJHG) 2014, LGBl. Nr. 30/2014. https://www.ris.bka.gv.at/GeltendeFassung.wxe?Abfrage=LrOO&Gesetzesnummer=20000777&FassungVom=2024-01-23

Orlinsky, D. E., Grawe, K., & Parks, B. K. (1994). Process and outcome in psychotherapy – noch einmal. In A. E. Bergin & S. L. Garfield (Eds.), *Handbook of psychotherapy and behavior change* (4th ed., pp. 270–376). Wiley.

Pankhofer, S. (2000). Empowerment – eine Einführung. In T. Miller & S. Pankhofer (Hrsg.), *Empowerment konkret!: Handlungsentwürfe und Reflexion aus der psychosozialen Praxis* (S. 7–22). De Gruyter Oldenbourg. https://doi.org/10.1515/9783110509861

Pauls, H. (2011). *Klinische Sozialarbeit: Grundlagen und Methoden psycho-sozialer Behandlung* (2., überarb. Aufl.). Juventa.

Petrowski, K., Pokorny, D., Nowacki, K., & Buchheim, A. (2013). The therapist's attachment representation and the patient's attachment to the therapist. *Psychotherapy Research, 23*(1), 25–34. https://doi.org/10.1080/10503307.2012.731713

Petzold, H. G. (2013). Beziehungsgestaltung und Arbeitsbündnis in der Psychotherapie. *Psychologische Medizin, 24*(2), 15–24.

Pichler, S. (2015). Risikoeinschätzung in der Kinder- und Jugendhilfe in einem partizipativen Kontext. *Sozialarbeit in Österreich, 15*(2), 27–30. https://netzwerk-ost.at/publikationen/pdf/publikationen_Risikoeinschaetzung_SIOE2015.pdf

Prange, K. (2013). Liebe als Passion, Liebe als Auflage – mit Anmerkungen zum platonisch-pädagogischen Eros. In G. Strobel-Eisele & G. Roth (Hrsg.), *Grenzen beim Erziehen: Nähe und Distanz in pädagogischen Beziehungen* (S. 25–36). Kohlhammer.

Przyborski, A., & Wohlrab-Sahr, M. (2014). *Qualitative Sozialforschung: Ein Arbeitsbuch.* Oldenbourg/De Gruyter.

Rahm, D., Otte, H., Bosse, S., & Ruhe-Hollenbach, H. (1993). *Einführung in die Integrative Therapie: Grundlagen und Praxis* (4. Aufl.). Junfermann. (Innovative Psychotherapie und Humanwissenschaften, Bd. 51).

Rätz, R. (2011). Professionelle Haltungen in der Gestaltung pädagogischer Beziehungen. In D. Düring & H.-U. Krause (Hrsg.), *Pädagogische Kunst und professionelle Haltungen* (S. 65–74). IGfH-Eigenverlag.

Rätz, R. (2017). Beziehung ist alles – aber nicht nur! Das Zusammenspiel zwischen (sozial)pädagogischer Beziehung und sozialem Ort als Bedingung gelingender Erziehungshilfen. In Internationale Gesellschaft für erzieherische Hilfen (IGfH) (Hrsg.), *Forum Erziehungshilfen: Beziehungen in Erziehungshilfen*, 23(3), S. 137–141. Beltz Juventa.

Rätz, R. (2018). Von der Fürsorge zur Dienstleistung. In K. Böllert (Hrsg.), *Kompendium Kinder- und Jugendhilfe* (S. 65–92). Springer VS.

Rätz-Heinisch, R. (2005). *Gelingende Jugendhilfe bei „aussichtslosen Fällen“: Biografische Rekonstruktionen von Lebensgeschichten junger Menschen.* Ergon Verlag.

Richter, J., & Lutz, T. (2021). Was soll und kann Ombudschaft in der Jugendhilfe leisten? *Sozial Extra, 45*, 344–348. https://doi.org/10.1007/s12054-021-00421-8

Ricken, N. (2012). Macht, Gewalt und Sexualität in pädagogischen Beziehungen. In W. Thole, M. Bader, W. Helsper, M. Kapeller, B. Leuzinger-Bohleber, S. Reh, U. Sielert, & C. Thompson (Hrsg.), *Sexualisierte Gewalt, Macht und Pädagogik* (S. 103–117). Budrich.

Riegler, A. (2016). *Anerkennende Beziehungen in der Sozialen Arbeit: Ein Beitrag zu sozialer Gerechtigkeit zwischen Anspruch und Wirklichkeit.* Springer VS.

Roessler, M., Gaiswinkler, W., & Hurch, N. (2015). Von Falllandkarten und Sicherheitswerkzeugen: Gefährdungsabklärungsprozesse nach dem SEN-Modell. *Sozialarbeit Österreich, 2015(02),* 17–21. https://netzwerk-ost.at/publikationen/pdf/publikationen_Falllandkarten_SIOE2015.pdf

Rogers, C. R. (1957). The necessary and sufficient conditions of therapeutic personality change. *Journal of Consulting Psychology*, 21(2), 95–103.

Rogers, C. R. (1967). The interpersonal relationship in the facilitation of learning. In R. R. Leeper (Ed.), *Humanizing education* (pp. 1–18). National Education Association.

Rogers, C. R. (1970). *Encounter Gruppen: Das Erlebnis der menschlichen Begegnung* (2. Aufl.). Kindler.

Rogers, C. R. (1980). *A way of being.* Houghton Mifflin.

Roger, C. R. (1987). *Eine Theorie der Psychotherapie, der Persönlichkeit und der zwischenmenschlichen Beziehungen: Entwickelt im Rahmen des klientenzentrierten Ansatzes.* GwG.

Rogers, C. R. (2015). *Der neue Mensch* (10. Aufl.). Klett-Cotta.

Rosenbauer, N. (2007). Wenn passiert, was nicht passieren darf: Gewalt und andere Tabus in den Erziehungshilfen. *Sozial Extra, 31*(9/10), 45–47.

Rosenbauer, N., & Stremmer, T. (2017). Macht und Beschämung – verdrängte und verdeckte Dimensionen in Beziehungen zwischen Fachkräften und Adressat:innen erzieherischer Hilfen. In Internationale Gesellschaft für erzieherische Hilfen (IGfH) (Hrsg.), *Forum Erziehungshilfen: Beziehungen in Erziehungshilfen 23* (3), 151–155. Beltz Juventa.

Rosenthal, G. (2005). *Interpretative Sozialforschung: Eine Einführung*. Beltz Juventa.

Sagebiel, J. B. (2021). Macht in der Reflexion Sozialer Arbeit: Die handlungstheoretische Dimension von Machttheorien. In B. Kraus & W. Krieger (Hrsg.), *Macht in der Sozialen Arbeit: Interaktionsverhältnisse zwischen Kontrolle, Partizipation und Freisetzung* (5., überarb. u. erw. Aufl., S. 201–224). Jacobs.

Sagebiel, J., & Pankhofer, S. (2015). *Soziale Arbeit und Machttheorien: Reflexionen und Handlungsansätze*. Lambertus.

Schaffer, H. (2009). *Empirische Sozialforschung für die Soziale Arbeit*. Eine Einführung (2. Aufl.). Lambertus.

Schäfter, C. (2010). *Die Beratungsbeziehung in der Sozialen Arbeit: Eine theoretische und empirische Annäherung*. VS Verlag für Sozialwissenschaften.

Schaller, H. (1978). *Einführung in die Kommunikative Pädagogik: Ein Studienbuch*. Herder.

Scherr, A. (2000). Kommunikation. In B. Schäfers (Hrsg.), *Grundbegriffe der Soziologie* (6. Aufl., S. 176–182). VS Verlag.

Schleifer, R., & Gahleitner, S. B. (2010). Schwierige Klientel oder schwierige Helfende? – Konsequenzen desorganisierter Bindungsmuster für die psychosoziale Arbeit. In S. Gahleitner & G. Hahn (Hrsg.), *Klinische Sozialarbeit: Gefährdete Kindheit – Risiko, Resilienz und Hilfen* (Beiträge zur psychosozialen Praxis und Forschung, Bd. 3, S. 197–213). Psychiatrie-Verlag.

Schmidt, M., Schneider, K., Hohm, E., Pickartz, A., Macsenaere, M., Petermann, F., Flosdorf, P., Hölzl, H., & Knab, E. (2003). *Effekte erzieherischer Hilfen und ihre Hintergründe* (Schriftenreihe des BMFSFJ, Bd. 219). Kohlhammer.

Schonhoff, S. (2023). Beteiligung – eine zentrale Aufgabe der Kinder- und Jugendhilfe. Ein kritischer Blick auf die Forderung nach und den Anspruch auf Beteiligung von AdressatInnen in den stationären Hilfesettings der Kinder- und Jugendhilfe. In *Unsere Jugend. Die Zeitschrift für Studium und Praxis der Sozialpädagogik, 75*(9), 354–366. Reinhardt.

Schröder, M. (2020). Bindung verstehen und Beziehung gestalten in der (stationären) Kinder- und Jugendhilfe. *Zeitschrift für soziale und sozialverwandte Gebiete, 69*(9/10), 368–377.

Schröder, M., & Nowacki, K. (2023). Zum Zusammenhang von Bindung und psychischer Gesundheit in der stationären Kinder- und Jugendhilfe und Kinder- und Jugendpsychiatrie im Vergleich zur Allgemeinbevölkerung. In K. Nowacki, S. B. Gahleitner, Y. Izat & M. Schröder (Hrsg.), *Professionelle Bindungs- und Beziehungsgestaltung: Grundlagen und Anwendung in der psychosozialen Arbeit* (S. 59–73). Beltz Juventa.

Schröder-Wildhagen, A. (2010). *Professionalisierungsprozesse zwischen ökonomischer Rationalität und sozialer Orientierung. Managerbiographien in den Bereichen Personalwesen und Produktentwicklung. Opladen. Budrich.*

Schruth, P. (2015). Sich bewegen im Machtkorsett: Unabhängige ombudschaftliche Beratung in der Jugendhilfe. *Forum Erziehungshilfen, 23*(5), 265–271.

Schütze, F. (1975). Prozessstrukturen des Lebensablaufs. In M. Kohli & G. Robert (Hrsg.), *Biographie und soziale Wirklichkeit* (S. 534–569). Metzler.

Schütze, F. (1976a). Zur Hervorlockung und Analyse von Erzählungen thematisch relevanter Geschichten im Rahmen soziologischer Feldforschung – dargestellt an einem Projekt zur Erforschung kommunaler Machtstrukturen. In Arbeitsgruppe Bielefelder Soziologen (Hrsg.), *Kommunikative Sozialforschung – Alltagswissen und Alltagshandeln* Gemeindemachtforschung, Polizei, politische Erwachsenenbildung (S. 159–260). Fink.

Schütze, F. (1976b). Zur soziologischen und linguistischen Analyse von Erzählungen. In. *Internationales Jahrbuch für Wissens- und Religionssoziologie, 10*, 7–41. Westdeutscher Verlag

Schütze, F. (1977). *Die Technik des narrativen Interviews in Interaktionsfeldstudien dargestellt an einem Projekt zur Erforschung von kommunalen Machtstrukturen* [Manuskript]. Universität Bielefeld.

Schütze, F. (1981). Prozessstruktur des Lebensablaufs. In J. Matthes, A. Pfeifenberger, & M. Stosberg (Hrsg.), *Biographie in handlungswissenschaftlicher Perspektive: Kolloquium am Sozialwissenschaftlichen Forschungszentrum der Universität Erlangen-Nürnberg* (S. 67–156). Verlag der Nürnberger Forschungsvereinigung.

Schütze, F. (1983). Biographieforschung und narratives Interview. *Neue Praxis Kritische Zeitschrift für Sozialarbeit und Sozialpädagogik, 13*(3), 283–293.

Schütze, F. (1984). Kognitive Figuren des autobiographischen Stegreiferzählens. In M. Kohli & G. Robert (Hrsg.), *Biographie und soziale Wirklichkeit: Neue Beiträge und Forschungsperspektiven* (S. 78–117). J. B. Metzler.

Schütze, F. (1987). *Das narrative Interview in Interaktionsfeldstudien: Erzähltheoretische Grundlagen. Teil 1: Merkmale von Alltagserzählungen und was wir mit ihrer Hilfe erkennen können* (Studienbrief). FernUniversität Hagen.

Schütze, F. (2016a). *Biografieforschung und narrative Interviews.* In W. Fiedler & H.-H. Krüger (Hrsg.), *Sozialwissenschaftliche Prozessanalyse: Grundlagen der qualitativen Sozialforschung* (S. 55–73). Barbara Budrich.

Schütze, F. (2016b). Eine sehr persönliche generalisierte Sicht auf qualitative Sozialforschung. In W. Fiedler & H.-H. Krüger (Hrsg.), *Sozialwissenschaftliche Prozessanalyse. Grundlagen der qualitativen Sozialforschung* (S. 21–53). Barbara Budrich.

Schütze, F. (2016c). Verlaufskurven des Erleidens als Forschungsgegenstand der interpretativen Soziologie. In W. Fiedler & H.-H. Krüger (Hrsg.), *Sozialwissenschaftliche Prozessanalyse. Grundlagen der qualitativen Sozialforschung* (S. 117–148). Barbara Budrich.

Simon, T. (2020). Schlüssel werden zum Schlüssel. In *Schwere Arbeit: Erzählungen vom gelingenden Beziehungsaufbau zu schwer zugänglicher Klientel* (S. 49–62). Beltz Juventa.

Simmel, G. (1970). *Grundfragen der Soziologie. Individuum und Gesellschaft* (3. unveränd. Aufl.). Hofenberg.

Sohns, A. (2007). Empowerment als Leitlinie Sozialer Arbeit. In B. Michel-Schwartze (Hrsg.), *Methodenbuch Soziale Arbeit* (S. 45–48). VS Verlag für Sozialwissenschaften. https://doi.org/10.1007/978-3-531-90428-3_3

Spangler, G. (2001). Die Psychobiologie der Bindung: Ebenen der Bindungsorganisation. In G. J. Suess, H. Scheuer-Englisch & W. K. P. Pfeiffer (Hrsg.), *Bindungstheorie und Familiendynamik: Anwendung der Bindungstheorie in Beratung und Therapie* (S. 157–177). Psychosozial.

Sparks, J. A., & Duncan, B. L. (2018). The Partners for Change Outcome Management System: A both/and system for collaborative practice. *Family Process.* Advance online publication. https://doi.org/10.1111/famp.12345

Staub-Bernasconi, S. (2007). Theoretiker und PraktikerInnen der Sozialen Arbeit: Essay über symbolische Macht und die bourdieuschen Bewegungsgesetze des Bildungskapitals. In B. Kraus & W. Krieger (Hrsg.), *Macht in der Sozialen Arbeit: Interaktionsverhältnisse zwischen Kontrolle, Partizipation und Freisetzung* (S. 339–368). Jacobs.

Staub-Bernasconi, S. (2018). Soziale Arbeit als Handlungswissenschaft (2. Aufl.). UTB.

Staub-Bernasconi, S. (2019). *Menschenwürde, Menschenrechte, Soziale Arbeit.* Barbara Budrich.

Staub-Bernasconi, S. (2021). Macht und (kritische) Soziale Arbeit. In B. Kraus & W. Krieger (Hrsg.), *Macht in der Sozialen Arbeit: Interaktionsverhältnisse zwischen Kontrolle, Partizipation und Freisetzung* (5., überarb. u. erw. Aufl., S. 367–392). Jacobs.

Steiner, C. (1966): *The seven sources of power: An alternative to authority. Transactional Analysis Bulletin, 5*(18), 133–135.

Steinacker, S. (2012). Anmerkungen zu Macht und Zwang in der Geschichte der Jugendhilfe. In M. Huxol & J. Kotthaus (Hrsg.), *Macht und Zwang in der Kinder- und Jugendhilfe* (S. 20–32). Beltz Juventa.

Stimmer, F. (Hrsg.). (2000). *Lexikon der Sozialpädagogik und der Sozialarbeit* (4., völlig überarb. Aufl.). Oldenbourg.

Stork, R. (2017). Das SGB VIII als Grundlage demokratischer Kinder- und Jugendhilfe. *Sozial Extra, 41*, 46–49. https://doi.org/10.1007/s12054-017-0011-1

Strauss, A., & Corbin, J. (1996). *Grounded Theory: Grundlagen qualitativer Sozialforschung* (S. 25- 148). Beltz.

Strucl, C., & Zinner, I. K. (2015). *Gefährdungsabklärung des Kindeswohls unter dem Blickwinkel migrationssensibler Aspekte* [Unveröffentlichte Masterarbeit]. Karl-Franzens-Universität Graz.

Stumm, G., & Keil, W. W. (2014). Therapietheorie. In G. Stumm & W. W. Keil (Hrsg.), *Praxis der Personzentrierten Psychotherapie* (S. 15–31). Springer.

Suess, G. J. (2020). Bindungsdynamik in der Beratung: Das Aufeinandertreffen zweier Bindungsmodelle in der beraterischen Beziehung. *Zeitschrift für soziale und sozialverwandte Gebiete, 69*(9/10), S. 363–367. DZI.

Swiderek, T. (2012). Macht und Ohnmacht aus Sicht der Klient:innen. In M. Huxol & J. Kotthaus (Hrsg.), *Macht und Zwang in der Kinder- und Jugendhilfe* (S. 48–62). Beltz Juventa.

Swildens, H. (2015). *Prozessorientierte Gesprächspsychotherapie* (5. Aufl.). GwG-Verlag.

Thiersch, H. (1992). *Lebensweltorientierte Soziale Arbeit: Aufgaben der Praxis im sozialen Wandel.* Juventa.

Thiersch, H. (2001). Moral und Soziale Arbeit. In H.-U. Otto & H. Thiersch (Hrsg.), *Handbuch Sozialarbeit/Sozialpädagogik* (2., völlig neu bearb. Aufl., S. 1245–1258). Luchterhand.

Thiersch, H. (2002). *Positionsbestimmung der Sozialen Arbeit: Gesellschaftspolitik, Theorie und Ausbildung.* Juventa.

Thiersch, H. (2006). *Die Erfahrung der Wirklichkeit: Perspektiven einer alltagsorientierten Sozialpädagogik* (2. Aufl.). Juventa.

Thiersch, H. (2012). Macht und Gewalt: Zur Neujustierung sozialpädagogischen Handelns angesichts des Bekanntwerdens sexualisierter Gewalt in Institutionen. In W. Thole et al. (Hrsg.), *Sorgende Arrangements: Kinderschutz zwischen Organisation und Familie* (S. 51–67). Springer VS.

Thiersch, H. (2019). Nähe und Distanz in der Sozialen Arbeit. In M. Dörr (Hrsg.), *Nähe und Distanz: Ein Spannungsfeld pädagogischer Professionalität* (4., aktualisierte und erw. Aufl., S. 42–59). Beltz Juventa.

Thiersch, H. (2022). Lebensweltorientierte Soziale Arbeit: Grundlagen–Praxis–Methoden (11. Aufl.). Beltz Juventa.

Thiersch, H., & Thiersch, R. (2009). Beziehungen in der Erziehung – essayistische Bemerkungen. In C. Meyer, M. Tetzer & K. Rensch (Hrsg.), *Liebe und Freundschaft in der Sozialpädagogik: Personale Dimension professionellen Handelns* (S. 13–22). VS Verlag für Sozialwissenschaften.

Trost, A. (Hrsg.). (2014). *Bindungsorientierung in der Sozialen Arbeit: Grundlagen – Forschungsergebnisse – Anwendungsbereiche.* borgmann publishing.

Turnell, A., & Edwards, S. (1999). *Signs of safety. A safety and solution-oriented approach to child protection casework.* Norton.

Urban, U. (2004). *Professionelles Handeln zwischen Hilfe und Kontrolle: Sozialpädagogische Entscheidungsfindung in der Hilfeplanung.* Juventa.

Vereinbarung gemäß Artikel 15a B-VG über die Kinder- und Jugendhilfe. https://www.ris.bka.gv.at/Dokumente/RegV/REGV_COO_2026_100_2_1626524/REGV_COO_2026_100_2_1626524.pdf

von Spiegel, H. (2018). *Methodisches Handeln in der Sozialen Arbeit* (6. Aufl.). Ernst Reinhardt.

Wagner, L. (2018). Vom Klienten zur Nutzer_in. In K. Böllert (Hrsg.), *Kompendium Kinder- und Jugendhilfe* (S. 337–364). Springer VS.

Wazlawik, M., & Wolff, M. (2018). Gefährdungen von Kindern und Jugendlichen und der Schutzauftrag der Kinder- und Jugendhilfe. In K. Böllert (Hrsg.), *Kompendium Kinder- und Jugendhilfe* (S. 291–314). Springer VS.

Weber, M. (1984). *Soziologische Grundbegriffe*. (6., erneut durchgesehene Aufl.). Mohr Siebeck.

Wernsprenger, I. (2018). *Der Hausbesuch im Kinderschutz: Eine qualitative Analyse* [Unveröffentlichte Masterarbeit]. FH Campus Wien.

Wiese, L. von. (1966). *System der allgemeinen Soziologie als Lehre von den sozialen Prozessen und den sozialen Gebilden der Menschen (Beziehungslehre)* (4., unveränderte Aufl.). Duncker & Humblot.

Winkler, M. (2022). Die pädagogische Beziehung aus Sicht der Sozialpädagogik. Oder: Warum es manchmal besser ist, über Orte anstelle von Beziehungen zu sprechen. In C. Berndt, T. Häcker & M. Walm (Hrsg.), *Ethik in pädagogischen Beziehungen* (S. 213–235). Verlag Julius Klinkhardt.

Wolf, K. (2014). Zur Notwendigkeit des Machtüberhangs in der Erziehung. In B. Kraus & W. Krieger (Hrsg.), *Macht in der Sozialen Arbeit: Interaktionsverhältnisse zwischen Kontrolle, Partizipation und Freisetzung* (3., überarb. u. erw. Aufl., S. 121–160). Jacobs.

FSC
www.fsc.org
MIX
Papier | Fördert
gute Waldnutzung
FSC® C083411

Kolibri 360 GmbH
Ferdinand-Jühlke-Straße 7
99095 Erfurt, Deutschland
produktsicherheit@kolibri360.de